U0936447

中国民生民政系列丛书
ZHONGGUO MINSHENG MINZHENG
XILIE CONGSHU

老年人儿童福利
政策实施研究

王杰秀◎主编

人 民 出 版 社

编委会

目　录

第一篇　养老服务业综合改革试点典型案例分析与评估报告

【摘　要】养老服务已经成为维持老年人生活质量与化解老年人家庭成员压力的普遍需求。从整体上看，养老服务和产品供给不足、市场发育不健全、城乡区域发展不平衡等问题还十分突出。南京和无锡作为全国养老服务综合改革的主要试点城市，自2013年以来，坚持"政府主导、社会参与"的理念，依据民政部《关于开展养老服务业综合改革试点工作的通知》（〔2013〕23号）的主要任务要求，着重通过政策支持和引导，创新养老服务供给机制，培育养老服务的主体，依托社区资源整合，建立了嵌入型的养老服务体系。本课题基于南京和无锡的实地调研与访谈，依据试点改革的基本原则、基本目标与主要任务，对2013年以来这两个试点城市的养老服务改革状况进行了综合评估。

南京和无锡在推动养老服务业发展的初期，从供给侧角度来看，存在养老服务结构性矛盾突出，城乡养老服务发展程度不一，社会性养老机构发展滞后等问题。两地着重推动养老服务供给侧改革，包括建立以现金补贴为重点的养老服务政策体系，建立和完善城乡一体、居家为主、社区养老和机构养老均衡互补的养老服务格局，鼓励养老服务的多元化、品牌化发展，构建养老、医护、康复、临终关怀相互衔接的服务模式，坚持养老服务供给的社会化道路，建立养老服务的标准化管理体系等措施。

由于各区域经济的发展不平衡及新老城区的建设不均等一些客观情况，两地也存在社会力量参与养老服务供给的动力不足，养老服务发展存在空间布局不合理，福利性诉求与养老服务定价的矛盾、投资收益率低、养老服务供给不足、养老服务人才结构失衡等问题。针对调研中发现的问题，养老服务进一步综合试点改革政策可在以下方面调整。

第一，改革政策与惠民政策相结合，着重实施需求量大、投入成本较低、社会效益高的养老服务政策，依托政府购买服务机制，逐步实现养老服务的社会化供给。第二，建立财政预算制度，实行以财政补贴为主的综合政策支持，增强养老服务业发展的助推力。第三，提高养老服务机构的营利能力，增强养老服务业的内生发展动力。第四，创新农村养老服务供给模式，统筹养老服务的城乡发展。第五，加强养老服务队伍建设。

【关键词】养老服务业　改革　试点　政策

一、养老服务综合改革试点进展实施状况

（一）养老服务综合改革的背景条件

1. 人口老龄化的特质对养老服务改革提出新要求

人口老龄化造成高龄老年人口不断增长，失能老人的总量、比例和结构由此发生改变。对老年人口、老年失能人口的数量和结构进行预测，是养老服务业发展和规划的基础。目前，江苏省人口老龄化具有基数大、增速快、寿龄高、空巢多的特点，失能、半失能老年人口不断增多，总数约为300万人，约占老年人口的19%；老龄化区域和城乡差异

更加显著。同样趋势的老龄化进程中，南京和无锡也表现出不同的特质。这些特质决定了养老服务需求和市场化程度的差别，导致两个地区养老服务规划和政策实施的差异。

南京是江苏省最早进入老龄化的城市，在20世纪80年代末就步入老龄社会。相比无锡、苏州等城市，南京市人口的老龄化增速较慢，人口结构转变程度低于无锡市。2015年南京市人口统计局的抽样调查数据显示，南京市60岁以上的老年人口130.94万人，占户籍总人口的20.08%，其中65岁以上的有88.55万人，占户籍总人口的13.58%。加上高校、部队和流动人口中的老人等，目前南京市实际老龄化率达23%左右。如果按照年增速预计为4.5%计算，到2020年老龄化率将达到24.9%。老龄化增速相对较慢，与城市扩张、年轻流动人口定居、中高层知识分子引入有密切的联系。但是另一方面，南京市人口的老龄化表现出明显的“高龄化、空巢和独居”特征，需要政府直接介入提供服务救助。目前，70岁以上的有58.14万人，占老年人口的44.40%；80岁以上人口20.50万人，占老年人口的15.66%。同时，130.94万老人中需要政府关怀或救助的老人占老年人总数的18%，其中，空巢老人15.51万人，独居老人6.92万人，困难独居老人1.35万人。另外，南京的老龄化呈现出“中心—边缘”的集中分布特征，中心城区的老年人比重较高，尤其是鼓楼区、秦淮区已经进入中度老龄化阶段。相比之下，江宁区、栖霞区等地区的老年人比重相对较低。老年人集中程度的不一，需要对养老服务和养老服务产业化进行合理规划和布局。

无锡市是全国老龄化程度非常严重的地区之一，银色浪潮席卷了这座经济充满活力的城市，老龄化、高龄化速度加快是无锡市人口发展中最大的问题。无锡市人口和计划生育委员会发布的《2014年度无锡人口发展报告》指出，2014年年末无锡市户籍60岁及以上老年人口114.57万人，比上年增长5.29%，老龄化比例达到24.05%，到2020年老龄化率高达28%左右。相比全国大部分城市，人口老龄化的速度快，程度高，老年人口结构朝向重度老龄化的方向快速演变。根据测算，无锡市老年人口结构中，低、中、高龄老年人口在2015年同比增长3.71%、4.19%和7.46%，高龄老人的数量增长将明显加速。相比南京市，无锡市计划生育政策的调整带来生育率的明显提高，然而劳动力年龄人口不断减少，少儿抚养比的上升、劳动力参与率下降与人口高龄化加深并行，少儿、老年人的抚养和赡养问题将给无锡的经济、养老服务带来前所未有的挑战。相比南京，加速的高龄化留给无锡养老服务改革的时间有限，需要政府尽快调整政策进行养老服务布局和改革，以尽快应对人口老龄化的冲击。

2. 社区为基础的养老服务市场化与产业化趋势

2003年以来，南京市和无锡市在居家养老和社区养老的理念基础上，开始了以社区为中心的养老服务体系建设的探索，实践“政府购买服务、社会组织运作、社会协同参与”的社区养老服务供给模式。以南京市为例，南京市的社区养老服务改革试点始于鼓楼地区，在政府购买服务的供给模式实践中，以市政府《南京市社区居家养老服务实施办法》为政策基础，通过财政预算的专项经费为试点提供稳定的经济支持，由社会组织提供社会养老服务。政府借助第三方独立机构的养老服务评估，承担对社会组织的监督责任，通过家计调查和失能评估甄别政策受益对象，意在为经济困难的孤寡、独居、高龄老人提供基本的生活照顾、医疗护理和精神慰藉。2013年南京市颁布《市政府关于印发南京市社区居家养老服务实施办法的通知》（宁政规字〔2013〕20号），基于鼓楼区的实践经验，全面推行政府购买居家养老服务模式，居家养老服务的发展开始走上正规化。

在这10年试点的过程中，南京市政府坚持将养老服务的供给者和生产者的角色相分离，政府作为养老服务的主要供给者，而生产者的角色由社会组织扮演，非营利组织和民营企业平等参与社区养老服务，可以向困难受助老人提供助餐、助浴、助洁、助医、助急等多项定制服务，提供紧急呼叫器、求助门铃等硬件保障服务内容，形成了“心贴心”“金德松”“万家邦”为代表的多个品牌居家养老社区服务中心，居家养老服务的市场竞争机制初步建立，社区养老资源和医疗资源开始整合，养老服务产业化发展的趋势明显。

3. 开放经济文化氛围中的养老观念的转变

传统的家庭结构中，年长者是家庭收入的主要来源，拥有家庭决策的绝对权威。家庭伦理强调孝道的重要性，形成“适老顺老，顺老为孝”的主流观念，养老责任以血缘为纽带，由子女承担。老年人在长期稳定的生活中，形成固定的生活习惯和行为模式，导致心理上对生活环境和子女的依赖以及思维惯性。对直系血缘亲属的过分依赖，对熟悉生活的固执坚持，是养老服务难以社会化的根本原因，这种观念依附于中国传统的文化背景，具有明显的原生性。

然而，传统文化在与开放经济文化的冲突与平衡中，家庭规模缩小，从扩大了的家庭转向以核心家庭为主的家庭结构转变，夫妻关系成为家庭关系的重心，年长者在维持夫妻关系上投入更多的精力。当子女在开放的经济文化生活中，面临职业竞争、生活成本上升和后代抚养的沉重压力而分身乏术时，年长者出于对子女的关爱主动或被动地减轻子女的赡养负担，回缩到夫妻相互扶助的养老方式，或者通过购买服务、义工组织等渠道获得需要的养老服务支持，从而使得老年人的养老观念从依赖型逐步转变成为相对独立型。

可以看出，在开放的经济和文化氛围中，家庭结构和生活方式转变的合力，形成一种“倒逼”机制，逼迫老人和子女根据环境的变化，调整自身行为。当一种行为选择转变成为新的趋势时，就打破了传统文化和思维方式的惯性。这种“倒逼”机制的作用大小，取决于正式养老服务对非正式的家庭养老服务的替代程度，也就是养老服务提供的社会化程度。南京市和无锡市是国内较早进行养老服务改革和试点的地区，在养老服务需求刺激市场成长，市场发展进一步满足需求的相互作用下，独立型的养老观念已经逐步形成，对社会养老服务体系的形成提供了最基础的原生动力。

4. 养老服务需求与供给之间的现实矛盾

老年人的养老服务需求呈现多样化和分层次的特点。从需求的内容看，涉及生活照料、医疗护理、精神慰藉等多层次的服务，包括老年食堂、送餐服务、代购服务、日间照料、便民服务、定期体检、健康讲座、上门看病、康复服务、上门护理、心理疏导、法律援助、老年大学等多样和专门化的服务。其中，生活照料需求较高，尤其是送餐服务、医疗护理服务的需求突出，大部分老人期待在社区设立交流场所，定期举办文体活动，以充实老年生活。从收入差异来看，低收入老年人的生活照料、医疗保障服务需求明显高于高收入老年人。从城乡差异来看，城市老人的养老服务需求主要是生活照料服务，而农村老人的养老服务需求主要是医疗护理需求，希望能够得到上门医疗救助服务。从年龄分布来看，60—70 岁之间老人主要希望有人协助料理生活，高龄老人渴望得到医疗护理和康复理疗的专业服务保障。

随着老龄化加剧和经济发展水平的提高，多样化和分层次的养老服务需求，理应拉动养老服务市场供给，创造出可观的、具有良好发展态势的养老服务产业。但事实上，需求难以转化成为实际的服务购买行为。这其中既有老人消费习惯的约束，也是老人所在家庭在既定消费能力中的现实选择。少子化的核心家庭中，子女几乎是老年人的全部生活寄托。一方面年长者把自己的心愿或价值观加在子女身上；另一方面在阶层利益固化的社会变迁中，依靠自身的社会力量回护儿女，心甘情愿拿一生的积蓄来换取后代生活境遇改善，确保他们衣食无忧。这种无条件牺牲的、感情强烈的价值取向，直接导致老年人更加勤俭节约，即使每月能够获得稳定收入或优厚的养老金，他们本能地增加储蓄、投资和不动产，百年以后作为遗产留给儿女，以备儿女不时之需。在生活困顿需要购买社会服务时，也不愿意放弃储蓄、投资、变卖不动产让自己体面生活，而会选择维持基本的甚至是最低的生活状态。当老人无法独立生活，经济和情感上依赖子女时，在有限的家庭时间和消费约束下，老人的需求难以表达或实现。在某种程度上，老人的社会养老服务购买决策由儿女决定。这样，受购买能力、消费习惯、儿女偏好的影响，需求并不意味着实际的服务购买行为，养老服务市场虽然巨大，但只是潜在的需求。

潜在的市场需求直接影响了养老服务市场供给，养老服务供给呈现两极分化：一方面，机构养老服务发展错位。针对困难老人政府主要提供机构救助服务，由于机构救助服务水平较低，出现了床位大量空置的状况，机构养老看似供给“过剩”，但实际上能够提供专业生活护理和医疗护理的社会养老机构则人满为患，出现一床难求的供给“短缺”。另一方面，社区养老服务的提供中，社区养老服务提供机构迫于市场定价的压力，主要向老年人提供低质量、初级的、同质的养老服务，为了降低营运赔付风险，将半失能和失能老人排除在服务对象之外，老年人的养老需求无法在社区内得到满足。相比之下，一些养老服务提供机构主要定位高收入群体，主要向高收入老人提供全面的、专业的、定制的养老服务，但是收费标准过高，中低收入的老人无力承担高昂的费用支出。这样，低劣廉价的养老服务和专业昂贵的养老服务提供并存，社区养老服务的发展陷入困境。

（二）养老服务体系建设情况

1. 养老服务体系的基本内涵

养老服务是以国家和社会为主体，以满足老年人养老需求、提升老年人生活质量为目的而采取的政策措施和提供的设施服务的总称。[①] 从养老服务的需求方面来看，养老服务的内容涉及老年人的基本生活、医疗保障、住房等物质保障和社会交往、精神慰藉等精神保障，因此具有物质和精神的双重特性。从养老服务供给方面来看，养老服务属于准公共物品，具有有限的非竞争性与非排他性，这决定了养老服务的供给应采取政府、市场等多元供给的原则，以保证养老服务供给的公平与效率。在养老服务需求和供给过程中，国家和社会向老年人提供生活照料、精神慰藉、康复护理和社会参与等人才、组织和其他要素形成的网络，称为养老服务体系。[②]

养老服务体系的建设与完善依托与经济社会条件相适应的社会福利体系。在不同福利体系基础上建立起来的养老服务体系，在演化中由于供给主体、资金来源、受益对象等方面的差异，形成自由主义体系、保守主义合作体系、社会民主主义体系和以家庭为基础的体系（见图 1—1）。在自由主义体系中，政府主要向低收入群体提供养老救助服务，主张养老服务供给的市场化，国家通过税收减免、补助的形式对养老服务市场进行扶持，养老服务主要由私人部门和家庭提供。相比之下，保守主义体系中，政府通过强制性的社会保险保证在职劳动者的福利，对非在职劳动者的养老服务保障相对薄弱。而社会民主主义体系中，政府强调公民权利，直接提供去商品化的普遍性养老服务。家庭为基础的体系中，家庭承担了提供养老服务和经济保障的主要责任，公共服务和养老服务社会资源匮乏。

可以看到，一国的养老服务体系选择受到本国的福利观念和福利制

① 参见董红亚：《中国政府养老服务发展历程及经验启示》，《人口与发展》2010 年第 5 期。

② 参见刘晓静、张楠：《城乡统筹视角下中国养老服务体系构建》，《河北大学学报》（哲学社会科学版）2013 年第 3 期。

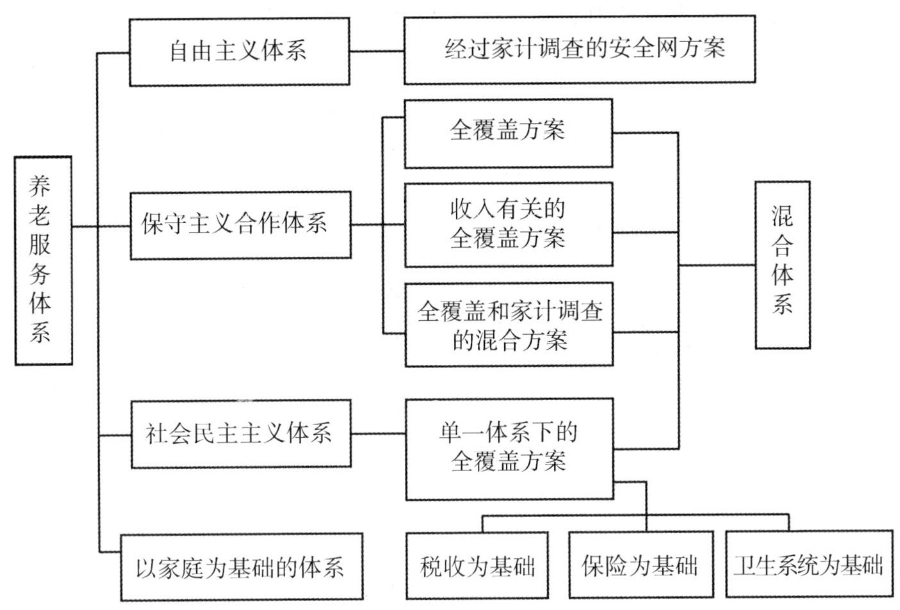

图 1—1　养老服务体系及分类①

度的制约。目前，中国福利制度一直在小福利概念下发展，在满足特殊人群特定福利需求的基础上，主要向公民提供职业福利，形成了以社会保险为主的福利制度体系，向社会弱势群体提供适度的社会救助。从整体来看，这种以社会保险为主的福利制度体系将个人福利和职业获取相结合，对弱势群体提供低水平的社会救助，鼓励个人实现就业，从而提高劳动参与水平，是一种积极的福利制度，符合我国现阶段的经济和社会发展要求。因此，养老服务体系的选择应该基于这种积极的福利制度，主要向社会弱势群体提供养老服务救助支持，政府建立适度监管机制，主要承担对养老服务体系的主要监管责任，正确处理好政府、社会、家庭的关系，鼓励养老服务体系的市场化和产业化。

① 刘柏惠：《养老服务体系的国际比较与可行选择》，《改革》2016 年第 4 期。

这样，在积极的福利制度基础上的养老服务体系，应该是一种政府主导下的嵌入型的养老服务体系。政府在养老服务体系建设中应该扮演核心领导角色，加强在养老服务的规划、制度、筹资、监管、资源整合等方面的职责，维护社会养老服务的公益性。主要职责应该包括：制定并执行养老服务规划、养老服务政策，在规划和政策的基础上，形成完善的养老服务制度；按照明确责任、权责一致的原则完善养老服务基础设施建设，明确养老服务体系的主要筹资渠道；政策引导养老服务产业的发展，对养老服务市场进行适度监管，稳定养老服务价格，保证服务质量。家庭、社区、养老机构是养老服务体系的三个嵌入平台，在运作中应逐步引入社会化和市场化的竞争机制，引导和规范社会资本参与养老服务供给，形成政府、市场和社会、家庭等多元主体共同参与的多层次的养老服务体系，根据老年人不同经济和身体状况的需求，主要由社会和市场提供分类、分层的养老服务，实现老年人的养老服务体系逐步由补缺型向适度普惠和均等化转变。

2. 养老服务体系的总体规划

（1）养老服务体系发展与完善的理念基础：福利混合经济

南京市和无锡市的养老服务体系规划建设过程中，坚持了福利混合经济的理念，初步建立了养老服务体系筹资、供给和规制的多元主体融合机制。总体规划重新审视了国家、市场、非正式部门和志愿组织的关系，认为养老服务供给由国家、市场、志愿性部门和非正式部门四部分组成，四部分以不同的原则为基础，在筹资、供给和规制等方面存在差别。从养老服务的供给来看，直接供给不是养老服务供给的唯一、最好的方式，政府可以向其他供给主体提供投资或补贴，保证服务需求者能够无偿或以低价获得相应的社会服务。政府通过补贴政策承担居民一部分的养老服务费用，资助为特殊群体提供服务的志愿部门，通过制定法律，颁布管理条例等方式实现干预，承担主要的监管责任。这样，在养老服务供给过程中，多元主体取代单一主体，政府、市场、志愿部门和非正式部门的职责得到清晰界定，养老服务社会化供给的政策取向十分明显。

养老服务体系的形成和发展过程中，以家庭为核心的非正式部门一直是养老服务的主要提供者，承担主要养老责任。在混合福利经济思想的影响下，南京市和无锡市政府通过政策引导市场和志愿部门发展，形成充分竞争的养老服务市场，实现养老服务提供主体从家庭向市场、志愿部门的转变，从而减轻非正式部门的养老负担，分散养老风险。反过来，以家庭为核心的养老服务主体是混合福利供给体系不可或缺的一部分，由于养老服务需求者对家庭环境和成员的天然依赖，政府需要通过政策引导，平衡家庭和市场服务供给的关系。因此，南京市和无锡市对家庭养老服务提供者或养老服务需求者进行补贴，通过非正式部门养老服务的提供，缓解正式部门养老服务的供给压力。

在养老服务改革的初期，为了吸引营利机构和非营利机构进入养老服务行业，南京市和无锡市政府承担更多的筹资和供给责任，成为正式养老服务的主要提供者。随着改革的推进，养老服务的提供坚持了市场化和顾客导向原则，走准市场化的道路，以竞争促发展，以降低养老服务的提供成本，提高养老服务的整体质量，促进养老服务的多样化和创新，从而拉动养老产业的发展。为了避免市场化改革造成养老服务提供的寡头垄断，垄断带来福利损失，经济效率降低，导致资源分配不公，贫困者的利益得不到保障的问题，南京市和无锡市政府在养老服务体系的发展和完善中坚持适度监管的原则，坚持采用市场运作和政府政策弥补市场失灵。比如采取市场资格准入和取消机制，建立服务技能专业人员评定标准，借助第三方独立机构实现养老服务质量监督和反馈，建立养老服务信息网络，及时反馈服务需求者问题，对低收入者进行补贴并限制补贴的使用过程和途径，利用专业服务市场引导政策，从而保护低收入者和养老服务重度依赖者的利益，以促进养老服务资源的整合和合理分配。

（2）养老服务体系的总体规划

①养老服务体系定位

根据社会需求、财政能力、市场发展和个人承担能力等实际情况，对养老服务体系进行定位，是确保养老服务体系有效运作的前提条件。在养老服务体系的摸索过程中，南京市和无锡市政府依托养老服务业试点工作，在发展和改革中逐步形成了比较明确的体系定位：在清晰界定政府、市场、社会、个人责任职责的前提下，尊重养老服务市场的运行规律，形成多元供给机制，建立以家庭和社区养老服务为主的服务供给制度，以满足老年人不同层次的需求，促进养老服务的产业化。其主要内容可以分解为以下四个方面。

第一，养老服务的公共服务导向定位。南京市和无锡市政府坚持了社会养老是老年人基本公民权利的理念，认为享有社会养老服务应该是老年人的基本福利权利，因此，养老服务一方面要以低保、失能、独居等老年人为保障重点，通过政府直接供给或购买的形式进行社会化照顾；另一方面也要立足于老龄工作的“五有”目标，将养老服务作为一种普遍性的公共服务以提升养老者的生活质量。

第二，养老服务体系的目标定位。从短期目标来看，养老服务体系主要满足重点老年人的基本生活需求，在服务供给市场化的推动下，应该进一步扩大覆盖范围，以满足全体老年人不同层次的需求、促进养老服务的产业化为体系建设的长远目标。南京市和无锡市政府强调要区分不同对象，实施相应的保障内容和方式，通过正式照顾和非正式照顾的方式来满足老年人心理和生理的需求。对于失能、空巢、独居老人实行政府购买服务，对于那些普通老年人则通过发展社区—居家养老服务提供有偿或低偿服务；对于收入较高的老年人，鼓励他们参加各种保险，从福利市场中获取更高水平的服务。在试点中对养老服务体系进行了以财政补贴为主的一系列政策倾斜，现阶段重点解决“三无”和“五保”、低保和低保边缘、经济困难的失能半失能老人、70 岁以上的“特扶”老人和百岁老人等“五类老人”的基本服务需求。通过税收优惠和减免为主的鼓励政策，促进长期护理市场竞争机制的形成，为满足老年人多层次的养老服务需求奠定了良好的基础。

第三，多元主体的社会化供给定位。强调政府的托底保障和市场监管责任，政府从建立机制入手，保障好基本人群的基本服务；从公益创投入手，培育发展好服务、评估、培训等各类养老社会组织；从搭建招商平台入手，引进房企、险资参与发展高端养老。市场是养老服务体系运行的基础条件，用好政府有形之手和市场无形之手，充分调动社会力量发展养老服务，公平参与养老服务市场竞争。家庭从道德伦理和法律层面，履行赡养义务，接受政府组织的养老护理员培训，承担专业化的亲情服务。个人是养老服务的客体，发挥主观能动性、调动自身资源，在此基础上，以基本服务为标准，政府和家庭提供“补差”服务。南京市和无锡市主要通过大力采取民办公助、公建民营、公租民营和购买服务等方式扶持民办养老机构发展，推动发展养老服务的社会化。

第四，机构、社区和居家功能的合理界定。南京市和无锡市政府明确提出：在城市养老和农村养老上要更重视农村养老，在公办养老和民办养老上要更重视民办养老，在机构养老和居家养老上要更重视居家养老，在处理自理老人和失能老人上要更重视失能老人的养老。养老护埋机构主要为重度失能失智老人提供养老和护理服务，社区和居家机构主要为普通老年人和轻度失能、失智老人提供养老服务。

②养老服务体系建设原则

南京市和无锡市从实际情况出发，统筹推进城乡之间、区域之间养老服务事业及产业发展，全面开展养老服务业综合改革试点，进一步完善养老、医疗、救助保障制度，推进为老服务事业，发展养老服务产业，推动养老服务业转型升级。在此过程中，明确了养老服务体系的建设原则。

第一，坚持政府主导的原则。南京市和无锡市政府将养老服务业综合改革试点工作纳入全市国民经济和社会发展的整体规划，由政府通过相关政策倾斜，深化养老服务业的改革，健全市场竞争机制，促进长期护理服务业的发展。

第二，坚持统筹发展的原则。在快速城镇化的过程中，考虑到农村老年人高龄化、失能程度高的现实情况，充分利用南京市和无锡市经济基础条件好，城乡差距在逐步缩小，统筹发展好的优势，积极推进养老服务业城乡一体化建设，以服务供给的均等化为目标。

第三，坚持适度超前的原则。在社区养老和养老院建设的过程中，南京市和无锡市预测了未来老龄化带来的失能人口发展动态趋势，在基础设施完善、机构建设、床位供给等方面，分区预测了未来的养老服务需求人口和发展规模，坚持适度超前的建设原则，不过分追求入住率、受益人数等短期指标，以应对快速发展的老龄化趋势。

第四，坚持突出重点原则。老龄产业属于朝阳产业，前期投入巨大，营利空间有限。在服务市场供给不足的条件下，利用养老服务业的比较优势，是南京市和无锡市养老服务综合改革的主要思路。南京市和无锡市从解决制约养老服务业发展的体制和机制入手，以满足最需要人群的基本养老服务需求为政策目标，健全养老服务体系，培育和发展养老服务产业。

③养老服务体系格局规划

养老服务是目前中国养老难以解决的问题。无锡市和南京市基于老龄化和社区综合养老服务功能逐渐增强的现实情况，吸取上海市养老服务体系格局规划中的经验教训，提出“9064”的养老服务体系格局规划，通过三个具体的数字，将居家养老（90%）、社区服务养老（6%）与机构养老（4%）进行有机的政策性对接，建立政府、市场、非营利机构和家庭等多元供给主体的融合机制，明确具体地向民众展示了政府建立社会养老服务体系的构想。

“9064”的养老服务体系格局提出，具有较强的科学性。

根据相关学者对西欧发达国家失能人口的统计和测算，在 65 岁以上的老年人口中，按照日常基本生活活动能力（ADL）和辅助性日常基本生活活动能力（IADL）的失能评估标准，约有 20%的老年人口属于失能人群。在这 20%的失能人群中，依靠亲友完成辅助性日常基本生活活动的人群约占据失能老人人口的 2/3，这样，完全失能人口占老年失能人口的 6%左右。根据养老服务体系建设的适度超前原则，把传统家庭养老的规模确定在 90%，国内的调查研究数据也支持了这一观点。根据有关学者的调查数据，约有 90%的老年人希望在熟悉的家庭环境中养老。

按照发达国家的发展经验，比如德国、日本，应该把社区居家养老与机构养老的比例确定在 7∶3，但是考虑到南京市和无锡市快速演变的人口严重老龄化趋势，高龄老人中失能失智的比例较高，南京市和无锡市政府降低了社区居家养老服务的比例，提高了机构养老服务的比例，以提前应对高龄化趋势对南京市和无锡市养老服务供给的巨大冲击。

通过“9064”养老服务格局，建立养老服务体系的梯度衔接机制。

居家养老、社区养老和机构养老的梯度衔接和融合。

“9064”提出了居家养老、社区养老和机构养老的适度供给比例，确定了“以家庭为基础”的养老理念，以社区养老服务为依托，拉动居家养老服务需求，进而形成了居家、日托、短期寄养、长期托养的养老服务供给链条，以满足老年人多样化、分层次的养老服务需求。南京市和无锡市主要通过政府财政补贴的政策引导，养老服务行业进入、评估的标准化建设，以及养老机构的医养融合机制的推进，实现了居家养老、社区养老和机构养老的梯度衔接和融合。

政府、个人、家庭和社会组织养老服务的衔接和融合。

根据老年人身体、精神状况和收入条件，确定了政府、社会组织、个人和家庭之间的养老责任。其中，政府供养的对象主要是重度失能失智的贫困老人，申请老人必须接受统一的家计调查和老年人养老服务需求评估，供养采取现金补贴的方式，面向受益老人直接提供高龄补贴和多项养老服务补贴，以满足受益老人的基本生活需要为主要目标。坚持养老服务政策向社区居家养老倾斜，推进建立精准补贴机制。根据老年人经济收入状况，分别以低保、低收入、城镇企业月平均养老金为标准，形成梯度；根据老年人身体状况，经统一老年照护需求评估，按病情的不同程度，形成梯度。倡导独立、健康的老年生活，打破养老服务的制度障碍，鼓励私人养老机构和非营利组织的发展，以建立和完善养老服务的市场化供给机制。社会组织主要围绕老年人的生活照料和医疗护理需求，由养老服务机构和老人签订养老服务合同，政府进行适度监管，保证老人和养老服务机构的合法权益。在市场化推进过程中，以护理需求显性的、经济收入稳定的老人为突破口，产生市场示范效应，将受益对象逐步扩大为经济收入稳定的、追求健康生活的老年人，以满足全体老年人的多样化、分层次的生活需求为主要目标。

此外，强调个人和家庭的养老责任，提倡中华民族的养老、敬老传统美德，依托社区和街道，向老人家庭成员提供免费护理讲座和培训，鼓励邻里互帮互助，由一些力所能及且有意愿服务邻里的老年人开展心理咨询解答、沟通交流、建言献策等服务，以减轻老年人的“孤独感”，分享生活经验和老年乐趣。鼓励非营利组织参与家庭养老，通过社区党员、热心人士、低龄健康老年人组成的志愿服务队伍，对居家养老的老年人提供定时定点的求助、精神慰藉、生活护理等多项养老服务，以减轻家庭非正式护理者的压力。由此，实现了政府、个人、家庭和社会组织养老服务的衔接和融合。

建立健全梯度转介和保障制度，形成社区居家养老服务与机构养老服务政策、生活照料服务与医疗护理保障政策、养老机构医疗护理床位支持与老年护理院医保政策等梯度衔接的政策体系。

以医疗保险报销制度为政策基础，依托老年人信息服务网络，推动社区养老机构化和机构养老社区化，创新医养融合机制。梯度转介和医养融合的起步障碍主要有三点：老年人养老服务需求评估、信息服务网络和医疗保险衔接政策。其中，建立老年人养老服务需求评估标准，是有效区分养老服务需求层次的前提；信息服务网络为家庭养老、社区养老和机构养老转介服务提供信息基础，同时，信息服务网络也是医养融合机制的必备条件；医疗保险衔接和报销制度，是梯度转介、医养融合机制建立和创新的突破口。南京市和无锡市建立了老年人养老服务需求的统一标准，将医疗保险报销制度引入养老机构，通过简化医疗报销手续来增强养老机构医疗护理服务的吸引力，借此推动医疗资源和养老服务资源的有效融合。

为缓解社区养老服务设施资源紧缺的压力，通过改造利用社区现有公共设施或闲置物业资源，发展嵌入式社区养老服务机构，为老年人就近提供护理预防、居家安养、短期寄养、长期托养的社区养老服务，社区养老机构因此具有嵌入式、小规模、多功能、专业化的特点。开展养老机构进社区的试点活动，依托社区养老资源集中的优势，为老年人就近提供机构养老服务，方便儿女和亲友探望，以就近、熟悉情境、专业服务和医疗护理为主要优势，形成稳定持久的市场吸引力，促进社会养老机构的发展。

在医养融合机制的探索中，南京市和无锡市依托各自的医疗卫生资源，形成了不同的融合模式。南京市以公立医院改革为契机，主要推动部分公立医院向护理院转型，在养老院内设置医疗机构，纳入医保定点报销范围之内，探索“医养融合”的居家养老模式，在玄武、秦淮等区域尝试利用辖区的医疗资源，为居家老人开展助医服务，缓解老年人看病难的问题。相比之下，无锡市则主要通过养老院内置医疗卫生机构，养老院和医院签订协议建立医生走诊制度来解决养老机构的医疗资源短缺问题。

在“9064”的养老服务体系格局规划基础上，南京市和无锡市对老年人的养老服务需求进行了预测，出台了养老服务设施布局规划，以促进社会化养老工作的推进，尽快使得养老服务业走上政府主导、社会参与、社会化发展的道路。

形成市区、街道（镇）和社区（村）的金字塔形养老服务设施网络架构。

其中，街道（镇）和社区（村）主要满足一般养老服务需求，市、区两级发挥示范、保障和补缺作用。比如无锡市养老服务设施布局规划提出，到 2020 年，无锡市区养老机构将达 67 处，其中市级养老机构为 2 处老年公寓和 2 处特殊功能养老机构，区级养老机构将达 12 处，街道按照每 5 万—10 万人规划布局 1 处养老机构，社区（村）按照每 1 万—1. 5 万人及十分钟服务圈的原则，规划设置 1 处以上居家养老服务设施。

对养老机构的选址环境、区域布局和主要功能作出了明确的规定。

养老机构应布局在老年人较为集聚、养老需求较为集中的城镇社区，尽量选择交通方便可达的地段，方便子女探望；远离污染源、噪声源及危险品生产及储运用地，尽可能选择绿化条件较好、空气清新等环境优良的地段；考虑医养结合，邻近医疗卫生设施设置。

用地条件宽裕的地区，将提高标准、大力新建养老机构，在充分满足本地养老需求的前提下，承担老城区转移的服务需求。在交通便利、环境优越的区位，重点发展高品质养老社区，形成多层次、多元化的服务体系。远郊区，则创新发展“区域性养老服务中心”，在确保五保供养对象生活的前提下，拓展日托照料、居家服务等多种功能。提高镇福利院的使用效率，实现老年服务的全覆盖；在自然环境优良的区域，鼓励发展度假型老年社区。

提出了养老机构覆盖率、规模、重点建设项目等方面的具体目标。

比如，南京市养老服务设施布局规划提出：至 2020 年，南京市共规划养老机构 645 所。总床位数 8. 38 万张，达到全市机构养老床位 50

张/千老人。总占地面积 263.8 公顷，人均机构养老设施用地面积达 0.22 平方米。其中，要优先发展护理型床位，兼顾为健康老人服务的生活型床位，逐步使护理型床位达到床位总数的 80%；重点保障低中端为“三无”人员、“五保”老人、低收入老人和工薪阶层服务的普通型床位，适度建设满足高端养老需求的舒适型床位。

3. 嵌入型养老服务体系的内容

嵌入型养老服务模式是以社区为载体，以资源嵌入、功能嵌入和多元的运作方式嵌入为理念，通过竞争机制在社区内嵌入一个市场化运营的养老服务方式，通过整合社区和周边的养老服务资源，为老年人就近养老提供专业化、个性化、便利化的养老服务。在养老服务市场机制逐步完善的过程中，传统的机构养老方式、早期推行的居家养老方式暴露出各自的缺陷，由于两者缺乏衔接机制，制约了养老服务市场机制的进一步发展完善。

在机构养老的建设中，虽然机构养老能为老年人提供完整专业的、以生活照料和医疗护理为主的养老服务，但是机构养老的投入成本和支出成本过高，供需矛盾尖锐。在发展初期，受经济利益的驱动，投资者热衷于建设大型、高档、私人定制的养老院，但居民的购买能力不足，多数大型高档的养老机构陷入发展困境。此外，养老院为了降低前期的投入成本，多选址在远离城区但环境优雅的地方，导致老人和亲友的往来沟通受限，受到市场的冷遇。相比之下，社区居家养老虽然满足了就近养老的原则，但是由于养老服务的专业性不强，监管不力，医疗护理功能弱化，发展也受到不同程度的限制。

在市场优胜劣汰的过程中，南京市和无锡市的嵌入型养老服务体系初见规模。由于嵌入式养老服务规避了机构养老和社区养老的短处，在市场竞争中具有明显的优势。第一，依托社区，利用社区闲置资源，规模小灵活性高，容易布点，机构投入的前期成本降低。第二，依托社区内部和周边的养老医疗资源，在规模经济的作用下，服务供给成本降低，拥有良好的地缘优势。第三，就近养老更能满足老年人的心理需求，为亲友看望老人提供了便利。因此，嵌入式养老服务的理念经受了市场的考验，发展现状和前景良好。

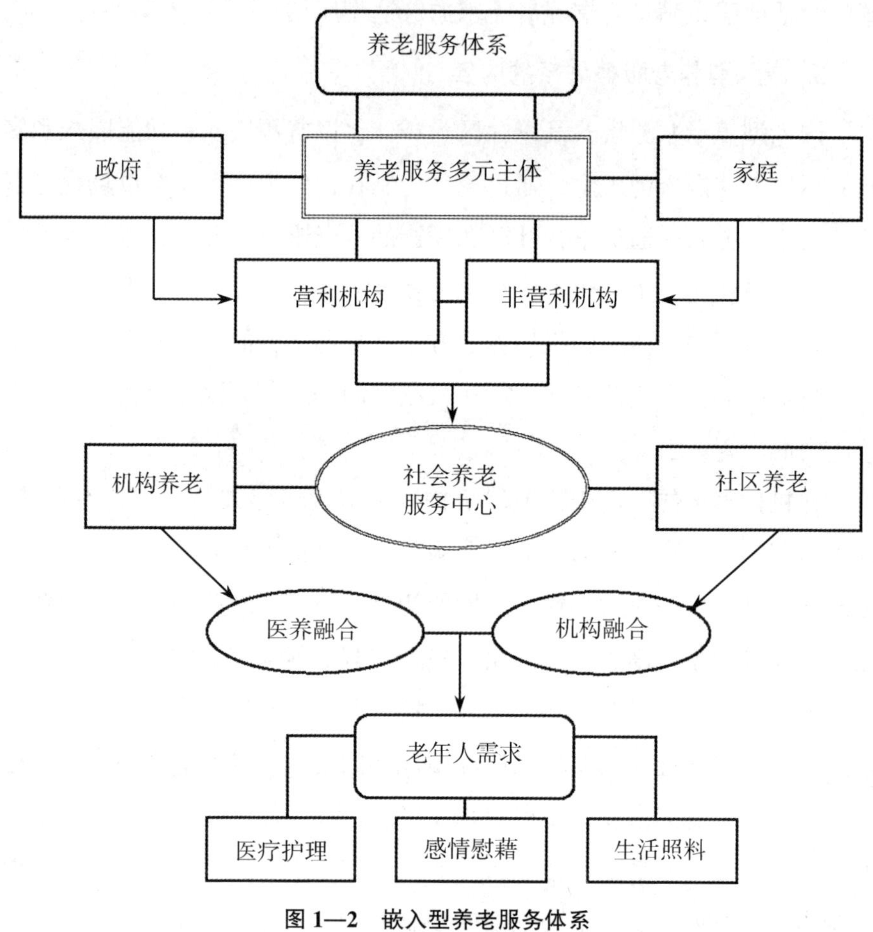

图 1—2　嵌入型养老服务体系

如图 1—2 所示，南京市和无锡市的嵌入型养老服务体系的特点鲜明，建立在养老服务多元主体的基础上，以社区为载体，建立了社区养老服务中心，通过政府政策和市场竞争的双引擎，促进机构养老和社区养老的融合，创新医养融合模式，以就近满足老年人医疗护理、感情慰藉和生活照料的多元化、分层次的需求。其主要内容包括以下几个方面。

第一，养老服务多元主体嵌入机制。

在养老服务多元主体嵌入机制中，充分借鉴了混合福利的理念，明确了政府、市场和家庭在筹资、服务供给和规制三方面的责任和分工，实现了多元主体的融合。从筹资方面来看，明确了政府的筹资责任和主导地位，主要通过完善财政补贴政策、落实税收优惠政策、拓展投融资政策、优化养老服务价格政策、完善老年人优待政策等方面强调地方政府的主要筹资责任，敦促地方政府承担养老服务基础设施建设的主要责任，通过财政预算保证养老服务筹资渠道的制度化。从服务供给方面来看，进一步完善政府购买服务模式，实现养老服务供给的社会化。市场竞争中的营利机构和非营利机构成为养老服务的直接提供者，将购买服务的理念从社区养老延展到机构养老，探索“公办民营”“公建民营”“公租民营”等服务供给模式，从而形成政府引导扶持、市场积极参与的服务供给机制。从规制方面来看，政府成为市场规制的主要主体，承担了养老服务市场发展的主要监管责任，通过出台条例、政策等方式，完善养老服务的法律法规体系建设，坚持适度监管的原则，实现养老机构市场准入、养老需求评估、养老机构评级、养老机构绩效评估、养老信息管理、行业服务标准等方面的制度化和标准化管理，加强对养老服务业工作的督促检查，确保养老服务规划的目标落到实处，保障养老服务提供的水平。

第二，养老社会资源的嵌入机制。

社区养老服务中心可以采用多种运营模式，如政府托底购买服务、社区完善服务功能等，为周边生活半自理、轻度失能失智老人提供全天的护理照料，并通过日托、助餐等方式，辐射到社区其他有需要的老年人群体，能够满足老年人就近养老的需求，让老年人在不离开熟悉的社区环境与人际关系的同时得到养老服务中心的护理照料。这样，老年人在社区内或者社区附近就可以享受到"一站式"的服务包，实现养老服务资源的规模经济。

加强社区与老年人日常生活密切相关的公共设施的规划与改造，推进对介助、介护老年人家庭无障碍设施的改造，从而实现社区养老服务设施与社区服务中心及社区卫生、文化、体育等社会资源的衔接，整合家政、物业、餐饮、物流和护理服务资源，利用社会各类便民利民服务网点和社会中介组织参与老年送餐、社区日间照料等服务。在此基础上，推动养老服务的品牌化经营。

第三，养老服务功能的嵌入机制。

嵌入型的养老服务体系在社区内或者社区附近可以实现居家安养、日间照料、短期寄养、长期托养、家庭照料的"一站式"养老服务功能，其综合功能的实现依赖于养老机构的融合机制和医养机构的融合机制。

南京市和无锡市打破了机构养老和社区养老的分割状态，通过机构养老的社区化、社区养老的机构化两种模式，建立了养老机构的融合机制。一方面，为了弥补机构养老的不足，保障老人就近得到专业化的服务，南京市和无锡市政府要求养老机构在完成基本养老服务保障职能的同时，积极创造条件，利用养老机构资源集中的优势，探索开展社区居家、社区托老、专业支持、信息管理和技能培训等延伸服务，从而把机构养老中的专业服务模式和服务标准引入社区和家庭，实现机构养老功能的扩大化和社区化。另一方面，为了缓解社区养老服务设施和资源紧缺的压力，南京市和无锡市政府改造利用社区的公共设施或闲置资源，主要发展小规模、多功能、专业化的社区服务机构，利用社区的社会资源优势，完善社区托养设施，建立社区养老服务功能的内生机制，社区养老功能得到扩展。

为了就近满足老年人的医疗护理和生活照料需求，南京市和无锡市积极探索医养融合新机制。医养融合模式主要包括四类：第一类是推动医疗机构的改革，依托其机构护理优势，建立专业的医疗护理院；第二类是在原有的养老机构基础上增设医疗服务资质；第三类是由医疗机构与养老机构协议合作，医生提供定期上门巡诊服务；第四类是依靠社区卫生服务网络，推行家庭医生模式，为社区老人提供上门服务。由于南京市和无锡市的医疗资源和养老服务设施基础的差异，南京市的医养融合工作重点在于医疗机构改革和养老机构内置医疗服务功能，相比之下，无锡市的医疗融合工作重点则在于养老机构内置医疗服务功能和上门巡诊服务。

第四，养老服务的信息化、智能化嵌入机制。

嵌入型养老服务体系建立在现代科技手段的基础上，通过养老服务体系的信息化和智能化建设，初步形成了“互联网+养老”的一体化机制。南京市和无锡市把信息技术、人工智能和居家养老服务、机构养老服务相融合，对传统业态的养老服务进行了改造升级。推动养老服务的标准化建设，为养老服务信息化提供评估和监管依据。基于智慧养老的理念，搭建了社区养老和机构养老的信息服务平台，实现养老需求和社区、机构供给的有效对接。探索采用健康检测、治疗、辅助的智能终端，为老年人提供健康监测和报警服务。

4. 养老服务体系的供给侧改革

南京市和无锡市在推动养老服务业发展的初期，从供给侧角度来看，逐步暴露出来一些问题和困难。其中，养老服务结构性矛盾突出，城乡养老服务发展程度不一，政府为筹资和管理主体的养老服务供给无法满足老年人的需求。养老服务业的投资成本高、盈利周期长，给投资者造成了养老服务业门槛高、风险大的错觉，社会性养老机构发展滞后，尤其是社区养老服务的功能未能得到充分发挥。这些问题反映了政策导向偏差、政策目标和政府职能定位不清晰、产业部署和资金投入的重点不突出等深层次的症结。鉴于此，南京市和无锡市政府在过去的三年里，着重推动了养老服务业的供给侧改革。

完善顶层设计，建立以现金补贴为重点的养老服务政策体系。

南京市和无锡市探索建立和完善统筹规划、精准支持的养老服务政策体系，在政策体系中多次强调养老服务补贴政策的重要性，形成以养老服务补贴为政策重点，包括支持社会资源参与服务供给的资源共享政策、养老服务业的税收优惠和减免政策、支持居家养老和社区养老的用地政策、拓展投融资政策、优化养老服务价格政策。结合财政承受能力和老年人基本服务需求，逐年加大政府购买养老服务的力度，完善养老服务标准和评估制度，提高政策实施精准度。在此基础上，推动养老服务制度的顶层设计。比如 2015 年无锡市通过了《无锡市养老机构条例》，要求打破养老服务政策部门条块分割的格局，确立多部门的联动机制，细化养老机构发展的实施措施。

从老年人的需求出发，建立和完善城乡一体、居家为主、社区养老和机构养老均衡互补的养老服务格局。

建立层级服务管理体系和服务实体组织，强化社区养老设施的支撑依托功能，发挥护理型养老机构的示范和补充作用，加快探索智慧养老模式在无锡市和南京市的落地推广，形成具有江苏特色、居家为主、社区机构均衡互补、以信息化智慧化为支撑的多层次养老服务格局。在制定城乡建设规划和土地利用规划时充分考虑养老服务需求，确保养老土地供应，为应对今后老龄化的高速发展预留空间。盘活现有的闲置资源，降低养老机构和设施建设成本，加大养老服务投入向农村、贫困地区的倾斜力度，促进养老服务布局和设施的城乡一体化发展。

鼓励多元发展，促进养老供给侧与需求侧有效结合。

把破解养老服务供给与需求不匹配、不协调和不平衡问题作为重点，在适度扩大总需求的同时，从养老供给侧发力，鼓励养老服务的多元化、品牌化发展，扩大养老服务的有效供给。发挥好公共财政的引领作用，进一步加大对养老事业的刚性投入，通过多种方式吸引社会资本共同投资养老项目，鼓励民间资本通过参资入股、收购、委托管理等方式管理运营公办养老机构。结合南京市和无锡市的实际，鼓励兴办“中档设施、小型适用，专业水准、优质服务”的养老机构，资助有实力的养老企业进行品牌化连锁化经营。南京市和无锡市建立养老服务行业准入和退出机制，健全养老服务机构等级评定、评估制度，加强对养老服务机构的环境、资金、服务等方面的监管。

探索医养融合的新模式，实现养老服务资源和医疗资源的有效融合。

构建养老、医护、康复、临终关怀相互衔接的服务模式，实现老年人在养老机构和卫生医疗机构之间的卫生健康服务便捷对接。完善养老机构的医护康复功能，对自身难以办医的养老机构，通过与周边医疗机构签订合同的方式，为入住老年人提供医疗服务。鼓励卫生支持养老服务，鼓励医生到养老机构开展多点执业，鼓励卫生技术人员到养老机构工作。

（三）引导社会力量参与养老服务

依托社会力量推动养老服务产业发展，是养老服务工作的重点。2013 年以来，南京市和无锡市以制度设计和政策支持为牵引，充分发挥市场机制在养老服务资源配置中的基础性和决定性责任，以混合福利的理念，坚持养老服务供给的社会化道路，创新了养老服务供给模式。在养老体系建设过程中，主要通过公办养老机构的民营化改革，对民办养老机构进行政策倾斜，政府购买养老服务，社会力量供给等渠道，引导社会力量参与养老服务供给过程，推动养老服务的产业化发展。根据 2015 年江苏省质监局发布的《2015 年江苏城市养老服务公众满意度测评报告》，南京市和无锡市位列第二和第四。在居家养老服务提供、社会孤寡困难老人安置、公立养老机构、从业人员整体水平、社区老年活动公共设施、对老年人的关爱与重视程度、养老负担的承受能力和养老服务总体感受以及公众对养老服务期望等方面，南京市和无锡市的政策成效显著。

1. 公办养老机构的民营化改革

养老机构的民营化改革是在转变公共产品的供给理念基础上，引入市场机制，鼓励私营企业和社会组织提供养老服务，一方面实现政府职能的转变，一方面充分发挥市场竞争的优势，以优化养老服务设施的资源配置，提高养老服务的供给效率。南京市和无锡市在公办养老机构的改革中，通过政策引导，在民营化改革过程中形成了不同发展模式与运行机制，这些模式与运行机制可能会为其他地区的民营化改革提供一定的借鉴。

（1）公办养老机构民营化改革的政策引导

南京市和无锡市依照民政部《关于开展公办养老机构改革试点的通知》精神，在确保政府兜底保障的基础上，逐步推动公办养老机构运行机制的改革，于2014年开展试点，2015年全面实施，规划在2020年，将公办养老机构的民营化率提高到70%。在公办养老机构改革的过程中，政府承担了持续的筹资和监管职责。公办养老机构的服务对象需要接受家计调查和统一的养老服务需求鉴定，受益对象限定在重度失能和贫困老人，因此相比民办养老机构，公办养老机构的政策是持久而有力的。

（2）发展模式与运行机制

公办养老机构的民营化改革在推进过程中，存在公办公营、公办民营、公建民营和公租民营等多种发展模式。在养老服务多元供给的理念下，公办养老机构的民营化改革重点和难点在于敬老院。公办民营是在原来养老机构的基础上改造，实施难度较低。但公办公营的养老机构数量较少，无法满足养老服务需求。相比之下，公建民营模式的推进则需要政府加大土地、税收、财政补贴等优惠政策的力度。但是这种模式采用了政府与社会资本合作（PPP）模式，和其他模式相比，公建民营和公租民营方式有以下优势。

首先，能够较好地解决投资大、融资难、门槛高等“进入难”问题和资产专用性强、改变性质和用途难、产权交易难等“退出难”问题。其次，能够有效防范擅自改变土地用途、违规经营和投机套利行为，有利于加强政府宏观管理和指导，防止盲目建设、重复建设和资源闲置浪费现象。然后是有利于提高公共资源使用效率。政府提供统一的、规范化的、标准化的机构养老基础设施，承接主体竞价获取，租赁价格由市场决定，可以避免定价困境，有利于提高公共资源的使用效率。同时，站在公共资源使用和管理的角度，也有利于政府和民间组织加强对机构养老服务市场的监督和管理。因此，南京市和无锡市政府在试点改革中，主要通过公建民营的模式，完善养老服务的基础设施建设，以此推动社区养老和机构养老的创新和应用。

（3）政策绩效

南京市和无锡市在公办养老机构民营化改革方面，取得了比较显著的成效。以南京市为例，2013 年南京市公办公营养老机构有 37 个，公办民营机构 27 个，民办民营机构 176 个，敬老院 59 所，其中公办民营机构主要集中在秦淮区。公办公营机构占养老机构总数的 12. 37%，公办民营、民办民营和敬老院的比例分别为 10. 00%、64. 23%和 24. 58%。两年以后，南京市公办公营的养老机构有 8 个，公办民营机构 31 个，民办民营机构 142 个，敬老院 35 所，公办民营机构集中在江宁区。公办公营的养老机构占养老机构总数的 3. 70%，公办民营、民办民营和敬老院的比例分别为 14. 35%、68. 27%和 19. 77%。从两组数据的对比分析中可以看出，公办民营机构的比例迅速上升，公办公营养老机构和敬老院的比例得到了控制。

2. 民办养老机构的政府支持

南京市和无锡市按照“政府主导、社会运营、合作共建”的发展思路，引入养老服务的市场化运作模式，以减轻政府的财政负担，民营养老机构得到了迅速发展。从表1—1的统计数据可见一斑，2013年到2015年民办民营养老机构的比例从64.23%上升到68.27%，在社区养老服务改革的带动下，鼓楼区、秦淮区的养老机构的社会化程度较高。

表1—1　南京市养老机构统计表

	2013年南京市养老机构				2015年南京市重点养老机构			
	公办公营	公办民营	民办民营	敬老院	公办公营	公办民营	民办民营	敬老院
市直	2	0	0	0	2	0	0	0
玄武	2	3	21	0	0	1	10	0
秦淮	1	15	41	0	0	8	21	0
建邺	1	2	14	0	1	1	7	0
鼓楼	10	3	41	0	2	6	29	0
雨花	1	1	11	0	1	0	14	0
栖霞	3	0	15	5	0	1	15	3
江宁	1	0	15	12	0	10	25	0
浦口	13	0	9	11	1	2	11	10
六合	2	1	8	15	0	1	5	6
溧水	0	0	1	8	0	0	4	8
高淳	1	2	0	8	1	1	1	8
总计	37	27	176	59	8	31	142	35
百分比（%）	12.37	10.00	64.23	24.58	3.70	14.35	68.27	19.77

（1）民办养老机构的政策支持

民办养老机构进入养老服务行业最大的障碍在于前期投入巨大，养老服务业的投资回报周期长，因此从2014年起，南京市和无锡市将养老服务设施建设用地纳入城镇土地利用总体规划和年度用地规划，按照养老服务设施布局规划的要求，落实土地优惠政策。通过地方立法的形式，在土地优惠政策的基础上，落实民办养老机构的税收优惠政策，进行行政事业性收费减免，对民办养老机构进行财政补贴，并推动养老服务定价机制的改革，从而引导民营经济主体进入养老服务领域。

除此之外，为了培育和壮大民办养老服务机构，无锡市政府颁布《无锡市养老机构条例》，以保障民办养老机构的合法权益，鼓励民办养老服务机构的连锁化和集团化经营，以形成具有知名品牌和较强竞争力的养老服务企业。研究和制定了民办养老机构金融支持和优惠政策实施办法，通过养老政策性保险制度，降低民营养老机构的意外赔付概率。政府引导商业银行开发适合民办养老机构的金融产品和信贷担保，符合条件的创业民办养老机构可以享受小额担保贷款的就业政策支持。

民办养老机构一旦实现品牌化和集团化，其规模效应能够降低投资和运营成本，能够增强市场竞争力，一定规模的民办养老机构有利于创新养老机构融合机制，尤其是促进社区养老和机构养老的相互融合，带来医疗资源和养老服务资源的有效整合。因此，对民办养老机构的市场化培育，是养老服务多元供给机制形成的重要基础。

（2）发展模式与运行机制

民营养老机构介入养老服务供给，根据养老机构的实际经济实力和风险承受能力，一般有三种市场定位：第一种是自有启动资金不足，风险抵御能力较低的民营机构，在公办养老机构改革的过程中，以公办民营、公建民营、公租民营的方式，进入养老服务产业，受到服务对象的限制，服务定价较低。第二种是依托于自有社区资产和房产，但运营资金有限的民营机构，多发展为嵌入型的社区养老机构，机构规模小而灵活，养老服务主要针对社区附近的轻度失能老人，收费标准适中。第三种是运营资金充足、知名的大型民营机构，这些民营机构一般利用有利的地理环境优势和经营管理经验，建立大型的、综合型的养老服务机构，实行连锁化和集团化经营，服务对象主要是中高收入人群。通过这三种发展模式，基本上可以分别覆盖贫困失能人口、中低收入群体和高收入群体的养老服务需求，形成梯级价格结构，通过价格机制引导养老服务资源的合理配置。

（3）政策绩效

如表1—1所示，南京市的民营机构建设收到了良好的政策效果。相比之下，无锡市的民营化程度较低，如表1—2数据所示，2015年在机构养老中，民办民营的机构为59家，约占机构养老总数的41%。但是无锡市公办民营机构的发展程度较高，公办民营和民办民营机构的总数达到86家，约占机构养老总数的60%左右。相比南京市，无锡市在未来应该继续加强公办公营机构的改革，以实现公办养老机构70%社会化供给的发展规划目标。

3. 政府购买养老服务，形成多元供给机制

现实中，一边是养老床位总量缺口巨大，一边是过剩与短缺并存——民营养老机构门可罗雀、床位大量闲置；公办养老机构一床难求。实践证明，只要将机构养老服务视同私人产品交由市场自主调节，或视同公共产品交由政府经营，其结构问题就不可避免。寻求上述问题的破解之道，关键在于厘清政府与市场的关系，明晰养老服务资源配置的边界。除了空巢、失能和半失能老人继续由政府举办的养老机构提供免费或低收费服务外，其他养老服务都应面向社会，对接市场，引入民间资本，实行社会化运作和市场化经营，视同准公共产品，通过政府购买服务的方式，向社会提供机构养老服务，让市场在养老服务资源配置中起决定性作用。

（1）政府购买养老服务的运行机制

在试点改革之前，政府购买养老服务主要由委托者、服务供给者和服务购买者参与，形成三元主体的社会化供给机制，监管的责任主要由

表 1—2　2015 年无锡市养老机构和养老床位统计表

	机构养老					居家养老		机构养老	
	机构数	机构性质			每百名老人拥有机构养老床位数	机构数	日托床位数	总床位	每百名老人拥有养老床位数
		公办公营	公办民营	民办民营					
市级	2	2	/	/	/	/	/	2730	/
崇安区	6	1	1	4	2.82	43	233	1607	3.3
南长区	16	0	2	14	2.68	59	456	2777	3.21
北塘区	13	0	5	8	2.88	58	290	2269	3.3
滨湖区	19	5	3	11	3.7	112	697	5150	4.28
新区	6	2	4	0	3.15	64	320	2820	3.55
锡山区	14	7	3	4	2.61	98	784	3593	3.34
惠山区	12	8	0	4	2.53	111	595	3289	3.09
江阴市	26	12	6	8	2.83	252	3503	11689	4.05
宜兴市	29	20	3	6	3.17	300	1900	10980	3.83
合计	143	57	27	59	3.19	1097	8778	46904	3.93

政府承担。在综合试点的基础上，南京市建立了相对独立的评估体系。这是南京市政府购买养老服务的重要创新，对推动养老服务的发展起到至关重要的作用。实际上，南京市已经形成了“委托者、供给者、购买者和监督者”为核心的四元主体机制。在试点改革的过程中，南京市的政府购买的监管者角色由行业自律联盟和第三方评估机构扮演，从而保证养老服务评估的客观与公正，有效促进了养老服务基础设施建设和政府购买养老服务质量的提高。

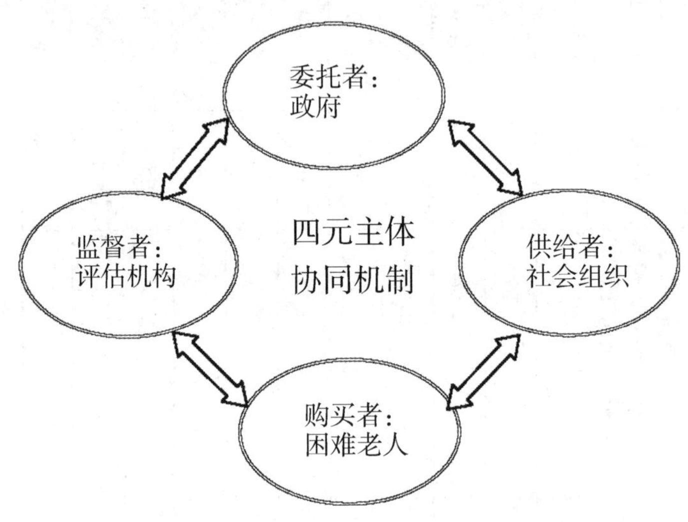

图 1—3　政府购买服务的四元主体协同机制

在四元主体协同机制的基础上，按照如下的流程完成政府购买服务过程：各区政府通过年度财政预算，投入专项经费为困难老人购买养老服务，由各区政府确定承接服务的社会组织。困难老人开始申请服务，评估联盟组织专家团队进行老年人生活能力评估，最终确定服务对象名单。社会组织根据实际情况提供社区服务或机构服务。最后，社区、街道、第三方评估组织等监督服务质量。

（2）政府购买养老服务的主要内容

社区居家养老服务内容主要包括生活照料、医疗护理、精神慰藉、紧急救援、文化娱乐、体育健身、休闲旅游、健康服务、法律服务等。老年助餐服务也是在社区居家养老服务的一项重要内容。

南京市在政府购买养老服务的过程中，2013 年以来，大力试点开展老人助餐服务，尝试在社区设立老年人助餐服务点，为有需要的老人提供方便可及的服务。2016 年，将“全市 80%以上街道至少设立一个中心厨房”列入全市民生的十件实事。助餐服务成为南京市政府购买养老服务机制的特色服务项目。

南京市主要采取四种政策，推动助餐服务的社会化供给：第一，养老服务用地和用房的政策支持。明确四个主城区无偿拿出 200 平方米的社区办公用房，通过公开招标的方式引进社会组织运营机构开展助餐服务。第二，通过“双补”机制，提高助餐服务的供给和需求。对于助餐机构，市区财政按服务人次给予 3 万—10 万元不等的资金补贴；对于城镇“三无”人员、农村“五保”人员、低保及低保边缘的老人、经济困难的失能半失能老人、70 周岁以上计生特扶老人和百岁老人等“五类老人”提供早餐补贴 1 元，午餐和晚餐每餐补贴 2 元的补贴方法。第三，创新助餐工作的运作机制，鼓励养老机构和居家养老服务中心等助餐机构，采取与市场餐饮企业合作的形式开展助餐服务。同时推行中心厨房配餐送餐形式，为老人提供上门送餐服务。第四，尝试通过市民卡平台，与市民卡绑定老人助餐信息，保证资金安全和统计的准确，规范资金运转方式，保证助餐机构能够及时拿到政府财政补贴。助餐服务经过三年的发展，南京市建成助餐点 400 多家，开展助餐服务 300 多万人次，形成了政府资助、社会企业经营、社会组织参与服务的助餐工作格局。

（四）政府对老年群体养老服务的补贴与支持

在今天，养老服务的供给趋于市场化。但是，由于养老服务的准公共产品特征，不能任由市场进行资源配置，需要政府的干预和介入。南京市和无锡市在明确界定政府在养老服务体系中的定位和角色基础上，主要通过财政补贴、福利彩票支出向养老服务提供资金补贴支持。在养老服务补贴政策中探索“补供方”和“补需方”的不同补贴模式，通过供需双引擎机制，促进养老服务业的发展。

目前，南京市和无锡市的养老服务补贴标准不一，具体补贴标准由表1—3和表1—4所示，主要由三类组成：针对老人的补贴、针对护理员的补贴和针对养老机构的补贴。

南京市和无锡市相比，老人补贴和护理员补贴的标准不一，南京市在居家养老服务、高龄贫困人口入住养老机构补贴方面，明显高于无锡市，增加了助餐、助浴补贴、低保双失老人的护理补贴，具有明显的特色。无锡市在人身意外伤害保险补贴、养老护理员补贴方面，其标准和覆盖对象高于南京市，其补贴标准明确，项目设置清晰。

同样的，两市在针对养老机构的补贴方面，也存在政策的明显差异。两市的养老机构补贴主要包括建设补贴、运营补贴、综合商业保险补贴、助餐补贴和助浴补贴，其中，无锡市明确区分了社区机构和养老机构的建设和运营补贴，在建设补贴和运营补贴方面，补贴政策力度明显高于南京市，补贴政策偏向于机构养老。而在助餐、助浴方面，南京市的社区养老机构能得到更多的实惠，补贴政策偏向于社区养老服务供给。

表 1—3　无锡市和南京市针对老年人、护理员的补贴标准

类别	补贴名称	补贴对象	无锡市补贴标准	南京市补贴标准
老人的补贴	尊老金	80 周岁以上老人	80—89 周岁：50 元/月/人 90—99 周岁：100 元/月/人 ≥100 周岁：300 元/月/人	80—89 周岁：50 元/月/人 90—99 周岁：100 元/月/人 ≥100 周岁：300 元/月/人
	居家养老服务补贴	“五类老人”	200—360 元/月/户	半失能：300 元/月 失能：400 元/月 助餐补贴：每餐 2 元
	居家养老援助服务补贴	八类特定老人家庭	信息服务补贴：20 元/月/户 上门服务补贴：40 元/月/户	信息服务补贴：20 元/月/户
	高龄贫困老人入住养老机构补贴	满 80 岁孤寡老人 满 60 岁失能者（低收入户） 满 60 岁失能者（低保户）	介助：200 元/月 介护：300 元/月 介助：300 元/月 介护：400 元/月 介助：500 元/月 介护：600 元/月	低保“双失”老人护理补贴：360 元/月 “三无”“五保”老人：政府托底 失能护理补贴：150 元/月 半失能护理补贴：120 元/月
	养老机构入住老人意外伤害保险	养老机构入住老人	30 元/人/年	“五类老人”：政府承担

（续表）

类别	补贴名称	补贴对象	无锡市补贴标准	南京市补贴标准
养老护理员的补贴	资格补贴	养老护理员	高级技师、技师、高级工、中级工、初级工分别给予每人10000元、5000元、2000元、1000元、500元的一次性补贴	技师、高级、中级、初级资格证书的养老护理员，分别给予每人一次性补贴3000元、2000元、1000元、500元
	培训费	养老护理员	每人1100元	免费培训

表 1—4　无锡市和南京市养老机构补贴标准

<table>
<tr><th>类别</th><th>补贴名称</th><th>补贴对象</th><th>无锡市补贴标准</th><th>南京市补贴标准</th></tr>
<tr><td rowspan="7">养老机构的补贴</td><td rowspan="3">建设补贴</td><td rowspan="2">社会办养老机构</td><td>新建床位：
每张 10000 元</td><td>新建床位：
每张 10000 元</td></tr>
<tr><td>改扩建床位：
每张 5000 元</td><td>改扩建床位：
每张 5000 元</td></tr>
<tr><td>公办养老机构</td><td>根据项目投资额度给予补贴：最低 10 万元，最高 350 万元</td><td></td></tr>
<tr><td rowspan="2">运营补贴</td><td rowspan="2">社会办养老机构</td><td>全护理：180 元/月/人</td><td>全护理：150 元/月/人</td></tr>
<tr><td>半护理：120 元/月/人</td><td>半护理：120 元/月/人</td></tr>
<tr><td rowspan="2">综合责任险补贴</td><td rowspan="2">养老机构</td><td>自理：60 元/月/人</td><td></td></tr>
<tr><td>市补助 70%</td><td>市和区各补助 20%</td></tr>
<tr><td rowspan="8">居家养老服务机构的补贴</td><td rowspan="2">内设医疗机构补贴</td><td rowspan="2">养老机构</td><td>每家补贴最高 10 万元</td><td>无</td></tr>
<tr><td>独立新建：6 万元</td><td rowspan="2">新建床位：6000 元/床
4000 元/床</td></tr>
<tr><td>建设补贴</td><td>居家养老服务机构</td><td>依托养老机构等设施创办：3 万元</td></tr>
<tr><td>运营补贴</td><td>居家养老服务机构</td><td>根据机构规模和服务人数，由各区给予每家每年不低于 3 万元补贴</td><td>维护（房租）补贴：
500 元/床　400 元/床</td></tr>
<tr><td rowspan="3">区域性配餐中心建设补贴</td><td rowspan="3">社会组织</td><td>新建：8 万—12 万元</td><td rowspan="3">1 档：2000—1 万人次
3 万元/年
2 档：1 万—3 万人次
4 万元/年
3 档：3 万—5 万人次
6 万元/年
4 档：5 万人次以上
10 万元/年</td></tr>
<tr><td>改建：8 万　10 万元</td></tr>
<tr><td>原餐饮单位挂牌、依托社会资源联办：5 万—8 万元</td></tr>
<tr><td>助浴补贴</td><td>社会组织</td><td>不详</td><td>1 档：5000—1 万人次
5 万元/年
2 档：1 万人次以上
10 万元/年</td></tr>
</table>

（五）养老服务供给方式的创新

1. 智慧养老

在养老服务实践中，普遍存在的一个问题就是：养老服务供给和需求信息被分散在政府部门、基层自治组织、社会组织、市场主体、家庭和个人等多个主体中，互联互通程度较低，形成了大量的“信息孤岛”和“信息烟囱”。这种局面不仅造成了养老服务供需两侧不匹配，导致老年人养老服务需求得不到及时而有效的满足，而且使得现有的许多养老服务项目和内容并非老年人真正所需。同时，由于各个养老服务主体之间存在信息不对称，许多养老服务资源因此而分散配置、重复建设，缺乏有效整合。

无锡市实施以“建设一套数据库、一个市级养老云平台、一套标准规范、三大应用系统、一系列服务”为主要内容的“11131 工程”，着力构建方便快捷、优质高效的信息化养老服务网络。鼓励企业和机构运用互联网、物联网等技术，建立有利于集成市场和社会资源、促进供需对接的科技助老平台，研发各类适合于养老服务机构和老年家庭的信息产品，为老年人提供紧急援助、家政、医疗保健、电子商务、服务缴费等服务。

一套数据库指：建设包含“老人库”“义社库”“捐赠库”“机构/社服库”“企业库”“商品/服务库”的数据仓库系统；一个市级养老云平台指：智慧养老一体化云服务平台；一套标准规范指：技术、管理、服务等体系标准；三大应用系统指：机构养老服务系统、社区居家养老服务系统和家庭老人社会化服务系统；一系列服务指：生活照料、健康管理、安全看护、休闲娱乐、亲情关爱等涉及老人衣食住行各方面全方位的养老服务。

为了有效推进智慧养老建设，无锡市出台了《关于加快推进智慧养老建设的通知》，具体明确了目标任务、建设要求、推进时序和奖励措施等，制定了《无锡市养老机构智能管理服务系统建设基本规范（暂行）》《无锡市居家养老机构智能管理服务系统建设基本规范（暂行）》，建立了标准体系，给予智慧养老相应的资金支持。

通过先行先试，示范引领，无锡市积极探索智慧养老管理服务的新模式，先后建成市“96158”便民服务中心、滨湖“安康通”服务中心、江阴“幸福一点通”助老系统和宜兴“乐龄”信息呼叫服务等4个居家养老信息服务平台，实现了居家养老服务的信息化全覆盖。2015年实施的市区2万户以上特定老年人家庭购买居家援助服务项目，运用智慧养老信息服务平台，实行定制式菜单服务。同时，还开发了“无锡市社会养老便民地图”，利用地理信息，将居家养老、机构养老、社区老年助餐服务站点等为老服务实体信息进行坐标匹配、综合，方便群众分类查询。

2. 养老服务标准体系

行业标准和市场规范是推进养老服务工作的重要基石，是更好地提供为老服务、加强行业管理的准则和依据。南京市和无锡市在养老服务改革中，探索养老服务标准体系，先后制定了养老服务技能标准、服务机构管理标准、居家养老服务和社区养老服务标准、养老服务需求评估标准、养老服务评估标准在内的养老服务标准体系。

表1—5　养老服务标准化建设

	无锡市	南京市
养老服务需求评估标准	√	√
养老机构等级评定标准	√	√
养老服务信息数据标准	√	
养老服务补贴标准	√	√

（续表）

	无锡市	南京市
养老机构准入标准	√	√
居家养老服务标准	√	√
养老机构规范化建设标准	√	√
养老服务质量控制标准	√	
养老机构安全管理标准	√	
养老服务绩效评估体系		√

在养老机构管理服务方面，制定养老机构设施设备配置规范、养老机构内设医疗机构服务质量控制规范等标准。在社区养老服务方面，制定社区养老服务基本规范、社区老年人日间照料中心服务基本规范等标准。积极研究制定居家养老服务标准。在养老服务专业人才建设方面，加紧制定养老服务从业人员基本要求、养老服务人员职业培训规范等标准。研究制定养老服务信息化相关标准。建立和完善老年人用品产品标准，明确老年人用品行业分类。

健全规范养老服务市场秩序。建立养老机构准入制度和运营规范，明确养老机构与老年人或者其代理人之间的权利义务关系，规范服务行为和收费行为。进一步落实部门责任，对养老服务市场实行日常化、规范化管理。探索进行养老服务质量体系建设，完善服务质量满意度测评管理，推动服务质量对比提升，组织开展“安全、诚信、优质”服务创建活动。强化各部门的协调配合，建立定期会商通报、联合执法等管理机制，形成管理合力，以建立行政执法、行业自律、社会监督、群众参与的养老服务市场管理长效机制。

二、养老服务综合改革的创新与亮点

（一）养老服务的社会力量参与力度大，市场化程度高

养老服务的社会参与是近些年来，在人口老龄化加剧，养老服务业发展速度仍较为缓慢的背景下提出的。我国现阶段，社会养老服务体系压力巨大，原有的公办养老机构存在诸多问题，民办养老机构因为盈利不足问题以及政府扶持问题发展仍显滞后。但是南京市和无锡市两地政府机关在引导社会力量参与养老服务业中取得了一些成果，形成了一些创新性的做法。

1. 社会力量参与养老服务环境优越

作为一种公益化的事业，社会力量参与养老服务业阻碍重重。然而，无锡市的社会力量参与却一直处在前列。从近代以来，无锡就一直是民族工商业发展的重镇，涌现出了大批民族资本家。无锡的民营资本一直以来都是当地重要的资本组成部分，这与其民营养老服务业的蓬勃发展是息息相关的。早在2009年，无锡市就领先于全国大多数地区建立了第一家以民营资本为投资主体的养老机构。另外，导致社会力量参与程度高的原因还有政府的积极作为。政府通过构建政策体系大力扶持社会力量参与养老服务业，为公办民营、公建民营、公租民营、公补民营等不同类型的养老服务机构创造了巨大的参与动力。

2. 价格改革与市场监管

价格因素是制约养老服务业发展的原因之一。公办养老机构长期以来在大多数地区占据主导地位，而其较低的定价很大程度上制约了其自身以及民营机构的良性发展。一方面，公办养老机构自身定价低，使得其长时间处在极低的盈利甚至是亏本的状态下，其服务难以得到改善，

自身发展速度非常缓慢；另一方面，公办养老机构定价低使得其相对于愿意提供良好养老服务的民营机构有价格优势，养老服务需求者相对更愿意选择公办养老机构，民营机构长期处于亏损状态。

不仅如此，价格制定过程中也容易产生问题。如果价格存在较大争议，市场认可度低，同时又缺乏有效的分级，价格制定无法区分各层次的养老机构，就容易致使养老服务机构缺乏市场公信力和社会认可度。

在这一方面，南京市和无锡市两地相关部门都采取了一定的措施，主要包括：

（1）出台统一的养老机构评级标准，设置分层次的定价标准

目前来说，针对公办机构的评级标准与定价标准已经有较完善的体系。南京市早在2003年就出台了《南京市老年人社会福利机构服务收费管理办法》，2007年出台了《南京市老年人社会福利机构收费等级标准》。这些针对社会福利机构的相关条例，虽然一定程度上规范了养老服务业定价体系，但是由于当时民营机构发展程度较低，所以由此定价标准带来了以后的问题，使得一方面，社会对各类服务机构的辨识能力较弱，服务需求者难以选择合适的机构；另一方面，民办机构的定价自主性较弱，需要参照公办机构进行定价，而这样往往导致民办机构的亏损。为了解决这样的问题，2016年4月南京市出台了《南京市养老机构等级评定标准（试行）》，这是一个较为完善的等级评定标准，该标准将民办机构也纳入了评定过程中，对提高民办机构的自主定价能力有一定的作用。

（2）出台相应监管措施，保障公平竞争

养老服务业事关社会公平，人民生活质量及社会价值取向等诸多社会关键问题，因此对该行业的监管显得尤为重要。监管养老服务业涉及多个方面。首先监管者的内部整合，履行监管职能的毫无疑问是政府部门，然而养老服务业涉及民政、人社、卫生等多个政府部门，不应让监管系统变得冗杂繁多，而应分工鲜明、合理协调。其次是监管标准，标

准的构建需要切实考虑服务需求者利益，在涉及安全、服务质量的方面绝不妥协，服务标准也应该实现公办民办一体化，不做特别区分。还有，由于该行业具有较强的专业性，许多需要监管的方面往往需要一些专业的机构介入，这类机构应该避免利益相关，保证第三方机构的公正性。2015 年，无锡市民政局出台了《无锡市养老机构条例》，明确提出了对规划、建设、国土、公安、人社、财政、价格等部门应做好明确分工，由民政部门进行监督指导管理；同时，该条例也明确了养老机构的准入标准，表明了政府部门对行业准入的监管之严格；还有服务规范以及行业的运营管理机制，从卫生标准的监督到财务监管以及用地的规划实施都有明确的规定，对消防和药品的安全也有提到；最后就是本条例设置了严格的处罚措施，对一些违反规定的养老机构以及行政管理部门及人员，本规定中有详细且有法可依的处罚措施。

3. 政府引导其他行业进入养老产业

养老是社会重点问题。随着人口老龄化的加剧以及我国人民观念的转变，对养老服务机构的需求将会越来越大。应对市场需求最好的办法就是增进养老服务的原动力或者拓宽养老服务业的准入渠道，拓宽准入渠道意味着不仅要发展现有行业，更应该引入其他行业进入养老产业。无锡市和南京市目前正在使用一些措施来帮助其他行业参与养老产业。

房地产业是目前较为热门的行业，热门行业往往有大量的供给者，一些资金少竞争实力不够的地产商面临巨大的压力。这些压力一方面来源于其价格，因为地产开发成本相对高，往往需要比同类地产定价要略高；另一方面来源于土地规划，房地产商在参与土地规划方面的竞争时，黄金地段往往被一些财力雄厚的开发商获得，而实力不足的地产商往往不能获得价值高的土地。正是因为一些房地产商在房地产业的竞争力不足，政府对养老服务业的丰厚的政策性补贴往往会吸引他们进入养老服务业。在 2013 年国务院出台《关于加快发展养老服务业的若干意见》后，南京市无锡市两地政府部门也依照国务院文件精神，出台了适应本地发展的相关政策，对养老服务业的土地规划，减少养老服务业成本，增大养老服务业盈利方面都有许多相关的规定。尽管养老服务业的盈利水平远不如房地产业，但是政府稳定的补助以及优良的政策环境往往是这些房地产商需求的，他们更需要稳定的收益。据无锡市民政部门介绍，近些年有大量的房地产商咨询民政部门自己所拥有的房地产能否转行养老服务业，与养老机构差距如何，以及如何弥补这些差距。这些由房地产商改成的养老机构往往提供一些较高档的养老服务项目，这些养老机构的价格往往比一般的养老机构收费要高一些。

另一个比较热门的是医疗机构。医养融合是目前较为热点的问题，医养融合的模式是针对当前老龄人口的特殊结构提出的，养老机构中，仅有约二成的老人可以自理，其他的老人都需求一定的照护服务。

医养融合有很多的形式，最主要的有三种：第一种是养老机构中加入专业性的医疗护理职能；第二种是赋予原有的医疗机构以照料护理职能；第三种是实力较弱的医疗机构与养老机构进行合作，以达到医养融合的目的。其中第二种便是由医疗行业向养老行业转变的模式。

在南京市，一些小医院因为地理位置、设施条件、资金问题等原因正向养老服务业靠拢。比较典型的应当是一些公有制企业的职工医院，这些医院有些已经完成了转移，成了地方性的医院，有些偏远且资金设施不够完善的医院就会去吸引投资者进入，发展养老产业，这也是一种较新的形式。

4. 供方补贴，需方补贴刺激，优化供需结构

补贴政策是政府引导社会力量进入养老服务业的关键，补贴政策有较多的形式，大体可以分为对养老服务供给者的补贴和养老服务需求者的补贴。这两种补贴方式各有利弊。

以公办民营的方式参与养老服务业是比较典型的供方补贴，政府出资兴办养老机构并交与民营资本运营，并按期向机构运营者收取一定的费用。另外，按照运营规模给予补贴也是一种比较常用的补贴形式。比如按照养老机构床位数进行补贴，按照建设规模进行补贴。这些供方补贴的机制节约了民营资本的一次性投入，降低了成本回收所需时间，提高了运营者的积极性，据无锡市某知名养老机构负责人介绍，政府的补贴在目前（其运营初期）已成为主要的盈利收入。但是，供方补贴也会导致一些问题，服务错位是最典型的，养老机构为“三无”老人、“五保”老人提供低价甚至是免费服务应当是政府履行的职责，然而政府补贴供方往往会使这些老人无法进入养老机构，因为民营资本往往不会全身心地帮助政府履行职责，他们更愿意接受支付能力高的、条件优越的老人，政府就无法完成托底的任务。

需方补贴的方式一定程度上弥补了以上供方补贴的缺陷。需方补贴的主要形式是差额补贴法，需方的经济水平决定着补贴的额度，这种补贴形式可以有效发挥养老机构的公益性，防止服务错位。

供需方补贴各有优缺点，两者有相辅相成的作用。无锡市政府认识到了这一点，采取了两方都补的措施，既补供方又补需方。2010 年无锡市出台了《无锡市市区社会办养老机构补助办法》，2013 年无锡市又出台了《关于调整社会办养老机构补助标准的通知》。两份文件对补贴标准进行了详细说明，包括补贴的额度，补贴资金的由来；而且文中提到了“对社会办养老机构，按入住满 3 个月以上本市户籍实住老人数，每月分别给予全护理 120 元、半护理 100 元和自理 80 元的日常运营补助”，并于 2015 年出台了《无锡市老年人养老服务评估实施办法》。评估实施办法提出了邀请第三方机构对老年人的护理等级进行评估。这种补贴方式是以无锡市较为强大的财政实力为依托的。

（二）医养深度融合

1. 医养融合的推进方法

南京市原先的医养分离情况较为严重，养老机构与医疗机构都缺乏应当具备的职能。医养融合面临较大的困难，然而南京市在短短数年取得了一定的成绩，其医养融合的推进过程值得参考。下面以秦淮区为例，介绍南京市的医养融合推进方法。

（1）开展试点工作

秦淮区是南京市人口老龄化最严重的区，所以其养老机构的规模相对较大。在推进医养融合上缺乏相关经验是最大的问题，开展试点还是很有必要的。秦淮区民政部门选择了一组同在一个院子里的卫生站和养老中心进行试验，将两个原本实力较弱的医疗机构与养老机构进行有机融合。该养老中心的老年人以失能半失能为主，且大多都有一定的慢性疾病，开展了医养融合之后，这些老人得到了良好的护理与医疗，甚至有大量的未入住的老年人要求入住，该机构出现了供不应求的情况。

（2）发散试点经验进行推广

试点的成功不代表这样的模式可以应用在所有的养老机构与医疗机构里，试点里的两个机构地理位置近，且开展医养融合可以促进两个机构的互相协助。不过这种方式在别的机构里并不一定能有效实施，一些原本实力强大的养老机构与医疗机构并不需要也不愿意展开合作，它们可以发展出相关的职能，使自身成为医养融合型的机构。分门别类、因地制宜地进行推广工作是秦淮区的做法。

（3）发展入户工作，促进医养深度融合

机构养老并不仅仅是当前的主流，社区居家养老模式中的医养融合也同样是重中之重。秦淮区要求各社区卫生服务与养老服务中心展开合作，为居家养老的老人进行上门或者定点的健康服务，推进医养融合“均等化”。

2. 深度医养融合的体现

所谓深度医养融合，指的是医养融合的覆盖较为广泛，优势较为显著，社会高度认可。医养融合的推进面临重重阻碍，只有政策发展、技术和人员素质得到同步提升，才能真正做到深度融合。

（1）推进医保政策进入医养融合范围

医保是卫生部门与人社部门的管理范畴，推进医保政策进入医养融合范围需要民政、卫生、人社部门通力合作，目前医养融合发展水平低的问题较为突出，而医保政策难以跟上医养融合的发展问题，无论从便民利民的角度，还是从提升各政府部门合作效率的角度，都迫切需要得到解决。南京市在《基本医疗保险支持养老服务业发展的若干措施》中提到，要支持养老机构内设医疗机构纳入医保定点以及支持养老机构与基层医疗机构合作。

（2）社区居家养老服务中的医疗水平规范化、专业化

医疗水平的提升意味着医疗人员的医疗能力以及药物配置水平都要得到提升。居家养老的医疗人员上门服务往往欠缺相应的管理机制，导致医疗人员并不能完全按照规定用药及收费，社区医疗人员人数欠缺，能力不够都是急需解决的。南京市在推行医养深度融合的过程中出台了许多补贴措施与培训措施，为医疗人员水平提升作出了努力。

（3）医养融合信息化

信息技术可以为医养融合解决许多较为棘手的问题，医养融合往往会面临着供给需求不匹配，服务提供不及时等问题。南京市以“智慧社区”为依托的信息平台可以有效解决这些问题。

（三）信息化与养老服务虚实结合

1. 信息平台在居家养老服务中的应用

虽然国家提倡大力发展机构养老、社区养老，但是居家养老的模式仍然是我国长久以来最主要的养老模式。传统居家养老比较突出的问题就是老年人无法及时获得医疗救助以及老年人无法得到全面照料，因此老年人对养老服务的需求一般包括养老服务的便捷性和养老服务的全面性。便捷性是指老年人因为身体条件以及一些疾病处理时出于节约时间的原因，需要能快速地传递自己需求服务的信息以及快速地获得所需服务；全面性既指服务应当是无微不至的，应当从生活细节到疾病的处理以及专业的护理面面俱到，又指服务应当为老年人的疾病提供从预防到护理、到治疗的全面服务。信息平台对处理这些老年人需求的帮助是显而易见的。

2014 年，南京市出台了《老年人智能腕表运营商招标方案》。智能腕表是一种具有信息处理能力的手表。在招标方案中，政府部门提出了对运用于养老服务的智能腕表的具体功能的要求：

（1）紧急呼叫。具备语音通话、紧急呼救功能。

（2）健康监测。能通过远程网络记录佩戴者 72 小时内脉搏或其他能反映人体主要生命体征的信息。

（3）实时定位。提供佩戴者的市区地图位置信息，误差在 50 米以内。

（4）主动报警。对下列三种情况自动报警，并将报警信息发送至指定的一个或多个用户：一是服务器端对 24 小时内无电话接入和拨出实时告警；二是对“关机时长超过设定值、未佩戴时长超过设定值”；三是对主要生命体征参数超过设定值、佩戴者活动轨迹超过预设范围实时告警。

在类似于智能腕表的设备传递出紧急信息后，一个全天候由专门的技术人员负责的便民服务平台将会把这些信息传递给相关医疗机构或者护理机构，由这些专业的机构进行处理。2015 年，南京市出台了《全市镇（街道）便民服务中心规范化建设实施方案》。这种便民中心不仅在养老服务业能发挥这样的信息分配中转筛选的职能，也能在别的行业发挥一定的作用。

2. 信息服务平台在机构养老服务中的应用

涉及机构养老的主要就是机构信息的发布以及分配。信息平台的构建一定程度上解决了养老服务业信息不对称的问题。在受政府部门监管的信息平台上发布养老机构的详细信息以供服务需求方筛选，或者也可以由服务需求方发布自己的信息，由信息平台为其选择较为合适的养老机构。2014 年，无锡市出台了《关于加快推进智慧养老建设的通知》。该文件提到要加快实施以“建设一套数据库、一个市级养老云平台、一套标准规范、三大应用系统、一系列服务”为主要内容的“11131 工程”。

（四）引入金融创新产品参与养老服务业

1. 创新金融业民生惠老服务产品

2016 年 3 月，中国人民银行、民政部、证监会、银监会以及保监会五个部委联合印发了《关于金融支持养老服务业加快发展的指导意见》。该文件认为金融业与养老服务业是一种互惠互利的关系，金融业为养老服务业提供了良好的资源配置以及综合管理，而养老服务业为金融行业提供了更多的融资渠道，丰富了金融工具的种类，创新了金融模式。

反向抵押（reverse mortgage）是目前比较主流的参与养老服务的金融创新产品。反向抵押贷款是指拥有房屋产权的老年人通过将自己房屋的产权或者部分使用权抵押出去的形式，在未来获取现金流的一种金融产品。反向抵押贷款最早诞生于20世纪60年代的美国，这项政策在我国也有一定的历史，然而受传统观念、金融市场的不完善以及房地产市场不稳定影响，在我国一直都只有很少一部分人接受。近些年，受国家宏观经济形势、社保账户资金欠缺以及我国高房价等因素影响，一部分反向抵押贷款还是有所发展的。在南京汤山，市民政部门与房地产商联合推出以房养老举措，规定拥有某小区产权房的、60岁以上的孤残老人，若自愿抵押其房产，可免费入住老年公寓，免交一切费用。不过房产在老人去世后将归养老院所有。

2. 引入商业保险机制

（1）以商业保险的形式规避养老机构风险

养老机构运营中的风险值得关注。在提供公共产品时，一般来说是缺乏一些有效的甄别机制的。养老机构在接受老年人入住时，往往会进行严格的审查，这些审查都是源于老年人的高风险性，一些欠缺高护理水平的养老机构无力承担相关风险。然而一些家属在老年人入住时，往往会隐瞒老年人的病史，使得老年人没有进入适宜的养老机构，而引入商业保险在一定程度上会避免相关问题。市政府按照一定的比例补贴养老机构进行投保，如果有老年人出现问题，保险公司将会支付给养老机构一定的赔偿金。在无锡市，因为多次出现养老机构与老年人家属发生纠纷的情况，这样的保险已经开始实施。

（2）以商业保险的形式保障老年人

商业保险的主要目标是盈利，而老年人这一群体因为其高风险性往往会被保险公司拒之门外。然而，因为社会保险缺乏一些对意外事项的保障机制，商业保险在保障老年人权益方面仍然有其作用，这种时候需要政府发挥相关作用。江苏省民政厅与一些保险公司展开了合作，并要求全省各民政部门为老年人购买相关保险。一些地方性民政机构也与保险公司进行了相关合作，2016 年，无锡市开展了“安康关爱行动”，无锡市各区民政局在中国人寿保险公司为无锡市全体 60 岁以上老年人购买了意外伤害险，更有效地为老年人利益提供了保障。

（五）养老服务人才创新机制

1. 人才供给机制

孝道一直是我国传统文化推崇的，而孝道不应仅仅针对自己的父母，“老吾老以及人之老”这样的观念应当被大家接受。不过现实并非如此，现代养老服务业人才大量缺失正体现了许多人都不愿意去护理照顾其他的老人。另外，养老服务从业者的社会认可度不高也是该行业缺乏人才的重要原因。这些养老服务业的问题甚至影响到了学校，很多学校因为该行业较冷门，不愿意开设养老护理专业，导致人才没有产生渠道，形成了恶性循环。

护理人员还有的问题就是年龄问题。以某养老中心为例，其护理工作者的平均年龄在四十岁以上，而年轻人因为这种工作又苦又累根本不愿意进入该行业，导致年龄断层，未来该行业的发展存在着一定的问题。

（1）薪酬激励机制

薪酬激励机制是一种比较通常的解决人才高需求问题的方法。为了刺激养老服务业人才供给，养老机构一般会给从事护理职业的员工提供略高于其他同类行业的工资。据无锡市某养老机构负责人介绍，其目前为护工开出的月工资水平大约为 4000 元，并且为护工缴纳社会保险费用。这个工资略高于无锡市月平均工资水平。不仅这样，南京市与无锡市两地的市民政部门还为这些护理人员发放一定数目的奖金，进一步提升其从业积极性。

（2）定向培养机制

无锡市是一个老龄化程度高的城市，养老服务业的发展离不开足够的人才供给，然而薪酬激励机制对人才供给的刺激比较有局限性，无锡市民政部门采取了定向培养的办法。

定向培养是指民政部门与护理机构以及一些学校展开合作，在这些学校内开设护理专业，然后这些学生在入学之前与民政部门签订合同，由民政部门负责其学费，在毕业之后对口进入无锡市的护理机构，该举措在一定程度上为无锡市养老服务机构解决了人才供给问题和人才结构问题。

2. 人才培训与管理机制

人才培训也存在比较突出的问题。因为护理工作者以及社会工作者的供给不足，为了维持服务的规模，难免部分工作者个人素质缺失。而照护老年人的工作却往往需求一些专业性以及敬业的态度，因此培训相关专业人才与出台管理措施就变得很重要。

（1）制定有针对性的监督激励机制

没有什么人能比被服务者更能感受到服务人员的服务质量了。由这些被服务者对服务进行打分，并且一定程度上参照分数对工作人员进行相关考核和奖惩可以有效地激励工作人员提升服务质量与自身素质。政府部门也可以成立工作小组或者邀请第三方对养老机构服务质量进行评估，迫使养老机构加强员工教育。南京市在《南京市养老服务评估实施办法》里就提到了需要出台相应的社会工作人才监督评估体系并制定了详细的评估办法。

（2）完善的人才培训体系

民政部门的人才培训体系致力于培训出全面的专业的高素质社会工作人才，南京市为此出台了《关于进一步加强养老护理员培训和职业技能鉴定工作的意见》。以南京市栖霞区为例，南京市民政部门在建设人才队伍中有一套较为完善的体系。首先，要做好领导工作，由民政局领导为组长构建了人才队伍建设领导小组。其次，该局使用了专项可观的资金负责人才培训。最后，要求以培训班、论坛、讲座的形式开展教育活动，并创办相应的报纸丰富社工文化水平，对社工队伍提出理论研究的要求，鼓励其定期发表相关论文。

三、存在问题

（一）社会力量参与的动力不足

1. 阶段性投入过高

就民资兴建养老机构而言，前期投入非常巨大，主要包括拿地、场地建设、设备购买、人员聘用、广告投放等。此外，养老服务行业还存在利润低、回收期长、法律纠纷多等问题。民办养老机构的民资背景更导致其对老年人的吸引力不足；而且当遭遇法律纠纷时，民办养老机构的应对能力也较弱。

此外，公办民营养老机构每年要向政府上缴一定款项。如无锡市广益养老院，每年要上缴200万元的场地使用费用，再去除人员薪资、设备维护等成本，若没有政府补贴也存在一定程度的亏损。这也影响民营养老服务的积极性。

综合而言，不论公办养老机构还是民办养老机构都存在前期资金投入大、利润低、资本回收期长、风险大、机会成本高等问题。这些问题是社会力量决定是否进入养老服务业时必须思考的问题。

2. 政府财政介入的适度性问题

养老服务业前期资金投入大、利润低、资本回收期长、风险大、机会成本高等问题制约着社会力量的进入，政府的财政介入对于已经进入或将要进入养老服务业的民间资金而言显得至关重要。所谓政府财政介入的适度性问题，就是“财政资金投给谁、投多少、在哪一阶段投”的问题。南京市和无锡市政府财政的主要做法是：

第一，对新建的民营养老机构按床位进行补贴，分为自建房和租赁房补贴两种；

第二，对已经享受过非护理型床位补贴的，对改造至护理型的床位进行补贴；

第三，对达到不同入住率程度的养老机构进行不同等级的补贴；

第四，对养老机构为老年入住者购买的各种保险，酌情进行补贴等。

总的来说，南京市和无锡市的补贴办法比较周全，但是仍然存在一些问题。如部分补贴资格审查标准不明确；审核周期较长；对很多新兴的养老服务业无明确的补贴办法；对养老机构补贴办法的公示工作做得不完善；对医养融合和养医融合的养老机构补贴与鼓励力度不够等。

3. 供给层次问题

社会力量参与动力不足中还包含“供给层次”问题，即参与供给的主体不够多元化、供给的层次不够多样化。

供给主体不够多元化，一方面表现在已投资或准备投资进入养老服务行业的民间资本多为宾馆业、地产业等行业的过剩资本，它们对养老服务业的经营业态、行业专业性、行业特殊性认识或把握不足，对养老方面的专业知识也存在缺失，很难在养老服务业这一微利行业取得生机并长期良好运营。另一方面，诸如经营不善的社区卫生院、医疗所不能适时合理地向养老服务业进行转型也是养老服务供给的主体不够多元化的原因之一。

供给层次不够多样化主要由养老服务业自身的特点所导致。根据调查走访所得的情况来看，社会力量参与养老服务业走向两个极端：高端养老服务业和低端养老服务业。这两个极端基于同样的原因：前期投入过高、养老服务业是微利的。高端养老服务机构通过高档设施、高档服务来赚取高附加值；低端养老机构则以较低的成本和“薄利多销”来维持运营。而适龄老人的高中低档需求近似正态分布，高端和低端需求都只是一小部分，中端需求无法得到满足。

（二）养老服务供求的城乡差异

1. 养老机构空间分布不合理

养老机构是社会养老专有名词，是指为老年人提供饮食起居、清洁卫生、生活护理、健康管理和文体娱乐活动等综合性服务的机构。本研究以养老机构的个数、床位数、从业人员数等数据作为指标，借以衡量养老机构的空间分布。

以南京市为例，表 1—6 中数据系截至 2014 年年末南京市城镇与农村养老机构资源的各个指标。该数据明晰地显示出了南京市城乡养老资源分布的不均，体现了养老机构空间分布的不合理。

表 1—6　南京市 2014 年城镇/农村老年福利机构数据

项目	机构数（个）	从业人员（人）	年末床位数（张）	年末在院总人数（人）	康复和医疗门诊人次（人・次数）
城镇老年福利机构	210	3231	25504	9344	41085
农村老年福利机构	23	252	6213	1876	128

数据来源：南京统计局官网——“南京统计年鉴”（2015）。

目前，在我国“居家为主、社区为依托、机构为支撑”的宏观养老体系中，养老机构的专业护理与健康管理有十分重要的支撑作用，对于失智、半失智、失能、半失能老年群体的护理而言更是至关重要。可是，养老机构的空间分布偏向于集中分布于城镇，导致了农村养老群体对专业护理服务的需求难以得到满足，这严重制约了社会整体养老服务供给水平的提高。

2. 政府财政补贴的城乡差异

政府对养老服务的财政补贴包含对养老服务供给方（养老机构及其雇用的护理人员）的补贴和对养老服务需求方（接受养老机构服务的老年群体）的补贴。

对供给方的补贴主要包含：为公办公营、公办民营的养老机构提供的场地等基础设施、这些基础设施每年的维护保养费用、运营补贴；为民办民营养老机构在建设初期根据其规模大小而提供的床位补贴、房租补贴、运营补贴；为专业与非专业护理人员按照“技能职称”来进行补贴；为护理人员提供的培训补贴；为养老机构购买或补贴购买商业保险等。对需求方的补贴主要包含：高龄补贴、低保对象中“双失”（失能、失智）老人护理补贴、护理型床位建设补贴、民营养老机构维护（房租）补贴、养老机构综合保险补贴、养老护理员资格补贴、助餐及助浴补贴等。

政府的相关财政补贴政策比较完善，但受限于其他因素而导致了政府的财政补贴出现了较大的城乡差异。首先，养老机构空间分布更集中于城镇，所以从空间看，财政对养老机构及其雇员的补贴大部分都流向了城镇。其次，较之城镇老年群体，农村老年群体的收入普遍较低，参加机构养老给农村老年群体带来的经济压力更大，这迫使有机构养老需要的农村老年群体较少地进入养老机构，政府针对养老服务需求方的补贴也就更多地流向城镇中有机构养老需求的老年群体。这两方面因素共同导致了政府对养老服务业的补贴更多地流向城镇，而非城乡合理、均衡地享受政府财政补贴的红利。

3. 市场介入程度的城乡差异

考察养老机构的市场介入程度要考虑一个地区公营和民营养老机构的数量与占比。通常养老机构的性质与经营业态分为5种：公办公营、公租民营、公建民营、公助民营、民办民营，除公办公营的业态外，其余4种业态都视作市场介入。

此次江苏的试点城市南京市和无锡市，具有较高的城市化率，城镇和农村的经济也都相对发达，可是养老服务方面的市场介入程度仍然存在较大的城乡差异。以无锡市为例，根据无锡市养老床位统计数据（2015年度），在所考察的主城区（崇安区、南长区、北塘区）中，崇安区共有6家养老机构，其中公办公营的养老机构有1家、公办民营的养老机构有1家、民办养老机构有4家，即养老服务的市场介入程度达到83.33%；南长区有公办民营养老机构2家、民办养老机构14家，养老服务的市场介入程度达100%；北塘区有公办民营养老机构5家、民办养老机构8家，养老服务的市场介入程度达100%。在所考察的郊区（含无锡的下辖市、县）中，惠山区有公办公营养老机构8家、民办养老机构4家，养老服务的市场介入程度为33.33%；宜兴市有公办公营养老机构20家、公办民营养老机构3家、民办养老机构6家，养老服务的市场介入程度为31.03%。

以上对无锡市城乡养老机构数量的比较可以清楚地展现出：在养老服务的提供方面，市场介入程度存在较大的城乡差异。此外，根据无锡市郊区、县各家养老机构的床位数统计来看，民办养老机构多数为中小型养老机构，而公办公营的养老机构多数为大型养老机构。所以养老服务的市场介入程度的城乡差别，实际上还要更大一些。

（三）价格指导下的供需双方矛盾

1. 老人的福利性诉求与养老机构收费偏高的矛盾

需要注意的是，这里说的“高”水平的收费是相对于老人的收入和消费水平而言，是指养老机构的收费标准超出了老人的经济承受能力。但是，从养老机构的运营成本来看，这样的收费水平并不算“高”。养老机构的收费标准是经过了南京市物价局进行过成本核算，并由南京市财政局和南京市民政局共同批准后制定的。这样的收费水平是为了保证养老机构在收回成本的基础上略有盈余，而且从养老机构的实际操作来看，养老机构的价格浮动在合理的范围内。

南京市人力资源和社会保障局官方资料《南京市社会保险 2015 年度信息披露通告》规定，2015 年 1 月退休人员养老金调整后退休人员平均养老金水平为 2659 元/月。根据南京市养老网的数据：南京市公办民营型养老院收费标准远低于民营型养老机构收费标准。多数公办养老机构收费均在 1000—2000 元不等，而民营型养老机构多数收费标准均在 2000 元以上，处于 2500—4000 元区间内。以现有养老金水平远不能满足其入住养老机构的需求。

表 1—7　南京市部分养老机构收费标准

养老院性质	养老院名称	机构类型	收住对象	收费区间	特色服务
民营	南京悦华安养院	养老院	自理、半自理、全护理、特护	3000—8000 元	可接受异地老人；具备医保定点资格
	银杏树老年人服务中心	养老院	自理、半自理、全护理、特护	2000—4000 元	可接受异地老人
公办	江苏省南京市鼓楼区莫愁老年康复中心	社区养老服务中心	自理、半自理、全护理、特护	1200—1800 元	—
	江苏省南京市秦淮区双塘街道社会福利院	福利院	自理	550—650 元	—

另外，探访到无锡市2015年人均基础养老金在养老金上调之后为657.92元/人，加上个人账户养老金，也难以达到养老机构的收费标准。据了解，无锡市的广益养老中心——公办民营型养老院，其收费平均标准为2000元/月，具体根据不同类型的房间收取不同价位的房间费；不同等级的护理收取相应的护理费：150元、300元、600元不等。以无锡市居民当前的退休养老金标准，居民的收入不足，很难如愿入住养老机构，公办养老机构相对民营养老机构其消费的可能性较大。

总体来说，本地居民对养老机构的有效需求不足主要还是由于其提供的价格标准过高。根据2015年南京市统计局官网所查资料显示：城市居民人均可支配收入为3842元/月，城市居民人均消费性支出为2316.2元/月，农村居民人均纯收入为1623.6元/月，农村居民人均生活消费支出为1170.1元/月，城镇非私营单位从业人员月均工资为6578.8元/月，城镇私营单位从业人员月均工资为3820.5元/月。依据城市居民的可支配收入减去消费性支出所得1525.8元/月，而当地养老院的平均收费水平也在500—1500元区间内，如若去这类养老院消费，便很难维持家计。农村的情形更不乐观：农村居民的可支配收入减去消费性支出所得453.4元/月，连南京市最低水平的养老院的收费标准（500元）都难以达到。

表1—8　无锡市部分养老机构收费标准

养老院性质	养老院名称	机构类型	收住对象	收费区间	特色服务
民营	无锡市滨湖区蓝天养老院	养老院	自理、半自理、全护理、特护	2350—3750元	可接受异地老人；具备医保定点资格
	无锡市滨湖区太湖养老服务中心	养老院	自理、半自理、全护理	1410—3300元	可接受异地老人

（续表）

养老院性质	养老院名称	机构类型	收住对象	收费区间	特色服务
公办	无锡市崇安区寿康老年颐乐院	其他	自理	500—1000 元	—
	无锡市新区康乐年华硕放颐养园	养老院	自理、半自理、全护理、特护	1000—5000 元	可接受异地老人

2. 失能老人资金压力大，需求不足

目前，南京市对失能老人的护理分为家庭和社区、机构护理两大类。每月护理成本按照失能轻度、中度和重度三个等级。前者的标准分别为 632 元、1264 元、2528 元，后者的标准分别为 1400 元、2472 元、3880 元。考虑物价上涨、人力成本等因素，长期护理费用呈现逐年上涨的趋势，年均增长率在 6. 8%—8. 2%，对于普通家庭来说，这是一笔不小的开支。在此情况下，对于这部分老龄人口来说，按照其目前 2659 元/月的平均养老金水平，入住养老机构将会是可望而不可即的事。

3. 养老机构投资收益率低，养老服务供给不足

公办养老机构属于事业单位的编制，经费完全是财政拨款支付，其投资回收期长，收益率低，且初期资金需求量大，如今多数养老机构普遍存在资金短缺现象，尤其是民办养老机构，养老金的来源渠道单一，很多民办养老机构存在资金来源跟不上机构运营的速度，面临资金周转的问题，不能提供有效的养老服务，阻碍民办养老机构的市场化经营。

公办养老机构的资金来源是政府，费用支出也会在很大程度上得到政府的补贴和保障，所以，公办养老机构在运营上不存在多大困难，然而，当机构在日常需要资金进行用途时或是当老人发生什么问题时，资金申请过程烦琐，往往会影响机构处理问题的效率。

拿南京市银杏树老年人服务中心来说，该机构面临严重的运营成本和资金短缺的压力，一年房租就要六七十万元，到第三年还要递增10%。这种房租的运营成本会带来巨大的运营压力。养老机构运营成本如此之高阻碍了其自身的发展，从而会降低机构继续运营的积极性，不能为社会提供有效的养老服务。

无锡市公办民营型养老机构，广益养老中心每年上缴款200万元，属于专款专用资金。尽管政府包揽多数固定资产的投入、维修以及一些老年人意外伤害这些项目，但由于公办型养老机构的本质特征，机构前期投入较大且资金的回收期长，在运营方面的压力大，导致众多企业涉足这一领域的想法被扼杀，养老服务供需矛盾愈发突出。

（四）人才队伍力量薄弱

1. 人才供给结构失衡

（1）性别结构失衡。如今在一线护理岗位上工作的多数是女性，尤其以农村年轻人、外来务工人员以及下岗人员居多，其中80%以上的护理人员为外来人员，缺乏本地的护理人才。因为养老服务业还是处于较低的水平，更多着力于满足老龄人口生存方面的需要，基于分工的细致性，其从业者多数是女性，相比结构严重失调。

（2）年龄结构失衡。两市养老服务人员年龄普遍较高，多为55—60岁，多数年轻人存在对行业的偏见，认为社会认可度低，压力大，很少有人愿意从事“伺候老人”的工作，所以更加剧了年龄结构上的不平衡。

（3）学历结构失衡。多数就业者存在对养老服务业认识的片面性，很难吸引高学历人才，导致文化程度普遍不高，大部分都集中在高中及以下的文化层次。加上待遇偏低，南京市护理员的平均收入仅有2000元左右，一些优秀人才参与年限非常短。

2. 养老护理员供需矛盾突出

南京市60周岁以上户籍老人130.94万人，人口占比20.08%，实际老龄化率达23.7%。南京市政府规定正常养老护理员对应养老需求的比例在1∶1，而本地却仅有1∶3.2，总体缺口达到了90%以上，养老服务供需矛盾激化。

在实地调查中发现：养老护理员存在供给结构的问题，工作内容繁重的一线护理人员最为短缺。据无锡市广益养老中心负责人的陈述：目前，管理型护工并没有缺口，甚至存在供给过剩的趋势，相比之下，一线护工较为紧缺，主要原因是一线护工收入相对较低，仅120元/天，劳动力供给数量严重不足。

3. 养老服务人员平均技能水平较低

南京市《关于进一步加强养老护理员培训和职业技能鉴定工作的意见》（〔2013〕110号）文件具体指出："十二五"期间，全力推进"222"人才工程，即培育2000名初级护理员，200名中级护理员和20名高级护理员。2014年养老护理员的培育状况较好，培育初级护理员1160人、中级护理员349人、高级护理员94人，尽管如此，多数养老护理员仍然存在着缺乏专业的医疗护理知识，持证上岗率较低的困境。

4. 人才培训机制不健全

南京市和无锡市主要采取自我培训、借助职业高校、依托部省资源相结合的"师徒制"方式，这种一般化模式来培养员工，容易导致养老服务从业者严重缺乏技能培训和专业知识，在人才素质能力上不能很好地适应老年人需求的变化，优化服务效率。

5. 人才激励机制有待完善

很多养老院护理人员工资水平仅在2000—3500元不等，前期培训费高昂，政府也仅补贴1100元/人，也没有额外的非物质性奖励，缺乏相应的人才激励机制，难以调动护理人员的积极性。而无锡市广益养老院实行的“双培养”机制——薪酬激励机制就很有效果，其内部员工工资在5000元/月，也给员工提供“六金”，相对来说，可在很大程度上减少劳动力流动以及人才的缺失。

四、典型案例分析

广益养老中心始建于1983年7月，原为广益敬老院。2009年，广益地方政府进行投资重建，2014年，外聘专业管理团队经营，政府对其定性定量的跟踪培养，以期形成当地养老服务产业的“连锁化、品牌化”，现属民办非企业单位，即非事业单位非工商登记企业，非营利性养老机构。这不仅是政府职能的转变，也是打造顺应老年人需求的高质量养老服务需要。

（一）民营化前：广益敬老院的建立与改制

1. 广益敬老院的建立

广益敬老院建立于1983年7月，位于无锡市广丰路，主要辐射周边八个社区，长期以来负责照料周边社区的“三无”（无法定扶养义务人，或者虽有法定扶养义务人，但是扶养义务人无扶养能力的；无劳动能力的；无生活来源的）“五保”（吃、穿、住、医、葬）老人。作为接待老年人安度晚年的社会养老服务机构，设有生活起居、文化娱乐、康复训练、医疗保健等多项服务设施。敬老院原先由小学校舍改造而成，有床位60张。

随着经济的发展和社会事业的进步，无锡市人口老龄化进入快速发展期，仅有的床位数和养老院的服务设施已不能满足老年人数量快速增长的需求。2009年，广益街道八个社区筹资4000万元进行改造，土地面积达到1万平方米，建筑面积7500平方米。原地重建的养老院床位达到250余张，入住率达60%。服务对象主要是由各村来负担的政府托底的老人。此外，由于该敬老院地处市区，周边多为外地人员经营的建材市场，外地来养老的老人也占部分比例。

公转民营前也没有亏损，养老院一直是自负盈亏的模式，政府没有相应经济补贴，收到的都是各村的“五保”“三无”对象，这些人都是各村自己负担的。2011—2013年分别盈利：8万元、10万元、12万元。

2. 运营存在的问题

敬老院的重建，一方面给老人提供了更好的居住环境，床位数的增加也缓解了社会养老供给不足的压力，但是另一方面缺乏专业化护理、老年人需求层次变化等问题凸显。在市场化背景下，民营养老机构也雨后春笋般成长，如果不及时解决这些问题，敬老院将会面对入住老年人逐渐流失、投资也将无法收回等难题。敬老院曾试图将包袱甩给政府，而此前政府已经提供了建筑与建筑维护、承担了提供土地的机会成本，如果全面接管敬老院将不堪重负。

3. 社会力量的引入

2011年，国务院办公厅印发的《社会养老服务体系建设规划（2011—2015年）》中国社会养老服务体系建设仍然处于起步阶段，提出“发挥市场在资源配置中的基础性作用，打破行业界限，开放社会养老服务市场，采取公建民营、民办公助、政府购买服务、补助贴息等多种模式，引导和支持社会力量兴办各类养老服务设施，充分发挥专业化社会组织的力量，不断提高社会养老服务水平和效率，促进有序竞争机制的形成，实现合作共赢。”这是政府文件中首次出现养老机构“公建民营”的提法。2013年，国务院印发的《关于加快发展养老服务业的若干意见》对全国加快发展养老服务业作出系统安排和全面部署。为加快养老服务业改革发展，养老机构和养老服务的公办民营实践也在各地展开，以提高养老服务效益，广益敬老院所在地政府也想通过公建民营这种方式将敬老院托管出去。

在实践中，公办民营模式存在着四种具体的操作方式。

第一，委托经营模式，由政府进行投资，委托专业的民营养老机构进行运营管理；政府和机构按照经营额分成，政府对低收入群体进行服务名额购买。

第二，租赁经营模式，政府将其建设的养老机构以优惠价格租赁给民营养老机构，由民营机构进行运营并缴纳租金，政府对低收入群体进行服务名额购买。

第三，特种经营连锁，政府投资建设机构并组建自己的经营团队，使用专业化的养老品牌，并给品牌公司缴纳品牌使用费和标准使用费。

第四，自由连锁形式，政府投资建设机构，委托专业养老机构委派人员运营，并进行策划、设计、培训，政府向专业养老机构缴纳知识产权费。

广益养老中心的公办民营模式采取的是委托经营的方式，即政府委托专业的养老机构对其所建的广益敬老院进行运营管理，仅由政府提供土地与设施维护。作为原公办养老机构，在建设档次上，因地制宜、实际适用，保持非营利公益属性，不片面追求高档、豪华，杜绝档次偏高现象。因为带有社会福利性质，承担保障兜底功能，为此要充分发挥托底作用，重点为“三无”老人、低收入老人、经济困难的失能半失能老人提供无偿或低收费的供养、护理服务，避免产生社会福利分配不公问题，保证养老事业的公益性和普惠性。

（二）民营化后：广益养老中心的运营与发展

目前，广益养老中心是由政府外聘的无锡宏泰养老服务有限公司承担经营管理责任。该公司是一家集投资、科技、经营、管理为一体的综合性养老服务机构。民营化后的广益养老中心占地面积 10 亩，总建筑面积1万多平方米，绿化面积4350平方米，绿化率达63%，有床位285余张。根据老年人自理、半护理和全护理的不同需求，设置单人间、双人间、多人间，另外设置两层VIP会所式公寓，以满足不同层次人群的需求。以“投资主体多元化、服务对象公众化、服务方式多样化、服务队伍专业化”为总体要求，建造成为一所集养老托老、康复疗养、休闲娱乐于一体的现代养老机构，让入住老人享受高品质的养老生活，从中提高社会效益和经济效益。

1. 服务提供现状

（1）公开流程，规范操作。对外公开服务流程、程序、操作规范及服务达到的水平和要求，及时让老人及其家属知晓本院的服务内容、时间、地点、任务、须知和收费标准；设立“院长信箱”，及时收集、调查、协调和解决有关服务质量、管理的各类投诉信息，并及时纠正和调整措施，提高服务的满意度；对制定各类危机和风险管理措施、控制和应急预案、处理程序都能落实到每个负责人，做到谁主管谁负责的管理体系。

（2）分类服务，细心照料。养老中心根据老人的各项需求，开展多种形式的分类服务，对需要专门进行护理的安排专人护理，对老人进行定期查体活动，每月定时为老人提供理发。搞好个性化服务，根据老人的生活习惯，性格爱好，生活经历，开展有针对性的服务，在食谱方面做到荤素搭配，一周菜单公布上墙，并根据老人的建议，对饮食进行调节，确保顿顿新鲜，做到天天不同。每个房间设有卫浴设施的标准间，内设有一个衣物柜，床上用品专人定期换洗；对患有疾病的老人，专门安排人送饭菜；对生活不能自理的病危老人，精心伺候。

（3）入住建档，定期健康检查。养老中心注重老人的安全和康复工作，专门建立了老人健康档案，详细记录老人的身体状况、亲属联系方式等基本情况。每年定期安排老人健康检查，日常安排卫生室医护人员护理老人健康，并做到 24 小时值班。老年活动室内配有多种活动项目和健身项目，供老人开展日常娱乐和健身。

（4）医养融合，提供健康保障。广益养老中心具备内设医疗机构全科资质并备有药房，享受足不出户的医疗服务。配有常驻执业医师每周定期为老人检查身体状况，予以记录，建立完善的个人健康档案，并根据老人的身体状态及时给出合理的饮食及作息意见，使老人能够享有私人医生的顾问服务。营养师会根据医师的专业意见对老人的膳食作出合理的菜谱。

（5）开展文体娱乐活动，颐养老人身心。组织老人进行必要的情感交流和社会交流，让养老中心的所有老人都能老有所乐、老有所趣、老有所为、老有所养。以传统节日为契机，开展丰富多彩的文体活动；尊重宗教习俗，满足老人信仰需求；入住老人可根据自己的喜好选带书画、相框、盆景、植物用于装饰自己的空间。

（6）丰富养老服务产品，满足老年人需求。按老人需求，有偿提供陪游、陪购、陪医服务；开设书法、园艺、绘画、回春功、手工编织等课程，使老人老有所学、老有所乐；联系专业的心理辅导师，能为老人排忧解难，使老人不仅身体健康而且精神健康。

2. 运营机制阐述

（1）养老中心日常制度方面，管理团队先后制定并完善了《安全考核制度》《卫生考核制度》《院长责任制度》《财务制度》等各项制度，并组织老人和员工学习讨论，促使各项制度不断健全完善，切实做到了日常管理中有章可循、有据可依。一方面努力把科学管理的实施与各岗位职责的落实相整合，规范操作程序；另一方面将各项制度上墙公示，接受老人和家属监督，并严格落实财务开支和院务公开制度，充分发挥老人自我管理、自我服务、自我约束的积极性。同时，成立了院务管理小组、膳管会，定期参与养老中心的管理，经常对养老中心管理工作进行督查指导，促进了养老中心的规范化建设，提升了管理效能。

（2）专业人才培养方面，管理团队致力于提高服务人员的专业技能、增强工作人员的职业道德建设。采用“请进来，走出去”的办法，定期组织护理人员参加专业知识培训及学习交流，使提供生活照料服务人员的技能符合《养老护理员国家职业标准》。针对院内老人热点、难点问题展开讨论，商量对策，在学习探讨中提高服务能力。为强化服务意识，优化服务质量，增强责任感与自觉性，对照岗位目标责任制，对全体员工实行定期考核，并同个人利益挂钩。

3. 入住条件

失能失智老人的子女对养老机构的青睐也让其承担着较多的民事纠纷事件，因此，为了避免纠纷以及为已经入住老人提供更好更安全的居住环境，广益养老中心与入住老年人存在着双向选择，这与以往社会福利性质的养老机构不同。

一方面，子女或监护人一般从交通、生活便捷、医疗、养老服务休闲产业四个角度考虑来为老人选择养老服务机构。广益养老中心从最初的选址到后来的产业建设都将“四圈合一”的建设理念贯穿其中。另一方面，广益养老中心面向全社会开放，凡是本人自愿，能适合集体生活，按时交付有关费用者，均可申请入住。但在老人入住前会有筛选条件：患有传染性疾病的；患有精神性疾病的或痴呆的；有可能妨碍其他老人正常生活或休息的患病不愿接受治疗的；不适应或不适合集体生活的等均不能入住。

4. 广益养老中心民营化后运营情况

广益养老中心从 2014 年 3 月开始民营化，截至 2016 年 7 月底宏泰养老服务有限公司投入资金 50 万元，建筑面积扩张到 10000 平方米，养老中心入住老人 220 多人，比民营化之前增长了 18%。

养老中心现有工作人员 60 人，其中护理员 30 人，管理人员 5 名。大专及以上学历 4 名，持有会计上岗证书的员工有 3 名、取得社工资质的员工有 2 位。

2015 年全年养老服务收入（含伙食费、床位费等）580 万元（2200 元/月），财政补贴收入（床位补贴）25 万元，盈利 10 万元。此外，如果广益养老中心是单纯的民办机构，还需要开支的费用（包括开支的标准和总额）：土地 10000 平方米，计 15 亩地，按照 250 万/亩，40 年期限计算，每年需要分摊土地费用 93.75 万元。

可见广益养老中心政府托管给专业团队管理后不仅有了平稳发展，减轻政府负担，且引进了社会力量注资，推动了养老服务专业化建设。但如果脱离了政府的土地、财政等方面支持，势必入不敷出。

（三）关于广益养老中心“公建民营”模式的 SWOT 分析

1. 广益养老中心民营化优势

与公办公营的养老机构不同，作为自负盈亏的经营者，没有财政为其运营进行兜底，广益养老中心对提高经济效益和服务质量有着强烈的动机。

（1）从经济效益角度，该模式的市场运作已经初见成效，但由于该中心转型时间短，前期投入资本大，且仍坚持公益性与非营利性，因而其成效主要表现在：入住老人数量的增加、入住率的上升、口碑与咨询率上升。

（2）从服务质量角度，满足服务供给对象的多层次需求。中国机构养老服务的需求可以划分为三个层次，首先是困难老人的养老需求，提供基本的生活照顾和医疗护理，这是基本需求层次；其次是社会大众的普遍养老需求，需要养老机构提供专业的养老服务；最后是高端养老服务的奢侈性需求，如医养一体化，集生活照顾、医疗护理和精神慰藉于一体的高端服务。养老服务需求的层次性，意味着机构养老服务体系应提供不同层次的服务，服务对象的差异，服务内容的差异，广益养老中心为入住老人提供了全面的照顾和护理服务，丰富的文化娱乐生活，以及安全舒适的生活环境，提高了入住老人的生活质量，在当地养老服务行业中有较高的满意度。

(3) 建立起公办民营模式基本模型。广益养老中心的平稳运行为政府与市场机制进行合作提供了基本的模型，搭建起了合作的框架和运行的规范，目前各项监督管理制度、利益协调制度、沟通制度等都在逐步走上正轨，证明公办民营模式具有可行性。

2. 广益养老中心民营化劣势

世俗观念和低待遇成养老服务人才职业化的“绊脚石”，社会观念对于养老服务职业存在偏见，导致养老服务专业人才难得，如广益养老中心招聘人才需要依靠政府牵头，招聘的区域也只能在偏中部落后地区，这也会造成与当地老人语言沟通问题；对养老服务人员进行专业化训练后却由于低待遇、工作强度大等问题，导致人才流失，耗费培训成本。

3. 广益养老中心民营化面临的机遇

(1) 政府推动社会福利投资主体多元化。党的十八届三中全会通过《中共中央关于全面深化改革若干重大问题的决定》后，民政部门就开始大力动员和引导社会力量兴办社会福利机构。在这些思想的指导下，全市各级民政部门制定了一系列引导措施和优惠政策，不断优化社会办福利事业发展环境，开辟了丰富多样的社会化途径，这也就为“公办民营”机构养老服务模式的产生发展提供了较好的政策前提和社会环境。

(2) 政府的积极引导与跟踪培养。广益养老中心“公办民营”模式的成功离不开政府的引导与培养以及政策优惠，比如广益养老中心的土地与建筑均由政府提供，还有床位补贴等财政支持。此外，政府对广益养老中心一直保持着良好的沟通习惯和沟通机制，可以做到基层街道办与养老中心事务直接对接，从上到下沟通无障碍。

4. 广益养老中心民营化面临的挑战与问题

（1）缺乏对基本需求层次老人的保护机制。该中心招收的老人都是社会老人，原本属于社会福利性质主要照顾失能失智的老人，属于对弱势群体的照顾。民营化后一年的时间内，老人入住率连续增长了18%，占比床位数78%。虽然现阶段三种需求层次的老人按照收费标准的不同兼有之，但可以预见，在这样的外在环境下，仅有的285张床位是不能满足需求的，随着该中心口碑良好形势的持续发酵，入住率溢出后，被拒绝入住的恰恰是最困难的老年人，“三无”老人，“五保”老人，失独老人等更为弱势的群体排除在外，使这些更应该受到专业养老服务的老人无法享受到这里优质的服务。因此，政府把招收老人的选择权全权交给广益养老中心来决定是欠妥的。

（2）缺乏健全和规范的法律法规。目前公办民营模式还没有一个明确的法律规范对这一模式进行严格规范，这就使民营方的选拔、资格准入、监管、退出等机制都不清晰，政府也是在摸着石头过河，准入机制和选拔机制没有法律规范就容易出现寻租的现象，而关于监管制度的不明晰也很容易使政府出现监管不力的状态，就比如月坛街道办的服务质量的监管还不足。法律法规的不规范和不健全是阻碍养老机构“公办民营”模式发展的强大阻碍。

（3）缺乏职业化护理人才，护理人员年龄结构偏大。广益养老中心的专业护理人员较为缺乏，敬老院中有护理员30名，大多数年龄在50岁以上，来自中部地区，实行三班倒的制度，每一班次8小时，10人一班，相当于10人要护理220个老人，与1：4.5的国际标准相比差距显著，这里的护理员工作量大，通常护理员离职率非常高。

5. 广益养老中心公建民营运营经验总结

（1）创新养老服务理念，注重提高服务质量，满足老人多元化需求。当地政府不再将养老服务作为传统的社会福利事业，而是将其产业化，投入到市场经济发展的大熔炉里，激发养老服务产业的活力。政府也从承担完全兜底的责任转变到扮演政策引导及基础设施维护的角色，减轻政府服务的同时积极调动了社会力量。养老服务产业的市场化运营也使得养老中心更注重消费者的切身感受，提高对老人的养老服务质量的要求，养老服务产品的多样化发展。

（2）完善养老服务制度，加强养老设施建设。当地政府在观念转变的同时，积极出台养老服务产业市场化发展的相关政策，引导诸如广益养老中心等单位健康有序地发展，也为其提供了财政金融支持及土地、人才培养等优惠政策。此外，养老服务产业前期投资巨大而资本回收期漫长，现由政府提供养老中心的基本设施建设与维护，不仅保证了养老工程的质量，也吸引了更多属意发展养老产业的社会资本。

（3）培养养老服务领域专业人才，加快养老体系工作人员专业化建设。政府牵头与高等院校的联系和合作，大力引进养老管理与服务、老年医学、老年护理、老年人营养学、老年产品开发、心理咨询等方面的专业人才；养老中心要积极利用当地高等院校和中职院校的教学资源以及相关职业培训机构，大力开展养老体系从业人员的职业技能和执业资格培训，不断提升养老服务专业人才的专业化水平，努力实施养老机构负责人资格认定和从业人员持证上岗制度；养老中心对在职员工采取激励与奖惩挂钩的机制，敦促员工提高自身专业素养提高养老服务质量的同时降低了养老中心优质专业人才的流动率。

五、可复制性

南京市、无锡市作为推进江苏省养老服务业综合改革的先行试点，其综合改革的最大亮点之一，应当在于区内养老模式设计的可复制性，通过先试先行，吸取经验与教训，打造标准化，形成规范化，进而由点到面无障碍地复制，逐步推广至全省，乃至全国。

（一）试点综合改革总部署

“十二五”期间，试点（南京市、无锡市）根据《社会养老服务体系建设规划（2011—2015 年）的通知》（国办发〔2011〕60 号）的文件精神，努力构建以居家为基础，社区为依托，机构为支撑的标准化、规范化的社会养老服务体系。党的十八大以后，以国务院颁布的《关于加快发展养老服务业的若干意见》（国发〔2013〕35 号）为标志，养老服务业向纵深方向发展，各省、各地区在标准化的养老服务体系框架下，融入地方政府各具特色的发展理念，打造区域特色化发展路径，在此背景下，探究高效区域特色化发展模式的可复制性，进而形塑标准化的发展模式，对于推进养老服务业发展具有重要意义。

（二）试点改革实施环境分析

各种改革、试点都强调制度创新的“可复制、可推广”，而制度的复制推广不是简单的异地移植与套用，而是其他区域在试点制度创新溢出效应和诱致性变革效应的影响下，合理分析试点区域实施创新的制度环境，结合当地的制度缺口和现实约束，主动进行适应性调整的再创新过程。

南京市、无锡市实施创新的制度环境主要包括以下几个方面。

1. 政府理念

南京市和无锡市政府从思想上高度重视适合老龄人的基础设施配套建设，力争将服务意识贯穿到执政的每一个环节，坚持以人为本的执政理念，强化和突出政府的公共服务职能，在推进养老服务社会化过程中，从无所不为的全能政府走向有限、有效的政府；从单向管理政府走向合作治理政府；从“托底型”社会福利提供者转型为构建养老社会化服务体系的“主导者”，承担起管制、规划、扶持、直接服务和协调等多种角色职责。此外，就养老服务“事业”与“产业”进行了严格界定，提出养老服务事业是社会福利事业的组成部分，是政府责任的体现，依靠财政完成，养老服务产业是将原来由政府包办的养老服务事业的部分责任回归市场，依靠社会资金和力量满足老年人对服务的需求。新政策理念的贯彻与执行主要包括以下几个方面。

（1）注重高位推进。市委市政府把养老工作纳入社会建设和社会管理大局进行统筹谋划，同时要求各级政府和部门把养老服务业归并为民生建设的重要内容，坚持政府挂帅，协同落实，合力推进。

（2）加强政社互动。我国养老产业化发展的基本思路应是政府保障基本，社会增加供给，市场满足需求，这就需要政府引导社会资本进入养老服务业，并加以扶持培育，在形成有效自给之后，逐步放开，实施市场化运营，在此过程中，政府进退要有理有据，形成有效的政社联动机制。

（3）多部门联动，推动医养融合。民政部、卫生部、人社部等部门实现联动，在放开养老机构内设医疗机构医保门诊定点业务的基础上，进一步开放医保住院定点业务，如无锡市出台的《关于扩大护理院纳入基本医疗保险定点管理的试行意见》，从政策层面全面放开养老机构内设医疗机构门诊医保和住院医保定点政策，推动医养融合。

（4）大力推进智慧养老。试点将“智慧城市”的发展理念，引入养老服务领域，形成“智慧养老”的发展模式，加快建设“智慧养老云服务平台”，依托民政政务、社区事务、信息服务“三大系统”，完善养老信息数据库，利用物联网、智能云计算等技术，实现各类传感器终端（如便携式生命体征检测器、便携式呼叫器等）和计算机网络的无缝衔接，提高养老服务的便捷性和准确性。

（5）建立综合责任险。老年人因为年龄大，身体灵活性比较差，身体机能下降，导致意外事故高发，这成为养老机构面临的一个巨大的责任风险。试点（南京市、无锡市）通过政策引导，政府补贴，保险公司和养老机构等多方参与，建立养老机构综合责任保险制度，降低养老服务机构意外责任风险，扶持和培育养老机构健康发展，具体包括两方面：一方面，对自愿参保的养老机构，政府推动，打包招标，选择承保机构；另一方面，各级财政部门通过一般预算、福彩公益金安排等方式，落实参保补贴资金，减轻养老机构运营压力。

2. 市场化培育

此次设置养老服务综合改革试点的目的是探索以市场化、商业化方式支持养老服务产业发展的体制机制和有效模式，因此市场化的发育程度也是培育创新的体制机制或模式的土壤。

（1）政府与市场的关系。市场化改革的一个最重要方面就是由主要由政府通过计划方式分配的经济资源，转向主要由市场来分配经济资源。这里，我们主要是通过当地财政支出占当地 GDP 的比重作为负相关指标（它的剩余项代表由市场分配经济资源的比重）来近似地反映资源分配方面的市场化进展程度。以 2014 年为例，南京市财政支出为 920.90 亿元，占 GDP 比重为 10.4%，无锡市财政支出为 748.06 亿元，占 GDP 比重为 9.1%，由此可见，江苏地区，特别是试点地区（南京市、无锡市），就配置资源这一维度来讲，主要依靠市场配置，政府计划配置力度已非常薄弱，市场化发育程度较高。

（2）非国有经济的发展程度。市场化改革的另一个显著变化就是：改变国有企业在非农经济部门中的统治地位，使市场导向的非国有企业取得重大发展。主要从非国有经济在工业总产值中的比重和非国有经济在全社会固定资产总投资中所占的比重两方面来考虑。以南京市为例，全社会固定资产投资总额从 2013 年的 5265.55 亿元增加到 2014 年的

5460.03亿元，其中国有经济投资总额从2013年的2070.89亿元变为2014年的2195.6亿元，非国有经济投资总额从2013年的3194.66亿元变为2014年的3264.43亿元，非国有经济在全社会固定资产总投资中所占的比重都在60%左右，另外，南京市非国有经济在工业总产值中的比重由2013年的66.9%上升到68.5%，总体而言，试点地区（南京市、无锡市）的非国有经济的发展程度都比较良好，这也为推进养老服务社会化改革奠定了一定的基础。

（3）产品市场的发育程度。产品市场是改革开放以来市场化进展最快、最彻底的领域，产品市场已经取代了过去按计划生产和分配产品的体制。产品市场的发育程度主要通过价格由市场决定的程度来衡量，这一指标又可以细分为社会零售商品中价格由市场决定的部分所占比重、生产资料中价格由市场决定的部分所占比重和农产品中价格由市场决定的部分所占比重，综合以上各个指标，我国产品市场的发育程度在80%以上是没有疑问的，特别是试点地区（南京市、无锡市）位于东部沿海，其市场化程度更高。

（4）要素市场的发育程度。要素市场主要包括金融、资本要素和劳动力市场三个方面。金融方面，我国金融市场的发育程度较低，金融业的全面竞争尚未形成，特别是东西部存在巨大差距；资本要素方面，资本形成总额中的外资、自筹和其他资金所占的比重已与发达国家持平，资本的获取渠道已呈现多元化，并且利用这些体现市场导向的资本形式（如外资、自筹和其他资金）代替国家预算内投资成为主流，特别是东部沿海地区，其资本要素方面的开放性程度更高；劳动力市场方面，主要看劳动力的流动性，在这里，我们通过地区常住人口数与户籍人口数之差占户籍人口数的比重来衡量，南京市和无锡市的劳动力流动性都位于我国领先水平行列。

（5）市场中介组织发育和法律制度环境。这是市场完善程度的指标，推进养老服务业社会化离不开完善发育的市场支持，这也是各项改革赖以实施的前提。市场中介组织的发育程度一般通过会计师人数和律师人数占当地人口的比例来说明，而法律制度环境主要通过经济案件发生数与 GDP 的比例来逆向衡量。

综合以上各个方面，通过对各个指标的合理评价，可以得出我国各省市的市场化程度发展情况，前五名全部集中在东部沿海地区，分别是广东、浙江、福建、上海和江苏，后五名则全部位于西部地区。由此可见，试点地区（南京市、无锡市）的高市场化，也在一定程度上给南京市、无锡市两个试点的养老服务改革不断加码，成为其制度模式创新的软支持和重要着力点。

3. 经济高发展的引致效应

江苏省作为东部沿海地区发达省份之一，其整体经济水平一直居于全国前列，特别是苏南地区高度发达，这里主要探讨高经济发展所带来的巨大的引致效应。首先，在养老服务发展方面，主要是财政后盾效应和人才储备效应，财政方面，由于经济发展水平对财政的影响是基础性的，高经济发展必然会带来充实的财政收入，在推进养老服务业综合改革的过程中，各地区的养老产业都处于起步阶段，初期投入回报的微利导致需要巨大的财政扶持来实现零利润经营与发展。其次，在需求方面，养老市场不完善，有效需求不足，也需要财政补贴来刺激有效需求的形成。再次，在人才储备方面，高经济发展必然会吸引年轻劳动力的跨地区流入，形成大规模的人才储备，为将养老服务产业化奠定人才基础。

4. 日趋成熟的养老服务市场

养老服务消费市场的发展也是构建创新的养老服务模式的重要因素，辖区内要有一定数量的老年人，还要有一定的老年消费水平，才能创新发展养老服务模式，在推进社会化养老服务模式的过程中，尤其注重市场力量的参与提供养老服务，如果辖区内的老年人数量较少或老年人消费观念比较落后，没有形成比较成熟的养老服务市场，那么养老服务业综合改革也就无从谈起。

5. 信息技术的进步与发展

不管“智慧养老”新理念的提出，还是虚拟养老院这种养老新模式的实践，都离不开信息技术的进步与发展，先进的信息网络系统是核心，只有利用先进的信息网络系统把多个福利提供部门（政府、市场、社区和社会非营利组织及家庭）连接起来，构筑他们之间共同合作解决老龄化难题的桥梁，才能实现养老服务在现有模式上的创新，在这个方面，试点地区（南京市、无锡市）在推进“智慧城市”的过程中都有着丰富的经验，搭建的各种信息服务平台也可以共享，这在一定程度上为养老服务业综合改革提供了必要的技术支持。

（三）试点改革创新的可复制性分析

在上文中，我们对于试点地区（南京市、无锡市）体制机制创新的制度环境作了清晰透彻的分析，可以看出政策措施和体制机制创新都离不开特定的制度土壤，由于区域经济发展的不平衡，各个地区在经济发展水平、政策理念方面可能存在一定的差异，这就需要其他地区注重相关方面的加强，来跟进试点地区在推进养老服务业综合改革方面的典型经验和做法，主要包括以下几个方面。

1. 转变政府理念，创新政府职能

在公共管理和公共服务中，政府要转变其“承担全能者角色”的指导理念，努力实现向社会放权和释放更多的公共空间，促进实现社会各类角色的合理分化。民政部门在养老服务上对民政对象“保基本、兜底线”的职能，应该从政府建设福利机构、自我监管、自我运营转变为政府为民政对象购买养老服务或者给民政对象发放养老津贴，尤其是自主选择养老服务机构和服务。对公办养老机构应该从自建自管到公建民营、政府监管转变。

2. 撬动社会力量和民间资本，培育养老服务业新主体

要充分发挥市场在资源配置中的基础作用，营造平等参与、公平竞争的市场环境，吸引更多的民间资本进入养老服务业，另外，也可以通过加强舆论宣传，营造民间资本投资养老服务业的社会氛围，强化政策扶持，优化民间资本投资养老服务业的政策环境，加大资金投入，改善民间资本投资养老服务业的融资环境，加快人才培养，增加民间资本投资养老服务业的智力资源等多个方面撬动社会力量和民间资本，逐步使社会力量成为发展养老服务业的主体。

3. 推进信息化水平建设，打造云服务平台

按照“政府引导、社会参与”思路，以社区服务管理信息系统为基础，以市级为单位建立社区养老服务智能化信息网络系统。通过信息化平台为辖区老人及老年服务机构建立准确翔实的信息数据库和服务档案，及时掌握老人基本情况和需求动态；将政府及部门、社团、社会服务机构等信息系统整合进入社区服务中心服务信息网络，使社区服务中心系统平台与社区老人需求、社会各方面服务相衔接，保证中心能够根据老人需求迅速作出回应、开展服务，构建紧急救援、生活帮助、家政服务、精神慰藉服务体系。

六、政策建议

（一）多元供给，增强养老服务业发展的助推力

社会力量参与的动力不足是由养老服务行业自身的特性决定的，但有关部门仍有可作为的空间。首先，有关部门可以统筹与养老服务业相关的行业或企业，例如协调生产销售专用床位、仪器、器械的行业或企

业，帮助有意愿进入养老服务业的社会力量进行采购，以求尽量帮助社会力量获得更低的初始资金门槛。

其次，有关部门应当细化各种补贴标准和政策，因地制宜、因时制宜地对社会力量进行补贴。

再次，对待供给的两极分化问题，有关部门可以加大政策倾斜，把社会力量更多地引导到服务中等收入阶层老龄人群的服务机构上。

最后，在引导社会组织和个人参与的过程中，政府还是要发挥主导作用。与政府相比，社会其他主体所提供的养老服务更具有针对性，可以针对不同的服务寻求不同的投资主体。

政府部门应当加强与非政府部门间的合作，众多非政府组织尽管其目的和宗旨不尽相同，但他们分布广泛、人数众多、反应迅速、行动快捷，具有相当的社会影响力和群众动员力。所以，在建设养老服务体系过程中，政府有必要采取积极的态度和社会组织合作，只有这样，才会在很大程度上减轻政府的负担。

（二）创新模式，统筹养老服务的城乡发展

农村的老人和城市的老人地位是平等的，我国的老人，尤其是农村中的老人要与全国城镇老人拥有公平的权利、机会与享受统一的规则。养老服务的供求都存在城乡差异，这主要还是由于城乡的经济发展不平衡导致的。

一方面，有关部门可以借助政策倾斜或补贴倾斜，把政策和补贴更多地投向农村地区，在好政策和高补贴的引导下，社会力量自然会向农村地区发力，这样既可以解决养老机构在城乡空间分布不合理的问题，又可以解决由于养老机构空间分布不合理所连带的政府补贴城乡流动不均衡的问题。

另一方面，可行的话，改革我国目前的户籍制度，实行统一的居民户口，改变我国的二元经济结构和社会结构，建立起城乡一体的经济结

构，充分给予农民公正平等的待遇，实现城乡权利、身份和地位的统一，减轻农民消费养老服务的费用。

最后，农民养老问题产生的根源在于农村的养老保障体系的不健全，因此，政府有必要加快建立城乡社会保障体系。现今，农村很多老人是没有退休金的，大多是农民，靠农活或体力劳动生存，一旦到了不能自给自足的年龄，只能靠自己的子女来赡养，所以，政府应尽快在城乡建立统一的社会保障制度，使这部分农村老人能够有养老的物质基础。

（三）有效激励，加强养老服务队伍建设

1. 吸引高校学生到养老机构实习

通过对南京市和无锡市的养老机构的调查，发现机构人才短缺，尤其是能够长期提供劳动力的人才更是寥寥无几。现今，很多高校大学生愁于找不到地方实习，所以，更要实现资源的有效对接。大学生在养老机构工作的时间越长，对养老机构的帮助也就越大，不仅能够减少机构工作人员的工作量，还可以方便老人，给老人提供更好的帮助。对于大学生来说，也能给他们提供锻炼的平台，在与老人的交流中培养自身的孝道，增强社会责任感。

将养老机构作为高校学生实习基地，不仅仅限于护理学和社会学专业的学生，心理学、法学、管理学甚至理工科的学生都可以，他们可以一边倾听老人的内心交流，一边接受老人的心理咨询，丰富老人的闲暇生活。

2. 注重养老服务专业化

借鉴管理成效较高的养老机构，不管公办民营型的养老机构，还是民办的养老机构，均实行专业化养老服务规范。

必须对养老机构的护理人员建立严格统一的“考培”制度。可以根据其不同的教育程度及工作经历将养老机构中的护士自下而上分为5

个级别：护士、护师、中级主管护师、副主任护师以及主任护师；护理人员自上而下分为4个级别：护理行政管理者、开业护士、注册护士、职业护士和助理护士。将岗位进行细分，不仅有利于工作人员为老人提供优质服务，还能增加收入，降低劳动力的流动性。

然而，无锡市和南京市的养老护理员多数都是没有培训过的体力劳动者或退休人员，那部分有护理专业的医护人员均由于养老服务工作的辛苦程度、压力较大以及收入低下，不愿意进入养老机构工作，情愿选择去医院工作。主要原因在于对养老机构护理员的意识不到位，并没有意识到医护人员工作的重要性。

3. 重视养老服务职业化

首先，建立职业准入机制。目前，养老服务市场存在服务人员文化程度偏低、缺乏专业教育以及经验式服务等问题。所以亟须建立灵活的职业准入机制。可以针对老、中、新工作人员实行不同的方式：对老的工作人员，实行自然淘汰；对中间工作人员，应加强专业培训并要求取得资格证书，不符合者调整岗位；对新来的工作人员，要求必须取得学历资格证书。

其次，建立健全激励机制。适当的激励会调动人员的积极性，也会实现人才队伍的动态优化以及可持续发展。合理的薪酬，也是一种重要的激励方法。通过工作分析，进行科学的薪酬评估，发布相应的社会职业薪酬指导价；通过设定职称等级，根据其所做的贡献、从业时间以及考核结果晋级，并提高其相应等级的工资水平；同时，让薪资与工作业绩相挂钩，可以通过同级互动评价以及服务对象反馈式评价综合考量业绩。

4. 在大学设置老年护理专业，免费进行机构内人员护理培训

针对江苏省民办和公办养老机构普遍存在专业人才缺失问题，建议在相关高校设置养老护理相关方面的专业，培养适合养老行业护理人才，提高养老服务水平，在一定程度上缓解大学生就业难的压力。

政府应当组织专业人员对机构内工作人员开展教育和学习，免费为养老机构内人员定期组织培训。对养老机构的工作人员进行定岗，对他们发放培训证，并且实现培训证书层级的由低到高不断提高，不仅能够提高老人的服务质量，还能满足老人的养老需求。

（四）政府补贴，增强养老服务业的内生发展动力

1. 对养老机构的资金投入

根据不同的养老机构类型进行程度不等的资金投入，政府对养老机构资金的投入体现了养老机构的公益性和非营利性。

针对公办的养老机构，必须明确政府是责任主体，政府要对养老机构的事业加大投入，不仅要保证机构的建设费用，还要确保机构每天的运营费用充足，在条件适合的情况下，政府要支持养老机构的规模扩大化。政府还可以在引导资金支持养老机构建设的同时，对发展势头较好的地区进行奖励，提高其经营和发展的积极性。另外，主要通过购买服务的方式支持公办民营型养老机构的发展。

对于新建立的养老机构，应当像广益养老中心那样，给予其一次性建设补贴，并且要按照老人的数量进行补贴。

对于民办的养老机构，政府也要进行相应的建设补贴和运营补贴，并加大对其的奖励力度，促进良性发展。

2. 对经济困难老人提供的资助

政府应考虑逐渐将经济状况差而又需要进行社会化养老的老年人纳入政府资助范围。对申请资助的老人进行经济条件评估，如果经济条件不足以支付养老机构的最低水平的费用，由政府补贴差额部分。

参照南京市人民政府（宁政发〔2014〕216号）文件——《南京市人民政府关于加快发展养老服务业的实施意见》中强调，符合政府购买养老服务条件的城镇“三无”、农村“五保”和低保及低保边缘老人，参加新型农村合作医疗和城镇居民基本医疗保险所需个人缴费部分，由政府给予补贴；对于政府规定的“五类老人”尤其是失能老人提供无偿或低收费的供养、护理等服务，当其由居家转入机构养老时，政府购买服务补贴可转介充抵。种种规定机制表明政府力推养老需求，促成养老服务供需的均衡。

参考文献

刘柏惠：《养老服务体系的国际比较与可行选择》，《改革》2016年第4期。

刘晓静、张楠：《城乡统筹视角下中国养老服务体系构建》，《河北大学学报》（哲学社会科学版）2013年第3期。

董红亚：《中国政府养老服务发展历程及经验启示》，《人口与发展》2010年第5期。

第二篇　医养结合型养老服务的需求与政策实施研究报告

【摘　要】医养结合是我国当前养老服务业发展的重点。本次评估以2015年国务院办公厅转发卫计委、民政部等《关于推进医疗卫生与养老服务相结合的指导意见》（国办发〔2015〕84号）为对象，结合2013年以来国家各项医养结合政策精神，以上海市、浙江省、江苏省和北京市为评估样本，尤以浙江省为主，以各地实施的医养结合实践为模本，从政策方案和政策执行两个维度进行评估。

从需求看，不论居家老人还是机构老人，对医养结合养老服务需求的内容都可以概括为以长期照护为核心，嵌入健康管理、预防干预和康复，同时辅之以助医服务。而长期照护的对象主要是全失能老人，目前我国有全失能老人1200万左右，按照居家和机构照料7：3的比例，养老机构床位需360万张。

从政策看，国家关于医养结合政策内容主要包括三个方面：医疗机构要积极支持和发展老年服务；养老服务领域要强化医疗支持；健全医疗保险制度和探索长期护理保险制度。地方上对政策的贯彻执行取得了阶段性成果，目前，已初步形成了医养结合政策体系框架、标准规范和管理制度；建成一批医养结合机构；在江浙沪较为发达地区，基层医疗卫生机构普遍参与居家养老服务，50%以上的养老机构能够提供医疗卫生服务。但是，这一政策的受益面还不宽，老年人对于长期照护的支付能力还不强，资源整合有待进一步加强，特别是专业化医养结合人才培养制度尚未破题，服务品质仍有较大的提高余地。

为推进医养结合型养老服务建设，还需要以建立长期照护体系为目标，以增强健康管理功能为重点，加快医养结合型机构建设。促进居家领域医养结合。建立评估、医保定点审批、长期护理保险等制度，整合养老服务补贴与护理补贴。同时建立社区护士巡查制度，激励医护人员到养老机构执业，以改善医疗服务队伍结构。

【关键词】 医养结合　养老服务　需求　政策

一、课题概况

（一）评估政策和维度

由于《关于推进医疗卫生与养老服务相结合的指导意见》（以下简称“84 号文件”）出台时间不长，省市政策大多刚出台或还在编制中，因此政策实施尚未全面展开。故本次评估以养老服务为视角，以 84 号文件为评估对象，同时结合 2013 年以来国家医养结合的有关政策文件精神；以各地先行实施的医养结合实践探索为评估模本，围绕政策方案和政策执行两个维度展开评估。

（二）评估样本和方法

以上海市、浙江省、江苏省、北京市为评估样本，涉及北京、上海、杭州、嘉兴、南京、南通、苏州、青岛等城市，其中尤以浙江省为主，通过问卷调查、问卷统计、个案调研、专家访谈及文献研究等方法，尽可能全面了解政策实施情况。

1. 全国

（1）个案调研。选取上海市 6 家长者照护之家、2 家护理站、2 家养老机构，江苏省 5 家护理机构（养老机构）进行实地调研。

（2）部门访谈。访谈上海市民政部门、街道，江苏省民政厅、青岛民政部门等，了解上海市、江苏省和青岛市等医养结合发展总体情况。

（3）文献研究。通过查阅有关省市的政策、实践总结材料，了解医养结合发展状况。

表 2—1　文献研究主要内容一览表

<table>
<tr><th rowspan="2">上海市</th><th colspan="3">江苏省</th><th rowspan="2">山东省</th><th rowspan="2">四川省</th><th rowspan="2">浙江省</th></tr>
<tr><th>南京市</th><th>苏州市</th><th>南通市</th></tr>
<tr><td>①高龄老人护理计划
②养老服务需求综合评估
③社区综合为老服务中心
④长者照护之家</td><td>①医疗结合实施意见出台及实施情况
②养老机构和居家养老服务</td><td>5 家护理院</td><td>照护保险</td><td>青岛市医疗护理保险</td><td>成都市社区嵌入式微型养老机构</td><td>杭州市医养护一体化管理中心</td></tr>
</table>

2. 浙江省

（1）医养结合型养老机构问卷调查：31 家

选取了有代表性的 31 家医养结合型养老机构。

表 2—2　医养结合型养老机构调查分布表

<table>
<tr><th rowspan="2">养老机构性质</th><th colspan="2">公建公营</th><th colspan="2">公建民营</th><th colspan="2">民建民营</th></tr>
<tr><td colspan="2">13</td><td colspan="2">17</td><td colspan="2">11</td></tr>
<tr><td rowspan="2">内设医疗机构情况</td><td colspan="3">内设医疗机构养老机构</td><td colspan="3">无内设医疗机构的养老机构</td></tr>
<tr><td colspan="3">20</td><td colspan="3">11</td></tr>
<tr><td>养老机构地区分布</td><td colspan="6">覆盖浙江省 11 个地市中的 8 个</td></tr>
</table>

（2）医疗机构问卷调查：9家

在31家被调查的养老机构中选择了9家各种性质、类型的医疗机构做问卷调查。

表2—3　养老机构问卷调查结构分布表

综合医院	老年病医院	康复医院	护理院	社区卫生服务中心(站)
1	2	3	1	2

（3）全省医养结合调查统计：全省养老服务设施

会同浙江省民政厅，以统计报表的形式对全省养老机构、社区日间照料中心中医疗机构设置、医养结合合作方式、医保开通和类型以及医护康复人员的配置等进行了调查统计。

（4）政府部门访谈

主要是民政和卫计等部门。

表2—4　部门访谈主要内容一览表

浙江省民政厅	浙江省卫计委	杭州市民政局	杭州市医养护一体化管理中心
①浙江省《关于推进医疗卫生与养老服务相结合的实施意见》政策及落实 ②浙江省各类养老服务设施医养结合实施情况 ③养老服务补贴实施情况	①浙江省《关于推进医疗卫生与养老服务相结合的实施意见》政策 ②浙江省卫生系统医养结合政策落实情况	①杭州市医养结合实施情况 ②杭州市护理保险试点	杭州市医养护一体化实施情况

（5）医养结合社会企业调研

选择浙江省内5家较早进入养老服务领域，并积极进行医养结合实践探索、在业内有一定影响力的养老服务企业。

表 2—5　养老服务企业调查名录

1	杭州康久医疗投资管理有限公司
2	浙江绿康医养投资管理有限公司
3	浙江金色年华养老服务管理有限公司
4	杭州在水一方养老服务集团
5	温州市红景天养老经营管理有限公司

二、医养结合型养老服务概念和需求分析

（一）医养结合型养老服务的提出及含义

2013 年 9 月，国务院《关于加快发展养老服务业的若干意见》（以下简称“国发 35 号文件”）提出要“积极推进医疗卫生与养老服务相结合”。2015 年 11 月，国务院办公厅转发了 84 号文件。这两个文件精神很明确，就是要在发展养老服务业中，以老年人需求为导向，整合医疗资源和养老服务资源，提高服务便捷度和专业性，为老年人提供治疗期住院、康复期护理、稳定期生活照料以及临终关怀等连续转接的一体化服务。

2016 年 10 月，国务院颁发《“健康中国 2030”规划纲要》，将医养结合提升到健康管理的战略高度，介入预防干预的理念，将服务内容前置，积极深化医养结合的内涵。

（二）医养结合型养老服务的含义

首先，医养结合型养老服务不是传统意义上的医疗服务。传统意义上的医疗服务，主要针对发病期诊疗，以治愈为目标，具有短期性。为防止过度使用，医疗保险监管一般规定一次性住院时间不能超过三个

月，一年不能超过180天。因此，经治疗，生命指征稳定后即应出院。养老服务作为社会性照护，具有长期性。前者以医生为主，重治疗；后者是以护士、治疗师、作业师为主，重护理康复，同时提供日常生活照顾。在老龄化高龄化加速发展背景下，医疗服务系统要从重医疗转向医疗和护理康复并重，强化长期护理康复型机构的建设。

其次，医养结合型养老服务不是一般意义上的养老服务。一般意义上的养老服务，主要针对老年人的生活照料，解决老年人身体机能衰退后，基本生活能力逐渐丧失，日常生活依赖性问题。传统养老服务，忽视了老年人作为慢性病高发群体及身体机能渐进性衰退者，与医疗护理资源的强相关性；忽视了积极老龄化理念下，在日常照顾中对预防及康复服务的需求。由于无法提供专业性医疗护理和康复，致使相当一部分需要技术性医疗护理和康复的老年人，不得不转到传统的医疗机构，从而形成了社会性住院现象。在医养结合背景下，养老服务要在生活照护基础上，前后衍生服务内容，为老年人提供综合、专业和高品质的服务。

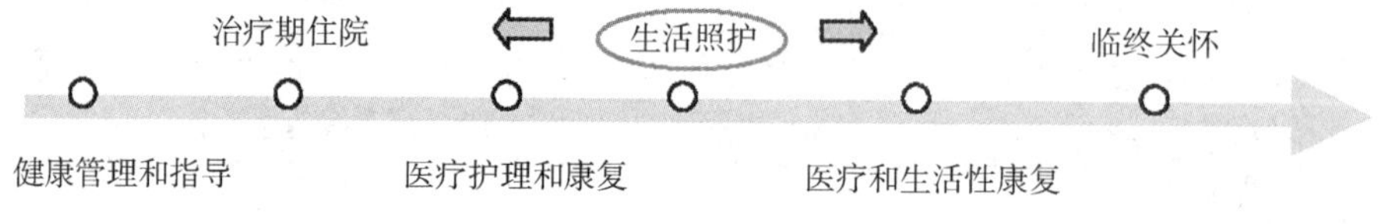

图2—1 医养结合养老服务流程

再次，医养结合型养老服务是一项综合性的机制创新，绝不是简单的“养老院+医院”。它是一项需要形成合力进行整体推进的工作，其中最需要的，一是机构设施的准备。即医养结合型服务设施有哪几种类型，明确具体的配建标准。二是评估机制的建立。即要确定什么样的老人，能够享受医养结合型养老服务，服务的标准是什么，以及如何在不同类型医养结合型机构中进行转接分流等。三是支撑保障的条件。即费用如何出，由谁出？医疗护理和生活照护的费用如何区分？人员如何配置？医生、康复师、护士和护理员如何划分各自的职责？等等。因此，从资源有效配置角度来讲，医养结合不是医院和养老院两个机构之间的简单叠加，也绝不是单一的医院拓展办养老机构，或者养老机构配套建医疗，搞小而全封闭式服务运营方式，而是打通医疗和养老服务两个行业壁垒，是在分清服务对象需求基础上进行无缝转接的一种机制。

（三）医养结合型养老服务需求分析

1. 医养结合型养老服务对象及其分类

一类对象，即长期照护对象，包括因自然身体机能渐进性衰退需要长期照护的失能失智老人，急性疾病入院治疗生命指征稳定后，仍需后期医疗护理康复的老年人。根据其医疗技术介入程度不同，又可以分为3种类型：①以生活照护为主的长期性照护对象；②以医疗护理和康复为主的中期过渡性对象；③以临终关怀为主的晚期姑息对象。二类对象，基于积极预防干预理念以及健康中国背景下，对所有老年人，尤其是患有慢性病的老年人提供积极的健康管理和干预。

2. 医养结合型养老服务需求内容

医养结合型养老服务需求分析，主要以全国老龄办、民政部、财政部2016年10月发布的第四次中国城乡老年人生活状况抽样调查报告，国家卫计委发布的《中国家庭发展报告2015》中相关数据，以及浙江省第四次城乡老年人生活状况抽样调研报告为依据。

《中国家庭发展报告2015》报告显示，老年人面对困难的前3位依次为：身体病痛多（38%）、生活难自理（7.6%）、生病时无人照顾（4.4%）。这一结论也在第四次中国城乡老年人生活状况抽样调查中得到印证，调查称老年人需求前五位为上门看病（38.1%）、上门做家务（12.1%）、康复护理（11.3%）、心理咨询或聊天解闷（10.6%）、健康

表 2—6　医养结合型养老服务对象照护体系

<table>
<tr><th>角度</th><th colspan="3">对象</th><th>医养结合</th><th>专业人员</th><th>服务场所</th><th>服务周期</th></tr>
<tr><td rowspan="3">社会性照护</td><td rowspan="3">一类对象</td><td rowspan="3">长期照护老人</td><td>失能失智老人</td><td>生活照料+康复护理</td><td>护理员、社工+护士、康复治疗师</td><td>养老机构、社区日间照料中心和居家</td><td>长期性</td></tr>
<tr><td>急性住院期后需康复护理老人</td><td>康复护理+生活照顾</td><td>护士、康复治疗师+护理员</td><td>综合医院中护理床位、护理院、康复院</td><td>中期过渡性</td></tr>
<tr><td>晚期姑息老人</td><td>临终关怀+生活照顾</td><td>护士+社工+护理员</td><td>护理院
临终关怀机构</td><td>长期性</td></tr>
<tr><td>积极老龄化
健康老龄化</td><td>二类对象</td><td colspan="2">所有老年人
尤其是其中老年慢性病患者</td><td>日常生活介助+健康管理和指导</td><td>医生、护士+社工</td><td>居家、社区日间照料康复中心</td><td>长期性</td></tr>
</table>

教育服务（10.3%），大都涉及医疗卫生，实质上可归结为健康管理服务，本质上“是以延缓病情（慢性病）发展和维持生理机能的护理和康复”①。

再进一步从居家和机构老人视角细分需求。

居家老人需求。全国调查中，38.1%的老年人需要上门看病服务，列为首位，“看病难”是主要原因。浙江省调查，老人去医疗场所看病遇到的主要问题是排队时间长，占25.5%，其次是手续繁琐占15.8%，以及收费高占14.6%。其中城镇老人排队时间长和手续繁琐的比例要高于农村。农村老人看病的距离比较远，有41.4%的老人距离在五公里以上。接受调查的这类老人，大都为自理老人，以看慢性病为主。

养老机构老人需求。首先对机构服务进行分层，最基础的是生活照护，吃饱穿暖及基本护理；其次是健康管理，包括建立健康档案、药事管理、康复训练和营养管理等；此外，还包括助医服务以及老年突发疾病的紧急处理等。这些方面，我国养老机构目前较为薄弱，总体上还处于粗放的服务供给状态。全国4.2万多家养老机构中，具备医疗服务能力的养老机构只有20%多一点②，远不能满足失能失智老人的需求。张恺悌调查发现，我国有近一半的养老机构表示只接收自理老人或以接收自理老人为主，不愿收住失能老人；针对失智症老人的照护机构更少。与我国台湾地区相比，有相当的差距。台湾双莲安养中心，根据老年人的身体状况，400多位老人就安排了7个食堂；老年人看病住院，护理员陪同前往。反观大陆养老机构，养老护理人力不足，能力有限，大部分不能达到国家有关规定的失能老人和护理人员2.5—3.5∶1、一般老人和护理人员10∶1的配比。2014年，全国在养老机构休养的自理人

① 唐钧：《关于医养结合和长期照护服务的系统思考》，《党政研究》2016年第3期。

② 《打通健康养老的“最后一公里”》，《中国社会报》2015年12月8日。

员为172万人，自理半自理人员为69.5万人，按10∶1、3∶1测算，需要护理人员为40.3万，但实际护理员人数为33.35万①。由于人力有限，当入住老人需看病、配药、治疗时，养老机构就要请老人子女自己迎送。这与老人子女送老人到养老院的初衷相悖。养老机构应能提供一揽子医疗服务，这是老人及家属医养结合的主要诉求。

从医养结合有关政策表述看，尤以“健康中国2030”规划最为完整，即为老年人提供日常生活健康管理和干预、治疗期住院、康复期护理、稳定期生活照料、安宁疗护一体化，具体包括健康档案、疾病治疗、康复护理、生活照料、临终关怀等项目。

从医养结合型养老服务需求角度来讲，就是以长期照护为核心，嵌入健康管理、预防干预和康复，同时辅之以助医服务等。

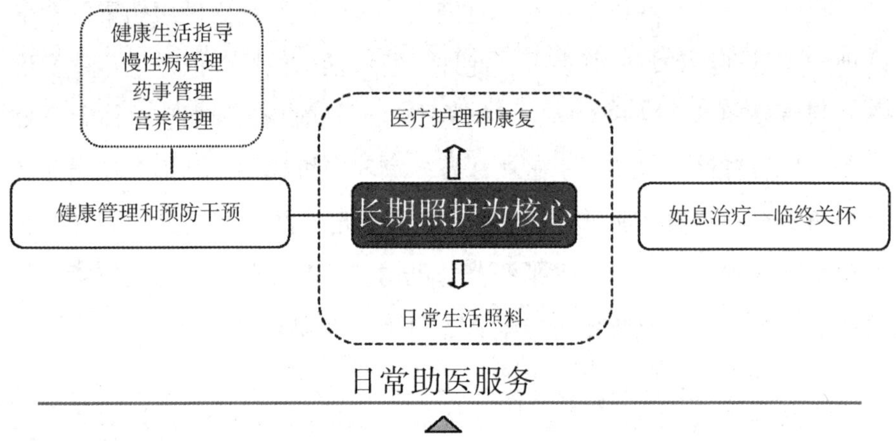

图2—2　医养结合养老服务示意图

① 中华人民共和国民政部：《中国民政统计年鉴2015》（说明：表中的在院人员一部分为残疾人、少年儿童，但不影响结果），中国统计出版社2015年版，第333—335页。

3. 医养结合型养老服务需求人数

（1）失能老人

根据第四次中国城乡老年人生活状况抽样调查，全国有失能半失能老人4063万，占老年人口18.3%，其中完全失能约1200万①。失能失智老人在全国的分布并不均匀，东部沿海地区比例较低。浙江省此次接受调查老人中，94.7%的老人具有完全自理能力，不能完全自理老年人占5.3%。其中，70—79岁、80岁及以上老年人中，完全不能自理的比例分别为0.4%和1.5%。杜丽侠、杨逸彤等测算出2014年上海市生活完全需要帮助的老年人有4.82万人，生活需要很大帮助和生活需要一些帮助的老年人数量为6.38万人和8.84万人，比例分别为1.03%，1.69%和2.18%，总的比例在5%左右②。同时根据课题组有关失能老人照护研究，实际失能老人占老年人人口比应为5%—6%；由此比例测算全国失能老人数应该在1200万左右。

（2）失智老人

目前我国老年痴呆患病率估计为4.6%，但诊断率仅为10%。由于人口基数庞大，中国老年痴呆患者数巨大。2010年世界卫生组织估计，中国老年失智症者人数排名全球第一（540万），约占全球病例的15%。

另据浙江省流行病学调查，65岁以上的老人患痴呆症概率为5%。据此推算，2015年，全省65岁以上的老人为652万，痴呆症患者在32万左右。

（3）患慢性病老人

根据第四次中国城乡老年人生活状况抽样调查，患慢性病的老人全国约有1亿人。第四次国家卫生服务调查显示，老年人两周患病率为

---

① 全国老龄办：《第四次中国城乡老年人生活状况抽样调查新闻发布稿》。

② 杜丽侠、杨逸彤等：《从日常生活活动能力视角看上海市老年照护需求》，《中国卫生资源》2016年第1期。

43.2%，全人群为18.9%；老年人慢性病患病率为43.8%，全人群为20.0%[①]。目前，全国患慢性病老人中，排在前5位的病种为高血压、血管硬化、糖尿病、慢性阻塞性肺病和类风湿关节炎[②]

表2—7　医养结合型养老服务需求重点人群

	类型	全国数据		地方数据	
		总数	占比	地区	占比
1	患慢性病老人	1亿	45%		
2	失能老人	4063万	18.3%	浙江	5.3%
				上海	4.9%
3	失智老人	540万	4.6%	浙江	5%

4. 医养结合型养老服务设施需求

从医养结合型养老服务内涵看，其设施主要包括综合医院的护理床位、护理院、康复医院、临终关怀机构、养老机构、社区居家养老服务设施等。

浙江省人社厅对失能老人入住护理型医疗机构和护理型养老机构及居家进行调查分析，认为其分布比例为1∶2∶7，即失能老人中有10%入住护理型医疗机构，20%入住养老机构，70%居家护理。

民政系统，养老服务设施包括养老机构和居家养老服务设施，据国发35号文件发展目标，到2020年，符合标准的日间照料中心等居家养老设施覆盖所有城市社区，90%以上的乡镇和60%以上的农村社区建立包括养老服务在内的社区综合服务设施和站点；全国社会养老床位数达

① 卫生部统计信息中心：《2008中国卫生服务调查研究：第四次家庭健康询问调查分析报告》，中国协和医科大学出版社2009年版。

② 马玉琴、董刚等：《我国老年医疗卫生服务保障研究：基于医疗卫生服务需求》，《中国卫生经济》2012年第7期。

到每千名老年人 35—40 张。

国外长期照顾方式有居家照顾、社区照顾和机构照顾之分。机构照顾根据老年人健康状况和自理能力设置不同类型的养老设施，重点发展护理型养老设施。目前，各国入住护理型养老机构的老年人比例达 2%—3%。以我国 2015 年年底老年人口 2.22 亿，全失能老人 1200 万计，需要护理型机构床位 444 万—666 万张。

表 2—8　65 岁以上老人每 100 人中分别使用集体公寓与护理型就护理的人数

养老设施 / 国家	法国	德国	意大利	荷兰	英国	美国
使用老人公寓护理的人数	5.1	5.4	2.3	9.7	5.0	0.9
使用护理院护理的人数	2.4	2.3	—	2.6	—	4.6

数据来源：阿乐伯，1993、冯·那斯传德等人，1993：110。

和机构照护的比较看，在长期照顾老人中，欧洲各国接受居家或社区式照顾，其比率约为机构式照顾的 2 倍（OECD，1996）。日本，自 2000 年 4 月起实施“长期照顾保险”，接受介护服务的老人中，有 62% 使用居家或社区式，只有 38% 失能老人使用机构式照顾（古治一好，2001）。我国台湾地区，长期照顾政策规划的目标，也是“社区式”照顾为主，占 70%；“机构式”照顾为辅，占 30%。具体占比在回归社区及居家照护的大趋势下，可以大致确定长期照护对象居家和机构分布为 7∶3。

长期照护对象主要是全失能老人，目前我国有全失能老人 1200 万，按居家和机构 7∶3 分布，养老机构收住 360 万，居家服务对象 840 万，即机构设施床位需 360 万张。居家服务设施强调设施的服务半径和可及性，目前已基本实现社区居家养老服务设施社区全覆盖，重点在于设施综合功能的提升。

表 2—9　我国居家和机构护理服务人群数

	比例	居家和机构护理服务人数（或床位：张）
入住护理型机构老人占比	2%—3%	需护理床位 444 万—666 万张
长期照护对象居家和机构分布	2∶1	机构护理床位 400 万张 居家护理人数 800 万人
长期照护对象医疗机构、养老机构和居家分布	1∶2∶7	医疗护理床位 120 万张 养老护理床位 240 万张 居家护理人数 840 万人

三、医养结合型养老服务政策

（一）医养结合政策发展脉络

一是指导性意见，明确医养结合的工作思路、重点任务和政策措施。2013 年 9 月，国发 35 号文件明确要求“积极推进医疗卫生与养老服务相结合”，意味着医养结合正式成为国家决策；同月，国务院发出的《关于促进健康服务业发展的若干意见》（国发〔2013〕40 号），明确要“加快发展健康养老服务”。2015 年 2 月，民政部、国家发改委、财政部、卫计委等 10 部委下发的《关于鼓励民间资本参与养老服务业发展的实施意见》（民发〔2015〕33 号），明确要推进医养融合；2015 年 11 月，国务院办公厅转发卫计委、民政部等 9 部委出台专项指导性文件——《关于推进医疗卫生与养老服务相结合的指导意见》（国办发〔2015〕84 号），对进一步推进医疗卫生与养老服务相结合作全面部署。

二是配套政策，明确医养结合的具体安排和工作要求等。2014 年 9 月，国家发改委、民政部、财政部等下发的《关于加快推进健康与养老服务工程建设的通知》，对有关健康服务、养老服务工程项目作了明确；2016 年 4 月，国家卫计委、民政部下发的《关于做好医养结合服务机构许可工作的通知》（民发〔2016〕52 号），对有关医养结合型养老服务机构许可工作作了明确；卫计委办公厅印发的《医养结合重点任务分工方案》（国卫办家庭发〔2016〕340 号），对卫计委各司局在医养结合中的任务作了明确；2016 年 5 月，国家卫计委办公厅、民政部办公厅印发的《关于遴选国家级医养结合试点单位的通知》（国卫办家庭发〔2016〕511 号），以及 6 月的《关于确定第一批国家级医养结合试点单位的通知》（国卫办家庭函〔2016〕644 号），对试点工作作了明确；2016 年 6 月，国家人力资源和社会保障部办公厅发出的《关于开展长期护理保险制度试点的指导意见》（人社厅发〔2016〕80 号），对与医养结合密切相关的长期照护保险试点工作作了明确，确定河北省承德市、上海市、江苏省南通市等 15 个直辖市、计划单列市、地级市为试点单位，并把吉林和山东两省作为国家试点的重点联系省份，标志着这项制度在国家层面正式启动。

三是相关规划，明确医养结合中长期发展思路和工作任务。2015 年 3 月，国务院办公厅印发的《关于印发全国医疗卫生服务体系规划纲要（2015—2020 年）的通知》（国办发〔2015〕14 号），单列“医养结合”一节；2015 年 11 月，党的十八届五中全会通过的《中共中央关于制定国民经济和社会发展第十三个五年规划的建议》，明确提出要“推进医疗卫生和养老服务相结合，探索建立长期护理保险制度。”2016 年 3 月，全国人大通过的《中华人民共和国国民经济和社会发展第十三个五年规划纲要》，深化医养结合的相关内容；2016 年 7 月，民政部、国家发改委印发的《民政事业发展第十三个五年规划》，专列“医养结合”一节，明确医养结合制度安排；2016 年 10 月，中共中央、国务院印发的《“健康中国 2030”规划纲要》，从健康中国的战略高度，强调并部署推进医养结合工作。

（二）医养结合政策的主要内容

1. 医疗机构要积极支持和发展老年服务

2015年84号文件将医疗机构支持为老服务内容表述得更为具体。一是加强涉老医疗机构建设。重点加强老年病医院、康复医院、护理院、临终关怀机构建设，公立医院资源丰富的地区可积极稳妥地将部分公立医院转为康复、老年护理等接续性医疗机构。二是提高医疗机构为老年患者服务的能力。有条件的二级以上综合医院要开设老年病科，做好老年慢性病防治和康复护理相关工作。提高基层医疗卫生机构康复、护理床位占比，鼓励其根据服务需求增设老年养护、临终关怀病床。三是加强健康管理和服务。为老年人建立健康档案，并为65岁以上老年人提供健康管理服务。鼓励为社区高龄、重病、失能、部分失能以及计划生育特殊家庭等行动不便或确有困难的老年人，提供定期体检、上门巡诊、家庭病床、社区护理、健康管理等基本服务。推进基层医疗卫生机构和医务人员与老年人家庭建立签约服务关系，为老年人提供连续性的健康管理服务和医疗服务。四是落实老年医疗服务优待政策。医疗卫生机构要为老年人特别是高龄、重病、失能及部分失能老年人提供挂号、就诊、转诊、取药、收费、综合诊疗等就医便利服务。鼓励各级医疗卫生机构和医务工作志愿者定期为老年人开展义诊。五是重视中医药在老年服务的作用。充分发挥中医药（含民族医药）的预防保健特色优势，大力开发中医药与养老服务相结合的系列服务产品。六是鼓励医疗卫生机构与养老服务融合发展。统筹医疗卫生与养老服务资源布局。有条件的医疗卫生机构可以通过多种形式、依法依规开展养老服务。

2. 养老服务领域要强化医疗支持

一是支持养老机构开展医疗服务。养老机构按相关规定申请开办老年病医院、康复医院、护理院、中医医院、临终关怀机构等，也可内设医务室或护理站，提高养老机构提供基本医疗服务的能力。养老机构内设的具备条件的医疗机构可作为医院（含中医医院）收治老年人的后期康复护理场所。二是建立健全与医疗卫生机构合作机制。鼓励养老机构与周边的医疗卫生机构开展多种形式的协议合作，建立健全协作机制；鼓励二级以上综合医院（含中医医院）与养老机构开展对口支援、合作共建；医疗卫生机构为养老机构开通预约就诊绿色通道，为入住老年人提供医疗巡诊、健康管理、保健咨询、预约就诊、急诊急救、中医养生保健等服务；建设医疗养老联合体等，整合医疗、康复、养老和护理资源，为老年人提供治疗期住院、康复期护理、稳定期生活照料以及临终关怀一体化的健康和养老服务。三是鼓励医生等专业人员到养老机构执业。鼓励执业医师到养老机构设置的医疗机构多点执业，支持有相关专业特长的医师及专业人员在养老机构规范开展疾病预防、营养、中医调理养生等非诊疗行为的健康服务。

3. 健全医疗保险制度和探索长期护理保险制度

一是养老机构内设的医疗机构，符合城镇职工（居民）基本医疗保险和新型农村合作医疗定点条件的，可申请纳入定点范围，入住的参保老年人按规定享受相应待遇。二是为居家老年人提供上门服务，符合规定的医疗费用纳入医保支付范围。三是落实好有关康复的医保政策。落实将偏瘫肢体综合训练、认知知觉功能康复训练、日常生活能力评定等医疗康复项目纳入基本医疗保障范围的政策，为失能、部分失能老年人治疗性康复提供相应保障。四是完善医保报销制度，切实解决老年人异地就医结算问题。五是探索建立长期照护机制。建立健全长期照护项目内涵、服务标准以及质量评价等行业规范和体制机制，形成从居家、社区到专业机构等比较健全的专业照护服务提供体系。探索建立以社会互助共济方式筹集资金，为长期失能人员的基本生活照料和与基本生活密切相关的医疗护理提供资金或服务保障的社会保险制度。

表 2—10　我国长期护理保险制度政策框架

参保范围	职工基本医疗保险（以下简称“职工医保”）参保人群。 试点地区：根据自身实际，合理确定参保范围并逐步扩大。
资金筹集	筹资渠道：试点阶段通过优化职工医保统账结构、划转职工医保统筹基金结余、调剂职工医保费率等途径筹集资金。 筹资标准：按照以收定支、收支平衡、略有结余的原则合理确定。
待遇支付	基金支付水平总体上控制在 70%左右。
服务保障	建立健全协议管理和监督稽核、技术管理规范、需求认定和等级评定标准体系、申请管理办法及第三方服务监管等制度。
政策保障	投融资和财税价格政策；规划布局和用地保障；长期照护经费保障；人才队伍支持；信息技术支撑；协作协同推进等。

（三）医养结合型养老服务政策分析

1. 医养结合政策分析

（1）政策目标。一是社会方面，回应社会普遍关注，是重大的民生问题；二是经济方面，是经济新常态下的促进经济增长的手段，增加投资，促进就业、拉动消费都是政策的题中之义。

（2）覆盖人群。所有老年人，主要是患病老人，重点是失能失智、部分失能失智老人。在人力社保部的长期照护保险制度试点中，更是明确为长期失能人员。

（3）服务项目。散见在各个规划、文件中，以“健康中国2030”规划最为完整，即治疗期住院、康复期护理、稳定期生活照料、安宁疗护一体化，具体包括健康档案、疾病治疗、康复护理、生活照料、临终关怀等项目。

（4）服务场所。具体包括涉老医疗机构、养老机构，社区卫生服务中心、日间照料中心，老年人居所。

（5）保障措施。增加医养结合的财政投入，鼓励社会投入；推动已有医疗、养老服务资源整合；新建长期照护保险制度；加快医养人才培养，提高养老服务领域中医护人员比；加快现代信息技术应用。

2. 医养结合型养老服务政策分析

（1）政策目标。一是建立医养结合政策体系、标准规范和管理制度；二是建立专业化医养结合人才培养制度；三是建成一批医养结合机构；四是提升基层医疗卫生机构上门服务能力，养老机构能够提供医疗卫生服务。

（2）覆盖人群。对象集聚在失能失智、部分失能失智老人，也就是长期照护对象。

（3）服务项目。经评估后的长期照护项目，主要是生活照料、康复护理、健康管理等。

（4）服务场所。医养结合型机构、养老机构，社区日间照料中心和老年人居所。

（5）保障措施。增加财政投入，鼓励社会力量进入，加强与医疗服务资源的整合，协同探索建设长期照护保险制度，加快专业人才的教育培养，积极推进智慧养老系统建设。

表 2—11　医养结合型养老服务政策分析

政策目标		覆盖人群	服务项目	专业人员	服务场所（设施）		保障措施
一级目标	1. 回应民生需求 2. 促进经济增长	一类对象： 长期照护对象	健康档案 康复护理 生活照料 临终关怀 + 助医	护士、康复师、营养士、社工、护理员等	一类场所	综合、专科医院的护理床位 康复医院 护理院 临终关怀医院	1.土地 2.经费： 探索长期护理保险制度 3.人才队伍 4.信息技术支撑
二级目标	1. 提高老年人生活质量 2. 增加就业	二类对象： 所有老人，尤其是老年慢性病患者			二类场所	养老机构 社区日间照料中心 居所	
					综合设施	医养结合机构 医养联合体	
三级目标	第一阶段— 2017 年	1. 初步建立医养结合型养老服务政策体系、标准规范和管理制度 2. 基本形成专业化医养结合型养老服务人才培养制度 3. 建成一批医养结合型养老服务机构 4. 基层医疗卫生机构参与居家养老服务，50%以上的养老机构能够提供医疗卫生服务					
	第二阶段— 2020 年	1. 基本建立符合国情的医养结合型养老服务体制机制和政策法规体系 2. 实现医疗卫生和养老服务资源有序共享 3. 基本形成医养结合型养老服务网络 4. 基层医疗卫生机构普遍参与居家养老服务，所有养老机构能够提供医疗卫生服务					

四、医养结合型养老服务供给现状

（一）医养结合型养老服务发展成效

1. 制度体系初步形成

2013年以来，全国各省（区、市）认真贯彻落实国发35、40号文件，全部出台了的实施意见。北京、天津、吉林、山东、浙江等省（市）民政、卫生计生等部门联合下发了医养结合专项政策文件。着眼健康养老，积极鼓励发展养护型、医护型养老机构，支持具备条件的养老机构内设医疗机构，并申请纳入医保定点范围。84号文件下发后，截至2016年9月，全国已有黑龙江、山东、河北、江西等20多个省（区、市）正式出台了实施意见。在省以下，市、县政府也都相继下发文件，形成贯通上下的政策体系。

以浙江省例，从2011年开始先后制定出台了一系列医养结合政策文件。当年省政府下发《关于深化完善社会养老服务体系建设的意见》，强调要“大力发展具有医护功能，以接收失能、失智老人为主，提供长期照护的为护理型养老服务机构”；“提高养老服务机构康复服务能力”；明确要“加强养老服务机构、城乡社区居家养老服务照料中心（站）与医疗机构的合作”。2014年，省民政厅、卫计委等五部门联合下发《关于推进医疗卫生与养老服务融合发展的实施意见》，对全省医疗卫生与养老服务融合发展提出明确要求和提供政策支持。目前，《浙江省国民经济和社会发展第十三个五年规划纲要》《中共浙江省委关于补短板的若干意见》又对“推动医疗卫生和养老服务相结合”作了强调，提出要“建立完善医养结合长效机制，提升养老机构医养结合水平”。目前，全省100个市、县（市、区）都相应制订了有关医养相结合的政策文件。各地在标准规范、人才队伍、要素保障方面，也都作了相应安排。

在标准规范方面，北京市、山东省、天津市、杭州市等地出台了医养结合的标准或规范。在长期照护保险制度建设方面，在人力社保部下发试点文件前，青岛市、南通市先后出台文件，开始实施制度。青岛市2012年建立的这项制度，从医保统筹基金和彩票公益金中提取资金统一缴纳保费，将参加城镇职工基本医疗保险、城镇居民基本医疗保险的在职职工及退休人员、老年居民、重度残疾人、城镇非从业人员全部纳入长期医疗护理保险范围。上海市自2007年起，将50家养老机构的全护理型床位纳入了医保报销试点范围。

2. 机构服务供给增加

一是老龄型医疗机构明显增加。截至2012年，全国有75家护理院、60个护理站、322家康复医院[①]；浙江省的康复医院、护理院（站）占医疗机构百分比，在2010—2015年5年间增加了2个百分点。二是养老机构医疗功能得到加强。截至2015年年底，全国具备医疗服务能力的养老机构达到了20%[②]。浙江省从2012年开始强力推进护理型机构和床位建设，到2015年年底，全省有护理型床位达到了12.6万张，占了机构床位总数的30%；从课题调研看，浙江省养老机构内设具有医疗执业许可资质的医疗机构占比达到14.10%，实行医养结合的养老机构占比更是高达48.93%。

---

① 卫生部统计信息中心：《中国卫生统计年鉴》，中国协和医科大学出版社2013年版，第9页。

② 中国社会报记者：《打通健康养老的“最后一公里”》，《中国社会报》2015年12月8日。

表 2—12　全国（浙江省）医养机构设施建设情况

<table>
<tr><td colspan="7">全国(浙江省)护理康复医疗机构建设</td></tr>
<tr><td rowspan="2"></td><td rowspan="2">年份</td><td rowspan="2">医院总数(家)</td><td colspan="2">康复医院</td><td colspan="2">护理院(站)</td></tr>
<tr><td>数量(家)</td><td>占比(%)</td><td>数量(家)</td><td>占比(%)</td></tr>
<tr><td>全国</td><td>2012</td><td>23170</td><td>322</td><td>1.39</td><td>135</td><td>0.58</td></tr>
<tr><td rowspan="2">浙江</td><td>2010</td><td>687</td><td>18</td><td>2.62</td><td>4</td><td>0.58</td></tr>
<tr><td>2015</td><td>1049</td><td>42</td><td>4.00</td><td>26</td><td>2.48</td></tr>
<tr><td colspan="7">全国(浙江省)养老机构医疗服务能力</td></tr>
<tr><td>全国</td><td colspan="4">具备医疗服务能力养老机构占比</td><td colspan="2">20%</td></tr>
<tr><td rowspan="3">浙江</td><td colspan="4">养老机构护理型床位占比</td><td colspan="2">30%</td></tr>
<tr><td colspan="4">养老机构内设有医疗执业许可医疗机构占比</td><td colspan="2">14.10%</td></tr>
<tr><td colspan="4">养老机构实行医养结合占比</td><td colspan="2">48.93%</td></tr>
</table>

注：统计数据来自全国和浙江省卫计、民政部门年度统计；调查数据来自课题问卷调查。

3. 实现路径逐步清晰

对医养结合型养老服务的实现路径，较典型的总结归纳是“三模式”论：“整合照料”模式，由单一机构提供“医”和“养”双重服务；“联合运行”模式，养老机构与医疗机构合作提供服务；“支撑辐射”模式，社区医、养机构合作，为居家社区老年人提供健康服务。随着实践的深入，医养结合的实现路径越来越清晰，从服务的层次看，可以分为三种：一是由医疗机构特别是老龄型医疗机构为术后老人、患病老人提供的带有医疗护理性质的照护服务；二是由护理型养老机构为失能失智老人提供的长期照护服务；三是由社区机构为居家老年人提供的健康服务。从服务的方式看，主要是机构服务和社区居家服务两种。机构服务在老龄型医疗机构、养老机构完成。社区居家服务，则是在以社区为平台，强化医养协作。目前，新建日间照料中心注重和社区卫生服务机构比邻而建，或由社区卫生服务机构上门提供卫生健康指导。

浙江省，2万个城乡社区居家养老服务照料中心有1/3和基层卫生服务机构建立协作关系或内设医务室、护理站，实现了医养结合。上海市，大力推进社区嵌入式、综合性机构建设，依托长者照护之家、社区综合为老服务中心，解决失能老人的照护需求。

上海市、青岛市和杭州市等尝试建立家庭病床制度，由社区医护人员上门为老人提供医疗护理服务。杭州市率先推进医养护一体化建设，通过社区签约医生这一主线，为居家老人提供健康和慢性病管理，由社区卫生服务机构为居家老人提供4类共计36项居家护理项目，夯实社区这一医养结合的平台基础。

4. 资源整合迈出步子

一是整合服务设施。2014年8月，北京市民政局、卫计委等部门联合出台《关于进一步推进本市养老机构和养老照料中心建设工作的通知》（京民福发〔2014〕321号），要求全市所有养老机构和照料中心要通过配套设置、独立设置以及协议合作三种方式具备医疗条件，推动医疗和养老资源结合。截至2015年年底，全市410家养老机构均与卫生服务机构对接，其中有内设医疗机构的养老机构和养老照料中心计134家，与周边医疗机构正式签订书面协议的共计276家[①]。对新建机构，要求同步规划、同步建设。此外，课题组调查的9家医养结合型机构，其中4家为“同一规划项目、同一地块、同时配套建设”，5家为“后来统筹规划，在同一地块里，前后配置建设”。对社区居家服务，加强社区综合服务平台建设。以20分钟服务圈为尺度，布局建设城乡

① 北京市人民政府办公厅：《2014年北京市城市建设与民生工作之医改养老篇》[EB/OL].[2015-01-27].http://zhengwu.beijing.gov.cn/gzdt/bmdt/t1379495.htm。

社区居家养老服务照料中心、基层卫生服务机构，实现资源和人力的共享。

表 2—13 北京市医养结合 3 种方式

配套设置	采取内设医务室、卫生所（室）等或引入周边医疗机构分支机构等形式，满足老年人医疗服务需求。
独立设置	采取申请独立设置康复医院、护理院、社区卫生服务中心（站）等医疗机构的形式，为老年人提供多种形式的医疗服务。
协议合作	采取与周边医疗机构签订合作协议的方式，开辟绿色就诊通道，为入住老年人开展医疗服务。
引自：北京市民政局、卫生计生委等十部门联合出台的《关于进一步推进本市养老机构和养老照料中心建设工作的通知》(京民福发〔2014〕321 号)	

二是激活人力资源。国家卫计委推出的医师多点执业制度，就是激发人力资源的重大举措；依托医师多点执业，养老机构内设的医疗机构可以共享社会优质医疗资源。杭州市卫计委，2015 年起试行“流动医疗服务车进机构”的活动，嘉善县推出了健康服务进家庭的举措，目前已推广到全县全部 11 个街道和乡镇。自 2013 年起，浙江省实施失能老人家庭照护者免费培训计划，由医生、护士、护理员组成小组上门已为 60 万失能老人家庭照护者免费进行照护技能和知识培训。

三是加强部门协作。2012 年，浙江省推出养老服务需求评估制度，民政、卫计共同制订评估标准，在县市一级专门组织由医生、护士、护理员组成的评估小组，对老年人身体状况进行评估，已累计评估 600 万人次。上海市，从 2014 年年末开始，由市民政、卫计、人力社保部门共同协作，选择徐汇、闵行等地启动老年照护统一需求评估体系建设试点，形成了《上海市老年照护等级评估要求》《上海市老年护理医院出入院评估标准》《高龄老人医疗护理需求评估管理规范》等评估标准。

5. 要素保障支撑有力

中央财政从福利彩票公益金中拿出一部分支持包括护理型机构在内的养老机构建设。地方财政除支持公办护理型机构建设外，还给社会力量办护理型机构给予补贴。浙江省省级财政对护理型养老机的补贴，新建每床 8000 元，租赁每床减半；市县政府同时配套；减免医养结合型机构税费。

在服务资金方面，据民政部通报，全国已有 20 个省（区、市）建立服务补贴制度，17 个省（区、市）建立了护理补贴制度，补贴标准从每人每月 50 元到 1250 元不等，惠及困难老年人超过 1.5 亿。江苏省 2014 年下发《关于建立经济困难的高龄失能老人补贴制度的通知》（苏财社〔2014〕254 号），从 2015 年 3 月开始发放护理补贴，规定低保家庭中 60 周岁以上的失能老人，按不低于 100 元/月/人的标准给予护理服务补贴。浙江省从 2012 年开始建立了全省性的统筹城乡贯通机构居家的养老服务补贴制度，在评估的基础上，将低收入、低保家庭的失能失智老人确定为一类补贴对象，愿意入住机构的，每人每年不低于 15000 元，愿意居家的不低于 6000 元；二类对象由地方政府确定。上年全省享受服务补贴对象达到了 28 万人，其中一类对象为 1.6 万人，共发放补贴资金 4.5 亿元。青岛、南通、上海等市通过建立护理保险基金，一揽子解决老年人护理资金和服务问题。

（二）全国医养结合实践探索典型模式

1. 上海市：高龄老人护理计划

上海市高龄老人医疗护理计划，是依托基本医疗保险制度，对试点街镇的居家本市“职保”高龄老人，经过老年医疗护理需求评估、达到一定护理需求等级，由指定的护理服务机构为其提供基本的居家医疗护理服务。

2013 年 7 月起，上海市人力资源社会保障局（市医保办）会同相关部门启动高龄老人医疗护理计划，先在浦东、杨浦、长宁 3 个区的 6 个街镇开展试点工作。2014 年 10 月，新增徐汇、普陀等 3 个试点区，试范围扩大至 6 个区 28 个街镇。2016 年 1 月，将试点范围扩大至全市。其间，根据老年人及家庭反映，享受对象范围、享受服务时间、护理价格和个人支付占比等也不断进行调整。为规范高龄护理计划的实施，除指导性意见外，上海市人力社保部门会同市医保办、市卫计委出台了包括医疗护理需求评估、服务标准、管理规范及费用结算管理等多项配套政策。

从运作机制看，评估是其中的一大创新。先由市卫计委、民政和人力社保等部门统一标准和使用的养老服务需求评估，确定是否可以享受护理服务，以及可以在哪个层级设施接收服务。规定 6 级及以上才能入住护理院（且不能入住养老机构，要转到护理院去），4 级及以上才能入住养老机构，2—3 级居家服务。确定符合享受护理服务身体评估资格后，再由社区卫生服务机构对其做医疗护理需求评估，制定医疗护理方案，提供医嘱，然后再由护理站具体提供上门护理服务。

实行严格的评估和护理人员培训上岗制度，并实行分类提供服务。评估和护理人员在上岗前，均需接受规范的由政府组织的岗前培训，获得资质后方能上岗。同时，为规范服务，对医疗护理服务做了分类，分为基础护理和临床医疗护理，分别由居家照护人员（B 类）和执业护士（A 类）来提供对应服务，并实行不同的收费标准，引导专业发展。

目前，上海市又将居家医疗护理延伸服务至养老机构，规定养老机构设有医疗机构的，可参照高龄老人医疗护理计划试点的相关规范，为本机构内经评估符合条件的住养老人提供居家医疗护理服务；没有设置医疗机构的养老机构，根据实际情况与所在辖区的护理服务机构建立合作关系，为经评估符合条件的住养老人提供居家医疗护理服务。截至 2016 年 6 月底，累计服务人次约 15.5 万。

表 2—14　上海市高龄老人医疗护理计划政策设计

政策项目	原先政策	现行政策
享受对象	①有本市户籍、年龄 80 周岁及以上、参加本市城镇职工基本医疗保险。 ②居住在家。 ③老年护理需求等级达到轻度（限孤老）、中度的 80 周岁及以上老人，重度的 75 周岁及以上老人。	①年龄门槛从 80 岁降到 75 岁，现为 70 岁。 ②扩展到入住机构老人。
评估等级	2—3 级	2—6 级
享受时数	轻度者（限孤老）每周 1 次 中度者每周 2 次 重度者每周 5 次 每次 1 小时	轻度或照护 2 级老人，每周 3 次 中度或照护 3、4 级老人，每周 5 次 重度或照护 5、6 级老人，每周 7 次
护理内容	①17 项基础护理：环境卫生（整理、更换床单）、个人清洁、饮食照料、排泄护理、压疮预防与护理（常规预防、配合医护人员换药）、移动安全保护（协助使用拐杖轮椅等助行器、协助翻身、移动、扶抱、搬移）等。 ②11 项临床护理：生命体征监测、导尿、鼻饲、灌肠、吸氧、血糖监测、服药、静脉血标本采集、肌肉、皮下注射、物理降温。 ③家庭照护人员护理指导。	①对护理内容规定更具体了： A. 基础护理指围绕服务对象和其床单位开展的基础性生活护理服务。 B. 常用临床护理指除基础护理外、适宜在老人家庭中开展的治疗性医疗护理服务。 ②新增康复。
服务提供机构	①社区卫生服务站：医疗评估和日常护理医嘱。 ②护理站（民办）：提供护理服务。	
服务提供者	①医疗照护员（培训上岗）：基础护理。 ②执业护士：临床护理。除生命体征监测外，其他须由执业护士遵医嘱执行。	
支付标准	基础护理：50 元/小时	基础护理：65 元/小时 临床护理：80 元/小时

（续表）

政策项目	原先政策	现行政策
支付渠道	80%医保；20%个人由个人医疗账户结余资金支付，不足部分由个人自负。	9%医保；10%个人
评估费用	50元/次，评估费用暂由区县财政负担。	

经验启示及问题。从实际运作情况看，一是价格机制是调节需求和市场的有效手段。早期试点时，老人需自负20%，尤其是需要重度护理的老人感到压力很大，有个街道当时符合条件的有1000多人，但实际接受服务的只有100多人。政策范围扩大、降低老人自费比例后，有效需求大幅度上升，对民办护理站来说，服务规模集聚后，增强了可持续运营能力。二是部门协同，政策整合十分重要。尽管在源头的养老服务需求评估上实行了统一，但在具体服务提供时，部门协作还不够，主要还是由卫计、人力社保部门操作，民政部门实施的养老服务补贴还是按照自己的一套体系实施。

2. 北京市：政策性长期护理互助保险

2016年7月，北京市在海淀区试点针对失能老人长期照料的政策性长期护理互助保险制度。

参保范围。具有本区城乡户籍年满18周岁（在校学生除外）以上的居民在本行政区域内各类合法社会组织工作的具有本市户籍人员均可参加长期护理互助保险。参保以户为单位，其中享受生活困难补助人员，具有残疾证的残疾人可个人参保。

缴费标准。按年龄段不同实行差别化缴费，基金缴费标准基数2016年暂按每人每年1140元缴费标准基数筹集，政府按不同年龄段缴费额度20%的比例予以补贴。年满55周岁（含）的享受城镇最低生活保障家庭、生活困难补助人员由政府全额补助并按本办法规定参保。

具有残疾证的残疾人，参加护理保险根据其收入情况及个人承担能力、计划生育家庭（失独、独生子女伤残家庭）参保由主管部门制定具体参保补贴办法，按本办法规定参保。

缴费年限。个人缴费不少于15年，政府补贴不超过15年。

可享受服务：①居家照护服务：日常生活照顾、基本护理、用药护理、巡诊、协助医疗、基础康复、运动指导、日常生活活动能力训练、餐饮服务、紧急救援以及经评估提供辅具购买、租赁服务及居家无障碍环境改造。②社区照护服务：日间照料、社区康复护理。③机构照护服务：符合独居、寡居的失能老人经申请后，在定点照护服务机构中接受长期照护服务，超出护理保险支付额度的部分由个人按机构规定承担（低保、城市“三无”、农村“五保”、老人除外）。④失能护理服务：65周岁以上，经过专业机构评估达到《日常生活活动能力评估量表》中轻度、中度、重度失能的，可以分别享受900元/月、1400元/月、1900元/月的护理服务，服务费由长期护理互助保险基金承担。⑤其他照护服务：亲情家庭互助服务、安宁关怀服务、精神安慰、社会交往、特定条件下的现金支付服务、志愿服务。

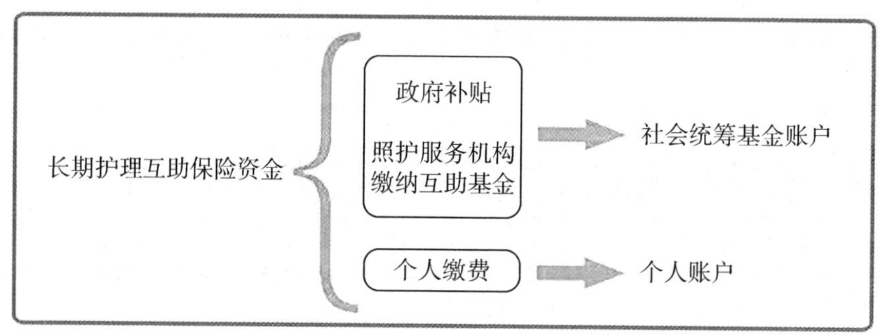

图2—3　长期护理保险资金来源

表 2—15 北京市海淀区政策性长期护理互助保险政策内容

<table>
<tr><th rowspan="2">年龄段（周岁）</th><th rowspan="2">个人缴费额度（年）</th><th colspan="2">财政补贴（年）</th><th colspan="2">每人每月实际缴费金额（元）</th></tr>
<tr><th>城镇户籍</th><th>农业户籍</th><th>城镇户籍</th><th>农业户籍</th></tr>
<tr><td>18—39</td><td>1140 元
标准缴费基数</td><td rowspan="3">市、区财政按缴费额度的 20% 进行补贴。</td><td rowspan="3">市、区财政按缴费额度的 20% 进行补贴。
乡（镇）财政暂按每人每年补助 120 元。</td><td>75</td><td>65</td></tr>
<tr><td>40—59</td><td>1254 元
标准缴费基数增加 10%</td><td>83.6</td><td>73.6</td></tr>
<tr><td>≥60</td><td>1368 元
标准缴费基数增加 10%</td><td>91.2</td><td>81.2</td></tr>
</table>

3. 杭州市：医养护一体化

医养护一体化智慧医疗服务，是指利用信息技术，整合部门资源，以医疗护理康复进家庭为基础，拓展日托及机构养老健康服务内涵，根据居民不同需求，因地制宜地提供可及、连续、综合、有效、个性化的医疗、养老、护理一体化的健康服务新模式。具体来说，就是以社区家庭全科签约医生为主线，以信息技术、部门信息资源开放互通为支撑，依托基层卫生服务中心、民政养老服务和社会三支服务队伍，为全体老年人提供居家型、机构型和日托型三种类型医养护一体化服务。2014 年 5 月，杭州市政府启动实施了这一项目，并在江干区开始试点。

（1）医养护一体化签约服务

医养护一体化签约服务，是指以社区为范围，社区卫生服务机构为平台，各级医疗卫生机构纵向协作服务体系为支撑，逐步建立“社区首诊、双向转诊、康复回社区”的分级诊疗服务，同时为签约对象提供健康管理服务、社区医疗和双向转诊服务、家庭病床服务和远程健康监测管理、健康评估服务等健康、医疗服务。签约服务对象为杭州市户籍的参保居民，以老年人、慢性病患者为重点，医生配比原则上为

1000—1500：1。要求到 2016 年，签约率达到户籍人口的 25%，其中重点服务对象 60%；2017 年，达到 30%。

表 2—16 杭州市医养护一体化类型和内容

<table>
<tr><td>居家型</td><td>所有老年人：以基层医疗机构为主体，提供基本公共卫生服务、基本医疗和指导生活照料为主的基本型服务。
重点对象：开展健康管理、慢病管理，上门护理和家庭病床等服务。</td><td rowspan="3">贯穿社区家庭签约医生。</td></tr>
<tr><td>机构型</td><td>通过新设、协议、引进、转型、增设等形式，将医疗卫生资源引入养老机构。</td></tr>
<tr><td>日托型</td><td>以社区居家养老服务日间照料中心为依托，延伸医疗卫生机构的服务。</td></tr>
</table>

配套鼓励政策。签约服务费每月每人 10 元，其中签约对象承担 10%，市财政承担 25%，区财政承担 65%。签约对象门诊医保起付标准下降 300 元/年。

试点成效。截至 2016 年 7 月，江干区签约人数达 11 万，占到户籍总人数的 30%；以凯旋街道社区卫生服务中心为例，重点签约 6000 人，普通签约 13896 人。签约对象中，首诊率 60%，也就是 10 次里面有 6 次在社区首诊。

（2）居家上门医护服务

工作机制。江干区试点时，在区社区服务科下设“区医养护一体化服务管理中心”，承担全区医养护服务业务指导。这项工作具体由区卫生部门牵头，管理中心设在区人民医院，由人民医院成立专职队伍，包括主任、副主任，5 个医生，4 个护士，除主任兼职外，其余为全职。管理中心主要承担老人评估（社区医生和护士作为照护评估专员，负责全区居家医疗服务对象的评估工作）、资源整合、服务监管和培训组织等工作。

表 2—17　医养护一体化居家上门医护服务情况

<table>
<tr><th>服务对象</th><th>服务项目</th><th>上门服务费（元/次）</th><th>治疗费、材料费等其他费用（元/次）</th><th>说明</th></tr>
<tr><td rowspan="4">①户籍在江干区的居民。
②签订《杭州市医养护一体化全科医生有效签约服务协议》者。
③有医疗需求的失能、半失能老人或其他居民。</td><td>居家护理</td><td rowspan="4">自费：40/60（副高及以上）</td><td rowspan="2">根据浙江省医疗物价规定项目收费（可纳入医保）</td><td rowspan="4">符合建立家庭病条件者可申请建床，上门服务费可纳入医保结算。</td></tr>
<tr><td>居家康复</td></tr>
<tr><td>居家药事</td><td rowspan="2">根据浙江省医疗物价规定项目收费（自费）</td></tr>
<tr><td>居家营养</td></tr>
</table>

服务实施。经评估复核居家护理条件后，第一次由医生和护士共同上门重新做医疗评估，进一步确认情况，制定照护计划；之后根据项目分别由护士、康复师、药剂师、营养师和健康管理师等实施上门服务。如果期间有情况变化，医生会再次上门会诊。单次服务时间为 40 分钟，每个病种服务次数一般 6 次，一周一次。

服务项目。可以提供包括居家护理、居家康复、居家药事和居家营养 4 大类共计 36 项服务，其中一般服务项目 19 项，含一般护理服务（15 项）和检验、检查项目（4 项）；特殊服务项目 17 项，含特殊护理服务（6 项）、药事服务（3 项）、营养服务（3 项）、康复服务（5 项）。从试点实践看，需求最大的是居家护理和居家康复。从时间分，有短期的换药、打针等，长期的主要是插管等护理服务。其中短期占到总服务的 25%。

政策配套。为引导分级诊疗，参加社区签约医生的老人门诊起付标准下降 300 元，同时通过增加社区药物品种，经过培训增强社区人力资源保障等，提高社区诊疗的吸引力和能力。突破先行绩效工资改革限制，社区家庭医生及居家护理政府奖励及收费，不列入绩效工资限制额度，因此，实行医养护一体化后，社区医生、护士人均收入是增加的，大概增加 2 万一年。

服务人次。从 2015 年实施到现在，服务特殊案例 640 人，加上其他项目合计约服务人数 1.5 万人（人次）；目前正在享受居家上门特殊案例服务的 207 人。

(3) 存在问题

①实际接受居家医疗护理服务人数较少。主要是服务对象嫌上门服务费贵；现行医疗体制分级诊疗制约不够，居民看病可选择各家医院；评估是基于申请的，因此真实的需求并没有全面掌握。

②签约医生居民积极性不高。现在社区医院人员和绩效核定，是 2008 年左右标准，现在工作量增加了 70%—80%，尤其是推行社区签约医生和居家医疗服务，人员更是紧张。社区基层养老机构突出问题是没有专职人员，时间上有冲突，很多社区医生周日或晚上若服务对象有需求，也得出诊，影响了其正常休息。

③资源没有实行整合。卫生、民政、残联等资源还没有完全整合，还不能为服务对象提供综合性服务方案。

4. 青岛市：医疗护理保险模式

青岛市 2012 年开始实施了长期医疗护理保险制度，为居家、社区或者机构养老的失能半失能老人提供医疗护理。2012 年 6 月 1 日，青岛市人力资源和社会保障局修改 2012 年颁布的《关于建立长期医疗护理保险制度的意见（试行）》（青政办字〔2012〕91 号，2012 年 7 月 1 日试行），将医疗机构的“专护”、机构养老的“老护”、社区的家庭病床即“家护”，统一合并为长期医疗护理保险制度。2015 年，又增加了社区巡护。

表 2—18　青岛市医疗护理保险制度基本情况

<table>
<tr><td>参保对象</td><td colspan="2">参加城镇职工基本医疗保险、城镇居民基本医疗保险的参保人，2015 年拓展到农村。</td></tr>
<tr><td rowspan="2">资金来源</td><td>城镇职工</td><td>按照城镇职工医疗保险个人账户 0.2%的 2 倍从城镇职工医疗保险统筹账户中划拨。</td></tr>
<tr><td>城镇居民</td><td>按照本市上一年城镇居民可支配收入的 0.2%，从城镇居民医疗保险中划拨福彩第一年投入 1 亿元，以后每年投入 2000 万元。</td></tr>
<tr><td>资金管理</td><td colspan="2">采用委托第三方经办监管的管理模式。即通过政府招标确定商业保险公司，参与护理保险基金的管理、运营、支付等工作。</td></tr>
<tr><td rowspan="3">享受对象范围</td><td colspan="2">经评估需医疗护理者。具体指因疾病、伤残等原因长年卧床已达或预期达六个月以上，生活完全不能自理，病情基本稳定，按照《日常生活能力评定量表》评定低于 60 分（不含 60 分）。</td></tr>
<tr><td colspan="2">其中家护、院护和巡护，需符合下列条件：
① 患有以下慢性疾病：脑卒中后遗症（至少一侧下肢肌力为 0—Ⅲ级）、帕金森氏病（重度）、重症类风湿性关节炎晚期（多个关节严重变形）或其他严重慢性骨关节病影响持物和行走、植物人、终末期恶性肿瘤（呈恶病质状态）；
② 需长期保留胃管、尿管、气管套管、胆道外引流管、造瘘管、深静脉置管等各种管道；
③ 高龄患者骨折长期不愈合，合并其他慢性重病；
④ 患其他严重慢性病、外伤等导致全身瘫痪、截瘫。</td></tr>
<tr><td colspan="2">其中医疗机构的专护，需符合以下条件：
① 因病情需长期保留胃管、气管套管、胆道外引流管、造篓管、深静脉置换管等各种管道的；
② 需要长期依靠呼吸机等医疗设备维持生命体征的；
③ 因各种原因导致昏迷，短期、长期治疗不能好转的，患各种严重慢性病且全身瘫痪、偏瘫、截瘫，生活不能自理的；
④ 其他术后仍需要长期住院维持、支持治疗的；
⑤ 经社保经办机构设定的其他符合享受医疗专护的情况。</td></tr>
</table>

（续表）

服务方式	家护	参保人家里
	院护	养老院
	专护	二级及以上住院定点医疗机构医疗专护病房
	社区巡护	护理服务机构（含村卫生室）派医护人员到参保人员家中提供巡诊服务。
护理评估	护理机构的医保医生和医保护士	
支付范围	医疗护理费 备注：参保人享受护理保险待遇期间，不重复享受住院、门诊大病、普通门诊等应由城镇基本医疗保险基金支付的相关待遇。	
支付标准	床日包干制	定点护理机构或居家接受医疗护理照料的参保人：每床日定额包干费用（含统筹范围内个人负担部分）为60元。
	社区巡护	二级医院接受医疗专护的参保人：每床日总费用定额包干费为170元。
		三级医院接受医疗专护的参保人：每床日总费用定额包干费为200元。
		社区巡护参保职工，一档缴费成年居民、少年儿童、大学生1600元/年（每周巡诊不少于2次），二档缴费成年居民800元/年（每周巡诊不少于1次）。
标准报销	居家、机构护理：护理保险基金支付96%；医疗专护：护理保险基金支付90%。 2015年改为，家护、院护、专护都是90%，社区巡护，一档缴费80%，二档缴费40%。	
护理机构准入标准	①经卫生部门批准成立的医疗服务机构； ②经卫生、民政部门批准成立的具备医疗资质的养老服务机构和残疾人托养机构。	

截至2014年年底，约有2.5万老人受益于长期医疗护理保险制度[①]，在床护理老人1.9万。在已享受保障的2.5万名失能、半失能人

① 青岛市有半失能老人18.6万，全失能老人9.1万，合计27.7万。

员中，有4000多人在床期间病故，有尊严地走完了生命最后的旅程。青岛市共有30多家具备医疗资质养老机构申请成为定点护理机构，不具备医疗资质的与就近的定点社区医疗机构合作，为机构内失能老年人提供医疗护理服务。

实践成效。一是实行医护分离，提高了医保资金效率。通过建立护理保险制度，将老年人长期医疗护理费用的支付从医疗保险当中剥离出去，实行医护分流，降低社会性住院。据青岛市有关部门数据统计，在三级医院“专护”，仅为同期同类医院重症监护病房患者的1/23。“院护”“家护”仅为二、三级普通住院治疗床日费的1/8、1/18，医保资金得到了结构优化。二是提升了养老服务品质，减轻了个人负担。老年人医疗护理需求得到制度上的保障，其在养老机构、社区和家庭接受医疗护理的相关费用纳入护理保险基金支付，减轻了个人负担。数据统计显示，“老护”“家护”人员个人负担比例8.9%（其中范围内个人自负4%），年均个人负担约1400元，低于住院治疗平均个人负担水平。三是培植转型了一批护理机构。保险资金的保障吸引了社会力量兴办老年护理机构，推动一些公立医院转型，促进了社会化医养结合发展。

存在问题。一是护理保险的覆盖范围有限。因享受护理保险的对象以医疗护理需求评估标准为依据，享受护理保险资格的认定标准过高。从实际看仅占到失能老人的9%左右。二是医疗护理和生活照料未做制度上整合。民政部门有政府购买服务居家养老服务补贴，且补贴标准也不低，但未统一开展服务需求评估，统一服务方案设计和服务输送。三是护理机构准入门槛较高。必须具有二级以上医院资质，且配备5名专业医生和2名专业护士，办公场所在200平方米以上的机构方可申请定点护理服务机构。

5. 苏州市：护理院模式

双证登记政策扶持。针对失能老人长期照护的服务需求特点，苏州市大力鼓励发展护理院，实行双登记政策扶持，即实行卫计委医疗卫生机构和民政养老机构双重登记，护理院在享受医保定点的同时，可以同时享受民政部门的一次性床位建设补贴和日常运营护理补贴（民政部门对床位补贴新建 10000 元/张，租赁改建 5000 元/张；运营补贴，按照入住老人护理等级分类：一级护理 200 元/月，二级护理 120 元/月，三级护理 70 元/月）。因为有政策扶持，苏州护理院发展很快，截至目前，全市大概有 30 多家，除个别新建护理院外，入住率高，基本都满员。

包床控制医保支出。医保支出标准护理院实行额定制，一般为 87 元/天/床，早期高一些，大概在 120 元/天/床，后数量多了，就降低了额定标准，实行规范管理。入院老人医疗护理费、入院床位费享受由医保支出，个人尚需承担差额床位费、生活照料费（护工费）、餐费以及其他管理费等。有医保分担支出并有医疗护理资源保障，护理院非常受老人欢迎。

表 2—19　苏州护理院调研情况

<table>
<tr><th></th><th>创办年份</th><th>床位规模</th><th>入住老人</th><th>核定收费标准</th><th>老人自负费用</th><th>床位流转率</th></tr>
<tr><td>苏州怡养护理院</td><td>2014</td><td>340</td><td>120</td><td rowspan="4">87 元/天/床</td><td rowspan="4">包括护工费（45 元/天）、餐费 4.50—6.00 元/天
差额床费
其他
合计在 3000—4800 元/月左右</td><td rowspan="4">2%—5%
最长 10 年，从开院入住到现在</td></tr>
<tr><td>苏州仁家护理院</td><td>2006</td><td>180</td><td>180</td></tr>
<tr><td>苏州福星护理院</td><td>2004</td><td>512</td><td>517（部分办公室改造成床位）</td></tr>
<tr><td>苏州爱心护理院</td><td>2010</td><td>380</td><td>450（办公室改建）</td></tr>
</table>

实践成效。据有关部门统计，有了护理院后，总医保基金支出是减少的，因为减少了社会性住院，因此，政府还是鼓励建护理院。目前，苏州市失能老人基本去护理院，且还有一定的市场需求空间，社会力量也很踊跃。

存在问题。苏州市尚未建立严格的入院和出院评估机制。尽管有卫计、人力社保和民政各自的定期监管，但长期住院现象比较普遍。不仅会导致医保支出的上涨，事实上以医疗护理为核心的护理院，缺乏照护气息和活力，长期入住对老人来讲并不具有生活品质。苏州属于人口输入型城市，地区经济发达，医保结余良好，换作其他地区不一定合适和可持续。现有政策并未覆盖所有需要医养结合的老人，居家老人照护问题仍处于传统照护状况，并没有政策的系统设计。同时，单一大力发展护理院，并不是医养结合的方向，也不具有全国发展的典型性。

（三）服务供给存在的问题

1. 设施供给仍然短缺

一是老龄型医疗机构数量少。在我国优质医疗资源整体短缺的情况下，重设备重治疗的医疗体制下，老年医疗服务相关的老年病专科医院、老年护理院等医疗机构和设施，公办不愿涉足，现有的此类机构和设施多为社会力量避开公办医院竞争兴办，不但数量少，而且质量不高。医疗机构资源下沉不力，普通医院特别三级医院人满为患，排队时间长，造成了老年人“看病难”，一定程度上加剧了医养结合的需求。二是具有医疗支持功能的养老机构数量少，难以满足老年人的需求。养老机构配建医疗机构，门槛高、投入大；和其他医疗机构合作，受先行医疗体制的限制，往往流于形式，并不能解决实际需求。尤其是中小型养老机构因缺乏资金实力及服务规模的聚集性，没有条件和能力兴办医疗机构，在现行医疗资源流动存在体制障碍的情况下，很难解决医养结合问题。

2. 医养合作不够紧密

医养结合型医疗机构为养老机构提供的服务，以日常诊疗和住院为主，对于健康管理和指导、护理和康复服务及指导、紧急情况处理等项目的合作或支持流于形式或没有。实施医养机构合作，一定程度上解决了入住养老机构老人日常简单门诊、配药等需求，减轻了老年人家属及养老机构协助就医的负担，增强了入住老人的安全感以及养老机构处理老人意外突发事件的能力；但从提升护理康复服务的能力和品质，以及增强老年人日常健康管理和预防来讲，并不明显。

医疗机构和养老机构协议合作、开设绿色通道，被认为是资源整合的典型模式，也是最容易接受的方式。课题组调研时发现，除非是两家机构属一个集团，或有非常好的合作历史，否则合作往往流于形式。北京市调研也同样发现存在这一问题。由于专业医护人员缺乏，各级医疗机构的工作任务繁重，医护人员超负荷工作现象较为突出。如果缺乏相应的激励机制，不增加医护人员配置，医疗机构和养老机构的合作要落到实处很难①。另外，按规定，医生只能到已具有医疗资质的机构提供医疗服务，而多数养老院并不具有医疗资质，若提供服务，也只是非诊疗性的健康咨询、会诊等，此类项目又不能纳入医保收费，所以至多以志愿服务的形式开展，以致合作流于形式。多数日间照料中心和社区卫生服务机构，大多地处商住区域，相近相邻，同样因缺少激励机制和人员短缺，缺少服务协同，老年人家门口的医疗卫生服务得不到满足，养老服务质量提高不快。

---

① 臧少敏：《“医养结合”养老服务的开展现状及模式分析——以北京市为例》，《老龄科学研究》2015 年第 12 期。

3. 项目供给链不完整

一是医疗机构只提供治疗和住院，未将生活照料纳入常规管理(新近开办的专门针对老年人的医养结合型机构有改善)；二是没有内设医疗机构的养老机构，往往不能提供褥疮护理、常规输液、插管或痴呆、体质稳定的老人的医疗性护理服务项目，由此导致每年有 10%—20%的老人流失（大部分去住院了）；三是居家的失能失智老人助医项目、康复护理项目严重不足。另外，作为基础性的健康管理和干预项目薄弱，缺乏常态的、连续的、规范的老人健康信息监测和采集，缺乏把日常健康信息及变化渗透到日常生活中，进行积极的健康干预和指导。对养老机构来说，是缺乏健康管理及积极干预指导的理念；对医疗机构来讲，因为日常健康信息采集，不能收费及纳入医保，没钱赚，医疗机构缺乏动力。

4. 以医代养倾向明显

医养结合型医院有两类，一类是独立兴建的医疗机构，另一类是和养老机构配建的医疗机构。它们的共同点都是针对老年人，以老年病医院、康复医院和护理院等提供康复和长期医疗护理为主的机构，填补了当前医疗机构结构中康复护理资源的不足现状，也迎合了老龄化社会老年人对康复和长期照护的需求。但因为医养界限不清，现行医疗体制对于出入院评估审核不严，医养结合型医院以医代养倾向明显，出现新的社会性住院现象。

对以民办为主体的医疗机构来说，为了提高或维持住院率，希望老人长期住院；对老年人和家属来讲，入住医院可以解决一揽子费用和家人陪伴看病配药问题，相比养老院也倾向于选择入住医院。尤其是养老机构内设的医疗机构，若医疗机构又是同一法人主体创办的，不仅把需要医疗护理的老人往医疗机构住院转移，而且中度失能老人也会转移到医疗机构，养老机构就变成了轻度需介护和自理老人居养型机构。医养边界不清，从有养无医，又走向了以医代养。

5. 资金保障不够有力

建设费用。一是公办性质的医养结合型机构，立项申请存在问题，医院和养老院在发改委分属两个基建账户，建设标准也不一样，难以处理这一“非医非养的机构”。二是不够经济。国家规定，只要是一级及以上医疗机构，除基本科室及设施外，还需要配置外科、放射科、妇科、预防保健科等。这些科室及设备，成本很高，对于老龄型医疗机构来说，用处不大；有需求的，也可以通过会诊、转诊等方式来解决；而放射科对墙体隔离有很高的要求，普通性质的医疗机构难以达到。对于民办机构，更是难以承受。据卫生部2010年印发的《诊所基本标准》，医务室建筑面积不少于40平方米，设有独立的诊室、治疗室、处置室和输液观察室等场所。若要保证医务室24小时运营服务，须配备2名全科医生、2名护士或其他卫生技术人员，如按月人均工资2000—3000元的标准，一年需要支出人员工资达10万—15万元，对微利甚至不盈利的养老机构而言负担较重。如果要建成康复院或护理院，建设成本和运营成本则更大。从护理角度看，以北京市为例，1999年制定的《北京市统一医疗服务收费标准》规定，三级医院的一级护理标准为9元，二级医院为6元，三级医院的一级护理每日成本已经超过200元。由此，医院提供的护理服务越多，就意味着亏损越严重①。

服务费用。最近，民政部通报了全国养老服务补贴、护理补贴制度建设情况，前者只有20个省（区、市）建立，后者只有17个省（区、市）建立。享受对象主要限于低保家庭的老年人，条件普遍偏低，特

① 黄佳豪：《关于“医养融合”养老模式的几点思考》，《国际社会科学杂志》（中文版）2014年第1期。

别是护理补贴，少的只有 50 元/人/月，只有象征意义。医养结合型机构、养老机构由于性质不同，盈利点不同，甚至出现恶性竞争，扰乱了养老服务市场；主要是医养结合型机构的盈利点不在养老机构，为吸引老人入住其养老机构，往往采取低价竞争手段。比如杭州市新开办的慈惠老年护理院，实行开业时的优惠，免一年伙食费并每月为每张床位补助 1000 元，一开业就把附近养老机构的老人吸引转移过去了，纯养老机构生存压力很大。还有浙江省嘉善县 2015 年好不容易开出了第一家民办养老机构，不久同城开了一家老年医院，以低于 1000 元/月价格硬是将很多老人拉过去了。此外，也存在“医养融合”型养老机构因其有更高层次、专业的医疗服务而收费较高的现象，与失能老人、患病老人、高龄老人的收入水平、消费能力较低形成落差。北京市首家提供医养融合服务的恭和苑养老院根据户型，每月收费标准分别为 7800 元、9800 元和 12800 元[①]。

6. 专业人员配置不足

养老机构招用医生、护士难是普遍问题，因为待遇低、职业成长平台弱、资源少等，公办医院日常医疗紧张且缺乏激励机制，不愿意做医养结合工作。如杭州市推进医养护一体化，最大的问题是人手不足，日常基本医疗已将医生精力完全限制。目前，杭州主城区的全科医生仅有 847 个，按国外的比例应为 1∶1500—2000（极值，实际一般为 1∶1000），而杭州市为 1∶3000（去年 1∶3300）。民办医疗机构愿意做，但专业队伍配置有问题。一是待遇低。相比同类型同层级公办医疗机构存在明显差异。二是职业成长缺乏平台。主要是因为养老机构里的医疗机构以日常医疗康复及护理为主，缺乏前沿高精实验和仪器等技术支撑，也缺乏临床案例经历和积累。同时，民营医疗没有事业编制，内部

① 左颖：《首个“医养结合”养老机构迎客》，《北京晚报》2013 年 2 月 27 日。

培训体系不完善，职称评审的业务要求，诸如科研、新技术应用、临床病历（例）都不能跟公立医院比。由此也会带来职称晋升的困难。三是压力风险大。因为老年人是高危人群。因此，基于待遇、专业成长以及职称晋升等问题，民办医疗机构专业人员难招、难留优质人才。由此，一是影响老年人服务品质及老年病研究的推进；二是专业人员流动性大，老人意见大。比如杭州市社会福利中心社区卫生服务站，26 位工作人员中只有 5 位本地人；杭州市第二社会福利院杭州绿康康复医院分院，32 位工作人员中只有 4 位是杭州本地人，年人员流动率达 30%。新来人员不熟悉老人情况，老人也要重新和其建立情感。

7. 创新项目有待进一步完善

充分发挥现有医疗资源，让其流动起来，无疑是实施医养结合最经济途径，但因为受到医疗管理机制、人员配置及绩效管理等限制，现有一些创新项目有待进一步完善。如杭州医养护一体化试点单位江干区，有老年人口 8.7 万，2015 年试点至今，服务人数特殊案例累计仅为 640 人，目前正在享受居家上门特殊案例服务的只有 207 人。其中的问题，一是社区签约医生压力大。签约医生主要是服务居家老人首诊及日常健康和慢性病管理等，但医生配别比太低（1000—1500∶1），实际签约服务流于形式。二是执业医师多点执业难。要执业，对方前提必须是有医疗资质的机构，大大限制了现有人力资源的辐射支持。就是到其他医疗机构执业，国家关于多点注册的管理也尚未完全打开。浙江省、深圳市、北京市等地在医师多点执业创新实施较全国走在前面；尤其是浙江省，副主任医生及以上，现在无须所在单位同意及备案，只是规定在一星期五个工作日中，只允许 1 天外出多点执业。应该说，医师到卫生部门注册多点执业，技术上没有问题，但政策仍存障碍，特别是医生所属单位会卡，医院不愿意自己培养的医生为其个人利益去给其他医院服务。由于这一认识，有些地方多点执业甚至变形为双向转诊，单位之间形成合作，医生变成了单位派出的流动执业医生，利益在单位，医生就没有了积极性。

表 2—20 已有医养资源流动不理想归因

项目	问题
社区签约医生	医生配备比太低（1000—1500：1），工作被动流于形式
家庭病床	①实施主体——社区卫生服务机构人手不足，激励机制不健全 ②护理收费标准尚未细化配套 ③有分级诊流及住院的严格限制，致使家庭病床没有吸引力 ④因为是针对家庭的，因此养老机构未能实行家庭（机构）病床
医师多点执业	①前提是对方必须是有执业许可的医疗机构，不能到非医疗机构行医 ②医生所属单位没积极性单位，有形无形给予限制，甚至变相成为单位间的合作
居家上门护理	①老人和家属不愿承担上门医护人员车马费 ②认为住院又省钱又省事 ③社区卫生机构人员短缺，风险高，缺乏积极性 ④护理收费标准陈旧、滞后

五、医养结合型养老服务政策评估

（一）评估说明

政策评估对象，面向全国，以浙江、上海、江苏等省市为代表。

评估指标和方法。选择受益对象、服务项目、服务匹配、资源整合、筹资机制、人员配置、服务品质 7 个方面作为评估指标，主要考察政策受益面、政策保障和政策效果。评估时主要采用前后对比法，包括“前—后”“投射—实施后”“有—无政策”对比等。

表 2—21　政策评估指标体系

<table>
<tr><th></th><th>评估指标</th><th>评估角度</th><th>比较方法</th></tr>
<tr><td>1</td><td>受益对象</td><td rowspan="3">政策受益面</td><td rowspan="7">“前——后”比较
“投射——实施后”比较
“有——无政策”比较</td></tr>
<tr><td>2</td><td>服务项目</td></tr>
<tr><td>3</td><td>服务匹配</td></tr>
<tr><td>4</td><td>资源整合</td><td rowspan="3">政策保障</td></tr>
<tr><td>5</td><td>筹资机制</td></tr>
<tr><td>6</td><td>人员配置</td></tr>
<tr><td>7</td><td>服务品质</td><td>专业性、可及性和可得性</td></tr>
</table>

（二）政策评估分析

1. 服务对象瞄准率提高，但受益面还不宽

瞄准率提高。在医养结合政策出台前，养老服务发展粗放，养老服务机构、社区日间照料中心面向所有老年人，虽然也讲分层分类，但“层”主要体现为行政层级，“类”主要是指农村五保和城镇“三无”对象，均不是从服务对象的需求来划分的，其结果是特别需要服务的老年人找不到合适的服务机构，特别是失能失智老人、慢性病老年人服务需求得不到满足。尽管 2011 年，国家发改委、民政部下发了《老年护理院建设标准》，但收效不明显，老年护理机构发展缓慢。实施医养结合政策后，大力推进的老龄型医疗机构、护理性养老机构、增强养老机构的医疗护理功能等都瞄准了这些老人，解决了他们的服务需求问题。因此，服务对象的瞄准率有了较大提高。尤其是医疗性机构，因为有医保监管，入住对象有明确标准，瞄准率更高。

表 2—22　医养结合政策实施前后机构分类对比

<table>
<tr><th colspan="3">医养结合政策实施前</th><th colspan="2">医养结合政策实施后</th></tr>
<tr><td rowspan="3">养老机构分类</td><td>按身份</td><td>社会福利院、农村敬院、光荣院、养老院</td><td rowspan="3">按身体状况和老年人需求分类</td><td rowspan="3">1. 医院
2. 医养结合型机构
①医护型（偏医疗服务）：康复医院、护理院
②养护型（偏长期照护）：老年护理院、护理型机构
3. 一般养老机构
4. 医养合作的社区日间照料中心</td></tr>
<tr><td>按行政层级</td><td>市、县、乡镇、社区养老机构</td></tr>
<tr><td>按身体状况</td><td>护理院</td></tr>
</table>

调研样本印证了这一结论。一是老龄型医疗机构收住的均为患病老人。被调研 9 家医养结合型医疗机构，除杭州康久医院因地处偏僻、交通不便外，老年人入住率（入住老年人数/老年病区床位数）都达到 100%，且入住老人均患有慢病需要医疗康复护理。对入住老年人的病因采用重要性排序选择的调查表明，排在前三的是神经系统疾病、慢性病和失智症患者。列在其后的是，临终关怀及手术后病情稳定但仍需住院护理的，分别达到 78% 和 56%。二是入住养老机构者过半数为失能老人。样本中的 31 家养老机构，失能、半失能老人各占入住老人总数的 32% 和 26%，合计超过 50%。

受益面扩大。集中表现在医养结合型机构快速增加。自 2010 年以来，5 年间浙江省新增康复医院 26 家，新增护埋院（站）22 家，占医疗机构比提高 2 个百分点；养老机构新增内设的医疗机构 190 家；6500 家社区居家养老服务照料中心实行了各种形式医养结合，占到了照料中心的 1/3。上海市 699 家养老机构中，有 189 家设有医疗机构，占比 27%。同时，从 2014 年下半年开始，推进长者照护之家建设，至今已建72家[①]。江苏省2500家养老机构，有老年护理机构100家，配建医疗机构500多家，实行医养合作签约的1000家。这些机构有其共同点，就是把关注点投射到有需要的慢病老人、失能失智老人身上，从养老服务提供角度讲，即扩大了医养结合的受益面。

表2—23　浙江省老年医疗机构发展情况

年份	医院总数	康复医院		护理院(站)	
		数量	占比(%)	数量	占比(%)
2010	687	18	2.62	4	0.58
2015	1049	42	4.00	26	2.48

注：数据来自浙江省卫生和计生委员会年度统计公告。

表2—24　养老机构实施医养结合情况

省 市	养老机构	设医疗机构	占比(%)
北京市	410	134	33
上海市	699	189	27
浙江省	2248	317	14
江苏省	2500	500	20

注：数据来自课题组整理统计。

受益面还不宽。主要原因是医养结合型养老服务尚在试点推进中，设施及服务均供给不足，受益对象有限。调研的上述4省市在全国走在前列，但配建医疗机构的比例仅北京市超过30%。试点长期照护保险制度的地区，政策定位均为普惠型，但基于基金安全和可持续发展的考量，享受人员都聚焦最急需的人群，比如青岛市必须是有医疗护理需求，南通市的定位为重度失能人员等。

① 上海市人民政府发展研究中心：《上海养老服务发展报告（白皮书）》，格致出版社、上海人民出版社2016年版，第34、41页。

2. 护理康复项目增加，但未融合成系列服务

护理康复项目增加符合政策预期，但这些项目和原有生活照料项目尚未内在地融合在一起，形成项目链。不少老龄型医疗机构重在医疗性护理，生活照护项目做得少或根本没有，即使有也不够专业，以至出现以医代养；部分养老机构配建的医疗机构，主要从事医疗护理，和生活照护“两张皮”；采取合作方式推进医养结合型养老服务的，双方关注的主要是双向转诊绿色通道、紧急医疗处理支持和定期上门巡诊、配药项目，至于定期康复护理、人员指导培训和志愿服务项目，这些有助于提高养老机构护理质量的项目，相对较弱，还没有很好地发挥医院作为合作方的作用。从浙江调研看，医疗机构为养老机构提供人员培训和指导，只有 11.76%。此外，增加的康复护理项目落实到机构、社区也不平衡。相对来说，日常医疗和紧急医疗处理做得最好，而健康管理和指导浮于表面，大多限于入院检查和评估。

表 2—25　调研样本中 5 家无内设医疗机构通过和医疗机构签订合作方式的日常医疗服务支持情况

服务内容	享受服务机构数
定期上门巡诊和配药	3
定期康复护理	1
双向转诊绿色通道	4
紧急医疗处理支持	3
人员指导和培训	1
志愿服务	1
其他	0
机构数	5

3. 供需匹配度增强，但服务分类细化不够

老年人医养结合的服务需求多元，个性化明显。实施医养结合政策前，养老服务供给较为粗放，服务地点只有机构和社区；服务机构只有医院、养老院；服务项目在养老机构侧重生活照料，在医疗机构侧重医疗护理。实施医养结合政策后，服务需求地点、机构、项目开始细分，匹配度提高，综合性增强。除机构服务、社区服务、居家上门服务这些传统形式外，还增加一些新的服务方式或手段，如上海、杭州、青岛等市推出的家护、家庭病床等，民政部和卫计委推出了针对养老机构的远程医疗试点，浙江嘉善县民政部门推出了15辆健康服务流动服务车，为居家老人提供上门健康服务。

表2—26　实施医养结合政策前后养老服务的变化

项目	实施医养结合政策前		实施医养结合政策后
服务地点	机构、社区		机构、社区、居所
服务机构	医院、养老院		医院、医养结合型机构、养老院、家庭病床
服务项目	医院	医疗护理未将生活照料纳入常规管理	整合生活照料、长期照护、生活护理，提供综合性服务
	养老院	仅提供生活照料	
服务方式	机构服务、社区居家服务		机构服务、社区服务、居家上门服务、流动服务（流动服务车提供）

表2—27　实施医养结合政策后老年人服务需求和供给的匹配度提高

	服务地点	服务机构	服务项目	服务方式
一般健康老人	居所、社区	社区日间照料中心、基层卫生服务机构、流动服务车	健康指导、家政服务、一般性生活照料	老人自行到机构或专业人员上门服务

（续表）

	服务地点	服务机构	服务项目	服务方式
轻度依赖老人	住所、社区、养老机构	社区日间照中心、基层卫生服务机构、流动服务车、长者照护之家	健康指导、家政服务、一般性生活照料、一般性康复护理	老人住机构接受服务、老人自行到机构或专业人员上门服务
中度依赖老人（半失能）	养老机构、社区、居所	医养结合型机构、长者照护之家、社区日间照料中心、基层卫生服务机构	健康指导、生活照料、康复护理、专业性照护	老人住机构接受服务
重度依赖者（失能）	医养结合型机构、养老机构、社区、居所	医院、医养结合型机构、护理型养老机构	健康指导、生活照料、康复护理、专业性护理、医疗护理	老人住机构接受服务

尤其是老年医疗护理康复机构的集中涌现。在老龄化加速背景下，从事医疗行业的社会资本转向老年医疗护理这一领域，包括老年医院、护理院、康复医院等在内的医养结合型机构涌现，并在短期内获得快速扩张。这些机构，以患病术后稳定期需进一步康复护理老人以及疾患慢性病需要住院护理老人以及晚期姑息治疗老人等为主。与传统医疗机构重医疗服务轻生活照料不同，一些做得好的机构，因其对象及服务定位明确，把住院老人的生活照料纳入常规管理，统一招聘护工、统一培训和归入日常监管，为入住老年人提供基本医疗、医疗护理和康复以及生活照料等综合性服务。从服务项目看，健康服务的加入，使得老年人的照护有了一个完整的链条，提高了老年人的满意度。

表 2—28　民办医疗集团的医养结合发展之路

杭州慈养医疗投资集团	2009 年，杭州养和医院（老年病医院），投资 2800 万元，核准床位 99 张，一年不到就住满。 2012 年，杭州慈养老年医院，投资 5000 万元，一期病床 99 张，目前扩至 450 张。同年同地，开办慈养护老中心（养老机构），实行医养结合，入住更快，入住率比任何一家单纯医疗机构都高。 2015 年，杭州市养惠护理院，投资 800 万，床位 300 张；开业一个月就入住 100 人。 入住医疗机构的老人除医保开支外，个人承担 2500 元/月左右费用。

服务匹配度是医养结合政策推出后才开始发展的，实际上可视为分类服务。现有这些成效，符合政策预期。但是，在各个层面都还存在匹配度不紧密的问题。老龄型医疗机构总体上不足，医院开设老年专科、老年病区等还刚开始，基层卫生服务机构很少转型护理机构，远不能满足慢性病老人的需求；服务项目供给有效度不足，尽管有了医疗机构，但被理解以医为主，没有生活照护项目。如调查的 9 家医疗型机构，仅有 1 家对入住老人实行了明确的分区管理，其余机构都按老人入住先后自行选择为主，造成服务匹配的困难。没有医疗功能的养老机构，因医疗支撑不足面临生存的威胁，特别是日常管理风险、服务质量和老人流失。社区居家层面，大部分日间照料中心还没有和卫生服务机构建立协作关系；居家服务项目特别是上门护理、家庭病床等，受现行医疗体制的制约，实际接收服务的人还很有限。

表 2—29　无内设医疗机构养老机构面临的问题

功能	重要性排名数量(重要性由高至低按 1—6 排序)											
	1		2		3		4		5		6	
	公营	民营	公营	民营	公营	民营	公营	民营	公营	民营	公营	民营
难以和有医疗机构的养老机构竞争	0	1	0	0	0	0	0	2	1	3	0	0

（续表）

功能	重要性排名数量（重要性由高至低按 1—6 排序）											
	1		2		3		4		5		6	
	公营	民营	公营	民营	公营	民营	公营	民营	公营	民营	公营	民营
入住的失能老人流失	0	0	0	0	2	2	1	3	0	1	0	0
服务品质难以提高	0	1	1	0	2	3	1	0	0	2	0	0
协助老人就医问诊等管理带来压力和风险	0	0	4	4	1	1	0	1	0	0	0	0
日常老人身体和紧急状况的安全和风险管理能力不足	5	4	0	2	0	0	0	0	0	0	0	0
其他	0	0	0	0	0	0	0	0	0	0	0	1
机构数	11	12	13	14	15	16	17	18	19	20	21	22

4. 资源整合力度加强，但有效性有待提高

机构统筹规划。浙江省、江苏省、上海市在出台的促进医养结合的政策文件中都明确，要统筹规划建设养老机构和医疗机构。新建 100 张以上床位的护理型机构都要配建医院。上海市老龄事业发展“十三五”规划明确，要“优化养老机构的功能结构，重点发展面向失能失智老年人的照料护理服务；要求按照户籍老年人口数 1.5%的标准推进老年护理床位建设，其中医疗机构和养老机构各占 0.75%”。

服务项目统一设计。无论是上海市的高龄老人护理计划，杭州市医养护一体化制度，还是青岛市的护理保险制度，总体上都是围绕老年人的生命尊严，统一设计医疗护理、生活照护项目，形成了以老人为本、持续照顾的护理服务体系。

评估机制统分结合。上海市的评估机制是卫计、民政、人力社保部门共同推进形成的，评估标准统一制定，独立第三方评估形成结果，三方互认，服务按等级分为五级，最高的五级到老龄性医疗机构，三、四两级去护理型养老机构。

尽管如此，目前的资源整合还是初步的，与政策设想的目标还有较大差距。整合意味着职责分明，又相互补充。但相反的例子却经常出现，突出反映在“压床”“吃医保”和单向衔接上。在老龄型医疗机构里，江苏省调研发现，不少患病老人成了“常住户”，“压床”现象频发，出现住院难、出院更难的现象①。课题组调研发现，医养结合型医疗机构中，过度医疗、个案放大适应症普遍存在；不是以需定支，而是按医保定额高限定支。

整合不到位，导致了以医代养。调研发现，向医疗机构经常性推荐病人的养老机构占比为33.33%，偶然推荐有44.44%。与之对应，养老机构收住从医疗机构出来的老人，则极少。由此，人力社保部门在医保定点审批方面变得极为慎重，也影响了医养结合型机构的有效运行。

表2—30　养老机构给予医疗机构支持情况

支持项目频率		数量
推荐住院病人	经常	3
	偶然	4
	没有	0
优先接纳诊疗后稳定期老人入住	经常	0
	偶然	6
	没有	1
机构数		9

① 周寿祺：《“医养融合”功能莫错位》，《中国医疗保险》2015年第11期。

5. 资金保障有力度，但形成长效机制尚需时

建设资金方面，根据中央要求，各地都采取了政府社会双轮驱动战略。政府加强福利性、公益性机构投入，鼓励社会办医、办养老机构。以浙江省为例，政府对社会办的养老机构，一般床位新建一张省财政补贴6000元，护理型床位每张补贴8000元。“十三五”期间，全省共投入养老服务建设资金179亿元，其中政府财政性资金81亿元，社会资金98亿元。

特别是通过建构多项制度提高了老年人群的支付能力。一是医疗保障制度基本实现老年人全覆盖。2015年，全国城乡享有医疗保障的老年人比例分别达到98.9%和98.6%。老人看病基本有医保。二是建立养老服务补贴制度。在医养结合政策推出前后至今，全国已有三分之二省（区、市）建立了这项制度，覆盖老年人群超过50%，补贴标准从每人每月50元到1250元不等。三是建立老年护理补贴制度。这项制度与护理服务密切相关，已在17个省（区、市）建立，受惠老人5000多万，补贴标准从每人每月50元到100元不等。四是长期护理保险制度。在青岛市、南通市等试点地区，尽管受益对象面还不广，但享受到的标准能一定程度地缓解老年人的照护所需。

表2—31　老年人照护资金制度安排情况

项目	受益老人比例(%)	标准
城镇职工基本医疗保险制度	98.9	根据治疗情况给付
新型农村合作医疗制度	98.6	根据治疗情况给付
养老服务补贴制度	50	50—1250元/人/月
老年护理补贴	>23	5—100元/人/月
长期护理保险制度	先行实施城市失能老年人群（青岛市2.5万人）	60—200元/床/日

现有资金供给虽然有一定的力度，但缺陷明显。一是碎片化明显。补贴制度中既有服务补贴，也有护理补贴，其间关系没有厘清。二是标准偏低，特别是护理补贴，主要是补贴低保对象中失能老人，有的省份每月只给50元，实际上不能解决任何问题。三是医保定点问题。由于补贴制度普惠性不够，标准偏低，导致不少“吃医保”现象，这里既有医疗机构的问题，也有老年人的问题。浙江省317家养老机构配建的医疗机构，纳入医保的只有175家，占比为55%。四是长期照护保险制度尚处于探索中。医养结合型养老服务需要长期照护保险制度的支持。这一制度是长效性的，解决了照护费用的来源问题，也使得医疗保障和长期照护经验泾渭分明。但这一制度目前尚处于试点阶段。已实施的山东青岛市护理保险制度，是以医疗护理需求评估标准为依据的，主要还是解决医疗保障经费不足的问题，受益面有限，仅占到失能老人的9%左右。江苏南通市范围过大，享受对象包括了失能儿童、青壮年，直至老年人，还不能算是真正的护理保险制度。

表2—32　浙江省养老机构纳入医保情况

养老机构总数	实行医养结合机构情况		养老机构内设医疗机构许可情况		纳入医保情况	
	总数	占比(%)	总数	占比(%)	总数	占比(%)
2248	1100	48.93	317	14.10	175	7.78

6. 人员配置合理性提高，但总量和参与度不足

以医生、护士、康复师、护理员为主组成的服务队伍，是提高医养结合型养老服务质量的重要保证。实施医养结合型政策后，队伍建设不同程度地得到了加强。从浙江的调研看，因服务对象不同，机构对人员配置也各不相同。

一是老龄性医疗型机构。9家机构均配置有中医师、康复师、医剂人员、护士，其中有4家配有心理咨询师，有2家配有营养师，有7家

配有护工。

二是养老机构。浙江全省配置医疗机构，实现医养结合的机构共有医生 1335 人，护士 1962 人，有康复师、康复治疗师 458 人。这其中，从配比看，医生占比为 33.55%，康复师、康复治疗师为 12.20%，护士为 52.25%，以护士为主体，体现养老服务侧重护理和康复的服务特点。

表 2—33　养老机构医护人员配置情况

机构总数	医护人员总数	平均每个机构配比	医护人员情况(人)				康复人员情况(人)			
			医生		护士		康复治疗师	康复医师	合计	占比(%)
			人数	占比(%)	人数	占比(%)				
2248	3755	1.67	1335	33.55	1962	52.25	295	163	458	12.20

三是居家养老服务照料中心。由于照料中心都以自理老人为主，医疗服主要为日常诊疗和健康指导，故医护人员配置中，医生占比为 64.71%，护士占比为 33.56%，康复治疗师占比为 1.73%，以医生为主体。

表 2—34　社区居家养老服务照料中心医护人员配置情况

机构总数	医护人员总数	平均每个机构配比	医护人员情况(人)				康复人员情况(人)			
			医生		护士		康复治疗师	康复医师	合计	占比(%)
			人数	占比(%)	人数	占比(%)				
20730	4786	0.23	3097	64.71	1606	33.56	48	35	83	1.73

实施医养结合后，大大增强了养老服务领域的医护配比。2013 年，全省养老机构的医生总量只有 300 多人，2 年增加了 1200 多人。

但服务队伍总量和结构问题仍然存在。一是总量不足。按现有养老机构测算，医生平均每个机构只有 1.67 人，护士平均也不足 2 人。二是结构受限。因为很难评职称，进入养老机构中医疗机构工作的，大多是退休医生和护士。这一结构还包括医生、护士、护理员、社会工作师等的职责分工，比如老龄性医疗机构称呼护理员为“护工”，从一个侧面说明医养结合型养老服务推进过程的问题。三是医疗机构特别是社区基层卫生机构参与不足。这在签约医生制、家庭病床制度中体现得很明显。

7. 服务品质得到提升，但任重道远

服务品质体现服务的效度。课题组在走访调研过程中，几乎所有专家都肯定医养结合政策的必要性，几乎所有老人都做了正面肯定。调查问卷从一个角度证明这一结论。在养老机构内设医疗机构 6 项重要性排序中，机构选择的前 3 项是“提高养老机构老人突发疾病状况处理的安全和风险管理能力”“减轻养老机构协助医疗就诊等压力”和“提高服务品质”。而服务品质又包含了前 2 项，这些事做好了，服务品质就能提高，换句话来说，服务品质好了，其他各项服务也就做好了。

但从服务的可得性和可及性角度分析，这里面仍然存在不少问题。从现有实践看，老人获得服务远不能说是方便的、有效的。一方面，已有服务项目还没有构成一个完整的服务链，覆盖老年人身体机能逐步衰退的全过程。一个特别明显的缺失是失智症照护服务不足。在上海、浙江、江苏，都只有少数养老机构开设有专区。另一方面，一部分机构特别是政府办的养老机构开设的服务项目、政府采购的居家养老服务项目，老人并不需要，或没有那么强烈的需要，如家政服务的一些项目等。

总体上看，实施医养结合政策，养老服务质量有了很大的提高，但与老年人期望，与社会的期望比，服务质量永远在路上。2015 年 7 月，国家质量监督总局公布了《华东地区城市公共服务质量 2014 年监测报告》。监测结果显示，华东地区公共服务质量整体满意度为 78.82%，处于“比较满意”水平，其中浙江省（81.10%）、上海市（80.43%）、山东省（80.36%）、江苏省（78.72%）排在前面；领域得分最高为公用设施服务（81.23%）、最低为养老服务（75.28%），从一个侧面说明要提高养老服务质量，任重道远。

（三）简要结论

从上述7项评估指标看，医养结合政策的贯彻执行取得了较好的阶段性成效。由此，医养结合型养老服务政策的三级目标得以逐步变为现实，并一定程度上实现着二级、一级目标。目前，已初步形成了医养结合政策体系框架、标准规范和管理制度；建成一批医养结合机构；在江浙沪较为发达地区，基层医疗卫生机构普遍参与居家养老服务，50%以上的养老机构能够提供医疗卫生服务。但是，正如评估反映的，这一政策的受益面还不宽，老年人对于长期照护的支付能力还不强，资源整合有待进一步加强，特别是专业化医养结合人才培养制度尚未破题，服务品质仍有较大的提升余地。

表2—35　政策评估总体情况

	评估指标	成效	不足
1	受益对象	瞄准率高	受益面不够宽
2	服务项目	健康服务项目增加	内在融合不够
3	服务匹配	匹配度提高	紧密度不足
4	资源整合	力度加强	整合余地大
5	筹资机制	保障有力度	长效机制未成
6	人员配置	合理性提高	总量和参与度不足
7	服务品质	可及性增强 可得性提高	有待继续提升

（四）存在差距的原因分析

1. 思想认识偏差

一是把解决老年人的“看病难”问题寄托于医养结合政策。社会各方一说医养结合，首先想到的是老年人需要看病，由此希望通过推进医养结合，解决普遍存在的“看病难”问题。

二是社会性护理理念没有确立起来导致以医代养。在老年服务领域，实际存在两个不同性质又相互关联的护理系统：医疗性质的护理和社会性质的护理。前者为社会广泛认知，后者除行业人员、专业研究人员外，还不为社会所熟知。由此，导致以医代养，认为照顾老人最好的场所是医院，医院护理代表一切。

三是视长期照护为私人领域以致财政不愿补贴。我国的文化传统是养儿防老，照护老人是家庭内部的事，是私人领域。这一观念近年虽有所改变，但仍影响巨大。由此，公共财政不愿出钱，解决医养结合养老服务在推进过程的资金问题。

2. 医养结合型机构标准缺乏

医养结合型机构是84号文件提出的一个重要概念，是实现医养结合政策的重要载体，但至今缺乏标准，以致社会出现对医养结合模式两种简单化理解，即“医院+养老院”或“养老院+医院”，致使医养结合门槛过高、建设成本过高。同时，也使已有专科医院分类分层不足，提供分流、衔接服务不够。

3. 评估机制欠缺

一是缺乏卫计、民政、人力社保共同认可的老年人身体状况评估标准。无统一的服务需求等级评定标准，就无法将有需要的老人送往相应的服务机构或居家接受服务，从而提供基于身体状况相匹配的服务项目。这是导致以医代养的原因之一。

二是缺乏医疗护理和长期照护项目的评估标准。医疗性质的护理和社会性质的长期照护项目缺乏认定的标准，由此导致服务提供场所难以确定、费用支付性质难以确定。加之监管体系的缺乏以及利益驱动，部分已过治疗期的老年人不愿意过渡到“养老院”模式，借机将常规的养老服务费用转移到医保，损害了医保制度的公平性[①]。

三是缺乏医养结合机构内部流转评估机制。民办医养结合型医疗机构不具备在常规医疗服务中和公办医疗机构的竞争力，为提高住院率，千方百计地将养老机构的老人往医院转移，利用医保监管漏洞，套取医保资金。养老与护理机构的功能不分，康复病区的设立与实施分级诊疗中“康复回社区”的导向都很难实现[②]，这样就无法实现患者在疾病的加重期或治疗期进入住院状态、在康复期和病情稳定期转为“养老院”休养状态，从而实现为患病老人提供专业化的医疗护理和照护服务。

4. 现行医疗体制制约

一是家庭病床制度尚未建立。家庭病床制度是医养结合养老服务政策在居家领域的重要载体。但这项制度风险极大，如上门输液会发生过敏性盐水反应（速发性），气管插管、插胃管（一般较为安全，但不能排除食道窒息的风险）、插导尿管等情况，都有风险，甚至致死，而家庭内根本不具备抢救条件。对此，医护人员普遍比较谨慎。

二是多点执业政策尚未完全实现。医护人员多点执业，是解决医护力量不足的重要方法，也能为医养结合型养老服务提供专业力量的支持。但落实到具体，就变成了问题，医院不愿自己培养的医生为个人利益去给其他医院或养老机构服务。由此，导致多点执业变形为双向转诊，单位之间形成合作，医生变成了单位派出的流动执业医生，利益在

① 黄佳豪：《关于“医养融合”养老模式的几点思考》，《国际社会科学杂志》（中文版）2014 年第 1 期。

② 周寿祺：《“医养融合”功能莫错位》，《中国医疗保险》2015 年第 11 期。

单位，医生就没有了积极性。

三是医保制度缺乏弹性。在我国现行重治疗轻护理和康复的医保制度框架下，护理可列支项目很少，致使传统医疗机构不愿意去强化护理服务。医院主要通过诊疗检测、用药等来提高营利；病人手术等急性治疗后，病情稳定，危险期过后，医院就要求病人办离院手续。但这部分病人往往还需要后期护理，回家还有一定风险，需要有人照护；有些是需要术后康复（如脑卒中脑部手术后康复，骨折康复等）。一出院，这些费用就不再纳入医保，由此导致“压床”现象发生。

六、推进医养结合型养老服务的政策建议

（一）着眼健康中国，进一步明确目标任务

一是要把建立长期照护体系作为推进医养结合型养老服务的目标。医养结合型养老服务，从本质上看就是为失能失智老人提供长期照护。这是整个养老服务体系的核心内容，也是老龄化先行国家最重要的老年保障内容。要围绕长期照护，合理配置人力、资金、设施等，明确服务项目，制定服务标准，加快医养结合型机构建设，夯实社区养老服务平台，加强质量监管，切实做医养护康，提高健康养老服务水平。

二是要把增强健康管理功能作为做好医养结合型养老服务的重点。医养结合型养老服务是提高养老服务质量的重要机制。这一机制主要是通过医疗机构提升养老机构的健康管理服务能力，而不是简简单单地在养老机构中嫁接医疗机构。要明确养老机构中医疗机构在突发疾病处置、慢病管理、康复护理、营养配餐、非医疗康复护理、安宁疗护等职能，发挥其在健康养老服务的引领、提升作用。

（二）明确标准规范，加快医养结合型机构建设

一是要制订医养结合型机构标准。要以老年人为中心，梳理服务需求，明确服务项目，形成服务标准。建议国家有关部委着眼老年人服务需求，制订统一的医养结合型机构标准，按长期照护功能进行分类建设和管理。收治老年人病人较为集中的医院、有住院治疗功能的老龄型医疗机构，在做好医疗护理的基础上，必须同时兼顾生活照护等职能，确保老年人获得应有的服务。配置医疗机构的护理型养老机构，要规范突发疾病紧急处置、医疗护理、长期照护等职能，形成相应的服务系列；在医保政策以及医生、康复师、护士等专业人员聘评上，应该等同医院。同时，适当降低养老机构配置医疗机构的建设标准，可减少科室设置，如妇科、放射科、外科等。

表 2—36　以长期照护为标准的医养结合型机构类别

	类别	名称	主要职能	主要承担人员
1	医院中设置老年护理区	医院	治疗、医疗护理、康复、生活照护	医生、康复师、护士、护理员等
2	老龄型医疗机构	老年医院、康复医院、护理院、临终关怀医院	治疗、医疗护理、康复、生活照护、临终关怀等	医生、康复师、社工师、护士、护理员等
3	护理型养老机构	护理院、养护院、护理中心等	生活照护、健康管理、医疗护理、康复、临终关怀等	医生、康复师、社工师、护士、护理员等
4	助养型养老机构	养老院	健康管理、生活照护、康复	社工师、护士、护理员等

二是明确具体建设任务。建议民政部商卫计委，按服务功能不同分别建设医养结合型机构，其中的 2/3 即 240 万张由民政部门建设，以收住身体机能衰退需要长期照护的失能失智老人；1/3 即 120 万张由卫计

部门建设，以满足疾病治疗后仍需要长期照护的老人。

三是做好规划衔接工作。目前，医院、养老院建设分属卫计、民政部门，设施布点规划时还涉及国土资源、住房建设等部门。在制订布点规划时，有关部门应按“多规合一”要求，考虑医院、养老院的距离，尽可能做到毗邻而建，资源和服务共享。

（三）强化健康管理，促进居家领域的医养结合

建议以健康管理为导向，加强资源整合，做好助医服务，推进居家领域的医养结合型养老服务。

一是要清晰居家养老服务领域的医养结合职能。在社区、家庭层面，卫生服务已探索出一些行之有效的经验或做法。主要是责任医生签约制度、家庭病床制度等。通过基层卫生服务机构，为包括老年人在内的居民建立健康档案，提供签约服务。同时，探索家庭病床制度，医护人员上门提供医疗护理服务。养老服务如何在社区居家层面协同做好健康服务，需要认真研究。从职能分工看，主要应该做好居家老年人突发疾病的紧急援助、慢病用药提醒、助医服务等方面的工作。

二是要以服务圈理念整合医养服务设施。建议民政部、卫计委明确，以15—20分钟服务圈理念，整合城市社区日间照料中心和基层卫生服务机构，或建在一起，或毗邻而建；在农村，以村级或村社区为单位，统筹建设日间照料中心和基层卫生服务机构，以便协同开展健康服务。没有条件的地方，也要选择最近的地方布点建设，或者和基层卫生服务机构签订协议建立巡诊机制，医生、护士定期到照料中心进行巡诊。

三是要强化居家养老服务的助医功能。因慢性病，居家老年人日常需求较多的是服药，以及到医院配药。对此，居家养老服务要有针对性对护理员进行培训，提醒老年人及时服药，陪同就医等。

（四）建立评估机制，切实保障基本服务供给

一是要制订统一的评估标准。目前，涉及老年人能力的评估标准，国际上有巴氏量表、ADLS量表，国家民政部颁布了行业标准《老年人能力评估标准》（MZ/T039—2013）。这些标准虽和医养结合工作有关，但要直接应用于医养结合工作还要作进一步的完善。应以民政部《老年人能力评估标准》（MZ/T039—2013）为基础，总结上海、浙江等地实践经验，进行修订，形成新的评估标。这其中的核心问题是，医养结合政策中的评估是要评出哪些老人应享受哪一类服务，从康复医院、护理院、护理型养老机构、居养型养老机构、社区照料中心到居家，细分护理等级，做到按需有序疏导服务。老人入住机构后，又能做到提供精准服务。这样才能提供瞄准率。

二是要建立评估队伍。除上海等一些大中城市有专业评估机构外，现有的评估工作主要靠临时建立起来的队伍。2012年，浙江省为推进养老服务补贴制度，强调要建立评估制度，要求各地建立评估机构。这一机构由民政、卫计部门组织医生、护士、护理员组成，是一个临时性的小组，完成任务后就结束。真正意义上的评估机构，应该是独立的第三方，其工作人员经过严格的培训，对老人进行评估后提交一份报告。各类机构根据报告接收老人，提供服务。

三是要落实评估经费。评估需要经费，应由财政出资。但这一条还没有达成共识。建议民政部商财政部建立财政资金对评估工作的购买制度，列入预算管理，中央财政对农村和困难地区给予一定的补助。

（五）着力构建制度，努力提高老年人支付能力

一是建立专门的医保定点审批制度。建议民政部会同人力社保部对养老机构配置医疗机构的医保定点审批作出专门规定。对养老机构配建的为机构老人提供服务的医疗机构，医保定点应随时申请随时审批，不

受医疗机构规划、业务量等限制。

二是整合养老服务补贴和护理补贴制度。建议民政部从国家层面对现有养老服务补贴、养老护理补贴进行整合，完善审批程序，提高覆盖面和补贴标准。对于低保标准以下的失能失智老人，国家财政给予一定标准的补助。这项制度即便将来长期护理保险制度全面建立了，因困难群体的存在，仍将长期发挥作用。

三是探索实施长期护理保险制度。国家提出“十三五”期间要探索建立长期照护保险制度。这一制度和医保制度是相辅相成的。对医养结合政策心存疑虑的最大原因就是医保基金的安全。无论对个人，还是对国家和社会，人口老龄化带来的最大的经济风险是医疗支出。为此，老龄化先行国家将“医”“养”进行了合理的分离，否则医疗成本居高不下，医保基金不堪重负。有研究表明，对于老人的生活照料和护理、康复，用社会服务和用医疗服务，费用要相差30%或更多。即便如此，长期照护的费用仍然是一个巨额支出。建议民政部会同人力社保部门、卫计委等及时总结青岛市、上海市、南通市等地长期护理保险制度试点工作经验，有序推进制度建设。只有这一制度建立起来，医养才能在分工的基础上，做到有机衔接。

（六）确定配置标准，改善医养服务队伍结构

一是明确医养结合型机构医护人员配置标准。建议民政部、卫计委在调研基础上，根据医养结合型机构的特点和服务功能，明确机构配置医生、康复师、护士、护理员、社工、心理咨询师等标准，并给予相应待遇。

二是建立引导医护人员到养老机构执业的激励机制。在允许医务人员多点执业的政策中，加大激励措施，如增加报酬、评定职称加分等办法，引导更多高水平医生、康复师、护士等到养老机构、社区日间照料中心执业，以提高养老服务水平。

三是建立社区区域内专业护士巡查制度。以社区为单位，以社区卫生服务机构为依靠，建立专业护士巡查制度，对社区日间照料中心、小型养老机构进行定期巡视，为护理员传授基本护理技能等。

四是继续做好专业人才培养工作。建议民政部协同教育、卫计部门，制定五年计划，重点培养老年专科医生、专科护士、老年护理人才等。对于选择老年专科护士、老年护理专业的学生，实施免学费制度。

参考文献

唐钧：《关于医养结合和长期照护服务的系统思考》，《党政研究》2016年第3期。

杜丽侠、杨逸彤、王常颖、陈多、谢春艳、冯泽昀、信虹云、杨晓娟、丁汉升：《从日常生活活动能力视角看上海市老年照护需求》，《中国卫生资源》2016年第1期。

上海市人民政府发展研究中心：《上海养老服务发展报告（白皮书）》，格致出版社2016年版。

全国老龄办：《三部门发布第四次中国城乡老年人生活状况抽样调查成果》[EB/OL].2016-10-9.http://www.cncaprc.gov.cn/contents/2/177118.html。

臧少敏：《“医养结合”养老服务的开展现状及模式分析——以北京市为例》，《老龄科学研究》2015年第12期。

《打通健康养老的“最后一公里”——民政部有关负责人就贯彻落实〈关于推进医疗卫生与养老服务相结合的指导意见〉》，《中国社会报》2015年12月8日。

周寿祺：《“医养融合”功能莫错位》，《中国医疗保险》2015年第11期。

中华人民共和国民政部：《中国民政统计年鉴2015》，中国统计出版社 2015 年版。

北京市深化医药卫生体制改革领导小组办公室：《2014 北京市城市建设与民生工作之医改养老篇》，《北京日报》2015 年 1 月 27 日。

黄佳豪：《关于“医养融合”养老模式的几点思考》，《国际社会科学杂志》（中文版）2014 年第 1 期。

王素英、张作森、孙文灿：《医养结合的模式与路径——关于推进医疗卫生与养老服务相结合的调研报告》，《社会福利》2013 年第 12 期。

左颖：《首个“医养结合”养老机构迎客》，《北京晚报》2013 年 2 月 27 日。

国家卫生和计划生育委员会编：《中国卫生和计划生育统计年鉴 2013》，中国协和医科大学出版社 2013 年版。

马玉琴、董刚、熊林平、滕海英、赵晓君：《我国老年医疗卫生服务保障研究：基于医疗卫生服务需求》，《中国卫生经济》2012 年第 7 期。

卫生部统计信息中心编：《2008 中国卫生服务调查研究：第四次家庭健康询问调查分析报告》，中国协和医科大学出版社 2009 年版。

第三篇　社会养老服务体系建设政策、配套措施落实状况评估报告

【摘　要】 进入老龄化社会以来，我国人口老龄化程度不断加深，而且在今后相当长一段时间，老龄化都将是我国面临的重大社会问题。为积极应对人口老龄化，满足日益增长的养老服务需求，建立健全社会养老服务体系势在必行。为发现社会养老服务体系建设的成效与问题，我们在湖北、重庆、贵州、深圳等省市通过问卷调查和机构访谈方式加以评估，并建立了包括老年人能力评估、居家养老服务评估、机构养老服务评估、社区养老服务评估、医疗服务质量评估的养老服务评估指标体系。评估发现目前各地区在发展社会养老服务过程中完善顶层设计，实现养老服务制度化；依托现有资源，结合地方特点；大力扶持民办养老机构；注重科技创新。也存在多头管理、投入不足、产教脱离、服务水平低、城乡差异大等问题。为此应从理顺服务主体关系、加大财政支持、注重产教融合、加强科技支撑、统筹城乡、兼顾多种需求等角度促进社会养老服务体系建设。

【关键词】 社会养老服务体系　政策

一、引言

（一）背景

建立完善的社会养老服务体系，落实养老配套措施是积极应对人口老龄化的要求。人口老龄化在近年来逐渐引起了全世界的关注并逐渐成为各国亟待解决的共同问题。在国际上判断老龄社会的标准主要有以下两个：一是60岁人口占总人口的10%以上，二是65岁以上的老人占总人口的7%[①]。截至2011年，中国65岁以上的老人已经达到1.23亿，老龄人口占总人口比例达到9.1%，超过欧洲老龄人口的总和，成为世界上老龄人口最多的一个国家[②]。根据联合国的保守预测，我国65岁及以上人口占比最早将在2025年达到甚至超过14%[③]。由此可见，在今后较长一段时间，积极应对老龄化是我们面临的主要社会问题。21世纪前20年，我国将全面建成惠及全体国民的更高水平的小康社会。积极应对人口老龄化，加快发展养老服务业，不断满足老年人持续增长的养老服务需求，是全面建成小康社会的一项紧迫任务。

近年来，在国家及地方政府部门的努力下，养老服务取得了一定成绩，我国已经初步形成了多层次养老服务体系，但是仍不能满足日益增长的养老服务需求。为了总结发现目前养老服务事业中取得的成绩及存在的问题，我们制订了养老服务的评估指标，在湖北开展了失能、半失

---

① 陈聪、胡元佳、王一涛：《人口老龄化对我国卫生费用的影响》，《中国卫生统计》2012年第3期。

② 翟萌：《寄望社区养老托起夕阳红——社区养老服务模式浅析》，《中国社会保障》2012年第13期。

③ 武静：《我国人口老龄化对财政平衡的影响研究》，北京林业大学硕士学位论文，2013年。

能老人的社会调查，并在重庆、贵州、深圳、武汉等地进行了机构访谈，分析其养老服务业发展成就和不足，结合调研中存在的问题提出了可行性的建议，形成了此报告，希望能够对完善目前我国的社会养老体系，落实养老配套措施提供参考。

（二）方法

本研究通过对养老服务接受者（老人）、养老服务提供机构、养老服务人员的访谈和问卷调查，来评估社会养老服务体系建设的现状及配套措施落实情况。

通过对不低于500名失能、半失能老人的问卷调查，评估老年人的养老需求。

通过对30家养老服务机构负责人、工作人员的访谈，完善和修订养老服务体系建设的指标体系。

二、指标体系

根据《国务院关于加快发展养老服务业的若干意见》《社区服务体系建设规划（2011—2015年）》《社会养老服务体系建设规划（2011—2015年）》的文件精神，为了深入贯彻《中华人民共和国老年人权益保障法》（以下简称《老年人权益保障法》）关于建立健全养老服务评估制度的要求，参照《民政部关于推进养老服务评估工作》等文件的指导意见，推动建立统一规范的养老服务评估制度，制定以下指标体系。

（一）养老服务评估的指导思想[①]

养老服务评估，应坚持科学性、可操作性、可持续性的原则，同时应注重权益优先、平等自愿；由政府指导、社会参与；做到客观公正，科学规范；试点推进，统筹兼顾。

图 3—1　养老服务评估的指导思想

（二）养老服务评估的组织模式

养老服务评估应纳入多元主体，由政府官员、社会组织机构负责人、专家学者、社会工作者，从多方面进行评估。评估可以单独进行，也可以由多方合作进行。

（三）养老服务评估的内容

1. 养老服务指标体系的框架

目前，我国已经初步形成了“居家养老为基础，社区养老为依托，机构养老为补充”的社会养老服务体系，近年来得到新发展的医养结

---

① 《民政部关于推进养老服务评估工作的指导意见》（民发〔2013〕127 号），2014 年。

图 3—2　多元评估主体

合模式也成为社会养老服务体系的重要部分。

居家养老是指老年人居住在自己家中，但由社会来提供养老服务的一种社会化养老服务模式。我国居家养老服务探索开始于 20 世纪 80 年代，2008 年，《关于全面推进居家养老服务工作的意见》出台①，提出了“制定居家养老服务发展规划；加大政府投入力度，合理配置资源，贯彻落实支持居家养老服务的优惠政策”等多项措施。经过这些年的发展，我国在一些发达地区已经初步形成了以定点服务、上门服务等形式，以日常生活照料、家政服务、心理慰藉为主要内容的居家养老服务模式。

社区养老是指以社区为中心，由各种社会力量共同提供养老资源的养老模式。截至 2010 年年底，全国已经建成包含社区日常照料功能的综合性社区服务中心 1.2 万个，留宿照料床位 1.2 万张，日常照料床位 4.7 万张②。“十二五”期间，养老服务床位数预计达到 669.8 万张，每千名老年人拥有养老服务床位数达到 30.3 张，比 2010 年年底增长了

① 《关于全面推进居家养老服务工作的意见》，（全国老龄办发〔2008〕4 号），2008 年。

② 《社会养老服务体系建设规划（2011—2015 年）》，（国办发〔2011〕60 号），2011 年。

70.3%，实现了养老床位30‰的规划目标。“十三五”期间，每千名老年人口拥有的养老床位数将提升至35—40张，其中护理型床位比例不低于30%[①]。

机构养老是为以专业机构作为载体提供集中养老资源的一种模式。1984年，我国明确了社会福利社会办的思路，并将机构服务对象扩大至社会老人。1998年3月，民政部选定13个城市进行社会福利社会化试点；2000年《关于加快实现社会福利社会化意见的通知》和2005年《关于支持社会力量兴办福利机构的意见》，进一步推动了社会福利社会化工作[②]。目前养老机构的数量在增多，形式也不断丰富和多样化。

医养结合就是说医疗资源与养老资源相结合，实现社会资源利用的最大化。2013年北京首个“医养结合”养老机构开始试行，随后这一模式开始进入公众视野，并得到大力发展和推广。

根据不同类型的老人及不同的需要，社会养老服务体系应该是集家庭、社区、社会为一体的多层次养老服务体系（见图3—3）。家庭养老和居家养老是最符合我国国情的养老方式，有良好的家庭支持，以及身心健康的老人应该在家庭得到最好的照料。对于轻度失能或中度失能的老人，社区应该提供相应的配套措施，减轻家庭的负担。对于重度失能或缺乏家庭照料者，以及在社区层面得不到照料的老人，应该提供便利的渠道，转介到老人医院或专科医院。总的来说，我们应继续发展以居家养老为基础、社区养老为依托、机构养老为补充、医养结合的多层次养老服务体系。

---

① 新华网：《“十三五”期间将重点推动社会养老服务体系建设》，http://news.xinhuanet.com/politics/2016-01/26/c_128669002.htm

② 新华网：《新中国成立以来我国养老机构监管政策的历史脉络》，http://news.xinhuanet.com/gongyi/yanglao/2015-05/20/c_127822322_2.htm

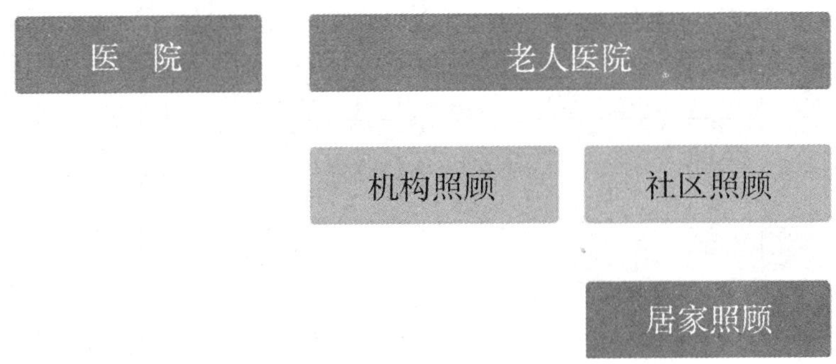

图 3—3　多层次的社会养老服务体系

2. 养老服务指标体系的内容

养老服务指标体系应包括老年人能力评估、居家养老服务评估、机构养老服务评估、社区养老服务评估、医疗服务质量评估等内容。

（1）老年人能力评估（服务使用者考评指标）

民政部《老年人能力评估标准》行业标准，是养老服务评估工作的主要依据[①]。该标准为老年人能力评估提供了统一、规范和可操作的评估工具，规定老年人能力评估的对象、指标、实施及结果。评估指标应当涵盖日常行为能力、精神状态、感知觉与沟通、社会参与 4 个一级指标和 22 个二级指标。目前各地均在此基础上制定了老年人能力评估的工具。在本研究中，我们也将这些指标纳入问卷中，作为评定老年人是否失能的依据。此外，我们还增添了老年人健康、社会支持方面的内容。

① 民政部：《老年人能力评估标准》（MZ/T 039-2013），2013 年。

表 3—1　养老服务对象评估的评估指标体系

一级指标	二级指标	三级指标	分值	得分
生活能力	基本日常生活活动能力	进食	2	
		穿脱衣服	1	
		上厕所	1	
		洗澡	1	
		床椅间的椅位	1	
		行走于平地	1	
		上下楼梯	1	
		个人卫生	1	
		大便控制	1	
		小便控制	1	
	工具性日常生活能力 IADL	使用电话的能力	1	
		上街购物	1	
		食物烹饪	1	
		家务维持	1	
		洗衣服	1	
		外出	1	
		服用药物	2	
		处理财务	1	
认知能力		认知功能	20	
健康状况		意识情况	5	
		皮肤状况	1	
		特殊照护	2	
		饮食类型	1	
		进食方式	1	
		疾病情况	5	

（续表）

一级指标	二级指标	三级指标	分值	得分
		沟通能力	3	
		辅具使用情况	2	
精神状况		抑郁	10	
		其他精神状况	10	
社会参与	邻里	邻里互助行为	5	
	社团	参加社团情况	5	
	社区	参加社区活动	5	
		参加频率	5	
以上 5 个项目共 100 分，如果达到 60 分以下，需要提供帮助或服务。				
经济评估	收入	退休金	10	
		其他收入	5	
	配偶	配偶经济支持	10	
	子女	子女经济支持	10	
	其他亲属	其他亲属支持	5	
	外界支持	政府补贴	5	
		社会捐助	5	
居家环境	住房情况	住房类型	5	
		住房所有权	5	
		家庭人均使用面积	5	
		居住方便设施	5	
		环境卫生	5	
照顾者	基本情况	年龄	5	
		就业状况	5	
		照顾时间	5	
		照顾者身体情况	5	
		主要照顾者心理状况	5	
以上 5 个项目共 100 分，如果达到 60 分以下，需要提供帮助或服务。				

（2）居家养老服务指标（服务提供者考评指标）

目前各地均制定了相应的居家养老服务指标，本研究中，我们主要参考了深圳市居家养老服务与绩效评估标准①，主要包括个人生活照料服务指标、助餐、家务、康复护理、助行、心理支持、代办、助医八大指标。

居家养老服务主要的考评对象是服务提供者。个人生活照料服务是指向有需要的老年人提供饮食、起居、清洁、卫生照护的过程，以下是对服务提供者的评估指标。

表 3—2　个人生活照料服务指标

个人生活照料服务要求	满分	得分
生活照料服务应由持证的养老服务人员担任。	5	
知道并记录服务对象基本信息、个人生活照料的重点需求、个人爱好及健康情况、服用药物、性格特点、精神状态等情况。	5	
生活照料服务的具体项目应与老年人或监护人协商，并签订服务合同。	5	
使用老年人家庭的各项设施应经老年人或其监护人同意，服务过程应保持用电、煤气、门户及财产安全。	5	
服务人员应保护老年人及其家庭隐私和其他信息。	5	
服务应有记录并经老年人或其监护人签字确认。	5	
服务达成率在 100%。	10	
服务满意度在 85%以上。	10	
个人清洁服务应保持老年人服装干净得体，须发整洁，无长指（趾）甲，身体无异味、无污垢，口腔无异味。	10	
沐浴服务无发生意外事故，清洁完毕后保持老年人身体无异味、无污垢。	5	

① 深圳市社会福利协会：《深圳市居家养老服务与绩效评估标准》2014 年。

（续表）

个人生活照料服务要求	满分	得分
卧床照料服务褥疮发生率在5%以下。除发生严重低蛋白血症，全身高度浮肿、癌症晚期、恶液质等患者外。对因病情不能翻身而患褥疮的情况应有详细记录，并尽可能提供防护措施。	10	
饮食照料服务应使老年人获得足够营养，体重上下比率在10%之内。	10	
协助老年人进行排泄时，无因不能排便引发的不适和疾病；无因排泄发生的摔倒事件。	10	
毛巾、洗漱盘应经常清洗，便器每周消毒一次。	5	
总分	100	

助餐服务是对那些生活不能自理的老人，提供餐食的服务。随着互联网技术，养老服务业的发展，也可以鼓励大型专业餐饮服务商利用自身独立的服务网络、科技手段或智能设备，通过“餐饮服务商（中央厨房）+社区配送+老年人家庭”方式直接开展服务。以下是助餐服务的评估指标：

表3—3　助餐服务评估指标

助餐服务要求	满分	得分
助餐服务需持有食品卫生许可证。	10	
提供膳食服务的厨师应由持有厨师职业资格证书的人员担任。	5	
助餐点服务人员持有健康合格证且每年体检一次。	5	
餐饮饮食应丰富多样，普食及流食须兼备。	10	
送餐、上门料理饮食应根据老年人需要及遵循老年人意愿。	10	
送餐须配备有必要的清洁、卫生、保温、保鲜设备及交通工具。	10	
提供助餐服务应制定助餐服务检查程序及要求，保证及时、准确地将餐饮送到老年人房间。	10	
每周在显著地方公布食谱，方便老年人查阅。	5	

（续表）

助餐服务要求	满分	得分
应向老年人或监护人用文字或图片说明提供助餐服务的须知。	5	
对老年人提供助餐服务应保留提供服务的文件或记录。	10	
无食物中毒事件、火灾等重大安全事故。	10	
满意度在80%以上。	10	
总分	100	

家政服务是由养老服务人员帮助有需要的老年人，提供的保姆、护理、保洁、物流配送、家庭管理。以下是家务服务的评估指标。

表3—4　家务服务评估指标

家务服务要求	满分	得分
使用老年人家庭的各项设施应经老年人或其监护人同意，服务过程应保持用电、煤气、门户及财产安全。	5	
服务应有记录并经老年人或其监护人签字确认。	5	
家务服务的具体项目应与老年人或监护人协商，并签订服务合同。	5	
服务达成率在100%。	10	
服务满意度在85%以上。	10	
清洁居室卫生，室内物品摆放整齐有序，左面、门窗、地面及墙壁清洁无积灰。	10	
卧室、客厅整洁，地面洁净，无水渍、污渍，垃圾篓外观干净，篓内无垃圾。	10	
厨房洁净，抽油烟机外表无油污。	10	
卫生间马桶、浴缸、面盆无异味，镜面无水雾。	10	
窗面无印痕，洁净光洁，阳台入室台阶、扶手、栏杆无灰尘。	10	
整理床上用品因保持床上用品洁净、摆放有序。	10	
清洁用品须每周消毒一次。	5	
总分	100	

康复护理服务主要是为居家失能老人上门提供个人护理、康复训练等6大类25项专业护理服务，包括压疮护理、排痰护理、失禁护理、肌肉训练、关节训练、床上洗浴等服务内容，主要解决失能老人康复护理难问题。以下是康复护理服务的评估指标。

表3—5　康复护理服务评估指标

康复护理服务要求		满分	得分
功能训练	有供残障老人康复和功能补偿的辅助器具	10	
	老人满意率90%以上	8	
行走训练	有供行动障碍老人康复和功能补偿的辅助器具	10	
	老人满意率90%以上	8	
语言听力训练	有供语言及听力障碍的老人康复和选择的设施设备	10	
	老人满意率90%以上	8	
肢体训练	有供肢体障碍的老人康复和训练的设施设备	10	
	老人满意率90%以上	8	
智力训练	有供失智老人康复训练的设施设备	10	
	老人满意率90%以上	8	
各项康复辅助均有计划，并有训练记录		10	
总分			100

助行服务是由居家服务提供者为不方便行走的老年人提供帮助的一种服务，其评估指标如下。

表3—6　助行服务评估指标

助行服务要求	满分	得分
提供助行服务由养老护理员、义工或指定专人担任	10	
保护服务对象安全，防止服务对象摔倒或走失	20	
掌握助行器、手杖等助行器具使用方法	15	
制定服务应急措施，对老年人摔倒、走失等事件做好应急预案	10	

（续表）

助行服务要求	满分	得分
对老人提供助行服务应保留服务的文件或记录	10	
老年人摔倒发生率为 0	20	
服务达成率在 100%	10	
服务满意度在 85%以上	10	
总分	100	

心理支持服务是从专业的角度介入个体心理，针对个体心理出现的无助、无能的状态，情绪上产生焦虑、抑郁和恐惧的状态，以及情感上表现出无支撑和无依靠，陷入孤独的状态，给予专业的治疗和康复，使其保持心理健康的主要支持系统。心理支持服务的评估指标如下。

表 3—7　心理支持服务评估指标

相谈服务要求	满分	得分
提供谈心交流服务由社会工作者、心理咨询师担任	20	
应对需要心理/精神支持服务的服务对象进行定期评估，有记录，有防范措施	20	
应制定心理/精神支持服务危机处理程序，通过评估及时发现心理问题，有处理措施并记录	20	
服务达成率在 100%	20	
服务满意度在 85%以上	20	
总分	100	

代办服务是为行动不便的老人提供交水、电、气、电话费，代收医疗保险，代开各种证明等代理服务。以下是代办服务的评估指标。

表 3—8　代办服务评估指标

代办服务要求	满分	得分
提供代办服务由社会工作者、义工、养老护理员或指定专人担任	10	

（续表）

代办服务要求	满分	得分
保护老年人隐私，不向他人讨论老人的家庭情况或财务	15	
准确记录物品种类、清点财物，按照约定要求完成服务，做到当面清点核实并签字	15	
制定代办服务流程或程序	10	
向老年人或监护人用文字或图片说明提供代办服务的须知	10	
对老人提供代办服务应保留服务的文件或记录	10	
制定代办服务检查程序和要求，保证服务质量	10	
服务达成率在100%	10	
服务满意度在85%以上	10	
总分	100	

助医服务是为失能老人、独居老人和80岁以上老人开展上门看诊及医疗保健服务，具体包括监测血压、拔罐、艾灸、把脉、听诊、就诊指导等内容。助医服务包括以下指标。

表3—9　助医服务评估指标

助医服务	满分	得分
制定应急措施	20	
无发生重大安全事件	15	
服务完成率100%	20	
满意率达到80%以上	25	
总分	100	

以上9个方面，每个项目满分100分，总分越高说明服务工作做得越好、越到位，可以据此给予相应的奖励。对于7个方面的具体指标既可以进行分类比较排名，也可以进行综合比较和排名，并依此评分进行

奖励或给予进一步的补贴。反之，对于低于及格分的服务提供者也要给予相应的惩罚措施，最后按照地区排名在网站上公示，以供老年人和其家属参考选择。

（3）养老机构、社区养老中心、医养结合中心评估指标（机构考评指标）

养老机构评估应从机构资质、硬件设施、财政情况、服务职能、机构人员、服务对象满意度、管理制度这几个方面进行评估。

表 3—10　养老服务机构/中心评估指标

一级指标	二级指标	三级指标	分值	得分
养老机构、养老中心	机构资质		10	
	硬件设施	场地面积	5	
		机构环境	5	
		服务覆盖率	5	
	财政情况	政府补贴	5	
		社会捐助	5	
		经营性收入	5	
	服务职能	履行职能情况	10	
		下属服务站的监督考评	5	
	机构人员	年龄结构与数量	5	
		教育程度、职业资格和经验	5	
		服务态度与服务质量	5	
	服务对象满意度	投诉率	10	
		表扬信或锦旗	5	
	管理制度	档案建立情况	5	
		管理规范化程度	10	

（续表）

一级指标	二级指标	三级指标	分值	得分
医养结合服务中心	机构资质		10	
	硬件设施	场地面积	5	
		机构环境	5	
		服务覆盖率	5	
	财政情况	财政支持	5	
		经营性收入	10	
	服务职能	服务种类、数量	10	
		收费合理性	5	
	机构人员	年龄结构与数量	5	
		教育程度、职业资格和经验	5	
		服务态度与服务质量	5	
	服务对象满意度	投诉率	10	
		表扬信或锦旗	5	
	管理制度	档案建立情况	5	
		管理规范化程度	10	

总分越高说明该养老服务机构或中心工作做得越好、越到位，可以据此给予相应的奖励。对于7个方面的具体指标既可以进行分类比较排名，也可以进行综合比较和排名，并依此评分进行奖励或给予进一步的补贴。反之，对于低于及格分的机构也要给予相应的惩罚措施，最后按照地区排名在网站上公示，以供老年人和其家属参考选择。

（四）小结

养老服务指标体系的构建应考虑，谁来评，评什么，如何评的问题。

关于谁来评的问题。多部门协作参与，引入第三方评估是养老服务体系建设的基础。养老服务指标体系的3个要素是服务使用者、提供者以及服务机构。评估组织网络建设是做好养老服务评估的保证，从长远发展的角度看，应该培育一批独立、公正、专业的养老服务评估机构，由该类机构统一对需要养老服务的老年人进行评估，应该尽快明确评估机构的准入、评估人员的资质、评估工作的具体要求，推进社会化评估运行机制形成。政府只负责承担购买专业评估机构服务的资金供给和过程监管等责任，民政部门是养老服务评估的主管部门，具体负责本行政区域内制定养老服务评估办法或规程，落实对老年人家庭经济状况、居住环境核对评估，卫生部门负责做好老年人生活自理、认知能力评估和专业评估人员培训。在此基础上，逐步打造一支专业化的评估队伍，培育一批专业的第三方评估机构。第三方评估可以帮助政府和社会监督养老服务业组织的行为，使其沿着健康的轨道发展。第三方评估更是一种激励机制，建立优胜劣汰的体制，可以激发养老服务业的活力。

关于评什么的问题。养老服务评估应该有一套全方位，标准化的评估指标体系。本研究中，我们也制定了对服务使用者、提供者以及机构评估的指标体系。制定科学合理的评估标准是有效开展养老服务业的基石。养老服务指标体系的构建应注重科学性、可操作性、可持续性的原则。科学性原则要求理论与实践的统一，养老服务需要深入老年人，通过问卷和访谈的方式了解老年人的实际需求。可操作性的原则，要求指标的深浅繁简适度，在以上的指标设计中，我们将每一方面的服务采用百分制的方式确定下来，便于量化考核。可持续性要求指标的设计要能够适应一段时间的需要，也要随着社会的发展不断完善。服务使用者的评估包括生活能力、认知能力、健康状况、精神状况、社会参与几个方面。此外，我们对服务使用者的评估还应该考虑服务使用者的经济能力、居家环境、照顾者能力等。对服务提供人员的评估可以围绕个人生活照料服务指标、助餐、家务、康复护理、助行、心理支持、代办、助医八个方面考核。养老机构评估应从机构资质、硬件设施、财政情况、服务职能、机构人员、服务对象满意度、管理制度这几个方面进行评估。

关于如何评的问题。科学规范的评估程序，是做好养老服务评估的关键。养老服务评估直接影响着老年人享受社会养老服务的权益，为保证目标群体的机会均等，建立公平、公正、科学的评估程序，显得尤为重要。养老服务评估主要包括申请、初评、评定、社会公示、结果告知、部门备案等环节。评估申请应坚持自愿原则，由老年人本人或者代理人提出；无民事行为能力或者限制民事行为能力的老年人可以由其监护人提出申请。评估应按照先易后难原则，首先评估老年人经济状况、身份特征等借助相关材料即可核实的项目，然后再评估生活环境、能力状况等需要实地核实、检查的项目。顺应现代民政要求，逐步改变传统人工评定为主的方法，加强网络服务管理信息系统建设，建立公开、透明的老年人养老服务评估数据库。通过建立数据库，自动生成评估结论，实现网上审批，并设置汇总分析功能，提供决策依据。

三、实证调研

（一）研究内容

研究一：社区医院失能老人调查。通过对一个社区医院前来门诊的老年人进行调查，了解老年人失能的发生率及社会影响因素。

研究二：湖北省养老追踪数据调查。从 Charls 数据中，抽取湖北省老年人样本，对其健康、养老等方面进行分析。

研究三：养老机构调查。通过对养老机构的访谈，总结养老服务中的经验，认识阻碍养老服务业发展的问题，并提出有针对性的政策建议。

（二）研究方法

研究一：门诊病人测查，主要采用问卷法。

调查的 A 社区共有 60 岁以上老人 4023 人，占社区人口的 10%左右，65 岁以上老人 3251 人，85 岁以上高龄老人 255 人，90 岁以上老人 87 人，离休 120 余人。居家养老是主要方式。极少数在外面的养老机构养老，社区医院没有设医养结合养老床位，极少数老人反复住院，一名植物人住院 10 年养老。社区养老服务基本没有系统开展。考虑到失能与年龄有很高的相关性，根据以往文献报告的失能在 80 岁以上的比率可能高达 30%，因此我们在社区医院进行的调查主要是对 60 岁以上，特别是 80 岁以上老人进行认知功能障碍筛查和问卷调查。从而进一步分析老年人群在认知功能障碍方面的发病率和危险因素。

测查工具如下。

基本的社会人口学特征：性别、年龄、受教育程度、收入等。

健康状况：慢性病、急性病。

健康习惯：抽烟、饮酒、睡眠、营养状况、锻炼习惯等。

简易智力状态检查量表（MMSE）是根据张明园修订的简易智力状态检查（Mini-mental State Examinatlon，MMSE）改编而成。能全面、准确、迅速地反映被试智力状态及认知功能缺损程度。为临床心理学诊断、治疗以及神经心理学的研究提供科学依据。该量表包括以下 7 个方面：时间定向力、地点定向力、即刻记忆、注意力及计算力、延迟记忆、语言、视空间。共 30 项题目，每项回答正确得 1 分，回答错误或答不知道评 0 分，量表总分范围为 0-30 分。测验成绩与文化水平密切相关，正常界值划分标准为：文盲>17 分，小学>20 分，初中及以上>24 分。

日常生活能力量表（ADL）：包括两部分内容：一是躯体生活自理量表，共 6 项：上厕所、进食、穿衣、梳洗、行走和洗澡；二是工具性日常生活能力量表，共 8 项：打电话、购物、备餐、做家务、洗衣、使用交通工具、服药和自理经济 8 项。评定结果可按总分、分量表分和单项分进行分析。总分量低于 16 分，为完全正常，大于 16 分有不同程度的功能下降，最高 64 分。单项分 1 分为正常，2—4 分为功能下降。凡有 2 项或 2 项以上≥3，或总分≥22，为功能有明显障碍。

神经精神量表（NPI）：包含妄想、幻觉、激越、心情不悦、焦虑、欣快、淡漠、失控、暴躁、不寻常行为、夜间行为改变、食欲等进食改变等 12 项评估内容。该量表总分范围为 0—144 分，被试得分越高，提示精神状态越严重。

全科医师认知评估量表（GPCOG）：分患者测查和知情人调查两个部分。患者测查部分是包括姓名和地址记忆、时间定向、画钟测验、信息和回忆等共六项。其中姓名和地址记忆不计分，计分项目有 4 项，满分 9 分，用时一般小于 4 分钟。知情人调查部分是通过询问照顾者获得，当患者检测部分得分在 5—8 分之间时需要进行，因此有相当一部分患者不需要进行知情人调查，共 6 个题目，满分 6 分，用时一般少于 2 分钟。

阿尔茨海默症评定量表（ADSCOG）：包括词语回忆，命名物体或手指，执行口头命令，结构性练习，意向性练习，定向力，词语辨认，回忆测验指令，口头语言能力，找词困难，口头语言理解能力，注意力 12 项内容。该量表总分范围为 0—75 分，被试得分越高，提示认知功能损害越严重。

调查样本主要来自社区医院的门诊老年人及参加健康体检的老年人。

研究二：入户样本测查，主要采用问卷法。

由于门诊样本具有一定的特殊性，为了使研究更具有代表性，我们进一步用 charls 数据中湖北省养老追踪调查数据，分析 648 名 45 岁以上老年人的养老需求。

测试工具：

基本社会人口学特征：性别、年龄、受教育程度、婚姻状况、收入状况等。

家庭支持和社会交往：子女数量、居住方式、社会交往内容等。

健康状况：慢性病、门诊情况、是否残疾、日常生活能力（ADL）、抑郁状况。

抑郁测量采用老年人抑郁量表（GDS-10），该量表共有 10 个条目，包括以下症状：情绪低落，活动减少，容易激惹，退缩痛苦的想法，对过去，现在与未来消极评分。量表的总分为 0—10 分，属正常；11—20 分，为轻度抑郁；21—30 分，则为中重度抑郁。

研究三：养老机构访谈。

访谈对象主要以武汉市养老院、深圳市养老机构、贵阳市耀养养老中心、重庆市养老院等机构的工作人员，民政部门工作人员。

访谈的核心问题：

养老服务业发展概况如何?

养老服务业目前存在的问题是什么?

下一步的工作措施和建议是什么?

（三）研究发现

1. 来自社区医院就医样本的分析

有效样本为 496 名，年龄在 60—94 岁，平均年龄在 82 岁。女性一共 303 名，在总样本中占 61.5%，男性 109 名占总体样本的 38.5%。

表 3—11　样本介绍

		N	%
性别	男性	294	61.5
	女性	184	38.5
民族	汉族	370	98.1
	其他	7	1.9
文化程度	小学及以下	104	21.8
	中学	41	8.6
	高中	254	53.4
	大专及以上	77	16.2
医疗保险	城镇职工医疗保险	24	6.2
	公费医疗	353	91.7
	其他	8	2.1
月收入	<4000 元	123	25.7
	>4000 元	358	74.3

从健康状况来看，慢性病是老年人主要的健康负担，94.1%的老年人都有不同程度的慢性病。排在前三位的慢性病是高血压、白内障、糖尿病，分别占 68.4%、28.3%和 18.3%。14.3%的老年人两周内有急性病，主要是疼痛、发烧、感冒或心慌等。

表 3—12　健康状况

	N	百分比(%)
慢性病	443	94.1
两周患病	69	14.3
高血压	329	68.4
糖尿病	88	18.3
肠胃炎	37	7.7

（续表）

	N	百分比（%）
类风湿关节炎	15	3.1
脑血管疾病	37	7.7
椎间盘突出	21	4.4
慢性阻塞性肺病	11	2.3
缺血性心脏病	35	7.3
胆结石及胆囊炎	37	7.7
消化性溃疡	17	3.5
泌尿系统结石	16	3.3
前列腺增生	75	15.6
白内障	136	28.3
贫血	8	1.7
哮喘	5	1.0
其他	48	10

从健康习惯来看，仅有6.4%的老人有抽烟的习惯，13.0%的老人有饮酒的习惯，36.5%的老人睡眠不足6小时，58.6%的老人户外锻炼次数达7次及以上，85.7%的老人能够保持均衡的营养，但是23.7%的老人自评健康较差。

表3—13　健康习惯状况

		N	百分比（%）
抽烟	是	30	6.4
饮酒	是	48	13.0
睡眠	≤6小时	175	36.5
	>6小时	306	63.5

（续表）

		N	百分比(%)
户外锻炼	0次	118	25.4
	1—6次	81	16.8
	7次及以上	241	58.6
营养均衡	是	329	85.7
	否	152	31.6
自评健康	≤60	114	23.7
	>60	367	76.3

通过对认知及精神状况的筛查数据汇总，有64.14%的老人有日常生活能力问题，15.72%的老人有精神问题，有71.65%—98.54%的老人有不同程度的认知问题。

表3—14 认知及精神状况

项目	正常		轻度		中度		重度		极重	
	N	%	N	%	N	%	N	%	N	%
ADL（日常生活能力）	137	35.86	215	56.28	22	5.76	8	2.09	0	0.00
NPI（精神问题）	311	84.28	41	11.11	8	2.17	9	2.44	1	0.27
GPCOG（认知问题）	140	29.35	171	35.85	108	22.64	58	12.16	0	0.00
MMSE（认知问题）	77	15.88	272	56.08	100	20.62	23	4.74	12	2.47
ADASCOG（认知问题）	6	1.46	257	62.53	94	22.87	50	12.17	4	0.97

从表3—15老年人的社会支持状况来看，有18.6%的老人没有任何亲密的朋友，13.8%的老人独居，有36.9%的老人与邻居没有任何来往，21.7%的老人与同事或工作伙伴没有交往，29.1%的老人从没参加过团体组织活动。在社会支持中，最重要的来源还是来自家庭成员及关系亲密的亲戚。86.5%的老人接受过经济支持，93.4%的老人接受过情感支持。从倾诉方式和求助方式来看，31%的老人遇到烦恼从不求助，27.5%的老人遇到烦恼时，只靠自己，不接受别人的帮助。

表3—15　社会支持状况

		N	有效百分比(%)
关系亲密的朋友	一个也没有	71	18.6
	1—2个	100	26.2
	3—5个	100	26.2
	6个及以上	101	28.9
居住方式	独居	53	13.8
	与陌生人住	2	0.5
	与朋友住	3	0.8
	与家人住	326	67.8
与邻居关系	互不关心	141	36.9
	稍微关心	55	14.4
	一般关心	79	20.7
	非常关心	107	28.0
与同事关系	互不关心	81	21.7
	稍微关心	66	17.7
	一般关心	84	22.5
	非常关心	142	38.1

（续表）

		N	有效百分比（%）
家庭支持	夫妻	341	70.9
	儿女	365	75.9
	兄弟姐妹	401	83.4
	嫂子等其他	296	61.5
团体活动	从不参加	109	29.1
	偶尔参加	117	31.3
	经常参加	85	22.7
	主动参加	63	16.8
获得经济支持	是	392	86.5
获得情感支持	是	338	93.4
倾诉方式	从不求助	111	31.0
	向关系亲密的诉述	144	40.2
	朋友询问会说出来	33	9.2
	主动倾诉	70	19.6
求助方式	不接受帮助	99	27.5
	很少寻求帮助	97	26.9
	有时请求别人帮助	77	21.4
	向家人、亲友、组织求援	87	24.2

从社区医院门诊收集的样本数据，我们可以看出健康问题，特别是老年人的慢性病是老年人较重的疾病负担，在社区层面加强慢性病管理与健康管理，促进老年人的身心健康是健康老龄化的重要内容。另外我们可以看到80岁以上老年人的认知损伤问题是非常严重的，通过社区康复或者社区干预计划，进行认知锻炼，实现积极的老龄化，延迟或缓

解老年人的认知损伤是一项非常重要的工作。在家庭、社区、社会三个层面，目前绝大多数老年人的支持来源还是依靠于家庭内部，来自社会及社区层面的支持匮乏，如何提供良好的社会支持是构建社会养老服务体系的重要内容。

2. 来自社区入户样本的分析

从Charls养老追踪数据中，我们选择了湖北省的648个样本，对养老现状及需求进一步进行了分析。样本来自于恩施、荆门、襄樊、黄冈四个城市的农村和城市样本，其中农村样本占76.7%，这进一步弥补了社区医院样本的非代表性问题。在入户样本中，男女比例大致相当，45—60岁样本占55%，这也弥补了社区医院样本年龄偏大的问题。入户样本中，80.4%的人与配偶居住在一起，家庭内部支持较好。从文化程度、收入水平来看，37.2%的样本接受过高中及以上教育，7.4%的人经济条件较好，这也较符合普查样本的特征。

表3—16 入户样本基本情况

		N	百分比(%)
地区	恩施	137	21.1
	荆门	119	18.4
	襄樊	229	35.3
	黄冈	163	25.1
户口	城市	151	23.3
	农村	497	76.7
性别	男性	313	48.5
	女性	332	51.5
年龄	45—60	352	55
	≥60	288	45

（续表）

		N	百分比（%）
婚姻状况	已婚居住在一起	521	80.4
	已婚未居住一起	49	7.6
	分居	69	10.7
	丧偶	9	1.4
文化程度	小学及以下	301	46.4
	中学	105	16.2
	高中	152	23.5
	大专及以上	90	13.9
收入水平	较差	141	31.6
	一般	272	61
	较好	33	7.4

为了了解养老服务中的家庭支持情况，构建更好的居家服务模式，我们从数据中获得了家庭结构、子女居住模式及家庭支持情况。从入户数据中看出，16%的人只有1个子女，子女养老的压力比较大。54.6%的老人与子女没有住在一起，55.2%的老人需要照顾孙辈。在社会交往方面，可以看到49.7%的人都没有任何社会交往，在社区活动室活动的人数仅占14.5%。

表3—17　家庭支持、社会交往

		N	百分比（%）
子女数量	0	10	1.5
	1	94	14.5
	2—3	410	63.3
	>3	134	20.7

（续表）

		N	百分比(%)
与子女居住方式	无子女	10	1.5
	不住在一起	244	37.7
	住在一起	294	45.4
	子女在本社区，但不一起住	100	15.4
照顾孙辈	是	265	55.2
	否	215	44.8
社会交往	无	322	49.7
	串门	178	27.5
	社区活动室活动	94	14.5
	无偿帮助别人	41	6.3
	公园活动	9	1.39
	社团活动	4	0.62

我们进一步分析了入户样本的健康状况，从总体上评价，有21.8%的人自评健康较差，21.7%的人出现过疼痛，60.8%的人有慢性病，25%的人去看过门诊。从健康习惯来看，31.5%目前仍在抽烟，37.5%的人有饮酒的习惯。从心理健康的结果来看，26.6%的人有轻度抑郁，4.3%的人有中到重度的抑郁。由于在入户样本中，年龄普遍偏低，所以仅有2.9%的人有失能问题。

表3—18　身心健康状况

		N	百分比(%)
自评健康	好	135	22.3
	一般	339	55.9
	差	132	21.8
胸疼	是	119	21.7

（续表）

		N	百分比（%）
残疾	躯体残疾	35	5.97
	脑损伤	23	3.94
	失明	23	3.89
	失聪	46	7.88
慢性病	是	394	60.8
门诊	是	150	25.0
抽烟	是	155	31.5
	戒烟	51	10.4
饮酒	是	227	37.5
抑郁	0—10	355	69.1
	10—20	139	26.6
	20—30	22	4.3
ADL	有问题	19	2.9

从入户调查的结果来看，初步结论与来自社区医院的结果基本符合，养老服务体系构建的核心在家庭，社区和社会需在家庭之外提供有力支撑。养老服务体系建设的核心内容是医疗保障，慢性病的负担尤其重，此外还需要重视老年人及照顾者的精神健康。从健康促进的角度来看，培养良好的健康习惯尤其重要。

3. 来自养老机构的访谈结果

为了深入调研养老服务机构的运行与发展情况，我们的研究团队于2015年在湖北武汉、重庆、深圳、贵州贵阳等多地开展调研，对地区内典型养老机构通过实地调查、召开座谈会等多种形式把握不同地区的机构养老发展特色，并在此基础上采用SWOT模型对地方养老机构的发展进行评估，对各地区机构养老的内在优劣势与外在机遇、挑战进行把握。

(1) 湖北省养老服务业发展调研

调研地点：武汉市武昌区福利院、鄂州市汀祖镇敬老院

访谈对象：福利院相关负责人与工作人员、民政部门相关工作对接人员

访谈发现：

关于湖北省的人口老龄化现状与养老服务产业化发展情况：老龄化问题突出，配套项目稳步推进和落实。截至2014年年底，全省60岁以上老年人口已达993.32万，占总人口的17.07%，高出全国1.57个百分点（全国60岁以上的人口为2.12亿，占总人口的15.5%）。80岁以上老年人口118.77万，占老年人口的11.96%；空巢老人占比45%，失能老人81万，占老年人口的8.4%。据预测，到“十二五”末，全省60岁以上老年人口将达到1042万，占总人口的17.64%，2030年达到30%，2050年达到38%左右，80岁以上高龄老人将超过450万，老年人口的养老问题成为湖北省面临的重要挑战，对养老服务产业化发展的要求迫在眉睫。在养老环境严峻，养老任务艰巨的背景下，截至2014年年底，全湖北省城乡养老机构达到2321个，养老床位总数约28万张。其中，公办城市养老机构共128家，床位3.9万张，社会办养老机构382家，床位5.6万张，乡镇福利院1950所，床位约16万张；基本实现了城乡“三无”对象自愿条件下的集中供养目标，并有效缓解了社会养老服务供需矛盾。在2014以来，养老服务产业化改革进程稳步推进，深入推动公办养老机构“公建民营”和养老机构的“医养结合”两项工作的开展，初步形成了“委托经营模式”“租赁经营模式”“合资合作模式”“服务外包模式”等多种公建民营形式和以武汉市江汉区社会福利院为代表的国家养老机构远程医疗政策试点单位，大力提升了养老机构管理服务质量。

关于湖北省养老机构发展的优势与特色（S）：

①实行等级评定，养老机构服务规范化。2011年湖北省民政厅出

台规范性文件《湖北省养老服务机构等级评定办法》（试行），从准则、等级标准、评定方式与管理四个方面对养老服务机构的等级评定办法进行了规范。采用星级制，从高到低分别将养老服务机构划归为五星级、四星级、三星级、二星级、符合相关规定但达不到二星级标准的视为一星级，不授牌、不参评。具体评估标准如下。

规模：2 到 5 星级分别要求床位 50 张以上，每张床位配套设施建筑面积在 25 平方米以上；床位在 100 张以上，每张床位配套设施建筑面积在 30 平方米以上；床位在 150 张以上，每张床位配套设施建筑面积在 35 平方米以上；床位在 200 张以上，每张床位配套设施建筑面积在 40 平方米以上。

环境：在建筑方面，2—3 星级要求结构良好，布局合理，符合 JGJ122 标准；4—5 星级还要求使用环保材料，有独特的风格。在绿化方面，2—3 星级要求室外活动场地不小于 150 平方米，绿化覆盖率在 60%以上，4—5 星级要求室外活动场地在 350 平方米以上，绿化面积达 60%。空气噪音符合 GB3095 要求，4—5 星级周围不应有强噪音源，晚上低于 40 分贝，白天低于 50 分贝。

设施设备：在居室内部，对采光、卫浴、家具、温度调节、床上用品、呼叫设备、相关电器等均做了相关要求；在食堂内部，对设置、卫生、餐厅均做了严格要求；在医疗康复方面，对人员及设备的设置方面做了详细要求；在公共区域内部，对接待室、阅览室、活动空间、洗衣房、消防等规定了相关评估条件；在管理方面，对规范建设、规范执行、质量监控方面做了相关要求；在服务方面，对生活护理的人员及服务，膳食服务的人员设置、膳食水平和服务等均作出相关规定，对文体服务、康复医疗服务、志愿者服务也分级划定了相关要求①。

① 张英、刘建国：《湖北：实行等级评定规范养老服务——解析》《湖北省养老服务机构等级评定办法》（试行），《社会福利》2011 年第 21 期。

运营情况：2—3星级要求入住率在60%以上，资产运营状况基本正常，4星级还要求资产运营良好，对社区居民及其他养老机构发挥辐射作用，5星级还要求效益逐年递升，每年将总收入的5%以上的资金列为发展基金。

②**“四院合一”强化资源整合与功能多样**。在部分公办养老机构之中，养老院、荣军院、福利院与医院四院合一的运营模式使得机构之间实现整合与资源共享，使得分层供给、分类支持、分层管理的实现成为可能。由于与医院之间实现定向对接关系，也在一定程度上促进了医养结合趋势的构建。四院合一的实现使得不同类型但都需要进行机构照顾的人员能够统一地被照料，按照活动能力与照料需求，而不是身份划分来提供照料服务，在一定程度上提高了资源的有效利用。例如在武昌区社会福利院，将老年人及其他类型的福利院覆盖者依照生活自理能力划分为自理班和特殊照顾班，前者主要享受的是日间照料以及简单的健康护理服务，而后者则主要依靠机构中的护理员进行服务，根据不同群体的不同需要，针对性地提供照料服务也使得养老机构中的人力资源得到有效整合与专业化发展。护理员、医生主要负责失能老年人的护理，社工和老年互助群体则成为健康老人的主要服务提供者，使得人力资源得到针对性地应用。此外，在养老人也能够在福利院中接触到其他更多的群体，形成一个跨年龄段的社会交往与支持体系，有利于老年群体的增能。

③**养老机构向居家养老服务延伸**。机构养老作为养老服务体系的重要支撑，在运行过程中主动与居家养老、社区养老等其他类型的养老服务主体进行链接，实现共享与共赢。延伸性的服务主要表现在三个方面：第一，免费接纳周边的老人来养老机构，与在养老人一起参加文体娱乐活动，约占30%。与周边老人的互动能在一定程度上给在养老人带来心理上的积极作用，也能保证在养老人的社会支持网络的有效扩充。第二，养老机构为来机构活动的老人和周边居家老人提供午餐、送餐、

洗衣等有偿服务，在一定程度上为机构的运营提供有效的资金输入。如大冶市巴庄村香樟园养老院为周边村的居家老人开展送餐、洗衣等服务，每人每月 400 元，大约有 22 人签订服务协议。武昌区巡司河养老院专门腾出 5 个房间给居家老人开展日间照料服务。养老机构利用自己的资源将服务范围有效扩大至居家养老领域，是一项有效融合社会养老服务体系各个主体支柱力量的尝试。第三，研发居家养老服务产品，从 2010 年先后研发出网络血压计，血糖仪、E 脉手表等健康监护终端产品，通过物联网、互联网等信息技术，为居家老人提供远程保健服务。在 2012 年成功与政府专网对接，并纳入“智慧城市”建设范围，加入服务的老人高达 5000 多人。

关于湖北省养老机构发展的问题与不足（W）：

①政府重视程度不够，财政供应不足。湖北省养老机构发展过程中表现出明显的“中央比地方重视”“民众比党和政府更加重视”“市场主体比政府主体重视”的倾向，共同显示出目前湖北省在养老机构建设和管理方面重视程度和投入力度不足的问题。在 2015 年，中央在养老服务业的投资仅为国家发改委的 30 亿以及福利彩票 40 亿支出中的部分，在已有投资之中，主要侧重在各大城市以及地级市之中，对于湖北省这种养老压力巨大而经济发展水平有限的地区没有提出适当的倾斜优惠政策，制约着地方，特别是中小城镇的养老机构的发展速度与规模。在地方政府方面，由于对社会组织参与养老服务产业缺乏正确的认识，指导思想不够明确，重视程度也不够，导致县级以下财政目前没有多余的钱用于扶持养老机构发展，省市级财政对老年福利投入的覆盖面过窄。政府对养老机构的投入还只限于国办公办养老机构的投入，福利政策的优惠对象仅限于“三无老人”，对于经济困难又急需入住养老机构的居家老人缺少足够的重视和保护，对于民营养老机构的发展缺少针对性且行之有效的资金扶持。

②省内不同类型养老机构间发展水平差异悬殊。在中心城市与中小

城市之间、城乡之间，均表现出明显的供求关系差异，由此带来地区间养老机构发展水平的差异化。在中心城市，机构养老服务需求旺盛，不仅是因为养老市场处于供不应求的卖方优势，更是由于城市老年人口比较优越的经济条件使得在公办养老机构超负荷运行的基础上各种民办养老机构层出不穷，养老服务水平也处于较为先进的位置。在经济较为落后的中小城镇、农村地区，养老机构的档次较低，民办养老机构的档次更低。许多养老机构还处于单纯供养型阶段，除了为在养老人提供基本的生活服务之外，基本不提供任何康复、保健服务。服务人员的素质也普遍不高，大多是文化程度不高没有正式工作的附近居民，且工作人员的变动程度相当大。在养老人在此得到的是一种较为低劣的服务，有的养老机构甚至为了规避风险限制在养老人的出行和活动，不利于老年人口幸福晚年的获得。此外，在民办与公办的养老机构之间，服务水平也存在较大的差异。公办养老机构属于政府的事业单位，由于享受了财政的支持与补贴，所以在设备配置、人员与服务方面均优于民办的养老机构。相反的，民办养老机构在经济上属于自收自支，政府财政基本上不提供任何经济支持。虽然养老行业属于福利性质的行业，所以政府对于民办养老机构提供行业准入，并在政策上实施免征营业税、所得税等一系列的优惠措施，但在实际过程中表现出明显的优惠政策模糊，对非盈利性机构的政策支持不力等问题。民办养老机构在用地获得、人力资源的使用上仍面临严峻的困境。地区间、公办民办养老机构间存在的巨大差异使得一方面老年人口的福利获得平等化面临挑战，另一方面也与“社会福利社会化”“引进民间资本进入养老福利事业”的政策方针还有一定的差距。

关于湖北省养老机构发展的机遇（O）：

产教融合模式可以为湖北省养老服务建设提供人才保障。湖北省作为国内高校和在校大学生数量最多的省份，在社会养老服务体系建设，特别是养老机构建设中可以大量发展高校和在校大学生力量，为湖北养老服务业的发展提供重要的促进力量和机会。在2015年4月，湖北省教育厅在《教育部等九部门关于加快推进养老服务业人才培养的意见》的指导下，大力支持有关职业院校发展养老服务类专业，加大人才培养力度，服务养老服务产业。湖北省职业院校共开设服务类相关专业点500多个，年招收中高职学生10万人以上，先后成立23个行业性职业教育集团等。在养老服务行业，湖北省共有武汉民政职业学院、襄阳职业技术学院、武汉商贸职业学院3所院校开设有老年服务与管理专业，有11所职业院校开设有护理专业老年护理方向，在校生约1.3万人。

高校教育对于养老服务行业的重视成为推进校企合作、产教融合的重要机遇。武汉东西湖职业技术学校担任的“专业共建、人才共育、过程共管、成果共享、责任共担”的院校合作机制，潜江卫生学校在2012年成立以市内各大医院临床专家、养老机构专家和学校骨干教师组成的护理专业教学指导委员会，聘请校外教师参与日常专业教学。湖北三峡职业技术学院大力推行“订单式”培养模式，与上海市东海老年护理医院、宜昌市社会福利院等特色机构建立密切合作关系，共同培养养老护理方向专业人才。高职院校和中职学校开设的养老服务类专业或课程为养老机构输送大量专业化从业人员，为养老机构的规范化发展提供重要机遇。

关于湖北省养老机构发展的威胁（T）：

人口老龄化压力大，养老服务市场发育不足。湖北作为人口大省，未富先老的趋势在未来会对养老服务体系构成极大的威胁。由于公办养老机构的承载力度有限，但民营养老机构目前发展又面临着用地难、贷款难、用工难、运营难等多项难题，给湖北省养老机构的未来发展造成巨大压力。另一方面，从总体来看，受老年人消费能力与观念的影响，多样化的养老服务市场尚处于萌芽状态，很不健全。很多能够为养老机构提供助力的企业与社会组织在服务项目、方式等方面存在很大的限制性，产业规模不大，产业链条很短，难以适应未来更加迫切的养老服务需求。

（2）深圳市养老服务业发展调研

调研地点：深圳市民政局、南山万佳福颐养院、罗湖区德福居家养老服务中心、深圳市创乐福居家养老服务中心等

访谈对象：深圳市及市内各区民政局工作人员、部分养老机构代表

调研发现：

关于深圳市老年人口发展现状和养老设施现状：老年人口分布不均衡，随迁老人养老需求增加。截至 2011 年年底，深圳市常住人口规模达到 1046.74 万人，人口平均年龄在 30 岁左右，还属于比较年轻的城市。但对各区、各街道老年人口统计显示，福田区、光明新区光明街道和大鹏新区南澳街道 60 岁以上的老年人口比例超过 5.0%，罗湖区 60 岁以上人口比例为 4.48%，福田区福宝街道 60 岁以上老年人口达到 9.5%，已经基本进入老龄化。由于深圳市层圈式向外拓展的建设方式导致老年人口分布不均衡，各区、街道老龄化速度存在差异。由于深圳市移民城市的特点，深圳老年人口以机械增长为主，第一代来深建设者（1980—1985 年）已逐渐步入老龄，新移民带来的随迁常住老年人的比例不断上升，据估计，2020 年深圳市 60 岁以上的常住老年人口约 76 万人，占比 6.9%，迎来养老设施的需求高峰。截至 2011 年年底，深圳市共有养老机构 28 处，总床位 3936 张；社区日间照料中心 4 处，床位 165 张，星光老年之家 884 处，社区老年学校 112 所，社区居家养老服务网店 188 个。在机构养老设施方面，服务规模表现出总量不足，设施建设滞后于老年人口发展的问题。截至 2011 年年底，深圳市千名常住老人床位数仅为约 10 床，2006 年至 2010 年深圳市机构养老设施床位数的增加量仅为 176.2 床/年，远低于其他城市和全国平均水平，且都为民办设施增长量。

关于深圳市养老机构发展的优势和特点（S）：

①积极改革，在现有机构养老模式下开发出“医养融合”“临终关怀”等多种服务模式。2015年深圳市民政局发布《深圳市老龄服务产业发展专项行动计划（2015—2017）》《深圳市养老基础设施提升工程实施方案（2014—2020）》等配套政策文件，推动了养老服务业综合改革试点工作的进行。改革引导并协助一定规模，基础良好的老年人日间照料中心，如福田区老年人日间照料中心等，升级为养老机构，不仅推进老年人日间照料中心硬件设施升级，还将其发展成为集托老、医养结合四位一体的综合性、多元化的新型养老服务体。罗湖区以社会福利中心原下属罗湖老年护理员为平台，在原有“医养结合”养老模式下，引入罗湖人民医院的医疗资源和养老资源进行有效整合，为老人提供集疾病预防、护理、治疗和临终关怀为一体的“医养融合”服务，有效满足老年人的各种医疗需求。此外，罗湖区社会福利中心还增设临终关怀病床，帮助消除或减轻病痛与其他生理症状，排解心理问题和精神烦恐，提高老年人口的生命质量。在养老服务标准化建设方面，盐田区民政局对机构养老服务的基础通用标准、服务技能标准、服务机构管理标准等在内的养老服务标准体系进行重申，有效指导养老机构的发展与不断完善。

②财政支持力度大，优惠政策向民办养老机构倾斜。深圳市在2014年发布《财政部、国家发改委关于减免养老和医疗机构行政事业性收费有关问题的提供》，对非营利性养老机构全额免征行政事业性收费，对营利性养老机构减半收取行政事业性收费，包括国土资源部门收取的土地复垦费、土地闲置费、耕地开垦费、土地登记费、住房城乡建设部门收取的房屋登记费、白蚁防治费，人防部门收取的防空地下室易地建设费等等。此外，为了缓和公办养老机构供不应求的困境，深圳市对民办社会福利机构的运营和管理等方面提供较高水平的补贴。如针对符合要求的床位，特级和一级护理每月每张床位补贴200元，二级护理

每月每张床位补贴150元，三级或其他一般护理每张每月补贴100元。对于运营也资助其所需经费，由市福利彩票公益金和区财政资金各按50%比例负担。此外，对于民办社会福利机构每新增一张床位的资助额度为1.5万元，每年3000元。一系列的对于民营养老机构的补贴在一定程度上承担了民营机构的运营风险，使得民营养老机构的竞争力获得相对提升。

关于深圳市养老机构发展的劣势和不足（W）：

①养老机构建设缺乏统一的建设标准和规划整合。深圳市养老机构设施布局较均衡，但床位分布与老年人口分布不对应。除了新成立的光明、坪山、龙华和大鹏新区外，其他各区均设有区级福利中心，原特区外除新安、民治、坂田、大浪、光明、南湾和龙城街道外，其他街道均设有街道级敬老院。深圳养老机构床位分布和老年人口分布不匹配，开发建设较早的地区率先逐步进入老龄化社会，养老设施需求逐年上升，罗湖、福田、南山三区老年人口占全市老年人口总量的约50.5%，但机构养老床位总量约占全市的22.3%。其次，由于缺少用地保障，部分设施开始流失。截至2011年，全市28处养老机构中仅13处能查询合同产权信息，规划性质为社会福利用地的仅为18处，还有部分敬老院为临时租借厂房使用。第三，在养老机构建设之中，建设标准不统一，土地利用效率也不高。深圳市养老机构每床用地面积达76平方米，床均建筑面积约50平方米，远高于《深标》（2004）标准，但各机构之间差异悬殊，仅福田福利中心符合《深标》用地规模要求。第四，深圳市养老机构类型相对单一，缺少特殊护理机构。现有养老机构均未进行功能定位，基本为供养型养老机构，缺少专业的护理机构。

②养老机构配套政策不健全，设施建设缺乏合理引导与监督。在深圳市的民办养老机构之中，大部分缺少来自政府财政的扶持。截至2011年年底，社会养老机构床位1894张，占全市机构养老床位的

48%，但由于社会办养老设施在建设、运营和劳动力成本等方面缺少扶持，愿意入住社会办养老机构的老人比例不高。与之相对的，在公办养老机构存在一床难求的现象，仅在罗湖区福利中心和南山区福利中心轮候老人总数约达 1700 人。受财政制约，街道办敬老院利用效率偏低，主要接受街道“五保老人”，设施入住率偏低，另外由于街道级养老设施居住和配套条件较差，老人的入住意愿并不强。

关于深圳市养老机构发展的机遇（O）：

①健康产业、老年人专用智能产品与服务的蓬勃发展为养老机构服务的提供带来新含义。深圳市政府在 2013 年发布《深圳市生命健康产业发展规划（2013—2020 年）》，在健康管理领域鼓励技术创新和模式创新相结合，推广应用移动健康终端产品，构建数字化、网络化的生命健康信息平台，能够有效为养老机构的在养老人提供个性化的健康管理。在照护康复领域，对于健康产业的关注可以满足不断增长的照护康复需求，加快推进传统手段和现代技术的集成运用，培育一批具有高科技含量的照护康复服务企业、培育一批社会化、综合性的养老服务机构，完善老龄健康支持体系，加快发展养老服务业。另一方面，为了满足在养老人迅速增长的老年人特殊需求，深圳市政府在 2015 年通过《深圳市老年人专用智能产品与服务发展行动计划（2015—2017 年）》，将创新驱动作为发展动力，突破老年人可用穿戴设备、便携式医疗设备、照护康复产品、服务信息网络、健康解决方案等共性技术与关键技术，研发一批老年人专用智能产品，从技术支持上促进养老机构的服务现代化、转型化，适应时代发展的需求。

②作为国内社会工作行业发展的领军队列，深圳市的社会工作服务为机构养老提供有力的外在支持。在 2007 年深圳市出台《关于加强社会工作人才队伍建设推进社会工作发展的意见》以及七个配套文件（即“1+7 文件”）以来，深圳社工服务已经覆盖全市各区、街道和社区，累积通过 1700 个岗位及 480 余个项目，以及 668 家社区党群服务

中心，为包括老年人在内的14个领域的服务群体开展专业社会工作服务。在老年社会工作方面，国家民政部已经将深圳市制定的老年社会工作标准定为国家行业标准，通过项目制度的形式为多家养老服务机构提供长期的社会工作服务。社会工作服务的开展能够为机构在养老人提供多样化的服务，也在一定程度上保证养老机构服务的多样性和多层次化。

关于深圳市养老服务机构存在的威胁（T）：

持续增长的老年流动人口成为深圳市养老服务机构发展的外在威胁。深圳市现有公办养老机构都以身份登记居住地作为入住标准，而政府对于民营养老机构的补贴也以户口在本市的老年人口进行对应补贴。但根据调查，深圳市现有老年人口大多属于随迁人群，且面临“人户分离”的处境，如何处理这部分老年流动人口的养老服务需求成为需要重点关注的问题。

（3）重庆市养老服务业发展调研

调研地点：重庆市青杠区敬老院、重庆市民政局

访谈对象：重庆市青杠区敬老院院长、民政局相关工作负责人

访谈发现：

关于重庆市人口老龄化现状以及养老服务业发展情况：老龄化问题突出，政府投入力度大。截至2014年年底，重庆市60岁以上的老龄人口达656万，占全市总人口的19.44%，老龄化率位居全国第5位，西部第1位。自2009年以来，重庆市共累计投入近7亿元资金，建成15个区县级社会福利中心，新建和改扩建农村敬老院629所，新增床位4.5万张。同时，在扶持社会力量兴办养老机构方面，2012年来，重庆市每年安排建设补贴资金4000万元，截至2014年年底，全市共有城乡养老机构1408所，床位16.8万张，平均每千名老年人拥有养老机构床位27张。

关于重庆市养老机构发展的优势与特色（S）：

①政府对于养老机构的规范与监督程度较高，行政力量引导养老机构的发展。重庆市在 2015 年拟定了《重庆市养老机构设立许可实施办法》并针对性的制定出《养老机构设立许可流程》《养老机构筹建申请表》等养老机构设立许可文书样本，对养老机构的设立与许可提供标准化的申请流程、申报材料、审批程序等，让有意愿参与民营养老机构建设的社会力量能够有标准可依。另外，对于已经成立的养老机构，重庆市制定了《重庆市养老机构管理服务标准》，从行政管理、服务内容以及护理标准等方面提出要求，进一步对养老机构服务的提供进行标准化与评估。作为外在监督的重要力量，重庆市政府通过开展年度定期检查、日常不定期抽查、暗访等形式，连同消防、工商、卫生等部门定期开展社会养老机构清理整治活动，对养老机构中安全管理不到位、服务质量不高和无照非法经营等问题进行监察。在社会养老机构方面进行的行政监督对于肃清重庆市养老机构服务市场具有重要推进作用。

②“医养结合”已经有较为成功的探索经验。以青杠区老年护养中心为例，护养中心属于重庆医科大学附属第一医院投资兴建的养老服务机构，代表“医养结合”模式的有效尝试。该机构充分利用医院的优势资源，实行医疗资源的合理配置，实现了养老、医疗、护理、康复以及培训的无缝连接，在一定程度上解决了现有养老机构在医疗服务质量上的“短板”问题。青杠区老年护养中心现有养老床位 3000 张，医疗床位 1000 张，并且设有“绿色救治通道”，可以有效实现双向转诊制度。此外，根据养老机构的特性，在功能分区与设置上，实行急、慢性病分治，配有专业医疗团队并且全智能化的老年服务体系。青杠区老年护养中心关于“医养结合”的有效尝试为重庆市养老机构的“医养结合”，提高服务质量的发展道路提供了有效的借鉴经验。

关于重庆市养老机构发展的劣势与不足（W）：

①**扶持政策难落地，社会办养老机构的风险打击民办养老机构的积极性**。虽然2014年重庆市政府出台《关于加快推进养老服务业发展的意见》明确相关政府扶持措施。在土地供应政策上，将养老设施纳入城乡总体规划和土地利用总体规划，按照人均用地不低于0.1平方米的标准规划设置养老服务措施。民间资本建设的非营利性养老设施，可依法使用国有划拨土地，营利性养老机构建设用地依法办理土地有偿出让手续，农村养老服务设施建设可以使用农村集体建设用地。在财政投入方面，对社会办养老机构新建50张床位以上，租用房屋改建20张床位以上的，市财政分别给予每张5000元、1000元的一次性建设补贴。在税收优惠政策上，给予社会办养老机构必要的财政减免和支持。在人才和就业政策上，对参加养老护理员职业培训和职业技能鉴定的从业人员按照规定给予相关补贴。虽然政府在多项政策上的利好希望民办社会养老机构更好地享受到社会政策的优惠，刺激社会力量参与到养老服务体系的建设之中，但相比较于养老机构高投资、低回报、回收周期长的特征，现有扶持力度仍然过小，而且在对待营利性和非营利性的养老机构间存在明显的差别待遇，缺乏公平性。在现有政策之中，随着土地价格的不断上涨，营利性养老机构需要花费大量的资金用于土地的使用权购买，造成沉重的经济负担，并没有受到与非营利性养老机构平等的政策扶持。此外，由于政策支持与其配套措施存在非一致性，政策的落实出现资金到不了位的问题，导致政策“空头支票”的出现。另一方面，由于政策颁布后缺乏具体操作化的措施，多部门共同管理导致“公地悲剧”出现，优惠政策门槛过高，很难落到实处发挥真正作用。

②**机构工作人员专业素质较低，养老服务人才缺口较大**。重庆市养老机构中社会工作者、老年心理学人才、专业护理人员、医务人员等专业人才面临严重不足。在养老机构已有的职工队伍中，从业人员的专业能力和综合素质偏低，以下岗工人和农村剩余劳动力为主，缺乏专业系

统的培训和老年护理等方面的知识和技能，只能从事一些简单的日常护理工作。另外，养老机构服务人员流动性较大，由于劳动强度大、收入低、社会地位也不高等原因，大多数养老机构服务人员只是将工作当作过渡。即使部分高校毕业生在毕业时选择养老行业，在一段时间后也会选择离开，寻找更好的工作。养老机构人员的专业素质低、流动性高的特点制约着养老机构的持续发展。总的来说，重庆市的养老服务标准化、专业化水平不高。

关于重庆市养老机构发展的机遇（O）：

老年群体属于健康风险高危人群，虽然“医养结合”的有效尝试从配置和客观条件上实现了对机构在养老人的健康管理服务，但老年人高发的意外风险以及医疗保障制度对慢性病的非全面覆盖使得经济条件较为劣势的老年人在经济条件上难以满足医疗需要。重庆市针对经济困难的高龄、失能老人实施补贴制度，对市内城乡低保户、城市“三无”以及农村五保对象中年满80岁的高龄老人以及年满60周岁且生活不能自理的老年人发放定向补贴，解决老年服务获得的困难。与此同时，为了分担养老机构运行的风险，采取市级福彩公益基金与养老机构各承担50%保费的形式，对公办养老机构及其社会办养老机构开展综合责任保险，降低养老机构的运营风险，利用保险而不是财政直接补贴的形式为养老机构的发展提供保护网。

关于重庆市养老机构发展的威胁（T）：

现有部门各自为政，协作机制薄弱成为制约重庆市养老机构发展的重要外部因素。重庆市想要在养老机构之中尝试建立“医养结合”的服务模式，但“医养结合”的实现需要医疗机构、养老机构、家庭以及社会力量的各司其职，有效合作，在相关法律法规和行业规范的限制下约束操作。但在调研过程中，大部分重庆市医疗机构和养老机构各行其是，家庭医生服务体系更是一盘散沙，难以实现三者有效融合，优势互补与资源共享。“医养结合”的模式是重庆市提高养老机构服务质量的转型关键，但部门间的分隔与独立成为转型的障碍性因素。如何建立一个共同的“医养结合”体系实现部门间的有机融合成为关键。

（4）贵阳市养老服务业发展调研

调研地点：贵州省贵阳市乌当区民政局、曜阳养老服务中心

访谈对象：曜阳市养老服务中心主任、乌当区民政局相关负责人

访谈发现：

关于贵州省贵阳市乌当区的养老服务发展现状：老龄化问题严重，医养结合成为有效探索。贵州省贵阳市乌当区内辖6镇2乡，5个新型社区，76个村（场），26个居委会，总人口26.7万，其中60岁以上的老年人口超过全区总人口的15%，区内老年人口比例大幅超过国家老龄化率比例。区内现有医疗卫生机构149家，社会养老机构9家，公办村、镇、市敬老院9家，农村幸福院和日间照料中心19家，养老床位1335张，其中医疗卫生机构向社会开放床位110张，占全区养老总床位数8%。

关于贵州省养老服务发展的特点与优势（S）：

①**积极开展“医养结合”服务，形成服务品牌。**以乌当区为代表的贵阳市第一批医养结合试点初具规模，形成以曜阳市养老服务中心等医养结合机构为龙头，向医疗机构、社区、家庭、乡镇、智慧平台五大领域延伸医养服务。曜阳市养老服务中心作为贵阳市医养结合服务的品牌，医养结合床位占全区总床位的20%，开展大型公益社区活动10余场，与贵阳市14家具有一定规模的养老服务机构及部分省市级医院形成“医养联盟”，发起成立定向公益基金用于支持贵阳市贫困、低收入失能老人以及其他需要帮助的老年人口的医疗救助和养老服务。另一方面，曜阳市养老服务中心内部服务升级，形成集医疗、护理、康复为一体的医养结合养老机构，在服务内容上不仅仅为老年人提供日常照料服务，精神慰藉和社会参与，还提供预防、保健、治疗、康复、护理和临终关怀等方面的医疗护理“一站式”服务，有效突破过去医疗和养老

分离的状态，为老年人老年期各种病症提供临床诊疗服务诊疗提供及时、便利、精准的医疗服务，为老年人提供健康、生活管理与实时的医疗服务。“医养结合”服务中形成的曜阳市养老服务中心这一品牌有利于带动全区养老服务行业的正向发展。

②养老机构向社区、家庭、乡镇、智慧平台延伸。曜阳养老服务中心承担社区日间照料中心的购买服务，进行运营管理，保障“五保”“三无”人员等特殊需求。同时卫生服务中心派遣医务人员进驻日间照料中心，免费为65岁以上的老年人提供健康管理服务，为65岁以上的老年人建立健康档案，健康管理率达到78%，曜阳养老服务中心组织医疗专家团队为1000余名老人开展免费常规体检与健康失能评估，开展义诊活动与健康讲座。另一方面，养老机构向家庭延伸，充分利用呼叫中心、手机APP等手段为社区高龄、重病、失能以及部分失能以及计划生育特殊家庭等困难老年人提供定期体检、上门巡诊、家庭病床等服务，并与老年人家庭建立签约服务关系，为老年人提供连续性的健康管理服务和医疗服务。在农村也实现农村养老机构和医疗卫生机构的融合发展，利用村镇卫生院的资源优势打造医养结合的乡镇卫生院，为农村居家老人提供上门服务和健康服务。以“医养结合”的养老机构为中心，辐射社区、家庭和农村养老机构，有利于实现养老服务一体化与均等化服务。

关于贵州省养老服务发展的劣势与问题（W）：

医保支付政策和养老政策的衔接存在差距，医、养之间融合不够。养老机构承接医疗机构内需要长期照护的失能、半失能老人，但由于现有医疗报销制度在报销程序与程度上需要定点医院的清单，所以在城镇职工医疗保险和新农合的报销范围之内难以实现轻松报销，对养老机构的老百姓来说医疗负担较为沉重。在家庭医生上门开展家庭病床以及社区养老（照料）产生的医疗费用也未被纳入医疗保险报销之中，也在一定程度上为“医养结合”真正造福于老年群体带来负面影响，限制养老服务医养结合的深入推进。

养老机构在对社区辐射的过程之中，由于与社区卫生机构在体制、机制上所具有的冲突，导致基层卫生机构开展医养结合对老人全程的健康管理工作滞后。

关于贵州省养老服务发展的机遇（O）：

贵州省贵阳市在养老服务方面主推发展“医养结合”服务，利用大数据产业为手段主要依托“大数据”的优势来突出养老服务业的发展。就全国比较而言，贵阳市的大数据产业发展较为前端，而民政部门也积极使用大数据手段建设养老数据铁笼，积极为养老、助老提供相关服务。同时，数据产业的发展有利于拓宽养老服务产业链条，补齐产业短板。另外一方面科学技术的发展为贵州省养老服务智慧平台的开展提供强有力的技术支持，实现养老机构与智慧医疗健康云平台的对接，实现信息共享，为开展医养结合服务提供信息和技术支持。

关于贵阳市养老服务发展的威胁（T）：

在“医养结合”发展过程之中，具有医疗功能的养老机构出现定位不清晰，在养老事业与养老产业之间出现混淆。从养老事业来看，国家对“十三五”期末养老床位达到每千名老人35到40张，但以养老产业来看，对老年人医疗器械、食品、康复器械等没有出现清晰规定。政府在对养老机构发展中的参与很容易出现责任模糊，导致不利于养老服务业的健康发展。

（四）小结

1. 社会养老服务取得的成绩

（1）完善顶层设计，养老服务制度化

各地区充分认识到在新形势下发展社会养老产业，不仅是经济发展方式从粗放增长向集约增长转变，从外延增长向内涵增长转变的需要，也是在新形势下提高经济发展水平，实现全面建成小康社会的需要。各地区以《国务院关于加快发展养老服务业的若干意见》为指导，结合本地区实际情况，出台相应规划文件，完善顶层设计。湖北省于2014年6月出台了《关于加快发展养老服务业的实施意见》(鄂政发〔2014〕30号)，对该省如何加快发展养老服务业作出系统安排和全面部署，明确了湖北省加快发展发展养老服务业的总体要求、发展目标、主要任务和保障措施①。重庆市政府制定出台《关于加快推进养老服务业发展的意见》(渝府发〔2014〕16号)，对重庆市养老服务业的发展目标、主要任务、政策措施和组织领导作出具体要求②。贵州省政府发布《关于加快发展养老服务业的实施意见》(黔府发〔2014〕17号)，对相关发展目标、主要任务、配套措施等进行详细规定③。这些文件都对本地区发展社会养老服务事业统筹规划，并结合本地区实际情况发展社会养老服务事业。

(2) 依托地区特色，养老服务落地生根

各地区在发展社会养老服务事业过程中，统筹全局，充分考虑到未来情况，不仅对发展社会养老事业作出相应规划，也对相关配套设施建设提出相应要求。湖北省依托现有资源，着眼于公办养老机构改革，通过委托经营、租赁经营、合资合作、服务外包等形式探索多种“公建民营”模式，完善社会养老服务模式，并取得一定成就。重庆市除了制定相关政策外，还结合本地区城市规划，对本地区主城区养老服务设施进行具体规划，力争解决中心城区等人口密集区养老服务设施严重不足局面。贵阳市将“医养结合”工作作为完善社会养老服务体系的重要内容，将养老设施建设与基层医疗设施建设相结合，通过大中型养老

① 湖北省人民政府：《关于加快发展养老服务业的实施意见》，2014年6月29日。

② 重庆市人民政府：《关于加快推进养老服务业发展的意见》，2014年4月24日。

③ 贵州省人民政府：《关于加快发展养老服务业的实施意见》，2014年6月3日。

机构建设与医院建设相结合、小型养老机构与社区卫生中心相结合，构建集医疗、护理、康复为一体的医养结合养老机构，着力解决老年人因医疗与养老相分离而导致的看病难局面。

（3）大力发展民办养老机构，完善养老服务配套措施

传统公办养老机构受困于国家政策，基于保基本需要，只面向城乡“无生活来源、无劳动能力、无法定赡养人”等“三无”人员，无法满足快速发展的老年化社会需要，而民办养老机构由于收益较少、投资回报期长、申办手续繁杂、硬件设施要求高等原因而鲜有人问津。为此，各地区都采取多种优惠政策扶持民办养老机构发展，推动社会养老服务体系建设。一是财政投入政策。各地区通过将养老服务体系建设经费列入政府年度财政预算，不断加大投入，对城乡社会养老服务机构设施建设进行补贴。二是税收优惠政策。通过出台相关政策，对民办养老机构执行税收优惠政策，降低企业负担。三是土地政策。针对不同用途，采取不同的政策，对于民间资本建设的非营利养老设施，可依法适用国有划拨土地；营利性养老机构建设用地，依法处理土地有偿出让手续；对于农村养老设施服务建设，可以使用农村集体建设用地。四是人才和就业政策。通过相关优惠政策，引进专业人才，推动专业服务水平提高。此外，针对城市化进程中大量农村转移人口举办专门养老服务技能培训班，使其初步掌握相关技能，并鼓励农村富余劳动力从事社会养老服务工作。

（4）注重科技创新，丰富养老服务工作形式

受传统文化影响以及现有社会养老服务设施落后的影响，居家养老方式依旧是我国大多数老年人口的主要养老方式。但受制于计划生育政策影响，“四二一”家庭已成为我国社会家庭结构主流，子女外出工作时，其家中没有多余人力照顾父母，而老年人一旦突发疾病，往往错过最佳抢救时间。为此，各地区充分利用互联网平台，创新居家养老服务工作。贵阳市乌当区新天社区充分利用呼叫中心、手机 APP、居民健

康卡，为社区高龄、重病、失能、部分失能以及计划生育特殊家庭等困难老人，提供定期体检、上门巡诊、家庭病房、社区护理、健康管理等基本服务。深圳市则创新社会工作服务模式，将社会工作服务与互联网结合起来，通过手机APP+020服务平台建设，升级社工服务网络及手机APP软件，打造网上服务与线下对接平台、交流平台、评价平台、实时信息互通平台，帮助居家养老者及时找到合适的服务人员。湖北省则通过建立社区居家养老服务信息网络平台，创新居家养老服务方式。

2. 社会养老服务存在的问题

（1）多头管理，制度内容不完善

自2013年国务院出台相关文件要求各地区加快构建社会养老服务体系，各地区亦制定相应的文件，促进社会养老服务体系的构建，但依旧存在许多问题。一是管理混乱。构建社会养老服务体系，牵涉到各方主体，目前多头管理的行政体系阻碍社会养老服务的构建。如作为社会养老服务的主要提供主体，养老机构归属于民政部门管理，而在养老机构中兴建的医疗服务设施则归属于卫生部门管理，同时，兴建养老服务设施，还需要消防、城市规划、工商、环保等部门批准。多头管理、各部门分工不合理、管理体制混乱，导致政府部门在制定规划、出台政策、落实政策等方面的缺位与越位，阻碍社会养老服务体系的构建①。此外，在构建社会养老体系的过程中，政府部门、医疗机构、社会力量、个人和家庭之间定位不准确，导致管理粗放，各方责任模糊，社会养老服务体系不完善。二是制度内容不完善。虽然目前各地都从省级层面出台相应文件，对构建社会养老服务体系作出指导性安排，但是这些文件大多仅从原则上对构建社会养老服务体系作出安排，并未作出实质性规定，特别是针对民办养老服务设施所提出的政策优惠措施，并未落

① 吉鹏、李放：《社会养老服务供给主体间关系解析——基于委托代理理论的视角》，《社会科学战线》2013年第6期。

实到位，阻碍民办社会养老服务设施的发展。同时，现已出台的相关文件，并未明确社会养老服务体系所牵涉的各方责任，特别是关于入住老年人生病、去世等原因导致的纠纷问题，并未明确规定。一方面导致养老机构不敢收住高危老年人，导致这部分老年人无法接受良好的临终关怀；另一方面，致使民间资本有所顾忌，无法放开手脚兴建民办社会养老事业。

（2）投入不足，配套设施不完善

一是财政投入不足。一方面受地方财力影响，市和区县财政除保障城乡“三无”人员供养经费和资助农村敬老院建设外，对城镇公办养老服务设施和社会办养老机构建设和运行投入较少，相应优惠政策落实不到位，无法激起民办社会养老事业的发展。另一方面，受各级政府以经济建设为中心的政绩观影响，忽视对公办养老机构投入，只求为入住老年人提供基本饮食、住宿服务，对医疗护理、现代化硬件设施、精神慰藉等方面投入不足，无法为入住老年人提供高层次服务。二是社会力量投入不足。我国老年化社会呈现出老年人口基数大、老年人口增长速度快、高龄化趋势明显等特点，这必然要求构建社会养老服务体系需要广泛动员社会力量参与，兴建各类民办社会事业，而不能仅仅依靠政府。但是目前社会力量参与不足，受制于养老行业投入大、风险高、回报率低，加之《养老机构设立许可办法》出台以后，养老机构设置前置手续较多，尤其是消防、环保等手续，小型养老机构难以达到要求，阻碍了社会力量投资养老行业的积极性。三是配套设施不完善。一方面是各养老机构中相关配套措施不足。由于大多数入住老年人都患有一种或多种慢性病，需要专业医疗护理，但大多数养老机构缺乏专业医疗服务人员，无法为其提供专业医疗服务，并且由于入住老年人与外界交流特别是与子女交流较少，导致其精神压力较大，需要相应的精神慰藉和减压服务，但各养老机构缺乏专业社会工作者和心理学家，无法为入住老年人提供精神慰藉和减压服务。另一方面，社会配套措施不足。由于中心城区等人口密集区房租、物价等较贵，而养老服务行业属于低投资回报率行业，导致大多数养老服务设施位于城市边缘地区，而这些地区周边配套措施往往不完善，特别是医疗服务设施，无法为入住老年人提供医疗护理服务。此外，由于我国人口老年化发展迅速，相关公共配套措施不足，如老年人食堂、浴室、老年人娱乐活动中心等。

（3）产教脱离，专业服务人员缺乏

发展社会养老服务设施，最重要的便是发展社会养老服务行业从业人员，不仅是培养专业管理人员，更为重要的是培养专业护理人员，反观我国目前人才培养中，往往注重培养专业管理人员，并不注重基层服务人员培养。如社会工作专业已基本上在各个高校开设，招生规模也较大，但真正从事社会工作行业的却少之又少。以深圳市为例，该市作为我国社会工作服务行业发展较好的地方，其社会工作行业从业人员仅有7090人，占全市常住人口的0.054‰，远低于美国的2‰，日本的5‰，加拿大的2.2‰和我国香港地区的1.7‰，并且在这7090人中，从业不足一年的社工占了44%，从业5年以上的社工占不到5%，专业服务能力不足。而对于基本服务人员，虽然很多职业教育学校特别是卫校注重培养这部分人才，但是大部分毕业生往往不愿意从事社会养老服务工作，导致目前社会养老服务行业中基本服务人员缺乏。而我国城市化进程正在加快，城市中存在大量转移人口，这一部分人受制于自身条件，想从事专业服务工作却无法进入社会养老服务行业。最终结果便是基本护理人员缺乏，一名护工需要照顾多名老年人，工作强度大，精神压力大，并且待遇较低，晋升空间较小，人员流动十分频繁。

（4）服务水平低，难以满足老年人多样化需要

根据国家老龄办的调查，我国60岁以上老人患病率是全体人群的3—5倍；85%的高龄老人都患有慢性病、重病、多发病；60岁以上老人慢性病发病率53.9%，是平均水平的4.2倍，人均患有2—3种疾病；其中失智、失能老人约占15%，为老年人提供专业医疗服务已成为共性

选择[①]。为此，在构建社会养老服务体系的过程中，各地区往往把为老年人提供医疗服务放在第一位。一方面通过在大中型养老机构内兴建专门医疗服务设施，解决入住老年人医疗服务问题；另一方面，通过在中小型养老机构和人口密集区，兴建中小型医疗服务设施，通过签约定点医疗机构和家庭医生方式，为这部分老年人提供医疗服务。但是在我国老龄人口中，高龄、失能、失智老年人占据相当大比例，对于这部分老年人，除了基本医疗服务外，饮食、卫浴、理发等成为其个性需求，并且我国老龄化还呈现出未富先老局面，由于这部分高龄、失能、失智老年人收入较低，高额的治疗费用往往使家庭无力负担专门养老机构入住费用，生活水平较差。各地区在构建社会养老服务体系中，往往忽视这部分人个性需求，而社区、居、村委会受制于经费、办公地点限制，无法为这部分提供个性服务。

（5）农村发展落后，城乡养老服务供给差异大

根据第六次全国人口普查数据显示，我国农村 60 岁以上人口占比已达 14. 98%，比城镇 60 岁以上人口占比高约近 3%，比全国平均水平高 1. 72%；其中，农村 65 岁以上人口占比达 10. 02%，比城镇 65 岁以上人口占比高 2. 05%，比全国平均水平高 1. 15%，不同于已经进入老龄化国家城镇老龄化程度要高于农村的普遍规律[②]。而各地所发展社会养老服务设施主要集中在城市，对农村社会养老服务设施建设重视力度不够，并未投入过多人力、物力、财力，而随着我国老龄化社会特别是农村老龄化的不断加剧，现有的养老服务设施不足以满足农村老年人养老需求，存在巨大缺口，如湖北省农村老年人互助照料活动中心覆盖率仅有 16. 3%，远低于城市 45. 2%的覆盖水平。此外，大多数农村现有养老服务设施受制于国家政策，只面向“五保”户和“三无”人员，不向

① 国家老龄办：《中国老龄事业发展报告（2013）》2013 年 2 月 28 日。

② 国家统计局：《中国 2010 年人口普查数据资料》2011 年 11 月 28 日。

普通农村老年人开放，而普通老年人却占农村老年人大多数。此外，农村现有养老机构硬件设施落后，仅能为入住老年人提供基本住宿、饮食服务，没有空调、24 小时热水等其他硬件设施。更为重要的是，这些养老院无法提供医疗服务设施，一旦入住老年人发生突发疾病，往往错过最佳抢救时间，造成遗憾。此外，我国社会养老服务体系建设过程中，缺乏科学的规划。对养老服务需求缺乏科学的认识和测算方法，导致政府在规划养老服务体系建设时容易“一叶障目，不见森林”。例如，将养老服务体系建设目标定为居家为基础、社区为依托、机构为支撑，分不出轻重缓急，实际上是片面强调机构的作用，忽视其余养老方式的作用①。

四、政策建议

不断加剧的老龄化程度对我国经济、社会发展带来机遇与挑战。老龄化社会，倒逼我国经济发展转型，依靠第三产业等服务行业促进经济发展，推动服务型政府建设。但我国现有的养老服务设施、体系无法满足快速发展的老龄化社会，迫切需要发展社会养老事业。为此，国务院在 2013 年发布《关于加快发展养老服务业的若干意见》（国办发〔2014〕35 号），要求到 2020 年，全面建成以居家为基础、社区为依托、机构为支撑的，功能完善、规模适度、覆盖城乡的养老服务体系。养老服务产品更加丰富，市场机制不断完善，养老服务业持续健康发展②。通过深入的调查研究，我们提出以下六点建议。

① 桂雄：《当前我国社会养老服务体系建设存在问题和建议》，《经济纵横》2015 年第 5 期。

② 《国务院关于加快发展养老服务业的若干意见》，2013 年 9 月 13 日。

（一）完善制度安排，理清养老服务主体关系

一是理清养老服务体系中各方关系。发展社会养老服务体系，关系到社会方方面面，通过对部分地区进行调研后发现，各方责任不清现象尤为突出，阻碍社会养老事业发展，为此，在完善社会养老服务体系中，应理清各方关系。政府部门应居于主导地位，除了承担公办养老服务提供者的角色，还需承担组织协调的责任，制定完善的规章制度，处理各类纠纷，协调各方关系①。社会作为重要参与力量，应动员各方力量特别是各居民社区、社会机构参与进来，兴建各类民办社会养老服务设施，缓解公办养老设施不足局面。医院作为完善社会养老服务体系中的重要一环，要通过与各养老机构签订服务协议，为各养老机构提供专门医疗服务，缓解老年人看病难局面。此外，要明确以各相关部门的关系，应明确以民政部门为主导，卫生、消防、工商等其他相关机构协同配合，避免政府部门管理的缺位与失位，共同完善社会养老服务建设。个人与家庭作为社会养老服务体系的重要组成部分，应明确入住老年人及其家庭与养老机构的责任与义务，特别是入住老年人在养老机构内生病住院后的责任划分问题。二是完善制度内容。虽然国务院和各地区都分别出台相关文件对发展社会养老服务体系作出具体安排，但是这些规章制度仅为行政规章制度，一方面在制度内容上不完善，并没统筹考虑全局；另一方面，这些规章制度其法律效力较低，在人民法院处理相关诉讼时有较大的局限性。为此，发展社会养老服务体系，需要完善制度安排。通过制定统一的法律规范，对社会养老服务内容作出明确规定，确定社会养老机构与护理人员的权利与义务，合理划分各方责任，才可打破养老机构与护理人员身上的制约，促进社会养老事业发展。可通过

① 孙宏伟、孙睿：《我国社会养老服务体系建设的政策选择》，《东北大学学报》（社会科学版）2013 年第 4 期。

对《中华人民共和国老年人权益保障法》进行再次修订，对其中关于社会养老原则部分按照上述要求进行详细规定，或者将社会养老部分单独列为一章，对制度内容进行详细规定。

（二）加大财政投入，进一步落实养老服务配套措施

发展社会养老服务体系，作为我国应对老龄化社会而作出的重要举措，关系到社会方方面面，需要完善各方面配套措施。一是要加大政府财政投入，完善各公立养老机构养老硬件设施，针对现有养老机构护理人员提供专业护理培训，提高护理技能，为入住老年人提供更高层次服务。对部分经营不善的民办养老机构，通过政府收购、投资、委托经营、政府购买服务等形式，从民办养老机构转为公办或半公办养老机构，提供养老服务。对于困难老人，可以按生活能够自理、半自理和完全不能自理的标准进行不同的定期定额补助，建立随着物价或工资水平的变化进行相应调整的机制，以满足困难老人养老需求，缓解其养老压力①。二是出台相应优惠政策，鼓励民间资本投入。养老服务设施，作为一项公益事业，其投资利润低、回报周期长、前期投入大，以致投资风险较大，民间资本投资意愿降低。各地方政府可通过营业税优惠、水电费优惠、银行贷款优惠和土地流转优惠等措施，鼓励民间资本投资养老服务设施，降低其投资风险。此外，一方面通过放宽兴建养老机构准入门槛，鼓励社会力量兴办养老服务设施；另一方面，针对小型养老机构在消防、环保等方面难以达到要求的情况，可鼓励小型养老机构合并，成立大中型养老机构，满足兴办要求。三是完善医疗服务设施。一方面通过完善医疗服务中心布局，通过在中小型养老服务中心密集区兴建中小型社区医院、社区卫生服务中心等措施，解决这部分养老机构医

① 刘欢：《甘肃省社会养老服务体系建设研究》，兰州财经大学硕士学位论文，2015 年。

疗力量不足的困境；另一方面通过在大中型综合性或专业性医院抽调各科室主干力量，兴建专门的老年病科室，同时与各养老机构签订服务协议，为签约养老机构入住老年人提供专门医疗服务措施，缓解老年人看病难局面。四是兴建配套服务措施。受传统儒家孝文化以及老年人好面子现象影响，居家养老在近期及将来一段时间内，必将成为我国老年人养老的主要选择，因此，完善社会养老体系必须要以居家养老为主，机构养老、社区养老为辅思路，兴建社会养老服务设施。为此，各地要着力兴建老年人洗衣间、老年人食堂、老年人浴室和老年人活动中心，为居家养老老年人解决衣食卫浴和娱乐等方面问题，让老年人走出家门，共享社会发展成果。

（三）注重产教融合，加强养老服务人才队伍建设

培养社会养老服务人员，解决社会养老机构服务人员不足的局面，作为完善社会养老服务体系中的重要一环，最重要的便在于产教结合，加强养老服务人才队伍建设。一是着眼于转变社会工作专业学生就业观念，加强对社会工作认同感，鼓励其从事社会工作行业，避免人才流失。在目前社会养老服务体系中，各养老机构对专业社会工作者有较大需求，但苦于养老服务行业待遇较低，晋升空间较小，同时长期接触老年人，精神压力较大，无法吸引到足够的专业社会工作者从事该行业。一方面鼓励各级政府通过人才引进方式，吸引高层次专业社会工作者落户，为各养老服务机构提供专业社会工作小组介入指导；另一方面，通过对刚毕业的社会工作专业学生，提供住房补贴、提供免费培训、提供对外交流途径、为其提供晋升空间等，留住这一部分人，避免其将养老机构工作作为职业生涯的过渡环节[①]。二是大量培养专业护理人员。一

① 闫晓欢：《关于机构养老条件下社会工作服务模式的研究——以北京市C养老院为例》，中国社会科学院研究生院硕士学位论文，2013年。

方面通过提高专业护理人员薪资待遇，吸引专业医学院校等有医学背景的毕业生从事护理工作，提高护理专业化水平；另一方面，通过政府和各养老机构举办职业培训等方式，使参加培训者掌握基本护理技能，吸引城市化进程中大量农村转移人口从事基本护理工作，解决基本护理人员不足局面[①]。三是着眼于现有专业护理人员，提高其待遇水平，完善职业晋升空间，减少人员流动。护理员是在养老机构中与老年人接触最多的一个群体，为老人提供最直接的服务。他们既要从事又脏又累的体力工作，还要终日面对机构中熟悉老人的生老病死，对其心理上造成极其不利的影响[②]。通过专业社会工作者的介入，积极对护理人员进行心理疏导和情绪宣泄，以引导他们以更好的状态来为老年人提供服务，也可以解决护理人员的精神压力和心理问题，促使他们能够以更加积极乐观的心态投入工作[③]。此外，完善社会养老服务体系建设，需要动员社会各方力量参与，特别是社会服务志愿者、义工的参与。尊老敬老，作为我国优秀文化传统，在当今社会价值观激变的时代，依旧需要遵守和大力弘扬。通过鼓励社会各方力量，特别是高校大学生参与到提供养老服务中，将高校大学生为老年人志愿服务纳入期末综合考评体系，在全社会形成尊老敬老风气，具有重要意义。

（四）加强科技支撑，打造智慧养老医疗服务体系

构建现代化社会养老服务设施，要避免传统养老服务设施只为老年人提供饮食、住宿、娱乐等设施，要统筹考虑，将养老与医疗结

---

① 王晋媛：《人口老龄化背景下贵阳市社会养老服务体系研究》，贵州财经大学硕士学位论文，2015 年。

② 单莉：《社会工作介入福利机构老年人支持体系研究》，吉林大学硕士学位论文，2012 年。

③ 次倩男：《社会工作在机构养老中的介入研究——以 J 市 S 老年公寓为例》，山东大学硕士学位论文，2014 年。

合，构建医养结合养老体系，同时结合互联网技术，打造智慧养老服务体系。构建智慧养老医疗体系，一是要在现有养老机构内及其周边兴建专门社区医疗服务中心等专门医疗服务机构，完善现有医疗机构硬件设施，通过专业化医疗机构，为入住老年人提供远程医疗支持。二是顺应互联网特别是物联网技术迅速发展的趋势，构建老年人健康大数据平台，利用老年人基本档案、电子健康档案、电子病历等实时动态数据，对老年人健康状况动态监测，为老年人特别是居家养老老年人提供服务。

（五）全面照顾，兼顾老年人共性和个性需求

构建完善的社会养老服务体系，不仅要考虑到老年人的共性需求，还应结合老年人的实际情况，满足其个性需求。一是完善共性需求。看病难作为老年人所面临的共同问题，需要着重考虑，通过构建完善的医疗服务体系，解决老年人看病难问题。卫生系统需要加强对老年病学的研究，并在大中型医院中开设专门科室，从而为老年人提供更为专业的医疗服务。此外，老年人由于其子女外出，除了配偶以外，没有其余人与其交流，导致其性格孤僻，精神压力较大。完善社会养老服务体系，要注重缓解老年人精神压力，一方面通过专业社会工作者介入，针对性采取措施，缓解其压力；另一方面，通过社会义工、高校志愿者爱心服务，鼓励其与老年人多聊聊天，排解老年人心中苦闷。二是满足个性需求。由于部分高龄老年人其身体健康状况较差，其配偶往往也身体健康状况较差，而子女由于外出工作，没有相应时间为其提供基本饮食、洗澡、送医送药服务等情况。一方面可以通过社区或物业公司，为老年人提供专门送饭服务，还可以通过学校、机关食堂错峰开放形式，满足老年人特别是高龄老年人饮食需求；另一方面，针对老年人洗澡需求，可以通过在社区兴建专门服务设施，或由社区安排专人定期上门为老年人

洗澡，解决其个人卫生问题。此外，针对老年人送医送药服务，一方面可以通过家庭医生制度，通过签约专门家庭医生团队，定期为老年人查体、送药上门；另一方面，针对部分失能、瘫痪老年人，则应尽快健全长期护理保险制度，通过长期护理保险制度，解决失能、瘫痪老年人医疗护理问题。

（六）统筹城乡，缩小城乡养老服务供给差异

构建社会养老服务体系，不仅要注重城市社区养老服务体系建设，更要意识到我国农村居民养老观念已开始转变，各级政府要注重农村养老服务设施建设。受传统孝文化以及农村居民好面子现象影响，在未来一段时间内，我国农村居民养老方式依旧以家庭养老为主，但是部分农村老年人以及中青年人群体已经转变养老观念，对社会养老存有期待[①]。除了兴建传统的敬老院、养老院外，更要充分重视农村居民互帮互助这一传统观念，通过农村老年协会、村委会等机构，为农村老年人互相帮助提供平台，通过低龄老年人照顾高龄老年人、身体健康老人照顾患病老人，弥补专业护理人员不足的局面。着重发展农村社会养老事业，还需要完善现有养老机构硬件设施。农村社会养老机构，不仅要着眼于保基本需要，即仅为入住老人提供基本住宿和饮食需要，还应兴建各类娱乐设施、医疗服务设施、精神慰藉以及其他硬件设施，在前期充分调查的基础上，满足入住老年人多层次需求，缩小城乡差距，使每位入住老年人公平地享受社会发展成果。此外，由于农村老年人身体状况、经济基础、家庭特征等方面差异较大，对不同类别的社会养老设施要求不同，导致对生活照料、医疗护理、精神慰藉这三项社会养老服务

---

① 左冬梅、李树茁、宋璐：《中国农村老年人养老院居住意愿的影响因素研究》，《人口学刊》2011 年第 1 期。

的主要内容需求偏好不同，因此，发展农村社会养老事业，还应统筹全局，合理安排机构养老服务、社区养老服务和居家养老服务的优先发展次序，协调好供养型、养护型、医护型养老设施的建设，实现各类养老服务之间的差异化发展，相互补充、相互支持①。

参考文献

陈聪、胡元佳、王一涛：《人口老龄化对我国卫生费用的影响》，《中国卫生统计》2012 年第 3 期。

翟萌：《寄望社区养老托起夕阳红——社区养老服务模式浅析》，《中国社会保障》2012 年第 12 期。

武静：《我国人口老龄化对财政平衡的影响研究》，北京林业大学硕士学位论文，2013 年。

《民政部关于推进养老服务评估工作的指导意见》（民发〔2013〕127 号），2014 年。

《关于全面推进居家养老服务工作的意见》（全国老龄办发〔2008〕4 号），2008 年。

《社会养老服务体系建设规划（2011—2015）》（国办发〔2011〕60 号），2011 年。

新华网：《“十三五”期间将重点推动社会养老服务体系建设》，http://news.xinhuanet.com/politics/2016-01/26/c_128669002.htm。

新华网：《新中国成立以来我国养老机构监管政策的历史脉络》，http://news.xinhuanet.com/gongyi/yanglao/2015-05/20/c_127822322_2.htm。

① 黄俊辉、李放、赵光：《农村社会养老服务需求评估——基于江苏 1051 名农村老人的问卷调查》，《中国农村观察》2014 年第 4 期。

《老年人能力评估标准》（MZ/T 039-2013），2013 年。

深圳市社会福利协会：《深圳市居家养老服务与绩效评估标准》，2014 年。

张英、刘建国：《湖北：实行等级评定规范养老服务——解析〈湖北省养老服务机构等级评定办法（试行）〉》，《社会福利》2011 年。

吉鹏、李放：《社会养老服务供给主体间关系解析——基于委托代理理论的视角》，《社会科学战线》2013 年第 6 期。

国家老龄办：《中国老龄事业发展报告（2013）》，2013 年 2 月 28 日。

国家统计局：《中国 2010 年人口普查数据资料》，2011 年 11 月 28 日。

桂雄：《当前我国社会养老服务体系建设存在问题和建议》，《经济纵横》2015 年第 6 期。

《国务院关于加快发展养老服务业的若干意见》2013 年 9 月 13 日。

孙宏伟、孙睿：《我国社会养老服务体系建设的政策选择》，《东北大学学报》（社会科学版）2013 年第 4 期。

刘欢：《甘肃省社会养老服务体系建设研究》，兰州财经大学硕士学位论文，2015 年。

闫晓欢：《关于机构养老条件下社会工作服务模式的研究——以北京市 C 养老院为例》，中国社会科学院研究生院硕士学位论文，2013 年。

王晋媛：《人口老龄化背景下贵阳市社会养老服务体系研究》，贵州财经大学硕士学位论文，2015 年。

单莉：《社会工作介入福利机构老年人支持体系研究》，吉林大学硕士学位论文，2012 年。

次倩男:《社会工作在机构养老中的介入研究——以J市S老年公寓为例》,山东大学硕士学位论文,2014年。

左冬梅、李树茁、宋璐:《中国农村老年人养老院居住意愿的影响因素研究》,《人口学刊》2011年第1期。

黄俊辉、李放、赵光:《农村社会养老服务需求评估——基于江苏1051名农村老人的问卷调查》,《中国农村观察》2014年第4期。

第四篇　高龄、失能和困难老年人生活津贴、护理补贴政策实施状况研究报告

【摘　要】发放高龄津贴、养老服务补贴和失能护理补贴是我国老年福利政策的主要内容。综合运用调查数据、典型案例等多种评估方法，对我国老年三大福利补贴的实施过程与效果进行评估。实施过程评估包括公正性、参与性、社会性、专业性、适当性、协同性六个方面。效果评估分为宏观效果评估和微观效果评估两个方面，宏观效果主要从经济性、效率性、可及性、公平性、回应性、有效性、充分性和可持续性进行评估，微观效果主要从受益老年群体满意度、对储蓄和消费的影响、对家庭关系的影响和对老人生活预期的影响四个方面进行评估。在评估的基础上，从制度环境、保障对象、保障内容、保障水平、递送方式以及资金筹集六个方面分析我国老年三大福利补贴存在的问题，并提出相应的政策建议。

【关键词】老年　三大福利补贴　实施过程评估　实施效果评估

一、我国老年三大福利补贴概述

（一）老年福利的概念及政策体系

1. 老年福利概念界定

福利（welfare）是现代社会广泛使用的一个词汇，一般指“好的生活”，既包括物质上的生活，如安全、富裕等，也包括精神上的生活，如满足、幸福等。社会福利（social welfare）有广义和狭义两种界定，广义的社会福利是指一切旨在改善和提高全体公民物质和精神生活的措施，而狭义的社会福利通常仅针对特定的领域和范围。社会福利与社会保障这两个概念的内涵与外延既存在相似之处，也存在较大差异。我国很多学者都认为，作为广义的社会福利概念，其内涵和外延要比社会保障宽泛得多，社会福利应当包含社会保障，而狭义的社会福利与社会保障的差别仅在于针对的社会问题不同。

我国社会保障体系一般包括社会救助、社会保险、社会福利、优抚安置四部分。其中，社会福利制度基本框架包括三部分内容：一是传统的民政福利，即针对特殊老年、儿童、残疾人的社会福利；二是职工福利，即针对劳动职工的基本生活补贴、住房、医疗等福利；三是公共福利，即主要面向全体公民的基本卫生、教育等福利。这里的老年福利是指专门针对弱势老年群体，如农村五保、城市三无等老年人的福利，倾向于救助、扶助等生存性功能，属于狭义的老年福利概念。广义的老年福利，则是指针对所有老年人的，旨在满足老年人生存和发展需求的所有福利措施。广义的老年福利既包括老年人的养老保障、医疗保障、社会救助等基本生活保障，也包括老年福利、老年津贴等相关福利制度，同时还包括老年服务制度。①

2. 广义的老年人福利体系

随着社会经济的发展，老年福利逐渐从狭义的福利转向广义的福利，从残余型福利转向制度型福利，从生存型福利转向发展型福利，从消极福利转向积极福利。我国正在建立的适度普惠型老年福利体系包括了正式的老年福利和非正式的老年福利两部分，其详细内容见表4—1。

表4—1　广义的老年人福利体系

<table>
<tr><td rowspan="14">正式的老年人福利</td><td rowspan="4">社会救助</td><td>城乡最低生活保障</td></tr>
<tr><td>住房、医疗等专项救助</td></tr>
<tr><td>特困人员供养</td></tr>
<tr><td>临时救助</td></tr>
<tr><td rowspan="2">社会保险</td><td>养老保险</td></tr>
<tr><td>医疗保险</td></tr>
<tr><td rowspan="4">老年福利</td><td>老年津贴、补贴</td></tr>
<tr><td>老年福利设施</td></tr>
<tr><td>老年优待</td></tr>
<tr><td>其他</td></tr>
<tr><td rowspan="3">老年服务</td><td>居家养老服务</td></tr>
<tr><td>社区养老服务</td></tr>
<tr><td>机构养老服务</td></tr>
<tr><td>其他</td><td>—</td></tr>
<tr><td rowspan="3">非正式的老年人福利</td><td>老年慈善</td><td>慈善基金会
老年协会等自组织</td></tr>
<tr><td>老年互助</td><td>幸福院、老年协会等</td></tr>
<tr><td>其他</td><td>—</td></tr>
</table>

① 丁建定：《“大福利”视角下中国老年福利体系的完善》，《中国社会报》2012年9月7日。

从老年福利的提供主体来看，多元主体合作机制正逐步建立。我国传统的“家本位”文化理念强调家庭在个人保障中的作用，只有在家庭功能丧失后，国家才承担起保障功能，因此，我国传统上的老年福利政策属于残补型福利政策。然而，老龄化的加剧对我国养老服务业提出了严重挑战。我国早在2000年就提出社会福利社会化的理念，鼓励社会组织、市场、社区、家庭以及老年人个人等社会力量，共同投入社会福利事业中，实现老年福利提供主体多元化。

从老年福利的对象来看，广义的老年福利既包括选择型老年福利，也包括普惠型老年福利。老年福利既包括针对特殊老年群体的选择型福利，如传统的“三无”“五保”老人，残疾老年人，经济困难的失能半失能老年人，高龄老年人以及失独老年人等，同时也包括针对所有老年人的普惠型福利，如城乡养老保险、老年福利设施等。

从老年福利的内容来看，以老年人需求为导向，实现供需均衡。老年人福利提供是以老年人需求为导向的，老年人需求包括经济需求、医疗保健需求、照护需求、精神慰藉需求以及社会需求等。[①] 老年人福利的内容涵盖了老年人多样化、多层次需求，其内容可以划分为经济福利、医疗保健福利、照护福利、精神慰藉福利以及发展型老年福利等。

从老年福利的形式来看，老年福利既包括现金福利，如养老金、老年津贴和补贴等；也包括实物福利，如养老服务设施、节假日慰问品等；还包括老年服务，如针对老年人的居家上门服务、社区日间照料服务和养老机构服务等。

从老年福利的资金来源来看，老年福利资金主要来源于政府财政和彩票公益金、社会捐赠、老年基金以及老年机构的经营性收入等，其中，政府财政和彩票公益金投入为老年福利资金的主要来源。

---

① 陈银娥：《社会福利》，中国人民大学出版社2009年版。

3. 老年三大福利补贴的基本框架

与缴费型养老金不同，老年福利补贴具有非缴费型、福利型特征，其资金来源是关键。一般来说，老年福利补贴资金主要来源于政府财政（包括一般税收或专项税收），也有些国家的老年补贴制度被整合到社会保险计划中，将社会保险的缴费作为老年补贴的资金来源之一。

2012年修订的《中华人民共和国老年人权益保障法》对我国老年人三大福利补贴制度进行了规定，发放高龄津贴、养老服务补贴和失能护理补贴是我国老年福利政策的主要内容。正逐渐走向普惠的高龄津贴制度满足的是老年人经济上的需求，而养老服务补贴和护理补贴满足的是老年人日常照护和精神慰藉的需求。因此，老年三大福利补贴在一定程度上满足了老年人多层次、多样化的养老服务需求。

表4—2　我国《老年人权益保障法》中有关老年三大福利补贴的规定

三大福利补贴	条款	内容
高龄津贴	三十三条第三款	国家鼓励地方建立八十周岁以上低收入老年人高龄津贴制度
养老服务补贴	三十七条第二款	对经济困难的老年人，地方各级人民政府应当逐步给予养老服务补贴
失能护理补贴	三十条第二款	对生活长期不能自理、经济困难的老年人，地方各级人民政府应当根据其失能程度等情况给予护理补贴

2014年，财政部、民政部、全国老龄工作委员会办公室联合下发了《关于建立健全经济困难的高龄、失能等老年人补贴制度的通知》（财社〔2014〕113号），要求对经济困难的高龄、失能老年人给予服务补贴。根据已有规定，我国老年三大福利补贴制度的基本框架如表4—3所示。

表 4—3 我国老年福利补贴制度的基本框架

	高龄津贴	养老服务补贴	失能护理补贴
保障对象	80 周岁以上低收入老年人	经济困难老年人	经济困难的高龄、失能老年人
保障内容	现金	服务	服务
补贴方式	现金	现金或服务券	现金或服务券
递送方式	现金递送方式主要是老年人或者子女到社区领取或通过金融机构发放；服务递送方式主要通过政府购买服务		
资金来源	地方财政负担	地方财政负担	地方财政负担

由此可以看到，我国老年三大福利补贴的特点主要包括以下五个方面。

第一，我国老年福利三大补贴制度均属于选择型福利，即补贴对象并非针对所有的老年人。老年三大福利补贴受益群体的资格标准主要包括四个方面：一是户籍标准，即要求具有本地户口；二是年龄标准，一般是指 80 周岁以上老年人；三是经济标准，三大福利补贴都针对经济困难的老年人，既包括“低保”也包括低收入标准；四是身体机能标准，即失能半失能老年人。

第二，老年三大福利补贴满足了老年人多元化的养老服务需求。老年人三大福利补贴既有直接的经济支持，也有社区居家服务、养老机构服务等基本养老服务，既满足了老年人经济上的需求，也满足了老年人日常照料和精神慰藉方面的需求。

第三，老年三大福利补贴递送逐渐实现社会化。随着新公共管理理论的兴起，政府逐渐不再直接提供现金或服务，而是委托给社会力量（社会组织或市场组织）提供，鼓励社会力量参与社会治理。在老年三大福利补贴递送过程中，政府鼓励银行等金融机构、家政服务公司、专业医疗机构等进行补贴发放和服务提供，递送方式逐渐实现了社会化。

第四，老年三大福利补贴的资金均来源于地方公共财政（或具有财政资金性质、习惯性发挥财政资金功能的资金，如福彩公益金），为三大福利补贴制度的可持续性发展提供了稳定的资金保证。

第五，老年人各项福利补贴政策之间还需进一步衔接。2015 年国务院颁布的《关于全面建立困难残疾人生活补贴和重度残疾人护理补贴制度的意见》（国发〔2015〕52 号）规定，既符合残疾人补贴，又符合老人福利性补贴的残疾人，可择高领取一种。此外，对于基本养老服务补贴和失能护理补贴两项补贴而言，基本养老服务补贴的范围比较广泛，包括了社区居家养老服务和医疗、康复及护理等服务，而失能护理补贴主要针对的也是护理服务。这两项补贴政策存在交叉现象，因此，老年人是同时享受两项补贴还是择高选择一项还需要进一步明确。

（二）老年三大福利补贴的演进历程

截至 2016 年，我国已经有 26 个省份在省级层面建立了标准不同的高龄津贴制度，20 个省份建立了养老服务补贴制度，17 个省份建立了护理补贴制度。[①] 从其演进历程来看，高龄津贴在各地实施得比较早，发展也比较快。而基本养老服务补贴和护理补贴则主要是在 2012 年修订的《中华人民共和国老年人权益保障法》颁布实施之后，在各地区快速发展起来的。

1. 初步探索阶段

我国高龄津贴制度起步较早，在 20 世纪 80 年代，我国部分地区就已经开始探索高龄老年人福利津贴制度，只不过当时受益对象的年龄并不以 80 岁为标准，而是针对百岁以上的老年人，名称也不是高龄津贴。民政部在 2008 年的全国民政会议上提出了“有条件的地区可建立困难

① 《民政部办公厅关于在全国省级层面建立老年补贴制度情况的通报》，http://www.gov.cn/xinwen/2016-08/23/content_5101684.htm，2016 年 8 月 23 日。

老人、高龄老人津贴制度”。到2009年，宁夏回族自治区率先出台全省统一的80岁以上低收入老年人的高龄津贴制度。同年，民政部转发了宁夏回族自治区的政策文件，并呼吁各地“结合当地实际，加快制定有关政策措施，尽快探索建立高龄老人津贴制度”。随后老年人高龄津贴在各地省级层面逐渐铺开，到2010年年底，全国13个省在省级层面建立了80岁以上高龄津贴制度。

我国养老服务补贴始于各地区的政府购买社区居家养老服务。早在2000年，上海市就在黄浦、静安、嘉定等六个区试行政府购买居家养老服务，为老年人提供上门服务和日托服务。之后，南京市、宁波市海曙区分别于2003年和2004年开展政府购买居家养老服务试点工作。2005年民政部在全国范围内启动养老服务社会化示范活动。

专项护理补贴在三项护理补贴中开始得最晚。根据公开资料显示，2009年上海市《关于进一步规范本市社区居家养老服务工作的通知》，对失能等级为轻度、中度和重度的老年人给予基本养老服务补贴和专项护理补贴。天津市出台的《关于对我市困难老年人增加居家养老护理补贴的意见》规定，从2012年10月1日起，在现行居家养老服务补贴的基础上增加居家养老护理补贴。

2. 快速发展阶段

2013年7月1日开始执行新修订的《老年人权益保障法》，对老年三大福利补贴进行了专门规定，也促进了三大福利政策在地方出台与实施。老年三大福利补贴进入快速发展时期。

由于高龄津贴制度建立得比较早，除少数地区外，绝大部分地区已经在《中华人民共和国老年人权益保障法》实施之前就已经铺开。但基本养老服务补贴制度、失能护理补贴制度主要集中在2014年、2015年和2016年这三年时间里快速发展起来的。2014—2016年来建立老年三大福利补贴的地区数量详见表4—4。

表 4—4　2014—2016 年近三年建立三大福利补贴的地区数量（单位：个）

年份	高龄津贴	养老服务补贴	护理补贴
2014	2	3	4
2015	2	10	7
2016	1	3	3
共计	5	16	14

（三）我国老年三大福利补贴的现状

截至 2015 年年底，全国 60 岁及以上老年人口 22200 万人，占总人口的 16.1%，其中 65 岁及以上人口 14386 万人，占总人口的 10.5%。其中，享受高龄津贴的老年人 2155.1 万人，享受养老服务补贴的老年人 257.9 万人，享受护理补贴的老年人 26.5 万人。[①]目前，各地区老年三大福利补贴制度的现状如下。

1. 高龄津贴政策

自 2009 年宁夏回族自治区第一个建立起高龄老人津贴制度以来，已经有 26 个省份在省级层面建立了高龄津贴。[②] 从各地区高龄津贴制度的实施情况来看，我国高龄津贴制度呈现以下四个方面的特征。

第一，26 个省份都出台了政策文件对高龄津贴进行规定，为高龄津贴制度的实施提供了制度保障。其中既有综合性的政策文件，也有专门的政策文件。此外，还有些地方政府制定了相关配套政策以保障高龄津贴制度的顺利实施，如黑龙江省下发的《80 周岁以上高龄老人生活津贴的发放办法》，专门对高龄津贴的发放程序进行了规定。

---

① 民政部：《2015 年社会服务发展统计公报》，http://www.mca.gov.cn/article/sj/tjgb/201607/20160715001136.shtml，2016 年 7 月 11 日。

② 各地区老龄津贴津贴实施情况详见附件 1。

第二，绝大多数省份的高龄津贴属于针对高龄人口的普惠型福利政策，仅有少数地区实行的是选择型政策。从国家层面来看，《中华人民共和国老年人权益保障法》第三十三条第二款规定“国家鼓励地方建立八十周岁以上低收入老年人高龄津贴制度”，可见高龄津贴属于选择型福利政策。而从各地方的执行情况来看，仅有少数地方属于选择型福利政策，如山东、山西、福建等，绝大多数省份实行的是普惠型福利政策，即只要达到法定规定年龄（一般为80周岁）即可享受津贴。

第三，各省份享受高龄津贴的年龄标准存在差异。虽然绝大部分地区高龄津贴覆盖的是80岁以上的老年人，但也有地区例外。如天津市高龄津贴覆盖的是60周岁及以上的老年人，陕西省、青海省覆盖的是70周岁以上的老年人，而北京市、湖南省的覆盖人群是90周岁以上的老年人，河南省、贵州省和海南省确定的覆盖人群则是100周岁及以上的老年人。①

第四，各省份根据本地区的实际情况制定相应的津贴标准。在国家层面，并未明确规定高龄津贴的补贴标准，各地区根据当地老年人的实际情况，以及充分考虑财力状况，制定不同的补贴标准。各地区对80—99岁老年人的补贴标准不一，但100周岁及以上老年人的高龄津贴标准一般集中在每人每月300元。

2. 养老服务补贴政策

2013年国务院《关于加快发展养老服务业的若干意见》明确提出“各地要加快建立养老服务评估机制，建立健全经济困难的高龄、失能

① 需要说明，部分地区的高龄津贴政策具有碎片、叠加性质，个别省份如果按照高龄津贴文件规定，领取高龄津贴的老年人年龄限定在90岁及以上，但由于搭配出台了其他制度安排，实际老年人得到津贴福利的年龄仍然是80岁及以上。本书此处是以对应文件中对高龄津贴的直接限定为准。

等老年人补贴制度”。2014年，财政部、民政部和全国老龄工作委员会办公室联合下发《关于建立健全经济困难的高龄、失能等老年人补贴制度的通知》（财社〔2014〕113号）。同年，财政部、国家发展和改革委员会、民政部、全国老龄工作委员会办公室颁布《关于做好政府购买养老服务工作的通知》（财社〔2014〕105号），分别对我国老年人养老服务补贴进行了规定。

截至2015年年底，我国已有20个省份建立了经济困难老年人的基本养老服务补贴制度。从各地区的实施情况来看，我国基本养老服务补贴政策呈现以下特征。

第一，20个省份均在省级层面出台了经济困难老年人养老服务补贴政策，为基本养老服务补贴实施提供了制度保障。但也有少数地区仅在市级或县级层面建立了该项制度，缺乏省级统筹，如江西省。

第二，基本养老服务补贴政策选择型福利特征明显。《中华人民共和国老年人权益保障法》第三十七条第二款规定：“对经济困难的老年人，地方各级人民政府应当逐步给予养老服务补贴。”各地区除了对经济困难的界定不同（如低保、低收入）之外，有些地区还增加了类似户籍、“失独”“三无”等多种限定条件。

第三，基本养老服务补贴与失能护理补贴存在重叠交叉。根据财社〔2014〕113号文件规定，基本养老服务补贴的覆盖人群主要是经济困难的老年人，而失能护理补贴对象主要是经济困难的高龄和失能老年人，二者受益对象存在交叉重叠部分。那么，经济困难失能老年人的基本养老服务补贴和护理补贴是叠加享受，还是择高选择一项？目前各地区的规定并不一致，如四川省规定的是择高享受一项；天津市规定是二者叠加享受；上海市一开始是将护理专项补贴从基本养老服务补贴中区分开来，2014年又进行了合并；而其他省市对受益对象的重叠交叉并没有进行详细规定。

3. 护理补贴政策

2006 年，上海市率先建立失能老年人养老服务专项护理补贴。根据公开数据检索，我国 17 个省级行政区在省级层面建立了失能老年人护理补贴制度。从各地区失能老年人护理补贴制度的实施情况来看，我国失能老年人护理补贴制度呈现以下特征。

第一，我国大多数省份的失能老年人护理补贴制度还处于探索阶段。有些地方将失能护理补贴纳入基本养老服务补贴，也有些地区出台专门的失能老年人护理补贴政策。

第二，老年人护理补贴也是一项选择型福利政策。从国家层面来看，《中华人民共和国老年人权益保障法》第三十条第二款规定“对生活长期不能自理、经济困难的老年人，地方各级人民政府应当根据其失能程度等情况给予护理补贴”。这说明，老年人享受护理补贴的资格标准包括两个条件：一是经济状况，二是生活自理能力。从各地区的实施情况来看，除了这两个条件外，还加入了其他限制条件，如年龄等。

第三，失能护理补贴的受益群体资格审核涉及民政和卫生两个部门。其中，经济困难一般由民政部门审核（基于城乡低保与低收入的家计调查），而失能等级评估则主要由当地医疗卫生机构鉴定。但目前我国老年人失能评估体系尚未在全国建立。老年人失能等级评估体系是老年护理补贴顺利实施的重要基础，在已经建立失能老年人护理补贴的 17 个地区中，仅北京市、上海市、山东省、四川省明确了能力评估。从目前失能老年人护理补贴的推进情况来看，缺乏必要的评估体系是阻碍这一制度快速发展的重要原因。

第四，各地区老年人护理补贴政策在实施过程中存在较大差异。例如，各地区护理补贴标准不同，有些省份是根据失能等级，如轻度、中度、重度失能等级发放不同的补贴标准，有些地区则并未划分失能等级，而是统一规定补贴标准，如吉林省统一规定每人每年 1200 元。

由此可以看到，老年三大福利补贴体现了以下特征：一是在建立老年三大福利补贴的地区，要么在综合性政策文件中对福利补贴制度进行了规定，要么出台了专项政策文件，为福利补贴制度的实施提供了制度保障。二是除高龄津贴正逐渐实现普惠性外，养老服务补贴和护理补贴均是选择型福利政策。三是各地区因地制宜，在补贴对象、补贴标准等方面并不一致。四是老年三大福利补贴的配套体系尚未完全建立，尤其是老年人失能评估体系。

二、评估准备

本部分内容将重点介绍评估准备，包括评估目标、分析框架、评估的标准与方法，同时，还将对调查数据和个案进行简单介绍。

(一) 评估目标、分析框架、评估标准与方法

1. 评估目标

评估的核心目标是对高龄、失能和困难老年人生活津贴、护理补贴政策的实施状况进行评估，即对2012年修订的《中华人民共和国老年人权益保障法》确定建立的老年三大福利补贴的实施状况进行评估。评估将包括实施过程评估和实施效果评估两个方面。其中，政策过程评估是指对政策实施情况进行的评估，而政策效果评估主要是政策执行完成后对政策实施效果的评估。

2. 分析框架

本研究遵循福利政策分析与评估的基本框架，整个研究分为如下六个部分。

第一部分，老年三大福利补贴的概述。主要在对老年福利概念和政策体系进行界定的基础上，对我国老年三大福利补贴的基本框架、演进

历程，以及现状进行详细介绍。

第二部分，介绍评估准备工作。对评估的目标、分析框架、评估标准、评估方法进行介绍，并对本研究中使用的数据、个案等资料进行介绍。

第三部分，进行过程评估。以 H 省为例，建立过程评估维度和评估指标，对老年福利补贴实施现状进行评估，全面分析老年三大福利补贴的实施现状。

第四部分，进行效果评估。确定结果评估的宏观、微观指标，进行政策实施效果评估。基于 H 省老年三大福利补贴的实施状况，进行宏观评估，基于微观抽样调查数据，进一步评估老年三大福利补贴政策对老年人的福利效应。

第五部分，问题分析。基于福利政策分析框架，从制度环境、保障对象、保障内容、保障水平、递送方式和资金筹集六个方面梳理我国老年三大福利补贴政策存在的问题。

第六部分，改革建议。针对我国老年三大福利补贴存在的问题，从制度环境、保障对象、保障内容、保障水平、递送方式和资金筹集六个方面提出相应的改进建议。

3. 评估标准

本研究包括了过程评估、效果评估两大评估方面。具体评估过程中，在参照其他学者提出的社会政策评估标准的基础上，根据老年三大福利补贴政策的具体实施情况，构建了老年三大福利补贴政策的过程评估标准和效果评估标准。

在老年三大福利补贴政策实施过程评估方面，从程序的公正性、社会的参与性、福利递送的社会性、福利递送的专业性、福利补贴的适当性和协同性六个维度进行评估。

在老年三大福利补贴的实施效果评估方面，基于结果评估的方法，分别从宏观和微观两个维度进行评估。其中宏观效果评估主要包括了经济性、效率性、可及性、公平性、回应性、有效性、充分性和可持续性八个方面；微观效果评估则包括了老年人满意度、储蓄消费效应、家庭关系效应、生活预期效应四个方面。

4. 评估方法

本研究将综合使用多种方法，共同支撑本研究的分析过程，确保研究目标的实现。需要强调，本研究将综合使用定量和定性方法开展评估研究，定量分析和定性分析将共同支撑本研究的分析和评估工作。特别是，由于宏观统计数据的缺乏，本研究还将使用案例分析、访谈分析、文献内容分析等多种具体研究工具，支撑对我国老年福利补贴政策的评估工作。

第一，文献研究方式中的内容分析、比较分析、案例分析方法。本研究梳理了各地区关于老年三大福利补贴相关的政策文件（法律、法规、条例、通知等），综合使用了内容分析、比较分析等，并对部分典型地区进行了案例分析。

第二，个案研究方法。主要以 H 省 B 市为个案，对老年三大福利补贴政策进行评估。其中包括针对受益老年群体的问卷调查方法，以及对典型受益老年群体及其家属、社区工作人员、政府相关部门工作人员以及服务承接机构工作人员的结构式访谈。

第三，实地研究方式中的实地观察法。在调查过程中，研究团队还安排使用了实地观察法，对三类老年人的养老状况、居住环境等进行实地观察，从而全面、详细分析老年人实际养老状况，便于更为深入地评估老年三类福利补贴的实际效应。另外，还将对部分养老机构主要工作人员进行访谈。

第四，评估、评价指标方法。根据评估的研究需要，本研究还将使用过程评估中的维度、指标评估办法，基于过程评估和结果评估两个评估阶段的需要，在科学确定评估维度和对应评估指标的基础上，对老年三大福利补贴进行评估，从而全面、深入反映老年三大福利补贴的政策效应。

第五，统计分析方法。根据评估中数据分析的需要，本研究还将使用统计分析方法，对调查采集的数据和文献研究梳理的数据，进行统计分析，支撑研究中的分析和评估内容。

（二）数据和个案介绍

1. 数据介绍

根据研究需要和计划，本研究在 H 省 B 市进行抽样调查，抽样对象为高龄老人、贫困老人和失能三类老年人。通过多阶段、整群抽样方法，对选中街道（乡镇）、社区（村）中的三类老年人进行调查。采用社区内随机抽样 30%样本量的做法，共抽取 1000 户老年家庭，老年人共计 1569 人，其中，高龄老年人 1239 人，低保、五保老年人 140 人，完全失能老年人 115 人。通过采集三类老年人的微观调查数据，获得描述老年三大福利补贴实施状况，评估老年三大福利补贴实施效果的微观数据。选择 B 市进行数据采集主要基于两个方面的原因。

第一，B 市在经济、人口等方面对 H 省有良好的代表性。B 市经济水平在 H 省处于中间水平，而且是 H 省内人口最多的设区市，共 1182.0413 万人（2013 年），市内包括 5 个区、15 个县、4 个县级市，城市和农村人口数量规模较大、结构比例与 H 省基本一致。所以，B 市在经济、人口、社会发展等方面对 H 省有较好的代表性。

第二，B 市的老年福利补贴建设在 H 省内具有代表性。B 市在老年福利补贴建设方面走在 H 省前面，不仅较早地建立了老年高龄津贴制度，而且，由于其在居家养老服务方面发展迅速，较早探索我国居家养老服务模式，其政府购买居家养老服务方面的工作也具有代表性。正因为其在养老服务方面的代表性，2014 年，全国居家养老服务信息产业联盟在 B 市成立，并在 B 市建立全国居家养老服务数据中心。这些都表明，B 市在老年福利补贴建设方面有较好的代表性。

2. H 省 B 市老年福利补贴政策介绍

H 省在省级层面建立了高龄津贴制度和养老服务补贴制度，失能护理补贴尚未建立。接下来分别对 B 市两项福利补贴制度进行简单介绍。

首先，B 市的高龄津贴制度。

2010 年，B 市通过《B 市人民政府关于加快推进养老服务体系建设的意见》，提出要在 B 市建立保定市高龄津贴制度。

2011 年，市民政局、财政局共同发布《B 市困难高龄老人津贴发放实施细则》，对 B 市高龄津贴制度进行了规定。B 市高龄老人津贴制度针对全市的生活困难高龄老人，津贴补助的费用由地方财政支出，通过金融机构发放。津贴发放范围包括农村五保户、城市低保户中 80 周岁以上的老年人，以及 100 周岁以上的老年人。在津贴标准方面，80—99 周岁老年人每人每月不低于 50 元，100 周岁以上老年人每人每月不低于 200 元。当然，有条件的县（市、区）可根据实际情况，提高标准、扩大范围。农村五保户、城市低保户中的高龄老人，可直接享受高龄津贴，不再进行申请、审批程序；百岁以上老人，凭申请书、户口簿、居民身份证，经村（居）、乡镇（街道）逐级上报，县（市、区）民政局审批。其他申领高龄津贴人员参照城乡低保申请、审批程序办理。

2015 年，B 市出台的《B 市老年人优待服务办法》规定，百岁以上老人的高龄津贴提升至每人每月不少于 300 元。

其次，B 市的基本养老服务补贴制度。

B 市于 2008 年 8 月出台了《关于开展社区居家养老服务工作实施意见（试行）》，并选择了 21 个社区进行试点。其形式和内容就是在社区建立老年人日间照料室（爱心助老站），为老年人提供生活照料、休闲娱乐、康复护理和精神慰藉服务；同时以此为依托，整合辖区服务资源提供为老优惠服务，依托社会企业开展医疗保健、法律维权、文体健身、志愿服务等为老服务项目。2010 年 12 月，B 市政府出台《关于加快推进养老服务体系建设的意见》，要求以满足中低收入老年群体基本养老服务需求为重点，加快推进养老服务社会化、专业化、标准化建设。

2013 年，B 市采纳了第三方科研机构的方案，在其南市区推行《政府购买居家养老基本服务包》的试点政策并取得了成功。2014 年，B 市总结经验，由市委、市政府形成决议，于 2014 年在全市推开政府为低保老年人购买居家养老服务的政策。2014 年，B 市民政局、财政局共同制定印发《购买居家养老服务暂行办法》，旨在帮助低保老人解决晚年生活负担，减少子女的生活压力，让老人享受体面的晚年生活。B 市政府将购买居家养老服务受益群体界定为市区内 60 岁（含）以上低保老年人，购买方式为公开招标，购买内容包括三部分：A 类为便民及生活照料类（即家政服务类）、B 类为精神慰藉类、C 类为医疗保健类/健康体检。但由于 C 类服务投标单位仅为两家，不符合招投标规范而流标，因此，B 市政府购买养老服务主要是便民及生活照料和精神慰藉两类。通过招投标，共选择四家服务承接机构，其中两家为非营利性社会服务机构，两家为营利性家政服务公司。服务承接机构通过社区与老年人签订协议并入户提供服务。

三、老年三大福利补贴政策的过程评估

本部分主要以 H 省为例，对老年福利补贴政策的实施过程进行评估。由于 H 省目前还没有实行护理补贴政策，在评估过程中主要借鉴了其他典型地区的护理补贴实施情况。老年福利补贴政策过程评估指标

主要包括公正性、参与性、社会性、专业性、适当性和协同性六个维度，具体的评估指标标准详见表 4—5。

表 4—5　老年三大福利补贴政策过程评估指标

指标	指标说明
公正性	资格审查公正性；服务购买程序规范性
参与性	受益对象、社区，以及社会的参与
社会性	福利递送方式的多元主体参与
专业性	服务机构、服务人员、设备设施专业性
适当性	补贴标准的调整；监督机制；社会组织的培育和发展
协同性	政策的协同性；组织的协同性

（一）公正性评估

这里的公正性主要是指补贴申请人资格审查程序的公正性，以及选择服务承接主体程序的公正性两个方面。

第一，各地区规定的申请人资格审查程序较为公正。

在对补贴申请人资格审查程序的公正性方面，各地区一般由民政部门对老年人经济状况进行家计调查，由独立的第三方评估机构对老年人失能等级进行评估，并采取抽查方式对评估结果进行检查。此外，鉴于申请人对评估结果提出的异议，各地政府还设置了复核机制。由此可以看出，各地政府通过一系列机制保障资格审查结果的公正性。

第二，公开招标方式较为公开、透明，但也存在一些问题。

我国政府购买服务方式通常分为委托的非竞争方式和公开招标的竞争性方式。B 市遵循了公开招标的原则，允许具备资格的主体参加竞标，具体招投标事宜由市财政局负责。其中投标单位的资格要求包括：一是，符合《政府采购法》第二十二条规定的条件；二是，在工商或民政部门正式登记注册合法运营的社会企业、社会组织或民办非企业；

三是，具有与其业务范围相适应的固定经营场所、工作设备、管理人员和服务人员；第四，对服务实行明码标价，实施公开承诺服务。投标书中居家养老服务的内容由政府确定，并采用“最低评标价法”进行评标，即按照价格标准将投标单位进行排序，最后选择投标价格最低者作为承接单位。每包服务项目最少有 3 家单位投标才算有效，不足 3 家单位者投标无效。因此，B 市政府对服务供给主体选择过程较为公开、透明。

但是，在具体的招投标过程中，也存在一定的问题。一是在招投标过程中，存在着前期宣传不到位现象，导致投标单位数量较少甚至达不到招投标规定的最低数量。如 B 市在 2015 年的招投标过程中，医疗服务类只有 2 家机构投标，进而导致流标。二是有些地方政府在公开招投标过程中存在着某些投标单位恶性竞争的现象，即有些承接单位以远低于正常价格的价格进行投标，扰乱了招投标秩序，导致招投标过程反复，影响了后续的服务提供工作。三是中标单位多为之前与政府有过合作的单位，在一定程度上圈定了承接主体的隐形范围，可能导致众多符合条件的潜在承接主体被排除在外。

（二）参与性评估

老年三大福利补贴的参与性主要包括受益老年人的参与、社区的参与以及社会的参与。

第一，受益老年人没有对服务主体的选择权，但拥有对服务的评价权。

在服务对象的参与方面，主要是指经济贫困老年人及其家属在接受服务过程中的参与，包括对服务提供主体的选择，以及对服务的评价两个方面。

受益老年人对服务提供主体缺乏选择性。本应由受益老年人“用脚投票”自主选择服务主体，但是，少数地区在实际操作过程中，根据便利原则，承接主体通过协商方式对各自负责的区域进行了划分，由服务机构人员主动联系辖区内老年人。因此，老年人并没有选择服务主体的机会。

在老年人服务评价方面，B 市政府在制度设计中引入了作为服务接受者的老年人“差评”淘汰机制，根据老年人的“差评”淘汰机制，实现了动态监管。政府为每个承接机构配置了 POS 机，并要求服务卡放在老年人手里，承接机构提供上门服务后刷卡的同时，由老年人对服务质量进行 1—5 分的评价。老年人的评价直接传递到总机，由电脑记录，如果老年人打了差评，那么，B 市民政部门会安排人员具体核实，如果确认服务存在问题，则该服务机构可能面临失去服务提供资格的可能。

第二，社区在政策实施过程中发挥着重要作用，但还不充分。

在社区的参与方面，老年服务补贴的发放必须依赖于社区的参与。首先，由于社区对居民各方面的情况都比较了解，对经济困难的高龄、失能老年人的资格审核需要社区的参与；其次，在承接机构发放补贴和递送服务的过程中，社区居委会的积极配合十分重要。因为，老人具体的联系方式及居住地址通常由社区居委会掌握，如果社区居委会拒绝帮忙联系，承接机构几乎不可能找到老年人，或者难以取得老人的信任，补贴发放和服务递送的效率将大大降低。在 B 市，为保障养老服务补贴顺利发放，工作人员准备了一系列繁琐的安排工作。首先，由市民政局给区民政局开会交代，区民政局再给各街道办事处开会，然后，街道办事处给辖区内居民委员会主任开会，最后，由承接机构与社区联系，提供老年人基本信息或召集老年人到居民委员会统一讲解及签订服务协议。服务协议签订完毕后，才算是真正把养老服务补贴发放到老年人手中，承接机构才可以进一步将服务递送给老年人。在实际过程中，大部分社区能够积极配合服务人员入户，但也有部分社区不配合现象，导致养老护理员根本找不到老年人。“上边（市民政局）是做了，比如说我们都是民政上边开会，开会之后把各个区管民政的主管人员都叫到一起，他们再叫街道办事处的，街道办事处再通知社区去，是一层层下达的，都通知到了，就说你们去吧，然后我们再联系社区，社区支持不支持你工作就是另一回事了。”（XYH 机构负责人，韩某，女）

在老年人接受服务过程中，也需要社区工作人员对服务质量进行监督，服务承接机构每个月要对社区工作人员进行服务满意度调查。但从实际运行状况来看，社区对服务质量的监管并不到位。一是社区工作人员不可能每次都跟随养老护理员入户，没法进行监督；二是社区工作人员平时除了社区居民日常事务，还得负责政府部门下达的各项任务，对于这种不涉及绩效考核的“软”指标则很有可能采取应付的方式。

第三，独立第三方评估机制尚未完全建立。

目前，B 市通过公开招标方式购买独立第三方的评估服务，对养老服务补贴政策进行专项评估，并提交评估报告，加强了对补贴政策的社会监督。但是还未对高龄津贴政策进行过第三方评估。

（三）社会性评估

福利补贴发放的社会性是指政府如何将福利补贴递送到福利对象手中，程序是否规范、对福利对象而言是否快捷便利。H 省老年三大福利补贴在一定程度上实现了递送方式的社会化，但也存在一定的不足。

第一，现金发放方式部分实现了社会化。

在现金的发放方面，H 省老年人领取老年补贴有两种方式：一是每个月到社区居委会签字领取，二是由指定银行打到老年人的银行卡上。这两种方式各有利弊。在社区签字领取的优势在于可以随时对老年人的情况进行监督，避免诸如老年人去世后家属继续冒领的福利欺诈现象，其不足之处在于高龄老年人行动不便，不愿意到社区领取，“老年人，尤其是那些家庭条件比较好的老年人，根本不愿意到社区领钱，我们那竟有好几个月不来领的”（HN 社区居委会主任，王某，女）。虽然社区允许子女代为领取，但必须事前出示亲属关系证明，繁复的手续直接影响了津贴发放的效率。而委托专门金融机构发放，优势在于方便老年人的领取，但存在不利监管的弊端，如老年人去世或不再符合领取补贴条件的情况下，如何及时告知发放机构停止发放？

第二，服务递送方式已经实现了社会化。

在服务递送方面，政府一般不再直接为老年人提供服务，而是通过委托或购买的方式由社会力量（包括社会服务机构、市场组织等）为老年人提供具体服务。通常情况是地方政府以服务充值卡、服务购买券等形式将服务补贴发放到老人手中，专业水平相对较高，但在具体递送过程中也存在一定的问题。以 H 省 B 市为例，为方便管理，B 市将服务充值卡统一交给承接机构管理，由机构携带服务充值卡上门服务，理由是“老年人把服务卡当成银行卡，一直不用，最后导致被收回”（胡某，女，AY 养老护理员）。如果监管不力，可能存在服务卡被盗刷的风险。

（四）专业性评估

老年人福利补贴的专业性评估，指的是服务补贴提供的专业性，主要包括服务承接机构的专业性、服务人员的专业性以及设备设施的专业性三个方面。在此标准下，B 市提供的养老服务总体的专业水平相对较高。

第一，服务承接机构具有一定的专业性。

B 市养老服务承接机构都是通过公开招标形式选出，机构比较规范，因此，承接机构本身都具有良好的专业性。B 市政府选择养老服务供给主体过程中，采取公开招标方式，但同时，民政局在其下属的社区服务中心作了动员，鼓励服务中心的会员单位积极参与。虽然，总的来看，B 市公开竞标仍然是有一定局限或前提的公开竞标，而这也似乎在表明，B 市在选择服务供给主体时，优先考虑和动员了与自身联系比较多的组织，这也体现了资源扩散的“波状”特征和差序格局。当然，从另一个方面来看，这似乎有具有一定的合理性，因为，在社区服务中心登记的组织，相对都是较为规范、规模较大、资质较为齐全的组织。

第二，服务人员的专业性有待提升。

机构服务人员虽具有一定的专业性，但在资质认证和培训标准方面还未统一，因此，还需进一步提高人才的专业性。通过调研发现，目前市场上居家养老服务人员的相应资质没有一致的评判标准。虽然，B市四家承接机构中绝大部分居家养老服务人员都有相应的资格证书，但是，证书的相应资质不同。TFC老年公寓的服务人员的资质证明为护理员资格证书，ZL家政公司为助老员，而YB家政服务中心和XYH家庭服务中心的相应资格证明则为家政服务员。居家养老服务机构的人员资质不同，容易导致服务水平良莠不齐。

并且，针对承接机构服务人员的业务培训，也没有统一的资质培训标准。在承接B市养老服务的机构中，虽然对服务人员进行了培训，但是培训的项目却非常杂，且没有统一的资质培训标准。对服务人员的培训主要包括四种：一是当地劳动局的鉴定，“劳动局规定在哪个单位做满工作多少年，他就给你鉴定”“就是集中考试，我们是劳动局统一考试，先报到劳动局，劳动局再审，审批完之后，看看你的年龄合不合适，你的各方面情况他都会进行审核，然后他给你定时间，给你安排考点考试，单人单桌闭卷考试，考试内容分两项，一项就是理论，一个是实操”（YB机构负责人，赵某，女）；二是民政局的培训，“那个民政（局）开的那个养老护理员培训”（XYH机构负责人，韩某，女）；三是专门培训学校的培训考试，“ZL培训学校培训内部学员，8天的短期培训，劳动局负责监考，考试合格后发资格证书”（ZL机构负责人，赵某，女）；四是服务机构内部的培训。但这些业务培训都是比较简单的基础培训，专业性和技术性较强的家政服务还需从市场上外聘专业人员。因此，承接机构的高质量人才建设还需进一步加强，以提高养老服务水平。

第三，服务设备、设施的专业性较强。

在提供基本养老服务过程中，有些服务需要专门的设施设备。比如ZL家政服务公司将便民生活及生活照料类服务进行细分，把清洗抽油烟机和疏通下水道分别交给专门的子公司负责，从而保证了服务提供的专业性。“我们分得比较细，比如说擦玻璃、清洗抽油烟机和下水道等都是比较专业的人员，设备也是市场上最新型的，非常专业”（ZL机构负责人，赵某，女）。此外，养老护理员上门服务也都随身携带专门的工具。

（五）适当性评估

第一，建立了老年三大福利补贴的动态管理机制。

随着老年人年龄的增加，其自身状况稳定性降低，且社会经济也处于不断发展过程中，因此，各地政府均规定对老年人的福利补贴实行动态管理，实行定期抽查、核查及公示制度，对不符合条件及死亡的老年人及时停发补贴。在实际运行过程中，B市某些地区出现福利标准调整不及时的现象，导致老年人福利补贴标准较低，不能满足老年人需求。

第二，建立了内部与外部监督机制，但也存在一定局限。

监督机制是整个服务供给和评价体制中的重要环节，通常，监督分为内部和外部监督两个维度。B市在政府购买居家养老服务中，建立了老年人监督、服务机构自我监督和独立第三方监督评估。

一是老年人直接监督。

老年人对服务提供的监督主要是指对服务不满意的投诉。服务承接机构都表示接受过老年或其子女的投诉，但是数量都不多，因为只要民政部门接受的投诉超过3次，服务承接机构自动丧失资格。当然，也要看到，不少老人独居，子女并不在身边，如果老年人辨别、判断能力较弱，在服务数量、内容、金额等方面可能并不完全清楚，这也的确可能诱使服务提供人员夸大服务提供量、多收费用，类似问题的监督缺陷并没有很好地解决。

二是服务提供机构的自我监督。

服务机构对其养老护理员的监督主要表现为电话回访、养老护理员的工作汇报、建立QQ群将每日的工作照片上传分享等。为了对养老护理员提供服务进行监督，四家结构共同商议制定了“低保老人享受居家养老服务明细表”，一式两份，老年人家里一份，机构一份。明细表的内容包括：服务时间、服务项目、消费金额、是否满意以及老人签字，以此对服务过程进行监督。YB家政服务有限公司要求建立养老护理员QQ群，每天将服务的情况通过图片形式发到群里，互相监督。

三是第三方评估机构监督。

在理论上，第三方独立评估机构因为不涉及各主体利益，能够一定程度保持独立性，有助于对服务过程进行客观评价。B市在启动政府购买居家养老服务之前，就选择了一家独立的科研评估机构作为第三方机构，负责评估服务质量和整个服务效果。

第三，在一定程度上促进了承接服务社会组织的发展。

2014年，财政部、民政部《关于支持和规范社会组织承接政府购买服务的通知》（财综〔2014〕87号）强调了非营利社会组织承接政府购买服务的主体性作用。根据公开资料显示，除了湘潭市和B市外，地方政府购买养老服务的承接主体均为社会组织。这些承接养老服务的社会组织既有政府孵化扶持的，也有市场组织新成立的，还有在原有社会组织基础上拓展新业务而成立的。政府的福利补贴政策促进了服务承接社会组织的产生与发展。

（六）协同性评估

老年三大福利补贴中，现金形式的高龄津贴的目的是满足老年人基本生活需要，而以服务形式为主的养老服务补贴和护理补贴的目的是解决老年人的长期照护和精神慰藉问题。三大福利补贴满足了老年人不同类型的养老服务需求，在一定程度上提高了老年人的生活质量。但三大福利补贴在政策实施过程中，在政策协同性和组织协调性方面还存在一定的问题。

第一，老年三大福利补贴的政策协同性还有待进一步加强。

首先，对于三大福利补贴中基本养老服务补贴与护理补贴的协同性而言，由于基本养老服务包含了护理服务，因此，是将二者区分开来还是进行合并还需进一步的明确；其次，三对于大福利补贴与城乡最低生活保障的衔接而言，在核定低保家庭收入时，不应将服务补贴纳入老年人收入范围；最后，三大福利补贴还需要进一步加强与其他社会救助、社会福利制度实现有效衔接，形成良性互动机制。

第二，组织之间的协同性还存在一定不足。

首先，不同层次政府间存在政策重复，部分城市市民政局、区民政局同时为辖区内低保老年人提供居家养老服务，导致老年人重复享受服务，造成了一定的资源浪费现象；其次，政府购买居家养老服务主要由民政部门推动，而缺乏与财政、卫生、教育、税务、老龄委等相关部门的沟通与协作，在一定程度上导致了政策执行不顺畅。最后，政府与社区、服务承接机构之间的协同有待进一步加强，虽然市民政部门通过层层命令下达方式要求社区配合服务承接机构入户，但仍存在社区配合不力、服务承接主体无法进入社区的情况，影响了服务的提供。因此，不同组织之间的协同性还需进一步加强。

四、实施效果评估

对老年人福利补贴的实施效果进行评估，包括宏观和微观两个维度，在宏观评估方面，将主要基于 H 省的宏观政策实施分析，辅助微观数据分析，从经济性、效率性、可及性、公平性、回应性、有效性、充分性和可持续性方面开展评估，侧重宏观政策在覆盖范围（资格标准）、保障水平、服务供给的总体状况进行评估，评估还将综合文献分析、案例分析等方法；而微观评估方面，将基于在B市的微观调研数据，以对老年人及其家庭的经济社会影响为切入点，分别围绕满意度、储蓄与消费、家庭关系、生活预期四个方面进行评估，评估将利用统计分析方法。

表 4—6　老年三大福利补贴政策效果评估标准

维度	指标	指标说明
宏观效果评估	经济性	政策投入合理；节约成本
	效率性	服务提供的竞争性；服务的使用率
	可及性	政策覆盖面；政策知晓率
	公平性	城乡之间、群体之间的公平性
	回应性	福利补贴对老年人需求的回应
	有效性	福利水平的有效性
	充分性	宣传的充分性；补贴标准的统筹性；配套技术的充分性
	可持续性	资金的可持续性；制度的可持续性；组织的可持续性
微观效果评估	满意度评估	老年人福利补贴满意度评估
	储蓄、消费效应评估	对老年人储蓄的影响；对老年人消费的影响
	家庭关系效应评估	对子女负担的影响；对亲子关系的影响
	生活预期效应评估	对老年人幸福感的影响；对未来生活预期的影响

（一）宏观效果评估

1. 经济性评估

第一，因地制宜地制定分层分类的福利补贴标准，投入较为合理。

从各个地方老年三大福利补贴标准来看，基本上都遵循着“根据本地区经济发展水平和老年人的需求”的原则制定符合本地区的补贴标准，并且，针对老年群体的异质性，各地区通常对不同类型老年人（划分标准主要包括年龄、经济状况和失能状况）进行了分类分层保障，在一定程度上满足了不同类型老年人的需求，政策投入较为合理。

表 4—7　部分典型地区的补贴标准

高龄津贴	山东省	80—89 岁的低保老人，100 元/月
		90—99 岁的低保老人，200 元/月
		100 周岁及以上老人，300 元/月
养老服务补贴	江苏省	60 岁以上低保家庭失能老人，不低于 100 元/月 80 岁以上低保和分散供养特困老年人，不低于 60 元/月 60 岁以上低保和低收入家庭的失独老人，不低于 60 元/月
失能护理补贴	黑龙江省	低保家庭失能老年人，150 元/月 低保家庭半失能老年人，100 元/月 低收入家庭失能老年人，100 元/月 低收入家庭半失能老人，50 元/月

第一，老年三大福利补贴政策与已有技术衔接，节约了成本。

老年三大福利补贴政策均是选择型福利，受益群体的资格标准通常包含四个方面：一是户籍，二是年龄，三是经济困难，四是身体失能状况。其中，经济困难主要是指民政部门的城乡低保或低收入审核，而失能等级目前则主要由各地区医疗卫生机构的评定。这两项审核制度在各地已经实施，三大福利补贴政策与低保制度、失能等级评估政策的结合，节约了目标定位的技术成本。然而，需要指出的是，虽然民政部门已经制定并在全国范围内大力推进老年失能评估指标体系，但是，目前该项评估制度尚未全面铺开实施。而且，在失能等级基础上的护理等级评定制度，仍需要进一步探索和完善。

2. 效率性评估

第一，服务形式补贴提供过程中的竞争性不足。

首先，部分地区存在机构参加招标、提供服务的积极性不足问题。在H省部分地区调查过程中发现，有些发展较好的机构并没有参加政府购买居家养老服务，原因在于“和政府打交道太难了，目前养老院已经能盈利了，不需要政府资金”（李某，女，KSY养老院院长）。因此，在政府招标过程中，由于宣传不到位、社会力量对政府的不信任、对预期盈利信息不足等原因，导致投标单位较少，降低了招投标的竞争性。

其次，承接机构在服务提供过程中不存在竞争。在H省B市政府购买养老服务过程中，通过公开招标方式选择四家机构提供居家养老服务。政府的本意是通过服务承接主体在服务提供过程中的竞争，提高服务效率和质量，然而承接机构提供服务的实际情况却是：承接机构之间协商划分了各自的服务区域，由每个机构在各自区域内提供所有招标文件中的养老服务项目。服务提供过程中根本不存在竞争，导致服务供给的效率和质量偏低。

第二，现金形式福利补贴利用率较高，但服务形式福利补贴的利用率较低。

虽然政府规定了受益对象的资格条件，但是也并非所有符合资格条件的潜在受益群体均能享受到福利。高龄津贴的覆盖范围较广且实施时间较早，老年人的享受比例总体较高。“高龄津贴基本上都享有了，我们社区里面所有高龄老人都有了，80岁以上的老人每人是50元（每月），100岁以上的老人是每人200元，好像快要提高到300元了”（DCG社区居委会主任，刘某，女）。“老人的这个津贴是按季度发的，这个季度的还没有发，每个季度都是按时的，到点就会通知老年人或家人来领，这个高龄津贴对老人们挺好的”（TS社区居委会主任，张某，男）。

而对于养老服务补贴，其实际的利用率要低得多，“很多老年人根本找不到，从去年（2015）的情况来看，能找到一半符合条件的老年人就不错了”（高某，男，B市民政局相关工作人员）。在服务提供过程中，老年人养老服务利用率较低的原因主要包括以下几个方面：一是人户分离现象严重，人户分离导致服务承接机构根本找不到老年人，并且即使有些老年人住在本社区，但由于非本地户口也享受不了服务。二是宗教信仰的不同，如有些社区是回民社区，社区工作人员拒绝非回族的服务人员进入本社区。三是老年人无能力享受服务，由于经济困难的老年人基本上受教育水平都比较低，可能根本不知道该项服务内容，或者由于申请手续繁琐而无法申请。四是老年人不愿意享受服务，有些经济困难老年人可能由于自卑等心理而拒绝接受服务，还有些非经济困难的老年人害怕暴露家里的经济情况而拒绝养老护理员入户。

3. 可及性评估

可及性评估是老年三大福利补贴宏观效应评估的首要方面，主要是综合对比政策覆盖面、政策知晓率两个方面，对老年三大福利补贴的可及性做综合评估。

（1）政策覆盖面

第一，H省老年福利补贴覆盖范围较广。

2014年9月28日，《H省老年人优待办法》经过省政府第三十二次常务会议讨论通过，并于2014年12月1日起施行。其中第九条要求“设区的市、县（市、区）人民政府按照国家和本省有关规定，并根据本地实际，对八十周岁以上老年人发放高龄津贴。其中，百岁以上老年人的高龄津贴每人每月不少于三百元。对经济困难的老年人逐步给予养老服务补贴。”同时，《H省人民政府关于加快发展养老服务业的实施意见》明确提出，“各地要加快建立养老服务评估机制，建立健全经济困难的高龄、失能等老年人补贴制度。”

从政策覆盖范围来看，H省的高龄津贴覆盖城乡所有80岁高龄老年人，属于一种普惠式的福利模式。而养老服务补贴目前覆盖的是城镇低保家庭中所有的老年人，覆盖对象相对较广，目前正逐渐向农村地区推进。

第二，各地区福利资格限定条件差异较大。

在政策的实际运行中，各地在政策建立之初，都限定了部分条件，条件基本以户籍、年龄、贫困、失能为条件，但各地规定繁杂。以高龄津贴为例，由于《H省老年人优待办法》对高龄津贴的具体限定条件方面要求各地根据实际情况来确定，所以，这也导致部分地区由于经济、社会等多种因素，在制度决策时，对高龄津贴的享受对象条件做了进一步限定，如在高龄津贴建立之初，XT市内三个县规定，90岁以上老人享受高龄津贴，而不是80岁以上；ZJK市在高龄津贴建立之初，也仅仅规定了90岁以上的老年人享受高龄津贴。

同样，在养老服务补贴方面，在各地制度建立之初，也都普遍增加了限定条件。B市仅对本地户籍的、居住在主城区的经济困难老年人给予了养老服务补贴；SJZ市是对养老服务补贴对象的限定条件也包括两个：一是具有SJZ市户籍并在市内居住的老年人，二是从2014年10月1日起，原市内五区60周岁以上“三无”老人、低保老人、社会孤老、重度失能老人以及90岁以上的高龄老人。表4—8是H省部分市、县高龄津贴和养老服务补贴的资格限定条件。

表 4—8　H 省部分市、县高龄津贴、养老服务补贴资格限定条件

<table>
<tr><th colspan="2">地区</th><th>限定条件</th></tr>
<tr><td rowspan="11">高龄津贴</td><td>B 市</td><td>全市：各县（市、区）根据当地实际发放，覆盖城乡老年人。
满城区：具有当地户籍的所有城乡老人。</td></tr>
<tr><td>SJZ 市</td><td>建立普惠制高龄津贴（未设定高龄津贴的条件，除年龄外）。
170 个县（市、区）全部建立高龄津贴。</td></tr>
<tr><td>HD 市</td><td>肥乡区：具有肥乡区户籍的 80 周岁以上城乡老年人。</td></tr>
<tr><td>CZ 市</td><td>本市户口、80 周岁以上老年人。</td></tr>
<tr><td>HS 市</td><td>本市户籍。
80 周岁以上、生活困难老人。
所有 90 周岁以上老人。</td></tr>
<tr><td>QHD 市</td><td>2015 年前，高龄津贴仅覆盖本市户籍、90 岁以上老年人口；2015 年，高龄津贴覆盖范围扩大所有 80 岁以上城乡老年人。</td></tr>
<tr><td>TS 市</td><td>唐山市：户籍在本市的 80 岁以上的老年人。
乐亭县：凡具有本县户籍的 80 岁以上的老年人。</td></tr>
<tr><td>ZJK 市</td><td>具有本市户籍且年龄在 90 周岁以上的老年人。</td></tr>
<tr><td>XT 市</td><td>全市所有百岁老人均有高龄津贴；沙河市、临城县、临西县、清河县、威县、隆尧县、平乡县、巨鹿县、南和县、邢台县、开发区、大曹庄管理区、桥西区 13 个县市区 80 岁以上老人均享受高龄津贴；内丘县、柏乡县、广宗县 3 个县 90 岁以上老人享受高龄津贴。
桥东区、南宫市、新河县、宁晋县、任县 5 个县市区 80—99 岁老人不享受高龄津贴。</td></tr>
<tr><td>CD 市</td><td>各县区 80 周岁以上老年人均享受高龄津贴。</td></tr>
<tr><td>LF 市</td><td>本地城乡常住居民；年满 80 周岁的老年人。</td></tr>
</table>

（续表）

地区		限定条件
养老服务补贴	B 市	本行政区域内（目前是主城区内，包括城中、城郊农村），经济困难的老年人享受养老服务补贴。
	SJZ 市	本市户籍并在市内居住的老年人。 2014 年 10 月 1 日起，对原市内五区 60 周岁以上“三无”老人、低保老人、社会孤老、重度失能老人，以及 90 岁以上的高龄老人，发放养老服务补贴。
	HD 市	县财政对 80 周岁以上经济困难的高龄老人、失能及半失能老人实施补贴，并逐年提高标准。
	LF 市	具有廊坊市户籍并年满 60 周岁的低保老年人和重点优抚对象发放养老服务补贴。
	CZ 市	户籍在本地区一年以上，年满 60 周岁。 符合以下条件之一的老年人：社会散居的无劳动能力、无生活来源、无法定赡养人，或法定赡养（抚养）人无赡养（抚养）能力的老年人；失独老人；低保对象中的失智、失能、重度残疾、空巢或仅有重度残疾子女并共同居住的老年人（注：空巢老人指所有子女户口均在沧州地区以外，且不共同居住的老人；仅有重度残疾子女的老人指所有子女均为一、二级重度残疾，且共同居住的老人）；重点优抚对象、市级以上劳模中的失智、失能、重度残疾、空巢或仅有重度残疾子女并共同居住的老年人；80 周岁以上的老年人。

总的来说，H 省内各市在老年人福利补贴获得条件限定方面，差别显著，如果再加上很多补贴都是县区级层面来确定具体的条件，那么在经济状况、年龄状况、失能状况、其他身份状况等方面，差别就会更加显著。所以，总的来看，H 省在老年人福利津贴的政策覆盖范围方面可

以归纳为，宏观政策框架基本一致、实际规定和运行高度碎片的状况。[①]

（2）政策知晓率

政策实际知晓率是衡量福利政策可及性的重要指标，其反映的是福利受益对象对福利政策的了解情况，通常以是否知道该项政策为首要衡量指标。

基于调查中的微观数据，可以发现，老年人对老年三大福利补贴政策的知晓率差别显著。高龄津贴的政策知晓率高达91.97%，是老年人福利津贴中政策知晓率最高的；经济困难老年人养老服务补贴的知晓率为5.13%，政策知晓率较低；而尚未在H省实行的老年人失能护理补贴知晓率最低，仅有4.65%。总的来看，由于高龄津贴的建立相对较早也较容易，基本仅以年龄为限定条件，对其他辅助条件的要求比较对低，这也为高龄津贴迅速推广创造了条件；而失能护理服务补贴由于需要有配套的失能评估体系建设和评估队伍建立，所需要的配套条件相对较多，所以制度实施、推广进度最慢，这也是制度知晓率较低的重要原因。

表8—9　老年三大福利补贴政策知晓率（单位：%）

	高龄津贴	养老服务补贴	失能护理补贴
不知道	8.03	94.87	95.35
知道	91.97	5.13	4.65
合计	100	100	100

① 从世界范围来看，部分社会福利的待遇（内容和水平）的高度碎片化是合理的，也是当代很多福利国家较为常见的现象，即在一个总的、宏观的福利指导框架下，各地根据经济、社会、文化等多方因素，综合确定带有显著区域特点的地方福利内容和水平。从这个角度来看，具有显著地区差异的老年福利体系是可行且合理的。当然，我国福利制度的碎片化不仅存在待遇（内容和水平）方面的碎片化，也存在制度设计目标和覆盖范围方面的碎片化。

4. 公平性评估

第一，一定程度上减轻了弱势老年的脆弱性，但还存在瞄准偏差现象。

三大福利补贴针对的都是经济困难的弱势老年群体，他们能够从子女或亲属那里获得的支持较少，自身的经济状况和活动能力等都相对有限，国家的福利补贴在一定程度上缓解了困境老年人的脆弱性。

但从调查情况来看，三大福利补贴还存在一定的目标瞄准偏差，少数地区存在有些不符合条件的老年群体被纳入基本养老服务补贴中来，以及符合条件的老年人被排除在享受政策之外的现象，目标标准偏差在一定程度上影响了社会公平性。

第二，养老服务补贴在城乡之间、受益老年人内部的公平性较欠缺。

无论在国家层面还是地方层面，高龄津贴都已经覆盖了城乡地区，同时也考虑了不同年龄阶段老年人的差异性，给予了不同标准的补贴，从这两个角度来说，高龄津贴政策在城乡和弱势老年群体之间实现了公平性。

在基本养老服务补贴政策方面，从城乡覆盖来说，H省的基本养老服务补贴主要集中在城市地区，农村养老服务补贴的发展落后于城市地区，在老年群体分层方面，H省也未对不同类型（不同年龄、失能程度等）的困难老年人实行分层补贴制度，因此，基本养老服务补贴的城乡、群体之间的公平性较欠缺。

5. 回应性评估

三大福利补贴政策对老年人需求的回应主要表现为：福利供给内容、福利水平以及福利发放等对老年人需求的回应。总的来看，一方面，三大福利补贴对老年人的需求有一定的回应性；另一方面，我国老年三大福利补贴对老年需求的回应也有待加强。

第一，福利内容在一定程度上满足了老年需求，但也存在一些失衡。

在B市政府购买居家养老服务政策制定之前，专门委托了第三方科研机构对B市老年人需求进行调研分析，为制定老年人服务清单提供了科学依据。但同时，作为受益对象的老年群体或自组织并没有参与政策制定过程，导致有些服务提供与老年人需求不太一致。如有些老年人不需要精神慰藉服务，但是服务人员将在服务提供过程中与老年人的交谈视为提供精神慰藉服务，并进行收费。此外，老年人需求较高的医疗卫生服务在政府购买服务第一年也并没有予以提供。

第二，部分地区福利补贴发放不够及时。

按照原则规定，福利补贴应当是按月发放，而B市的高龄津贴是按季度发放，还有些地方甚至按年发放，补贴发放不及时导致了老年人对福利补贴政策的不满。

6. 有效性评估

从制度规定的水平来看，国家和省级层面，都没有确定具体的待遇水平，各市在确定本市内待遇文件时，也基本上是给了县区较大的自由决定权，要各县区根据自身经济社会发展实际情况，综合确定保障水平。

第一，老年福利补贴标准总体水平相对较低、部分区、县补贴水平相对较高。

以B市的老年福利补贴水平而言，高龄津贴基本上与H省其他市的标准一致，80岁以上100岁以下的老年人，每人每月50元；100岁以上的老年人，每人每月300元。在2015年之前，100岁以上的老年人，每人每月为200元。

在困难老年人养老服务补贴方面，B市实行的标准则出现了市级标准和区县标准两个。B市以政府购买养老服务形式为贫困老年人购买养老服务，每位满足条件的老年人每年的补贴水平为500元。而少数区县则根据自己的财政情况，进一步又建立了自己的养老服务补贴，在市级补贴水平基础上，形成了叠加效应。以B市南市区为例，由于南市区的财政状况相对较好，且南市区政府购买居家养老服务是在全市率先试点的，所以，南市区政府购买居家养老服务时为每位老人购买了2400元/年的养老服务，标准接近市级补贴标准的5倍。也就是说，南市区的贫困老年人，每个人每年可以享受到2900元（2400元+500元）的养老服务补贴，这个水平在整个H省是相当高的。

表4—10　老年福利补贴水平案例分析

补贴类型	针对对象	访谈内容
高龄津贴	城市老年人	“每个季度都让来领，钱少点，不过现在老了，也花不了多少钱。但还是政府的政策好，老年人感觉心里暖和，踏实。”（李某，女，86岁，小集胡同）
	农村老年人	“这点钱不多，不过，过一段时间就去社区领，也能买不少东西。很多老伙计都说这个政策挺好，听说，年纪越大，以后还提高标准。现在加上这个，自己也基本上不花别人（子女）的钱。”（刘某，男，83岁，韩庄乡社区）
养老服务补贴	贫困家庭	“有了这个补贴，就可以让一些家政、保姆来家里打扫打扫，我和老伴腿脚都不好，特别是有些窗户、顶子之类，我们没法打扫。现在有这个（服务），就帮了很大忙。”（张某，女，73岁，天马社区）
	空巢、失独家庭	“儿子女儿都出去上班，家里没有人，就我一个，他们（服务人员）来了可好了，帮我做饭、洗衣服，虽说不是每天吧，但需要的时候，一联系，基本都能来，挺好。”（甄某，女，81岁，刘守庙社区）

第二，老年福利补贴对老年人的生活有一定影响。

从相对水平而言，B市的养老服务补贴标准虽然不高，但相对于B市低保标准，还是有一定影响的。2016年，B市低保标准为5400元/

年，500 元/年的养老服务补贴约占低保标准的 9.26%，接近 10%。多了这 10%的收入水平用来购买服务，能够满足老年人对一些最基本居家养老服务的需求，这个相对水平虽然不高，但还是会产生一定影响。特别是部分标准相对更高的区县，如南市区，每年养老服务补贴标准高达 2900 元/年，占低保标准的 53.70%，超过了一半。这个补贴水平对困难老年人的生活影响是十分明显的。

从对各类型的典型老年人的访谈结果来看，B 市 80—99 岁的老年人虽认为每个月 50 元的高龄津贴标准并不高，但却非常肯定政策的意义。老年人普遍认为这两项补贴比较重要，一方面，虽然水平并不高，但是积攒起来也能够对生活起点儿作用，特别是对于城乡经济困难的老年人。这些老年人获得补贴后还是可以“多买些东西”或“帮了大忙”。另一方面提高了老年人的生活安全感以及对未来生活的预期，给予了老年人政治关怀。

7. 充分性评估

第一，部分地区对老年人三大福利补贴的宣传不足。

很多老年人对于自己享受的补贴内容不了解，有些老年人只知道自己每月领了钱，但并不知道领的是什么钱。对于上门服务，有些老年人对服务性质的理解存在错误，B 市一些老年人认为养老护理员提供的上门服务是一种免费的慈善活动，对福利补贴的认知不足，影响了其对服务质量的监督评价。

第二，福利补贴的资格标准碎片化，需要进一步统筹。

在年龄方面，很多地区对高龄津贴领取的年龄界定不一致，有些地区是 80 岁，而有些地区则是 90 岁、100 岁等。在经济困难方面，有些地方以低保为标准，而有些地方则以低收入为标准。各省之间，以及省内各市区、县之间的资格标准都存在较大差异，需要进一步进行统一。

第三，福利补贴的配套技术发展不充分。

目前大部分地区对经济困难的高龄失能老人的评估还限于对生活基本自理能力（ADL）的简单评估，不能充分反映现代社会老年人的失能等级。2013年民政部发布的《老年人能力评估》行业标准中，老年人能力评估包含了对老年人基本生活自理能力（巴氏量表）、精神状态（包括认知功能、抑郁症状、攻击行为）、感知觉与沟通（意识水平、视力、听力、沟通交流）、社会参与（生活能力、工作能力、时间/空间定向、和会交往能力）四个维度。但是，这一评估标准体系尚未实现在全国普遍应用。

8. 可持续性评估

第一，三大福利补贴有较为稳定的资金来源渠道。

老年三大福利补贴资金要么来自当地政府财政，要么来自彩票收入，且纳入地方每年财政预算，资金来源具有较强的稳定性和可持续性。需要指出的是，目前福利补贴资金主要由市区和县级财政出资，省级政府基本上不出资，这对部分地区基层政府的筹资能力提出了挑战。

第二，福利补贴有较好的制度保障。

《中华人民共和国老年人权益保障法》为三大福利补贴发展提供了重要的法律保障。以H省B市为例，目前B市在已有的《关于开展社区居家养老服务工作实施意见（试行）》《关于加快推进养老服务体系建设的意见》，以及民政局、财政局印发《政府购买居家养老服务暂行办法》的基础上，正在加紧制定《B市社区及居家养老工作暂行办法》，为老年人基本养老服务补贴提供法律保障。此外，还有些地区尚未在省级层面出台专门的政策对福利补贴进行规定，而是散见于其他政策法规中，这不利于福利补贴制度的发展。

第三，作为服务承接主体的社会组织发育不充分。

在政府购买养老服务过程中，社会组织，尤其是草根社会组织的发育不充分，参与服务提供的社会组织数量较少且自身能力建设不足，影响了政府购买服务的质量，也影响了福利补贴效果的持续性。

（二）微观效果评估

除了宏观方面，三大福利补贴在微观层面对老年人也产生很多影响，即衍生的政策效应。考虑到老年人生活维度，本书将微观效果限定在老年人对福利补贴的满意度，储蓄、消费效应，家庭关系效应和生活预期影响四个方面。其中，储蓄、消费效应主要分析三大福利补贴对老年人消费和储蓄的影响，家庭关系效应侧重对子女负担、与子女关系的影响，而生活预期影响则侧重于分析对老人幸福感和未来生活信心的影响。

微观效果评估以 H 省 B 市为例。由于 B 市目前尚未建立失能老年人护理补贴制度，因此在分析过程中主要以高龄津贴和经济困难老年人养老服务补贴为主。

1. 满意度评估

在被调查的老年人当中，57.62%的老人对高龄津贴非常满意或比较满意，35.42%的老年人认为“一般”，还有 6.96%的老年人认为“不太满意”“非常不满意”。由此可见，大部分老年人对高龄津贴还是比较满意的。

结合访谈，研究认为老人主要是对补贴水平和领取方式不够满意。一是老人认为津贴水平太低，二是老人觉得按季度到社区领取的方式不够方便。“一个月 50 元太少了，有没有都一样，现在 50 元什么都做不了，还每次得去社区领，太麻烦人了，不如直接打在我的银行卡上，多方便。”（李某，男，81 岁）

表 4—11　老人对高龄津贴的满意度

	百分比(%)	累计百分比(%)
非常满意	21.32	21.32
比较满意	36.30	57.62
一般	35.42	93.04
不太满意	3.61	96.65
非常不满意	3.35	100.00
合计	100.00	

在被访老年人中，71.25%的老人对养老服务补贴感到满意，23.75%的老人评价“一般”，有5%的老人评价为“不太满意”。总体而言，老年人对养老服务补贴的满意度比较高。然而访谈过程也发现，老年人满意度高并不意味着服务质量好，而是老年人对服务性质认知存在偏差，有些老年人认为服务是免费提供的，“如果说不好，下次就不给服务了，有总比没有好”。

至于不满意的原因，部分老年人认为其获得的服务与所需服务不一致，老年人更加需要医疗方面的服务，当前获得的服务并不是迫切需要的。“这个（家政服务），我孙子他们来的时候也能做，自己也能慢慢地做”“这些服务花钱太多啦，没有必要，补贴这些服务还不如直接给我钱看病呢”。(白某，女，83岁)

表 4—12　老人对经济困难老年人养老服务补贴的满意度

	百分比(%)	累计百分比(%)
非常满意	23.75	23.75
比较满意	47.50	71.25
一般	23.75	95.00

（续表）

	百分比(%)	累计百分比(%)
不太满意	5.00	100.00
非常不满意	0.00	100.00
合计	100.00	

2. 储蓄、消费效应评估

本部分将进一步利用老年人的调查统计结果，分析高龄津贴和养老服务补贴的储蓄、消费效应。

（1）消费效应

在被访老年人当中，有31.16%的老人认为享受福利补贴对自己的消费行为产生了影响，其中，30.24%的老人“增加一点消费”，0.92%的老人“大幅增加消费”，还有68.84%的老人认为“没有影响”。结合深度访谈和实地观察，我们认为导致上述现象的原因可能包括如下几个方面。

第一，就高龄老人而言，高龄津贴水平总体相对较低。绝大多数的高龄老人处于80岁至100岁之间，50元/月的高龄津贴并不算多，老人每次领取之后可能在采买家庭用品时顺手消费出去，因此消费的增加幅度较小。“每个月只有50元，每次领150元，这钱也不多，我买点菜买点肉，给孙子买个玩具也就花完了，跑银行存钱太麻烦，而且这么一点钱，存了也没什么用，花完了算了。”（邓某，女，83岁）

第二，就经济困难老年人而言，获得福利补贴后在一定程度上扩展了其消费行为，但由于本身比较贫困，以及对未来预期的不确定导致其消费行为不可能在短期内产生较大的改变，消费的增加较为有限。

第三，B市政府实行经济困难老年人服务补贴政策运行时间仅为2年，时间并不算长，对经济困难老年人的消费效应可能需要更长的时间才能显现。并且，调研中也发现，在B市为经济困难老年人购买的服务中，并没有医疗服务内容，而这些医疗服务恰是他们花费最大、最迫切的需求。仅消费一些简单便宜的家政服务、精神慰藉服务可能只能对经济困难老年人的消费行为产生轻度的影响。“家里又不大，也没什么摆设，衣服也没几件，偶尔花钱打扫就够了，要是能看病我就都花了，我现在就是没钱看病。”（张某，男，87岁）

表4—13　对老人消费的影响

	百分比(%)	累计百分比(%)
大幅增加消费	0.92	0.92
增加一点消费	30.24	31.16
没有影响	68.84	100.00
合计	100.00	

（2）储蓄效应

现代社会是风险社会，由于个人预期寿命延长、风险增多与收入预期的不确定性，出于规避和应对风险的考虑，个人的储蓄动机会增强。在被访老年人当中，83.35%的老人认为自己的储蓄行为没有受到影响，15.37%的老人享受福利补贴后增加了其储蓄，1.29%的老人减少了其储蓄。主观上，79.49%的老人并不考虑增加家庭的储蓄金额，20.51%的老人考虑了增加家庭的储蓄金额。这表明，B市政府实行的两项老年人福利补贴政策在一定程度上影响了部分老年人的储蓄行为，他们增加储蓄的动机和行为更强烈。

依据常理，部分高龄老年人获得高龄津贴后可能更愿意进行储蓄。“多少钱也要存呀，钱抓在自己手里才有安全感，我把政府发的钱和其他省下来的钱攒在一起，定期去银行存起来，以后要用了再拿出来。”（张某，女，84岁）而经济困难老年人接受政府购买服务后，节约了原有的服务支出，原有消费额度减少，进而剩余更多从而形成储蓄。而对于一小部分减少储蓄的老年人而言，福利补贴政策可能更多地刺激了其消费的欲望。

表 4—14　对老人储蓄的影响

	影响	百分比(%)
是否影响了您的储蓄	增加储蓄	15. 37
	减少储蓄	1. 29
	没有影响	83. 35
是否考虑增加您家的储蓄金额	是	20. 51
	否	79. 49

3. 家庭关系效应评估

一项好的社会政策理应能够改善保障对象的家庭关系。高龄津贴和经济困难老年人养老服务补贴产生的家庭关系效应，将从对子女负担影响和对亲子关系影响两方面进行评估。

(1) 对子女负担影响

在被访老年人中，34. 32%的老人表示在获得高龄津贴或者养老服务补贴后，减轻了子女的负担，65. 19%的老人认为获得福利补贴对子女负担没有影响。没有减轻子女负担的原因可能在于政策实施时间较短，而且每年仅 2—3 次的上门服务的频次效果并不明显。

子女负担的减轻，一方面可能是体现在高龄老人有了新的收入来源后，对子女经济上的负担有一定程度的减轻；另一方面可能是经济困难老人获得养老服务补贴，原本由子女提供的日常照料转由机构提供，并且由政府买单，子女在经济支持和养老照料上的负担有所减轻。“以前都是我儿媳妇抽空过来帮我洗衣服，打扫卫生，做点儿家务，儿子家离得远，每次绕路过来也很麻烦。现在政府提供这个服务很方便，打个电

话就有人上门帮我打扫卫生了，态度很好，打扫得也干净，最主要的是我也不用花钱。”（杨某，女，87岁）

表4—15　对老人子女负担的影响

	百分比(%)	累计百分比(%)
减轻负担	34.32	34.32
增加负担	0.49	34.81
没有影响	65.19	100.00
合计	100.00	

（2）对亲子关系影响

福利补贴对于老年人的亲子关系具有一定的改善作用。在被访老年人中，21.56%的老人表示在获得高龄津贴或者养老服务补贴后，亲子关系变好，78.29%的老人认为亲子关系没有变化。关系没有好转的原因可能在于：一是政策实施时间短，政策效果还未显现；二是困难家庭的老人与子女关系本就不融洽，有些贫困老年人十几年未与子女联系，单纯的低水平福利补贴不能改善亲子关系。

高龄津贴或者养老服务补贴在一定程度上也能够减轻子女的负担，子女在赡养老人方面压力减小，有利于缓和老人与子女的关系处理。“多一点收入，我开心，子女也开心啊！”（张某，女，82岁）“我没钱，身体也不好，每次都要儿子、儿媳出钱出力照顾我，他们也烦，现在有政府照顾，他们压力小点，可以多点时间打工，现在见我也多点儿笑脸。”（孟某，女，85岁）

表4—16　对老人亲子关系的影响

	百分比(%)	累计百分比(%)
变好	21.56	21.56

（续表）

	百分比（%）	累计百分比（%）
变坏	0. 14	21. 71
没有变化	78. 29	100. 00
合计	100. 00	

4. 生活预期效应评估

高龄津贴和经济困难老年人养老服务补贴对老年人生活预期的影响，主要从幸福感和对未来生活信心两个方面进行分析。

（1）对老年人幸福感的影响

幸福感是衡量社会生活质量的重要指标之一，是满意感、快乐感、和价值感的有机统一。[①] 福利补贴的推行在一定程度上提升了老人的幸福感。在被访老年人当中，49. 61%的老人认为福利补贴增加了自身幸福感，50. 25%的老人认为幸福感没有变化。

调研发现，幸福感有所增加的老人普遍认为福利补贴的推行是国家关心、尊重老年群体的表现，同时，部分老人表示，自己的生活的确因为老年福利补贴有了改善的迹象。“我和老伴儿呢，岁数这么大了，政府还想着我们，享受政府的补贴，也少向孩了们要点儿钱，孩子有了闲钱，就能买点儿他们喜欢的东西，我们老两口儿看着也开心啊。”（邓某，女，83 岁）

① 邢占军：《我国居民收入与幸福感关系的研究》，《社会学研究》2011 年第 1 期。

表 4—17 对老人幸福感的影响

	百分比(%)	累计百分比(%)
变好	49.61	49.61
变坏	0.14	49.75
没有变化	50.25	100.00
合计	100.00	

(2) 对未来生活信心的影响

福利补贴整体提高了老年人对未来生活的信心。在被访老年人中，61.17%的老人认为福利补贴确实提高自己对未来生活的信心，仅38.83%的老人认为福利补贴并没有提高自己对未来生活的信心。

提高信心的受访老人表示相信政府在未来更加关注老年群体，为老年群体提供更好的待遇。“提高了，提高了。你看我年纪越来越大了，一个月花不了多少钱，政府给点儿，儿子再稍微贴补点儿，日子比以前好过很多了。有政府帮助，这日子肯定是越来越好啊。”（秦某，男，85岁）另一方面，没有提高未来生活信心的老人表示，现在领到的补贴较少，几乎对生活没有影响。

表 4—18 是否提高了老人对未来生活的信心

	百分比(%)	累计百分比(%)
是	61.17	61.17
否	38.83	100.00
合计	100.00	

五、老年福利补贴的问题分析

本部分将在老年三大福利补贴实施现状分析、实施效果评估基础上，拓展 Neil Gilbert 提出的社会福利分析框架，分别从制度环境、保障对象、保障内容、保障水平、递送方式和筹资方式六个方面，探讨老年三大福利政策实施过程中存在的问题。

（一）制度环境方面

1. 政策宣传有待加强

老年三大福利补贴是政府关心老年群体的表现，但是政府的宣传却不到位，导致很多老年人对福利补贴政策不了解或者理解错误，以致无法有效发挥其参与、监督评价作用。

首先，由于政策宣传不到位，导致部分老年人不太了解三大福利补贴政策。在高龄津贴方面，很多老人只知道自己领了钱，但对于领的是什么钱并不清楚。同时，对于市民政局、区民政局分别提供的居家养老服务，有些老年人也分不清楚，误认为二者是一回事。

其次，部分老人尚未意识到享受三大补贴是自己的权益之一，造成对机构的监督不到位。以养老服务补贴为例，部分老人由于对自身权益认识不清，以致无法正确行使自己的合法权利。比如，部分老年人没有申请相应福利补贴，还有相当一部分老年人对养老服务补贴的监督力度不够，一定程度上阻碍了福利补贴的发展。

2. 多元主体合作机制尚未完全建立

老年福利补贴政策需要在不同层级政府、同级政府不同部门（如民政、财政、卫生、老龄委等），以及政府与社会组织、市场组织、社区、老年人及其家属等社会力量之间的沟通与合作。然而，由于传统官僚体制限制，我国多元主体的协同机制尚未完全建立，虽然各部门也有相应的沟通与联络，但尚未建立多部门协调的组织机制。部门壁垒的存在不仅不利于老年福利补贴的推动，也造成了巨大的资源浪费，增加了制度运行成本，降低了政策的效率和效果。

3. 老年福利政策之间的有效衔接不足

老年基本养老服务补贴与护理补贴之间，以及三大福利补贴与其他社会救助、社会福利等政策之间的衔接性还存在一定的不足。

首先，养老服务补贴和失能护理补贴之间存在重复性。养老服务补贴和失能护理补贴不仅在服务内容上存在重复，而且在补贴对象上存在交叉，二者都包括经济困难的失能老人，导致老人重复享受同一服务或补贴的现象。二者是重复享受还是择高享受还需要各地区进一步的明确。

其次，老年三大福利补贴与最低生活保障制度、残疾人福利、政府购买养老服务等政策之间的衔接性不足。在对最低生活保障资格进行家计调查时，有些地区并没有规定福利补贴是否纳入家庭收入范畴，以及政府购买养老服务内容与老年三大福利补贴之间如何衔接等问题。

4. 老年福利信息化建设不足

当前，我国老年人口数量庞大，依靠原有的社区人工管理模式已经不能满足对老年人信息管理的需要。然而，目前我国多数地区尚未建立起信息共享、对接平台，老年福利信息化建设不足。

现阶段，在部分地区，我国老年三大补贴的发放大多建立在社区人工统计信息的基础上，社区工作人员亲自核实的方法优势在于能够促进社区与老人之间的沟通交流，但也存在着工作效率低、信息量有限，以及不能及时地更新老年人的信息等缺陷。如个别地区曾出现过老人去世后仍领取政府补贴的现象，在一定程度上对财政资金的有效利用产生了消极影响，也增加了后期资金追回的工作负担。

（二）保障对象方面

1. 各地区老年福利补贴适度普惠性不足

高龄津贴基本已经覆盖 80 周岁以上的所有老年人，基本实现了适度普惠。但是，也有相当数量的地区，在高龄津贴的受益年龄方面存在分歧，部分地区将其限定为 90 岁，甚至还将经济等要素作为限定条件，这一定程度上影响了高龄津贴的普惠性。在基本养老服务补贴和护理补贴方面，基本都对经济条件、失能状况以及其他方面进行了限定，选择性特征明显，适度普惠不足。当然，这与制度的定位有关。还需要指出，部分地区三大福利补贴申请程序较为烦琐，加之老年人自身素质等原因，导致出现了福利补贴的实际覆盖范围并不高等问题。

2. 各地区福利补贴受益对象资格标准差异较大，且有些标准不合理

各地在制定福利补贴相关政策时，依据各地的发展状况对福利享受对象的资格进行了不同程度的限定，因此，各地福利对象资格标准差异较大。虽然选择型福利的受益对象资格标准千差万别，但在统一限定条件下，特定资格标准还是应当保持一致性。目前，虽然从国家层面来说，高龄津贴的年龄标准应当是 80 岁，但各地区的年龄限制还存在较大差异，如保定市、湘潭市、重庆市涪陵区规定 80 周岁及以上的老人享受高龄津贴，上海市规定 65 岁及以上的老人享受高龄津贴，青海省则是 70 岁以上的老人享受高龄津贴。

此外，在政策实施过程中，人户分离现象严重，以户籍为资格标准存在不合理性。从各地区有关老年三大福利补贴政策的制定情况来看，绝大多数地区以具有“本地户籍”作为发放补贴的限定条件，只有少数地区以“常住人口”为限定条件。但从现实情况来看，目前老年人人户分离现象十分普遍，部分老年人由于身体状况、子女工作等原因搬离户籍所在地，多数外来老人也并未取得当地户籍。因此，以本地户籍作为享受三大补贴的限定条件，在一定程度上不利于三大补贴真正惠及老人。

3. 老年福利补贴在城乡之间、群体之间公平性不足

如果说高龄津贴已经实现了城乡全覆盖，那么基本养老服务补贴、护理补贴则主要是从城镇地区开始，农村地区福利补贴的建立晚于城镇，福利水平也低于城镇，甚至少数地区的试点只集中在城市，城乡之间福利补贴存在较大不公平性。

老年群体也并非是一个完全的同质群体，其内部存在较大差异性。不仅年龄、经济状况、失能等级因素影响着老年福利需求，同时既往病史、子女经济状况、不同居住安排等因素也影响着老年人的福利需求。因此，需要在对老年人及其家庭进行综合评估的基础上，确定护理等级和补贴标准。目前部分地区老年人的综合能力评估体系尚未建立，“一刀切”或简单分类的福利补贴在老年群体之间缺乏一定的公平性。

4. 老年三大福利补贴实施缺乏相应的配套体系

首先，老年人失能等级评估标准体系还存在严重不足。综合各地政策，老年人福利补贴资格标准一般包括四个方面：一是户籍标准；二是年龄标准；三是经济困难；四是失能等级。由于我国城乡最低生活保障制度已经非常成熟，在家计调查基础上的家庭经济评估也相对较为完善，各地区对于低保标准、低收入标准已有较完善的数据，老年人经济困难完全可以依托家计调查进行。

但是在老年人失能等级评估方面，我国对老年人失能等级的评估还非常不充分。虽然民政部门在 2013 年已经建立老年人能力评估标准的行业标准，但从实际情况来看，由于尚未完全推开，当前各地区老年人能力评估标准体系尚未统一，且复杂的评估指标在老年人入院评估过程中的应用效果较差，因此在具体运用过程中还需要进一步的调整，特别是形成更具有针对性的护理等级分级和服务内容清单体系。

其次，对老年福利补贴内容的评估也不充分。由于数据的缺乏、多

元主体参与不足等原因，大多数地区在政策制定过程中，对福利对象需求的事前评估不充分，对不同失能等级对应的护理服务内容也没有明确的标准和范围，不能较好的贴合不同失能等级老年人的护理需求，从而发挥护理补贴制度应有的效应。

（三）保障内容方面

在保障内容方面，老年三大福利补贴除了现金就是服务，且以服务为主。由于多种原因，服务形式的福利补贴在提供过程中，出现了服务供求结构失衡、服务内容范围有限以及服务内容交叉等问题。

1. 补贴名称仍待统一

目前，虽然中央政府已经对老年三大福利补贴政策进行原则性规定，但各地区对老年人高龄津贴的命名仍有差别。天津市称为“营养标准补助费”，江苏省称为“尊老金”，云南省称为“80 周岁以上老年人保健补助和百岁以上老年人长寿补助”，西藏自治区称为“寿星老人健康补贴费”等。这在一定程度上会加强各地落实政策时的随意性，不利于老年福利补贴的可持续性发展。不同的名称代表了不同的福利资格限定条件，名称不统一不利于对老年人福利补贴政策整合与评估。需要说明的是，各地区养老服务补贴和失能护理补贴的名称已经统一。

2. 服务供求结构失衡

在老年服务形式的福利补贴发放过程中，为发挥有限资金的最大效益，政府购买服务理应能够切合老人需求，达到较高的使用率。然而，调查过程中发现，在政府提供的服务中，有些服务不是老年人迫切需求的，而老年人急需、花费较大的却没提供。例如，一些地区现在仍然只为老人提供生活照料类和精神慰藉类服务，医疗服务还未纳入保障内容范围。这便导致老人的服务需求存在缺口，服务供给的效率相对降低。造成服务供求结构失衡的原因可能有两个方面。

第一，政策制定过程中，老年人参与较少。

从服务内容确定过程来看，决定权主要集中在各地民政部门手中，作为受益对象的老年人参与不足。其参与不足的原因可以从两个角度来看。从政府角度来看，政府通过委托专门机构对老年人需求进行调查与分析，认为不再需要考虑老年人意见。从老年人角度来看，一是老年人不愿或没有能力表达意见，二是老年人自组织还不发达，不能组织起来向政府表达利益诉求。

第二，作为服务承接主体的社会力量与政府的合作机制尚未完全建立。

目前我国尚未建立一个规范的、综合的多方合作治理机制，各主体之间的平等交流得不到保障。作为承接服务主体的社会力量虽已有过为当地老年人服务的经验，对老年人的服务需求比较了解，但是政府部门作为采购方，具有相对优势地位，没有合作机制的约束，在交流过程中必定拥有较强的话语权和主导权，社会力量只能被动的接受。

3. 服务内容范围有限

由于政府采购资金和当地机构服务范围的有限性，以及服务内容确定过程的随意性，导致相当一部分地区只能确定较为有限的服务内容，无法充分满足受助对象的服务需求。

为弥补服务内容的有限性，部分地区虽允许机构在服务提供过程中同时为老人提供购买范围外的其他服务项目，但由于政府并没有与机构确定其他项目的具体服务形式，比如建立个性化服务申请机制等，缺少对服务标准和服务价格的限制，因此，无法对服务机构进行有效监管。而老人作为弱势群体，议价能力和约束能力较低，机构在进行其他服务项目时可能对老人收取较高的价格，并且服务标准也不一定能够达到规范水平。这样一来，既没有充分发挥政府购买服务的团购优势，也造成了政府购买服务效率的损失，福利补贴资金的使用效益降低。

4. 服务内容存在交叉

在我国，地方行政部门在政策制定时大多较为公式化地传达国家层面的政策文件，而在一定程度上忽略了政策之间的衔接和地方行政区域内的实际情况。这导致多项福利政策重复与交叉现象时有发生。

在老年三大福利补贴制度中，部分地区养老服务补贴和失能护理补贴的保障内容之间存在重复性。一方面，养老服务补贴和失能护理补贴的保障对象均包括经济困难的失能老人，在补贴对象方面原本就存在交叉；另一方面，这两项补贴大多以服务形式递送，更提高了符合条件的老年人重复享受同一服务的概率。究其原因，主要是部分地区在制定政策时并未统筹考虑两项政策，政策衔接不足，在一定程度上造成了资源的浪费。

（四）保障水平方面

1. 保障水平普遍偏低

研究结果显示，与当地生活成本相比，老年三大福利补贴的保障水平普遍偏低。在高龄津贴方面，大部分地区 80—99 周岁的高龄老人享受的津贴标准约为 30—100 元/月；在护理补贴方面，各地 60 周岁以上失能老人享受补贴水平大致为 60—100 元/月；在养老服务补贴方面，各地 60 周岁以上的经济困难老年人享受补贴水平约为 100—200 元/月。

对于经济困难老人而言，低水平的保障可能只起到简单的救助作用，对于经济状况较好的老人而言，可能只能带来较低的福利性。并且，随着社会经济发展以及物价水平上涨，各地区对保障水平的动态调整略显滞后。

2. 各地区保障标准差异较大

各地之间保障标准水平存在差异，本是合理现象。但是，部分地区保障标准差异较大，尤其体现在同一政策在不同地区以及不同人群之间具有较大差异，则需要引起社会的关注与反思。

第一，同一政策在不同地区实行的保障标准差异较大。这一现实有其合理性，也有令人担忧的一面。如果两城市之间，地理位置、人口结构、经济状况等情况类似，但在福利补贴的保障标准上有较大差异，则可能存在随意设置保障标准的情况。比如，浙江省与江苏省同为东部较为发达省份，浙江省的经济困难老年人养老服务补贴标准为 400 元/月/人，然而江苏省的标准仅为不低于 100 元/月/人。这一现象是否合理，还需要进一步斟酌。

第二，同一政策在不同人群之间的保障标准差异较大。以高龄津贴为例，广东省湛江市 80—89 周岁高龄老人每月可领取 30 元津贴，而 90—99 周岁高龄老人保障水平为 50 元/月，100 周岁及以上老人保障水平 300 元/月。百岁老人享受的保障水平是 80—89 周岁老人的 10 倍，是 90—99 周岁老人的 6 倍。当然，不同等级的保障对象在保障标准方面需要存在梯度设计，但梯度水平如何良好把握则需要经过科学的讨论以及时间的检验。但现实情况中，不同人群之间福利待遇水平相差较大时，需要引起关注，思考待遇差别的水平是否合理。

3. 服务专业性不足

部分地区提供服务的专业水平有所欠缺，主要表现为以下两个方面。

第一，服务人员的资质认证尚未统一。

目前，国家对养老服务人员的对应资质没有一致的评判标准。不同的机构服务人员取得的资质认证不一。有些服务人员的资质证明为护理员，有些为助老员或是家政服务员，不同的资质证明取得的难度不同。

机构服务人员的资质不一，容易导致服务水平良莠不齐。

第二，尚未建立完整的培训体系和统一培训标准。

众所周知，在养老服务业，服务人员流失率较高，导致部分服务人员经验不足，对业务培训的需求较大。但目前，各地区之间，甚至在同一地区尚未建立一套统一的养老服务人员的业务培训体系，也没有统一的资质培训标准。对服务人员的培训主要是由劳动局、民政局、培训学校和服务机构多个主体进行，业务培训项目较杂，无法保证服务队伍的专业性。

（五）递送方式方面

1. 政府购买服务流程规范性有待提升

第一，政府圈定隐形范围，形成有限竞争。

在竞争性的公开投标购买过程中，政府通常会先向社会发出采购通知，列出采购的服务内容、数量、价格；然后符合条件并有意向的服务机构通过竞标程序竞争服务提供权；竞标成功后，服务机构按照合同要求提供服务。

然而，部分地区政府在购买过程中，虽然选择了公开招标方式，但同时，也圈定了隐性范围。例如，政府会在民政部门登记过的、下属社区服务中心的会员单位中积极动员，这实际上就使得政府购买养老服务是一种有限竞争，而不是充分竞争。

第二，在政府购买服务过程中，存在着承接主体恶性竞争现象。

由于对投标价格未进行最低价格限制，导致有些投标主体以远低于市场的正常价格进行投标，当其由于质量问题导致不能成功竞标后，则通过司法诉讼等方式干扰正常的招标程序，导致招标工作不能按时顺利完成。而过低价格竞标，也会影响后期服务质量和递送效果。

2. 老年人的服务监督与评价作用不足

老年人是福利的最终享受者，其意见最能反映福利水平的高低。然而，部分地区还未建立意见反馈平台，致使老年人无法通过正常渠道表达其服务意见。此外，由于经济困难老年人这个群体的特殊性，导致部分老年人对福利补贴性质的理解产生偏差，进而导致对服务的监督无效。以基本养老服务补贴为例，很多老年人都认为这是一种免费的服务，属于代表政府的养老护理员公益活动。本着“有总比没有好”的想法，很多老年人即使对服务不满意，也不会表达出来。因此，老年人对服务提供的监督与评价失真。

3. 服务供给机构竞争不够充分

第一，在服务供给机构竞标过程中，由于宣传不到位、机构对预期盈利信心不足、对政府不信任等原因，导致一些符合条件的机构可能放弃了参与投标，使得政府在招投标过程中可选择性受到影响，服务供给机构竞争不够充分。

第二，在竞标结束后，针对同一福利项目只选择一家承接机构提供服务，如专业性较强的医疗保健类和精神慰藉类服务，由于机构数量较少，政府可能在同一类型中只能选出一家服务供给机构，这容易导致某种程度的垄断。

第三，即使同一福利项目选择了多家承接机构，但在实际服务提供过程中，也会对这些承接结构的服务范围进行划分，这种多承接机构分片服务的现象虽在一定程度上能够保障服务递送的及时性，但同时也限制了老人选择的自由性，可能在一定程度上形成区域性的垄断，影响服务质量。

4. 惩罚机制执行力度不足

现阶段，老年三大福利补贴政策仍待完善，特别是养老服务补贴和失能护理补贴发展程度不高，还处于探索建设阶段。三大福利补贴制度的惩罚机制建设不到位，执行力度不足。

第一，政府的政策评估机制不健全。

以养老服务补贴为例，虽然在2014年多部门联合下发的《关于做好政府购买养老服务工作的通知》中提到各地要健全监管机制、加强绩效评价，但多数地区目前尚未建立具有较强操作性的评估体系，导致政策实施过程中出现服务质量不高、老人对服务满意度较低等问题，在一定程度上影响了养老服务补贴制度的发展。

第二，政府惩罚机制执行力度不足。

大多数地区虽建立了老年三大福利补贴的监督管理机制，但与之相对应的惩罚机制的执行力相对不足。在服务递送的过程中，政府即使发现某些机构提供的服务存在问题，但由于缺乏有效的惩罚机制，到最后也只能不了了之。长此以往，老人将对养老服务补贴失去信心，使用服务的积极性下降，在一定程度上造成了资源的浪费。

5. 社区的中枢作用有待提升

在老年三大福利补贴递送过程中，社区的积极配合十分重要。但目前，社区的中枢作用仍有待提升，具体体现在链接老人与链接机构两方面。

第一，在链接老人方面。

老人具体的联系方式及居住地址通常由社区居委会掌握，并且老人对社区工作人员的信任度也相对较高。在服务递送过程中，社区本应成为老人与机构之间的桥梁。但是，由于社区在工作时间、工作能力、人员配置以及责任意识方面的局限，社区的中枢作用未能得到良好发挥。部分社区在帮助机构链接老人过程中，积极性较差，使得承接机构需要花费更长的时间找到老年人，有时甚至根本找不到老年人，补贴发放和服务递送的效率有所降低。

第二，在链接机构方面。

老年人作为松散的群体，在与机构的交往过程中基本处于弱势。社区理应代表老年人，对服务递送的效率与质量进行监督，同时也应为老年人发声，及时向服务机构反映老年人的需求。但就目前情况来看，社区在这一方面的工作，仍需进一步加强。

（六）资金筹集方面

1. 少数地区尚未完全建立稳定的资金筹集机制

综合分析各地老年三大福利补贴的资金来源，主要集中在政府财政投入和彩票公益金两个方面。但由于目前缺少法律法规的强制规定，少数地区尚未将福利补贴纳入年度财政预算，仅靠自觉性进行约束管理。由于资金筹集的稳定机制尚未完全建立，机制的不稳定容易导致资金的不稳定，资金的及时到位缺乏保证。

2. 基层政府筹资能力影响了福利供给的稳定性

三大福利补贴的财政资金投入主要通过各级政府共同承担，各级政府之间承担比例存在一定差距，其中，基层政府（县区级）承担比例相对较高。但是，由于基层政府财务状况的不稳定，特别是经济进入新常态后，不少县区政府财政收入大幅下滑，这一定程度上影响了福利津贴的有效筹资。

3. 不同部门、不同类型福利补贴资金筹集仍待整合

政府不同部门在为老年人提供福利过程中，在福利对象、福利内容上可能存在重复交叉现象。由于不同部门、不同类型的福利补贴尚未有效整合，资金筹集的有效性和针对性可能受到损害。因此，为避免资金的重复发放与浪费，政府不同部门之间、不同老年福利政策之间应无缝衔接，资金筹资理应有效整合。

六、改革建议

下面将对三大福利补贴政策存在的问题，针对性的提出改革建议。本书将进一步拓展 Neil Gilbert 所提出的社会福利分析框架，分别从制

度环境、保障对象、保障内容、保障水平、递送方式和资金筹集六个方面，对老年人三大福利补贴政策实施提出政策建议。

（一）制度环境方面

1. 进一步加强政策宣传

政府宣传不到位，导致老年人及其家属政策知晓率比较低，以及对补贴政策性质的理解偏差，进而影响了对老年三大补贴政策的监督与评估。基于此，部分地区应进一步加强三大福利补贴政策的宣传力度。

政策宣传可以采取线上线下同时进行的方式。线上宣传手段主要是制作公益性宣传广告，借助媒体的力量拓宽三大补贴的知晓域；也可以制作网上宣传平台，将有关老年三大福利补贴的最新政策、福利内容等相关信息放到网上，通过网络渠道进行宣传。线下宣传手段主要是开办老年三大福利补贴宣传讲座，针对三大补贴的性质、补贴标准、具体的补贴内容等进行公开说明，并号召社区老年人参与，以此加深老年人对三大补贴的了解。在开办讲座时，可以配合宣传册、宣传单进行介绍，尽可能使宣传效果达到最好。

2. 建成福利生产与供给的多中心治理格局

奥斯特罗姆（2012）的多中心治理理论认为，社会服务和公共产品的生产和供给可以有多个主体，而不是原有简单的政府或市场。现代社会治理不再依赖简单的政府、市场两个维度的治理模式，而寻求整合两种模式优势的“中间方式”，鼓励多元主体的合作治理。这就要求政府应当改变自身作用方式，在制定和运行规则过程中，能够允许同其他主体共同参与、确定，从根本上改变角色定位、责任框架和管理模式。除了多元主体合作治理外，多中心治理理论还强调应当综合利用各种治理手段，综合政府公共性、集中性、规模化的优点和市场效率高、回应性强的优点，形成多主体组合的治理范式。

理论和实践都证明，多中心治理方式是有效的，如果条件具备，其具有弥补政府、市场方式局限的可能。

3. 加强老年福利政策之间的衔接

随着我国老龄事业的不断发展，国家对老年福利愈加重视，相关部门出台了一系列惠及老年人的福利政策。加强老年福利制度的有效衔接，有利于制定公平合理的福利政策，提高其科学性。

首先，进一步明确养老服务补贴和护理补贴之间的关系。政府对于二者的关系还需进一步的明确。护理补贴是否属于养老服务补贴其中一项内容？对于同时符合两项补贴的老年人，是重复享受补贴还是择高选择一项？这些内容都需要政府做进一步的说明。

其次，在三大福利补贴与其他老年福利政策之间，政府部门还需要统筹考虑，在充分了解现有福利制度的基础上，加强与其他部门的交流与沟通，在最大程度上避免同类型福利在保障对象、保障内容等方面出现交叉重复的现象。同时，多部门之间还可以共同商议整合相关福利制度，提高养老资源利用率。

4. 加强老年福利信息化建设

加强老年福利信息化平台建设，提升养老服务的信息化水平，对老年三大福利补贴的发展具有较为重大的意义。各地方政府一方面可以基于已有的相关信息系统，将福利补贴受益老年人的基本信息整合录入。以高龄津贴为例，民政部门在提升社会化发放的同时，可以将老年人的居住状况、死亡状况等信息进行动态整合，逐步建设信息化平台。另一方面，政府也可以面向社会进行招标，选取拥有丰富经验和能力的专业团队，双方共同合作建立老年福利综合信息平台。在这一方面，可以借鉴部分地区的成功案例，例如江苏省泰州市的养老服务信息平台，吉林省的“云养老”服务平台等。

（二）保障对象方面

1. 福利对象逐步实现适度普惠

我国社会福利政策按照“低标准、广覆盖、保基本、多层次、可持续”的原则进行，各地方应当减少资格限定条件，逐步加强受益老年群体的覆盖范围。以高龄津贴为例，所有地区都应尽可能保障每一位80岁以上老人都享受高龄津贴，若地方经济发展较慢，则可稍稍降低补贴水平。此外，还应当简化申请程序，为老年人福利申请提供便利。

2. 确保特定资格标准的一致性与合理性

针对目前不同地区福利补贴资格标准差异较大的问题，各地区应在中央文件的指导下，在特定的资格标准上保持一致性，如高龄津贴应逐渐统一为80岁。

对于以户籍为标准的不合理现象，则应普遍以常住人口为限定条件，建立以居住证为基础的福利供给制度。

3. 适度提高老年三大福利补贴统筹管理层级

适度提高老年三大福利补贴的统筹管理层级，尽量将市、区级统筹逐步提升至省级统筹。一方面，省级统筹能够提高福利补贴的自由流动性与可持续发展；另一方面，又可防止由于不同层级政府之间信息不对称、系统不兼容造成政策重复和资源浪费。

4. 完善老年三大福利补贴相应的配套体系

一是对目标群体的精准识别。首先，是对经济困难老年群体的精准识别，虽然我国低保制度中的家计调查已经实行多年，但仍存在目标偏差问题，漏保和错保现象依然存在，需要进一步改进家计调查方法。其次，目前各地区老年人失能等级划分标准存在较大差异，需要进一步落实民政部《老年人能力评估》政策，在全国范围内统一失能等级划分标准。

二是完善对福利补贴内容的事前评估。全面了解老年人的需求才能为其提供周到的服务。不同地区可以结合各自的优势，通过社区活动、高校研究等多种形式对老年人的需求进行调查了解。在对其需求进行细化评估的基础上，确定服务提供的内容，特别是根据不同类型老年人的服务确定相应的服务内容，切实满足老年人的需求。

（三）保障内容方面

1. 各地区高龄津贴名称应进一步统一

针对目前各地区老年人高龄津贴命名的差异性，各地区应在中央政府文件的指导下，实现统一命名，进而增强政策实施的严谨性，以及国家层面政策的整合与评估。

2. 促进福利资源整合

在发展三大补贴制度时，要统筹规划，综合考量各项福利补贴的覆盖人群和保障内容等，促进老年福利项目的整合。

首先，要做好养老服务补贴和失能护理补贴之间的整合。这两项补贴在覆盖人群和保障内容上存在较明显的交叉重复现象，各地在制定和实施政策的过程中应注意政策的衔接，可以将失能老年人的护理补贴整合进养老服务补贴中。

其次，要做好老年三大福利补贴与其他福利政策之间的整合。目前国务院已经出台《关于全面建立困难残疾人生活补贴和重度残疾人护理补贴制度的意见》，对失能老年人护理补贴和残疾人护理补贴进行整合。此外，民政部门的经济困难老年人养老服务补贴、失能护理补贴与卫生部门的家庭医生制度、老年慢性病管理制度、老年健康管理制度等也需要及时整合。

3. 保障内容具体化、多样化发展

如前文所说，部分地区由于政府所能提供的服务内容范围有限，因此，服务机构在提供一些临时性、“目录清单 ”外的个性化服务项目过程中，可能会出现“坐地起价”的情况。基于此，政府应保障服务内容具体化、多样化发展，并最大限度地确定服务内容清单和质量标准价格限制，减少具体服务提供过程中的随意性。

部分地区可以根据老人的需求制定服务内容，尽量保障老人的需求在购买范围之内，避免提供老人不需要的服务从而浪费有限的资金。同时，部分地区还可以分别制定服务标准和服务价格一览表，明确规定每项服务的服务标准下限和服务价格上限，以此为老年人赢得最大限度的福利。当然，有条件的地区可以建立个性化申请机制，即为有需要的老人制定个性化的服务方案，充分满足老年人的需求。

4. 保障老年人在福利供给中的参与权

正如前文所说，在服务内容确定过程中，老年人参与较少，导致出现政府提供的服务与老人的需求不一致的情况。因此，部分地区在制定福利内容时，应及时听取老年人的意见，让老年人获得他们真正需要的服务。

有条件的地方可以建立网上交流平台，通过网络媒体搜集老人的需求，之后地方政府再根据老人的需求确定服务内容。同时，地方政府在确定服务内容时，可以邀请老年人代表出席，请老人将需求直接向政府说明。地方政府还可以先制定服务内容试行，一段时间之后评估老人对服务的满意度，包括对服务内容的满意度、对服务水平的满意度等等，完善服务内容之后再全面推广。总之，部分地区要尽可能提高老人在确定服务内容过程中的参与度，使所提供的服务与老人需求相一致，保障福利服务的可持续性发展。

（四）保障水平方面

1. 强化动态调整机制，逐步提高保障水平

从目前各地福利补贴的实施情况来看，补贴标准普遍偏低，不能完全满足困难老年人的需求。此外，随着社会经济的发展，各地区对保障水平的动态调整机制也略显滞后。针对这种情况，各地区应当根据实际情况，强化动态调整机制，逐步建立老年福利待遇水平稳步增长机制。

2. 适度缩小各地区保障标准之间的差异

第一，适度缩小单向政策在不同地区实行的保障标准差异。尤其是对于地理位置、人口结构、经济状况等情况在同一水平层面的地区而言，福利补贴的保障标准更应保持在合理的差异内，这样才有利于区域间的协调发展。当然，这一问题也可以通过各地之间建立健全保障水平动态调整机制解决，一来可以防止保障水平调整的滞后，二来也及时缩小了地区之间的保障标准的差异。

第二，适度缩小单向政策在不同人群之间的保障标准差异。通过科学的讨论、设计以及时间的检验，在不同等级受助对象的保障标准方面，进行合理的梯度设计，以提高三大福利补贴政策在不同人群之间的公平性。

3. 提高服务专业水准

第一，要提升服务人员的专业化水平。服务机构，特别是养老服务机构，其工作人员应具备较扎实的专业知识，较高的专业素养，从而为老人提供优质服务。对此，相关部门应加强对养老服务业的规范管理，加快建立对养老服务人员的职业资格认证标准和机制。

第二，要促进培训体系的建立健全。各地应加快建立针对养老服务人员的业务培训体系，统一资质培训标准。此外，养老服务机构要定期对服务人员进行系统培训，增加服务人员的护理知识储备，提升服务队

伍的整体水平。

第三，要适当提高服务人员的待遇水平。各地政府和服务机构要结合各地实际情况，适当提高服务人员的待遇水平，完善对其的社会保障，提高其职业认可度与社会地位。

（五）递送方式方面

1. 提高政府购买服务流程的规范性

首先，完善政府购买服务的相关法律法规，明确政府购买服务流程中各环节的责任主体和权利义务，保障政府购买服务流程的规范性，保证购买程序的公平公正。

其次，在购买服务的过程中，鼓励潜在服务机构积极地参与到服务供给的竞争中来，保证竞争的充分性。同时，鼓励机构之间良性竞争，对于“价格战”等恶性竞争手段进行严格管理惩治。有关部门也需加大对购买服务流程的监督力度，防止管制俘获行为的发生。

2. 对需求者赋权

第一，继续秉持补需方、增强需方选择自由的理念。在政府主导的政府购买服务的过程中，要给老年人赋权，避免名义上的补需方最终沦为实际补供方，确保其能够在不同服务提供者中自由选择，形成买方市场格局。

第二，鼓励老年人组织化。组织化可以增强其获取信息和争取权利的能力，并探索更为规范和有效的利益表达机制，从而在根本上提高老年人在服务供求市场上的地位。另外，进一步鼓励竞争，让更多符合条件的机构进入服务提供市场，从而有助于服务提供方改进服务质量，提供质优价廉的服务，也有助于买方市场的形成。

3. 鼓励服务供给主体的发展与竞争

第一，鼓励发展、培育养老服务供给体系。我国养老服务供给体系发展不够健全，是制约服务供给主体充分竞争机制建立的重要因素。政府应从政策、资源、人员等方面加大对养老服务业的扶持力度，建立健全养老服务供给体系，全面提高社会养老服务的生产力和生产水平。

第二，鼓励竞争，提升服务效率与质量。在政府购买服务过程中，应秉持承接主体广泛性原则，鼓励各主体之间的竞争。只有供给主体广泛且充分竞争，才能最大程度上保障老年人享受服务时享有充分自由。此外，服务承接主体的竞争不仅局限在政府购买阶段，在服务提供阶段也需要竞争，老年人可以“用脚投票”“用券投票”，对各服务主体进行选择。在各个环节和阶段都充分鼓励竞争，有助于充分竞争和选择。

4. 加强惩罚执行力度

鼓励各地区完善相应的法律法规，建立健全监管机制，加强绩效评价，对服务标准参差不齐、服务质量不高、老年人服务满意度较低等问题严肃处理。同时，惩罚措施的惩罚标准与执行力度，应当远远超过工作懈怠行为的预期收益，鼓励监督和举报行为。对于那些相互勾结的服务机构和政府相关部门个人，更是需要进行严厉打击。

5. 进一步提升社区的中枢作用

社区是政府购买服务过程中的重要参与者，是整个服务链条的重要枢纽。推动福利补贴的有效落实，应当重视社区中枢功能的有效发挥。

第一，进一步发挥社区作为服务递送渠道的载体功能。社区本质上是社区公众互动的场域，是公共服务和俱乐部服务产品的供给者，也是其他服务的重要渠道，政府购买服务需要通过社区这一渠道来递送服务。

第二，进一步发挥社区的反馈与监督作用。社区应代表老年人向服务供给方反馈意见与需求，并对服务过程进行监督与约束。

第三，探索社区新的功能作用。主要包括社区在协助运营社区日间照料中心、辅助配合其他机构在社区内设立工作点、培育社区社会组织、对接老人需求与组织服务供给等方面的功能作用。

（六）资金筹集方面

1. 加强部分地区筹资稳定机制建设

一个稳定的筹资机制能够保障任何的福利制度健康可持续发展，老年三大福利补贴制度也是如此。稳定的筹资机制可以提升福利补贴的适度普惠性，为福利补贴的有效落实提供坚实可靠的经济保障。因此，各地区财政部门应准确测算老年三大福利补贴所需资金，列入年度财政预算，加强资金筹集稳定机制的建设，以确保资金能够及时到位，提高资金有效使用率。同时，筹资机制与筹资水平在满足老年三大福利补贴可持续发展的需要的基础上，也要能够适应财政的承受能力。

2. 提高基层政府筹资能力

在老年三大福利补贴的财政资金投入方面，基层政府（县区级）承担比例相对较高，为避免财政压力过大，基层政府需进一步提高筹资能力。基层政府必须发挥政府的主导作用，不断发掘经济热点，积极培育和发展资本市场，通过多渠道筹集资金。当然，另一方面，还应当考虑让市级、省级政府在老年三大福利补贴中负担更大比例的筹资责任，这样会提升整个资金来源的稳定性，这也是福利制度提高统筹层次的必然趋势。

3. 整合部门之间的筹资

有效整合不同部门、不同方面的福利津贴，协同各个部门，衔接不同政策，避免资金的重复发放与浪费，提高资金筹集的针对性和有效性。特别重视将分散于各个部门零碎的各类资源进行分类整合，减少交叉、重复，扩展待遇的覆盖内容和完整性，通过政策整合、资源整合，形成合力，为改善老年人福利状况奠定更加良好的基础。

参考文献

Genevieve Knupfer, "Portrait of the Underdog", in Reinhard Bendix and Seymour Martin Lipset, eds. , *Class, Status and Power: A Reader in Social Stratification*, New York, Free Press, 1953.

Yunrong Li. and Ricardo Mora, "Re-assessing the Impact of the Grand-parent's Income on the Infant Mortality Rate: An Evaluation of the Old Age Allowance Program in Nepal", *World Development*, 2016(87).

Neil Gilbert, Paul Terrell:《社会福利政策引论》，沈黎译，华东理工大学出版社 2013 年版。

Oliver Moles, Robert F. HESS, Daniel Fascione, "Who Knows Where to Get Public Assistance?" *Welfare Rev*, 1968(6).

常江：《美国政府购买服务制度及其启示》，《政治与法律》2014 年第 1 期。

戴卫东：《新中国老年福利事业的反思与前瞻》，《社会科学战线》2015 年第 2 期。

邓大松、吴振华：《"高龄津贴"制度探析与我国普惠型福利模式的选择》，《东北大学学报》（社会科学版）2011 年第 3 期。

李金珊、叶托：《公共政策分析：概念、视角与途径》，科学出版社 2010 年版。

林闽钢、周正：《政府购买社会服务，何以可能与何以可为?》，《江苏社会科学》2014 年第 3 期。

［美］埃莉诺·奥斯特罗姆：《公共事物的治理之道——集体行动

制度的演讲》，余逊达、陈旭东译，上海译文出版社2012年版。

夏艳玲：《老年社会福利制度：补缺模式与机制模式的比较——以美国和瑞典为例》，《财经科学》2015年第1期。

邢占军：《我国居民收入与幸福感关系的研究》，《社会学研究》2011年第1期。

杨爱平、余雁鸿：《选择性应付：社区居委会行动逻辑的组织分析——以G市L社区为例》，《社会学研究》2012年第4期。

杨立雄：《高龄老年津贴制度研究》，《中州学刊》2012年第2期。

张国平：《地方政府购买居家养老服务的模式研究：基于三个典型案例的比较》，《西北人口》2012年第6期。

朱火云、夏会琴、李利娜、高和荣：《基础普惠型高龄津贴制度研究》，《人口学刊》2015年第1期。

第五篇　养老机构准入及监管政策实施研究报告

【摘　要】目前，我国是世界上人口老龄化程度比较高的国家之一，老年人口数量最多，老龄化速度呈现加速状态，应对人口老龄化任务最为艰巨。从2000年到2015年，全国60岁以上老人由1.3亿增长到2.2亿，年均增长3.6%，老年人口众多，会催生很多“夕阳”产业，同时也会带来诸多社会问题。因此，面对数量庞大的老年人口，解决好这些老年人口的养老问题是当务之急。随着市场的需要和政府的推动，各类养老机构纷纷兴起，各种各样的问题也相伴产生，迫切需要研究和解决，特别是研究解决养老机构准入和监管方面的问题显得尤为迫切。课题组在整理东北地区养老机构运行及准入监管情况的基础上，梳理了养老机构在准入和监管方面现存的问题及原因，提出了包括经济、社会、准入、老年人健康、家庭、福利六项定量指标和机构分类管理、服务设施建设标准、服务人员职业标准、服务质量评估、服务收费和监管制度六项定性指标。

【关键词】养老机构　准入　监管　政策

一、调研情况

（一）研究背景及意义

在全面深化改革的新时期，切实维护老年人权益，对于老年人实现老有所为，继续为实现中国梦作出贡献，具有重要意义。近年来，在党和政府的高度重视下，各地出台政策措施，加大资金支持力度，使我国的社会养老服务体系建设取得了长足发展。养老机构数量不断增加，服务规模不断扩大，老年人的精神文化生活日益丰富。尤其2013年民政部下发《关于贯彻落实〈养老机构设立许可办法〉和〈养老机构管理办法〉的通知》实施以来，全国各类收养性养老机构数量急剧上涨。2014年全国各类养老服务机构和设施9.4万个，每千名老年人拥有养老床位27.2张；2015年全国各类养老服务机构和设施11.6万个，比上年增长23.4%。其中注册登记的养老服务机构2.8万个，社区养老服务机构和设施2.6万个，互助型养老设施6.2万个；各类养老床位672.7万张，比上年增长16.4%（每千名老年人拥有养老床位30.3张，比上年增长11.4%），其中社区留宿和日间照料床位298.1万张[①]。2016年7月6日，民政部公布了《民政事业发展第十三个五年规划》，明确2020年每千名老年人口拥有养老床位数须达到35—40张。随着社区养老服务设施进一步改善，养老服务的运作模式、服务内容、操作规范等也不断探索创新，积累了有益的经验。但是，我国社会养老服务体系建设仍然不完善，还存在着与新形势、新任务、新需求不相适应的问题，主要表现在养老制度体系建设、养老机构准入与监管、养老服务和

① 民政部：《2015年社会服务发展统计公报》，http://www.mca.gov.cn/article/sj/tjgb/201607/20160715001136.shtml，2016年7月11日。

产品供给、养老理念的引导、养老产业市场发育、城乡一体化建设等方面有待加强。

要加强新形势下养老机构准入与监管问题研究。其一，是应对人口老龄化、保障和改善民生的必然要求。随着人口老龄化、高龄化的加剧，失能、半失能老年人的数量还将持续增长，照料和护理问题日益突出，人民群众的养老服务需求日益增长，加快社会养老服务体系建设已刻不容缓。其二，是适应传统养老模式转变、满足人民群众养老服务需求的必由之路。长期以来，我国实行以家庭养老为主的养老模式，但随着计划生育基本国策的实施，以及经济社会的转型，家庭规模的缩小和结构变化使其养老功能不断弱化，对专业化社会养老机构和社区服务的需求与日俱增。其三，是解决养老民生、就业民生等社会问题的重要途径。目前，我国城乡失能和半失能老年人 3000 多万，占老年人口总数的 19%。由于现代社会竞争激烈和生活节奏加快，中青年一代正面临着工作和生活的双重压力，照护失能、半失能老年人力不从心，迫切需要通过发展社会养老服务来解决。因此，加强养老机构建设是解决失能、半失能老年群体养老问题、促进社会和谐稳定的重要途径。另据推算，2015 年我国老年人护理服务和生活照料的潜在市场规模将超过 4500 亿元，养老服务就业岗位潜在需求将超过 500 万个。加强养老机构建设将是扩大消费和促进就业的有效途径。庞大的老年人群体对照料和护理的需求，不仅有利于养老服务消费市场的形成和发展，而且成为当前解决就业问题的重要途径。

（二）调研对象及结果

本次调研选取黑龙江、吉林、辽宁共 110 所民办、公办等不同类型和规模的养老机构，采用实地调研、问卷调查、访谈以及资料收集等方法，从管理者和服务对象的访谈口述中，听取他们对养老政策、养老组织、服务设施、服务状况和服务要求的意见，从而为完善养老政策提供有力支撑。

数据分别来源于辽宁省沈阳、锦州、丹东市 40 所养老院。吉林省长春市、四平市 40 所养老院。黑龙江省齐齐哈尔市 30 所养老院。其中民办性质的养老机构占调查总数量的 80%，公办性质的养老机构占 20%。团队随机发放养老机构调查问卷，共 110 份，回收率为 100%。老人访谈记录 200 份，回收率 100%。调查结果显示，床位数达到 100 张以上的占 70%，床位数在 100 张以下的占 30%，国办机构入住率达到 90%以上，民办机构入住率在 50%—80%之间，如锦州市寿山养老院入住率为 51%，情况稍好的是沈阳市养老服务中心，拥有 1146 张床位，入住率已达到 80%。其中高龄老人居多，80 岁以上老人高达 69%。能够完全自理的老人占 60%，失能老人占 4%、半失能老人占 36%。养老机构收费标准范围差异大，公办机构多数在 500—1000 元区间，民办机构多为 1000—3000 元区间。

（三）相关政策梳理

在我国养老服务还没有形成健全、有序的市场环境，养老服务行业亟待监管的情况下，制定养老机构准入与监管政策任务紧迫。从 1949 年至 1977 年，我国养老机构处于“全面管控期”的整治模式，即政府利用强大的行政手段调控各种福利资源，对收养机构进行全方位管控。自 20 世纪 80 年代提出养老服务社会化以来，我国打破了“全面监控”模式。这一时期（1978—1998 年）大多数公办养老院已经完成服务转型。从 1998 年开始，我国加大对社会力量兴办养老机构的政策和资金扶持，民办养老机构数量迅猛增长。民办养老机构主要是指由政府以外的社会主体投资兴办并经营管理的养老服务机构。包括以社区为依托，以区、街道兴办的各种老年公寓；各厂矿、民营企业等单位兴办的养老服务机构，还有利用个人资产、外资等民间资金兴办的各种老年公寓。由此，形成了中国特色的养老机构模式，公办养老机构和民办养老机构两大社会养老机构共同发展的和谐局面。随着养老机构不断走向开放、各类养老机构的出现，我国在养老机构准入方面进行大量探索和实践，制定和出台了一系列规章、政策、标准，为建立统一、规范的养老机构准入制度奠定了扎实基础。进入新世纪后，党中央、国务院根据我国老龄人口实际情况以及养老机构中出现的问题，先后制定了一系列相关养老政策，包括《中国老龄事业发展“十二五”规划》《国家人口发展“十二五”规划》以及《养老机构设立许可办法》《养老机构管理办法》等政策，对养老机构准入与监管机制作出不同的规定，使养老机构管理工作提升到一个新的高度，取得一定效果。

本课题将2000—2016年的养老政策进行分类整理（见表5—1）：

表5—1 2000—2016年国家养老文件政策汇总

时间	具体文件名称
2000年8月	《中共中央、国务院关于加强老龄工作的决定》（中发〔2000〕13号）
2001年2月	《老年人社会福利机构基本规范》
2006年9月	《关于印发〈全国民政标准2006—2010年发展规划〉的通知》
2011年9月	《中国老龄事业发展“十二五”规划》
2011年11月	《国家人口发展“十二五”规划》
2012年3月	《关于〈养老机构安全管理〉行业标准的公告》
2013年7月	《中华人民共和国老年人权益保障法》修订版
2013年7月	《养老机构设立许可办法》
2013年7月	《养老机构管理办法》
2013年10月	《国务院关于加快发展养老服务业的若干意见》（国发〔2013〕35号）
2014年8月	《关于做好政府购买养老服务工作的通知》
2016年7月	《民政事业发展第十三个五年规划》
2016年10月	《关于全面放开养老服务市场提升养老服务质量的若干意见》
2016年10月	《关于推进老年宜居环境建设的指导意见》

一是国家对养老机构及相关工作人员的行业标准进行规范。《中共中央、国务院关于加强老龄工作的决定》（中发〔2000〕13号）提出，“逐步形成政府宏观管理、社会力量兴办、老年服务机构按市场化要求自主经营的管理体制和运行机制”。针对各类养老机构发展的不平衡性和管理混乱的现象，2001年2月，民政部批准发布《老年人社会福利机构基本规范》行业标准，对养老机构的管理提出了具体的要求；2006年9月，《关于印发〈全国民政标准2006—2010年发展规划〉的通知》列出民政通用标准，其中含有老年人社会福利机构服务的社会福利标准；2011年11月14日由人社部发布《关于印发养老护理员等四个国家职业技能标准的通知》（人社厅发〔2011〕104号），这是对《养老护理员国家职业技能标准》的修订；2012年3月26日民政部发布《关于〈养老机构安全管理〉行业标准的公告》，对设备设施安全、食品安全、消防安全、医疗护理安全、人身安全、财产安全、信息安全、突发事件应急管理、安全教育与培训九个方面作出具体、全面的要求。截至2016年，我国已发布养老服务业国家标准2项，正在制定国家标准8项，已经发布行业标准6项，正在制定行业标准1项（见表5—2）。上述政策从允许养老机构自主经营，到加强制定的养老机构行业标准，体现了国家对养老机构的引导和规范管理。

表5—2　国家养老服务行业标准汇总表

序号	标准号	名称	级别	状态
1	GB/T 50340-2016	《老年人居住建筑设计标准》	国家	现行
2	GB/T 29353-2012	《养老机构基本规范》	国家	现行
3	DB11/T303-2014	《养老服务机构标准体系　要求、评价与改进》	地方	制定
4	DB11/T304-2005	《养老服务机构标准体系　技术标准、管理标准和工作标准》	地方	制定

（续表）

序号	标准号	名称	级别	状态
5	DB12/T610-2015	《养老机构等级划分与评定》	地方	制定
6	DB11/T305-2014	《养老机构老年人健康评估服务规范》	地方	制定
7	DB11/T220-2014	《养老机构医务室服务规范》	地方	制定
8	DB11/T149-2016	《养老机构院内感染控制规范》	地方	制定
9	DB31/T461-2009	《社区居家养老服务基本规范》	地方	制定
10	MZ 008-2001	《老年人社会福利机构基本规范》	行业	发布
11	MZ/T 032-2012	《养老机构安全管理》	行业	发布
12	MZ/T 001-2013	《老年人能力评估》	行业	发布
13	JGJ 122-99	《老年人建筑设计规范》	行业	发布
14	20120699-T-314	《养老机构分类与命名》	行业	制定
15	老年人社会福利机构基本规范	《养老机构设施设备基本配置规范》	行业	制定
16	建标 143-2010	《社区老年人日间照料中心建设标准》	行业	发布
17	建标 144-2010	《老年养护院建设标准》	行业	发布

二是国家对养老机构的准入和监管逐渐走向制度化、规范化和具体化。《中国老龄事业发展“十二五”规划》强调，“切实加强养老服务行业监管。进一步完善养老机构行政管理的法律法规，建立养老机构准入、退出与监管制度，做好养老机构登记注册和日常检查、监督管理工作。寄宿制养老机构等关系老年人安全和健康的重要场所，要列入消防安全和卫生许可制度重点管理范围。”《国家人口发展“十二五”规划》提出，“发挥家庭和社区功能，建立以居家为基础、社区为依托、机构为支撑的社会养老服务体系，每千名老人拥有养老床位达到 30 张。加强养老服务标准、行业规范和管理制度建设，建立养老机构准入、退出

与监管机制。”以上文件政策的出台，充分体现了养老机构准入、退出与监管机制政策逐步地完善中，层层递进。《中华人民共和国老年人权益保障法》修订版以及《养老机构设立许可办法》和《养老机构管理办法》自2013年7月1日开始实施。《中华人民共和国老年人权益保障法》修订版既规定了养老机构准入条件与监管事宜，又加入了养老服务评估制度，说明养老服务质量引起国家的高度重视。其中，第四十二、四十三、四十四条分别明确规定了养老机构准入与监管等事宜，第四十二条中“国务院有关部门制定养老服务设施建设、养老服务质量和养老服务职业等标准，建立健全养老机构分类管理和养老服务评估制度。各级人民政府应当规范养老服务收费项目和标准，加强监督和管理”。第四十三条中，“设立养老机构，应当符合下列条件：（一）有自己的名称、住所和章程；（二）有与服务内容和规模相适应的资金；（三）有符合相关资格条件的管理人员、专业技术人员和服务人员；（四）有基本的生活用房、设施设备和活动场地；（五）法律、法规规定的其他条件”。第四十四条中，“设立养老机构应当向县级以上人民政府民政部门申请行政许可；经许可的，依法办理相应的登记。县级以上人民政府民政部门负责养老机构的指导、监督和管理，其他有关部门依照职责分工对养老机构实施监督。”《养老机构设立许可办法》进一步完善养老机构准入条件的具体条款，降低了床位的准入要求，“（一）有名称、住所、机构章程和管理制度；（二）有符合养老机构相关规范和技术标准，符合国家环境保护、消防安全、卫生防疫等要求的基本生活用房、设施设备和活动场地；（三）有与开展服务相适应的管理人员、专业技术人员和服务人员；（四）有与服务内容和规模相适应的资金；（五）床位数在10张以上；（六）法律、法规规定的其他条件”。《养老机构管理办法》是在《养老机构设立许可办法》的基础上，具体对服务内容、内部管理、监督检查等事项作出明确规定，总则包括“县级以上地方人民政府民政部门负责本行政区域内养老机构的指导、监督和管理。其他有关部门依照职责分工对养老机构实施监督”等内容。第二章、第三章、第四章分别对服务内容、内部管理、监督检查作出规定：“养老机构按照服务协议为收住的老年人提供生活照料、康复护理、精神慰藉、文化娱乐等服务”；“养老机构应当按照国家有关规定建立健全安全、消防、卫生、财务、档案管理等规章制度”；“民政部门应当建立养老机构评估制度，定期对养老机构的人员、设施、服务、管理、信誉等情况进行综合评价。养老机构评估工作可以委托第三方实施，评估结果应当向社会公布”。《国务院关于加快发展养老服务业的若干意见》（国发〔2013〕35 号）进一步明确养老机构准入与监管制度，从设立养老机构的主体和准入条件来看，“支持社会力量举办养老机构”，“在资本金、场地、人员等方面，进一步降低社会力量举办养老机构的门槛，简化手续、规范程序、公开信息，行政许可和登记机关要核定其经营和活动范围”，“民间资本举办的非营利性养老机构与政府举办的养老机构享有相同的土地使用政策”。从公办养老机构的服务群体来看，“公办养老机构要充分发挥托底作用，重点为‘三无’（无劳动能力，无生活来源，无赡养人和扶养人、或者其赡养人和扶养人确无赡养和扶养能力）老人、低收入老人、经济困难的失能半失能老人提供无偿或低收费的供养、护理服务”。从监管部门的监管职责来看，“民政部门要健全养老服务的准入、退出、监管制度，指导养老机构完善管理规范、改善服务质量，及时查处侵害老年人人身财产权益的违法行为和安全生产责任事故。价格主管部门要探索建立科学合理的养老服务定价机制，依法确定适用政府定价和政府指导价的范围。有关部门要建立完善养老服务业统计制度。其他各有关部门要依照职责分工对养老服务业实施监督管理。要积极培育和发展养老服务行业协会，发挥行业自律作用”。

三是新时期和新背景下，为了更好地满足老年人多层次、持续性的养老服务需求，我国对养老服务制度以及扶持社会力量兴办养老机构政策进行不断地完善和发展。2014 年 8 月，财政部、国家发展和改革委员会、民政部、全国老龄工作委员会办公室联合发布《关于做好政府购买养老服务工作的通知》，并明确提出：“到 2020 年，基本建立比较完善的政府购买养老服务制度”，“建立健全由购买主体、养老服务对象以及第三方组成的综合评审机制，加强购买养老服务项目绩效评价”，“绩效评价结果要向社会公布”。2016 年 5 月 27 日，中共中央政治局就我国人口老龄化的形势和对策举行第三十二次集体学习，习近平在学习会上强调，“要积极发展养老服务业，推进养老服务业制度、标准、设施、人才队伍建设，构建居家为基础、社区为依托、机构为补充、医养相结合的养老服务体系”。2016 年 7 月 6 日，民政部网站公布了《民政事业发展第十三个五年规划》，提出“加快推进医疗卫生与养老服务相结合”，“推动医疗卫生和养老服务资源有序共享”，“深化养老服务供给侧改革，积极支持社会力量举办养老机构”，“通过补助投资、贷款贴息、运营补贴、购买服务等方式，支持社会力量举办养老服务机构”。2016 年 10 月 11 日，中央全面深化改革领导小组第二十八次会议审议通过了《关于全面放开养老服务市场提升养老服务质量的若干意见》，提出了“降低准入门槛，营造公平竞争环境，积极引导社会资本进入养老服务业，推动公办养老机构改革”，“提升居家社区和农村养老服务水平，推进养老服务业制度、标准、设施及人才队伍建设。”2016 年 10 月 12 日，由全国老龄办、国家发展改革委、财政部、国土资源部、住房城乡建设部、交通运输部等 25 个部委共同制定的《关于推进老年宜居环境建设的指导意见》（以下简称《指导意见》），是关于“老年宜居环境建设”的首个指导性文件。《指导意见》设计了“适老居住环境”“适老出行环境”“适老健康支持环境”“适老生活服务环境”“敬老社会文化环境”五大老年宜居环境建设板块，17 个子项重点建设任务，并提出了安全性、可及性、整体性、便利性、包容性的要求。这些文件及政策足以表明我国对养老事业的高度重视，一方面放开养老市场，降低民办养老机构的准入条件，推动公办养老机构改革，以满足更多老年人的养老需要；另一方面对各类养老机构加强监管，完善养老服务制度，提高养老服务质量，力求将养老服务事业做好。综上所述，我国能够从当前养老形势严峻的实际情况出发，以老年人为中心，适时制定一系列政策，最大程度地保障和满足老年人的根本利益。

（四）东北地区养老机构设立及运行情况

1. 东北地区养老机构总体概况

东北地区指的是中国的黑龙江省、吉林省、辽宁省三个省份。据养老信息网登记的养老服务机构显示（见表5—3）：全国有24113所养老机构。其中公办养老机构、民办养老机构分别占84.7%、15.0%，其他占0.3%。床位数量在50张以内的有1733所，50—100张的有19292所，100张以上的有3088所。黑龙江省共有1029所养老机构，公办机构、民办机构分别占83.58%、16.33%，其他占0.09%。床位数量在50张以内的有106所，50—100张的有848所，100张以上的有75所。辽宁省共有1412所养老机构，其中公办、民办所占比例分别为59.70%和40.08%，其他占0.22%。床位数量在50张以内的有191所，50—100张的有970所，100张以上的251所。吉林省共有1032所养老机构，其中公办高达81.69%，民办占18.31%。床位数量在50张以内的有95所，50—100张的有888所，100张以上的49所。由此可见，三省中黑龙江省的养老机构数量最少，最多的为辽宁省。总体上来说，黑龙江省、辽宁省、吉林省的养老机构数量均高于全国平均值。与民办养老机构相比，东三省的公办养老机构比重较高，且床位数在50—100张的养老机构占多数。

表 5—3　全国以及东三省养老机构数量统计（单位：所）

指标	全国	黑龙江省	吉林省	辽宁省
养老机构总数	24113	1029	1032	1412
公办养老机构数量	20421	860	843	843
民办养老机构数量	3629	168	189	566
床位数 50 张以内	1733	106	95	191
床位数 50—100 张	19292	848	888	970
床位数 100 张以上	3088	75	49	251

从 20 世纪七八十年代开始，东北地区生育率在全国最低，加之年轻人口流出，东三省面临严重的老龄化问题。据黑龙江省社科院 2015 年年初发布的调查报告预测，预计到 2020 年，黑龙江省老年人口将达 765 万，老龄化水平达 19%。2015 年末辽宁省 60 周岁以上户籍人口 879.0 万人，占总人口的 20.6%，沈阳市老年人口数量达到 161.4 万人，预计 2020 年辽宁省老龄人口数将超出 1000 万人。吉林省已进入人口老龄化快速阶段，目前老年人口年均增速超过 6%，预计 2020 年年底全省 60 岁以上老年人口将达到 665 万。从以上数据分析得出，三个省份中老龄人口居多的省份是辽宁省，相应的，养老机构也呈现出较高的数量。

2. 东北地区养老机构运行情况

养老机构是社会养老专有名词，是指为老年人提供集中居住和照料服务等综合性服务的机构。机构养老模式通常以各种养老机构为载体，实现其社会化的养老功能。养老机构可以是独立的法人机构，也可以附属于医疗机构、企事业单位、社会团体或组织、综合性社会福利院的一个部门或者分支机构。本课题调查的全部养老机构中，硬件设施配备齐全，且能够针对不同服务对象开办具有特色的服务，特别是吉林省长春市、辽宁省沈阳市养老服务类型多种多样，社区居家养老、日间照料中心、自助服务、智慧养老、医养结合养老、机构养老运行良好。如长春市二道区以“居家养老为基础、社区养老为依托、机构养老为支撑”，每个社区已实现日间照料全覆盖。调查数据显示，同时拥有电视、空调、独立卫生间、报警器等硬件设施的养老机构占60%；能够连续居住3年以上的老人达到64%，其他的老人则流动性大。与吉林和沈阳相比，黑龙江省哈尔滨市的养老服务流动性大，由于受气候环境的影响，冬天在南方养老的哈尔滨人较多。在老年人访谈过程中，对养老机构硬件设施满意的占78%，对养老服务制度执行度满意的仅占45%。

同时，养老机构经营运行过程中，在资金投入上，缺乏良好政策的扶持以及补贴落实不到位，由于养老服务具有公益性质，民办养老机构又具有投资大、周期长、效益低的特点，以至于民办养老机构经营难度大，资金一断裂便处于困境中，无法继续扩大发展，服务范围受限。在调查中，民办养老机构运行资金来源比例最高的是个人投资占49%、来自政府拨款的占45%、其他占6%。

在这些被调查的养老机构中，民办养老机构缺乏医疗服务队伍以及护理专业人员队伍，已有的护理人员文化素质不高，访问调查中，护理人员既是大专以上学历又是护理专业的占55%，中学学历占20%，大专学历及其他专业的占25%。此外，这些队伍流动性较大，包括护理人员和养老服务员队伍，其中的一位养老院院长说“近两年，护理员我们已经走了六七个了，最近可能还有要走的。”60%的养老服务员年龄在四五十岁左右，他们的工资显著低于其他岗位的工资，养老护理员虽然年轻居多，但工资待遇低，保险又不到位，不可能长期留在这儿。

部分养老机构收费价格高，收费标准是根据单人间、双人间收费，单人间价格在2500元以上，双人间在2000元以上；护理人员数量有限，缺乏合理的分级护理标准，个别养老院护理员的比例小于规定数。

二、养老机构准入、设立与监管政策的落实情况——以东北地区为例

东北地区对于养老机构的准入、设立与监管政策是自 2013 年 7 月民政部颁布实施《养老机构设立许可办法》才开始规范的。从近两年颁布的养老机构许可实施细则来看，主要有《黑龙江省养老机构设立许可实施细则》《吉林省养老机构设立许可实施办法》（吉民发〔2015〕6 号）、《辽宁省养老机构设立许可实施细则》。

1999 年以来，养老机构审批管理各地基本遵循民政部颁布的《社会福利机构管理暂行办法》，吉林省除了《吉林省民办养老机构管理暂行办法》（吉民发〔2009〕103 号）并没有出台具体的实施细则。直到 2015 年 2 月 1 日，吉林省正式实行《吉林省养老机构设立许可实施办法》（吉民发〔2015〕6 号）。《吉林省养老机构设立许可实施办法》是由吉林省民政厅联合多部门，包括吉林省公安厅、吉林省财政厅、吉林省国土资源厅、吉林省环保厅、吉林省住建厅、吉林省卫生计生委、吉林省工商管理局、吉林省食品药品监督管理局等部门研究所制定的，许可权限主要放在县级民政部门。该办法第六条对包括营利性和非营利性养老机构、公办和民办养老机构在内的所有养老机构，从管理制度、基础设施、服务队伍等方面提出明确的准入条件，第十九条和第二十条则对养老机构的监管作出明确规定，为举办者依法依规设立养老机构和管理者依法行政提供了制度保障。2015 年 7 月，吉林省民政厅下发了《关于核发〈养老机构设立许可证〉的通知》，要求各地对已取得《社会福利机构设置批准证书》的养老机构，重新换发养老机构设立许可证，新设立的养老机构要按照《吉林省养老机构设立许可实施办法》执行。为了更好地贯彻落实《吉林省养老机构设立许可实施办法》（吉民发〔2015〕6 号），规范省民政厅养老机构设立许可工作，吉林省又制定了《吉林省民政厅关于养老机构设立许可的有关规定》，从 2015

年5月1日起施行。其中第二条规定了省级以上人民政府和省级人民政府相关部门举办养老机构的准入条件。2013年、2014年，吉林省取缔非法运营民办养老机构215个。关于社区养老服务，吉林省颁布了《吉林省人民政府关于加快养老服务业发展的实施意见》（吉政发〔2014〕9号），发展目标是“到2020年，基本建成以居家为基础、社区为依托、机构为支撑，功能完善、规模适度、覆盖城乡的社会养老服务体系，形成具有吉林特色的‘9073’养老服务格局”；“在城乡社区和养老机构中开发设置1万个养老服务社会工作专业岗位。养老护理员持证上岗率达到90%，具有初级以上资质的养老护理员占50%以上”。由此，吉林省在养老机构的准入、设立与监管方面下了大力气，制定相关办法，特别是对社区养老服务提出高标准、高要求。但在实际落实中，社区养老还存在一些问题，在调查的20家社区养老机构中，功能设施还不完善，扶持政策还不健全，社区服务的主体多为政府，市场等其他社会力量参与的较少，养老护理员持证上岗率不到80%。在调查访问中，社区服务的设施多为健身、娱乐活动设施，而老人需要的法律、心理咨询室、图书报纸期刊室较少。

黑龙江省于2014年出台了《黑龙江省养老机构设立许可实施细则》，规定今后开办养老机构要先申请行业许可，准入要求是第九条，规定养老院床位需10张以上、居室标准单人间不小于10平方米。第四条规定了监管责任，“县级以上地方人民政府民政部门负责本行政区域内养老机构的设立许可、指导、监督和管理。其他有关部门依照职责分工对养老机构实施监督”。黑龙江省养老服务优惠扶持政策较多，仅2014年先后出台各项优惠政策，包括民办公助政策，对符合资助条件的民办非企业性质的养老服务机构（床位在30张以上，连续经营满6个月且继续经营等），省级财政一次性给予每张床位2000元的建设补贴或每月每张床位给予100元运营补贴。土地优惠政策，民办非营利性养老机构与公办养老机构享有相同的土地使用政策，养老服务用地可以依法使用国有土地或已经确权的农村集体建设用地；税收优惠政策，对非营利性养老机构自用房产、土地免征房产税、城镇土地使用税，对符合条件的非营利性养老机构按规定免征企业所得税，养老机构占用耕地的，符合规定条件的免征耕地占用税；投资补贴优惠政策，各级政府用于发展服务业的资金重点向养老服务业倾斜，各级政府福利彩票公益金用于支持养老服务业发展的资金比例不得低于50%；扶持老年产业，在社区教育学院、学校、教学点建设老年教育活动场所，加大对社区老年教育投入，改善活动场所条件，建设老年文化传播平台，开办养老服务网站和老年网络大学，支持老年广播电视专栏发展和老年人适读报刊、音像制品出版，鼓励发展符合老年人身心特点的老年旅游业，鼓励商场、超市、市场等设立老年食品用品专区专柜；养老保障政策，逐步扩大高龄老年人生活津贴的覆盖范围并提高补贴标准，力争到2020年底，全省80周岁以上老年人全部享受高龄津贴政策，100周岁以上老年人高龄津贴标准提高到每人每月200元。《黑龙江省人民政府办公厅关于支持民办养老产业发展的意见》（黑政办发〔2014〕50号）中，“鼓励和支持社会力量重点发展医养结合，以收养失能、半失能、失智老年人为主，并提供长期照护服务的护理型养老机构；鼓励闲置、效率低、床位利用率不足50%的厂企二级医院转型为养老护理院，符合条件的纳入医保定点范围；重点鼓励引导社会资本兴办、托管和经营。”这些政策虽然是好的，但因资助补贴条件较严格，能够达标符合条件的最终寥寥无几。在调查的28家养老院中，有10家只有10张左右的床，平米数也未达到规定。还有些养老机构因地势较偏、设施不配套等无法享受收费优惠。

近些年辽宁省各市出台了养老机构准入、监管以及相关优惠政策，但在辽宁省调查走访的40家养老机构中，50%的养老机构负责人表示对优惠政策不知情，这些机构的硬件设施都符合《辽宁省养老机构设立许可实施细则》。在实际执行中，政府出台的这些扶持养老服务机构发展的政策，很多难以落实：一是2008年《辽宁省锦州市关于兴办养老机构优惠政策的意见》，“经县以上民政部门认定，取得民政部统一制发的《社会福利机构设置批准证书》的，均可享受以下优惠政策：建设养老机构需政府部门减免费用共有13项，包括：水资源费、煤气资源费、供热资源费、城市配套费、公共场费、解困费、新墙体费、消防配套费、教师补贴费、土地出让费、人防费、劳保费、价调基金”。二是2012年沈阳市政府对新建的民办养老机构，经验收合格后，2年内每年每张床位补助2000元；投入1000万元资金，再建100个老人日间照料站，覆盖100个社区。三是2013年12月份，辽宁省政府起草了《关于加快发展养老服务业的实施意见》，提出鼓励和支持保险资金投资养老服务领域，但也尚未出台具体的配套政策。四是辽宁省将拨付各地2014年1月至12月的运营补贴资金。条件是省内经民政部门批准的专门为老年人提供集中居住和照料服务的非营利性养老机构，连续经营满6个月，入住率在30%以上；最高不超过每床每月100元。

三、各类型养老机构准入与监管中存在的问题及成因分析

随着近些年老龄人口的增加以及政策的允许，民办机构如雨后春笋一般涌现，但多数质量不合格，在相关养老机构准入和监管政策法规尚未颁布之前，存在各种各样的问题，亟需分析其形成的原因。

（一）养老机构供需两极化现象明显

养老机构从性质上主要分为公办养老机构和民办养老机构。随着养老数量的逐年增加，老年人选择入住养老机构的机率也在增加，特别是失独老人、空巢老人。但是目前公办养老机构的入住率明显高于社会办

养老机构，呈现出“两极化”现象，即公办机构“一床难求”，社会养老机构空床率较高，约20%的社会养老机构床位处于空置状态。而在市场定位上又和民办养老服务机构出现了同质化低水平竞争现象，养老机构发展的不平衡在一定程度上挤压了民办养老服务机构的发展空间，难以满足养老服务的多样化需求。在调查过程中，东北三省的公办养老机构入住率均高于民办机构，民办机构普遍存在空床铺现象。如沈阳锦州市寿山养老院，宣传册上餐桌满满，实际中就餐人数并没有那么多，餐桌被撤掉了许多，老人流动性大，能在养老院长期入住的特别少，大多数都是今年住，明年就不住。还有一些地方政府把本来应该由公办养老机构集中供养的“三无”人员、“五保”老人以及救助站收养的流浪人员，转交给民办养老院，但是，仅仅按照当地公办养老机构的供养标准或救助站的救助标准予以补助，而没有考虑民办养老机构需要承担的床位、护理等费用，这些费用都转嫁给了民办养老机构。我国的民办养老机构在服务方式、管理体制等方面存在一些亟待破解的难题。民办养老机构作为一种新型的养老形式，在我国大规模发展的时间并不长，其经营情况大致可以分为两类，一类是有大集团公司作为后盾的养老机构，资金雄厚、建设标准高、设备设施高档、服务特色鲜明；还有一类是小规模的民办养老机构，职工人数少，用地面积和住房面积小，这类民办养老机构由于分散经营，难以形成规模效应。此外，由于分散经营，无法做到资源共享，床位使用率不高或者资金不足。

究其原因，有三点：一是因监督不到位，中央政策补贴资金下达地方没有落实到位。为鼓励、支持社会力量举办养老机构，国家已经出台了多种补贴政策，比如对经济困难的高龄、失能等老年人的补贴制度；通过补助投资、贷款贴息、运营补贴、购买服务等方式，支持社会力量举办养老服务机构，开展养老服务。但是，一些养老机构反映实际运行中补贴力度小、补贴不到位、补贴打折扣，或者受其他规定的影响根本拿不到补贴。补贴少造成部分民办养老因收费高、老人承担能力有限，补助不到位造成养老机构负担过重、无力运营。荷兰属于欧洲发达的工业化国家，该国的各项福利服务保险项目中，最著名的是 AWBZ 老年照料基金计划。AWBZ 的经费主要支出项目为养老福利设施的补偿和老年人照料服务的资助。根据规定，新建养老机构 60%的经费由 AWBZ 提供，其余由造者自筹。同时，一些社会福利机构在日常运作过程中，AWBZ 也给予 60%的经费支持。该国为老年人服务的机构，全部由私人基金会运作，政府根据有关规定对其进行资助。二是民办机构投资大、成本高，直接导致服务水平难以提升，机构床位空置率偏高，有些微利运行，有些处于亏损状态。养老机构投资必须得有活动场所，而当前建设用地紧张，成为制约扩大规模、满足更多老人入住需求的瓶颈。现在一些企业看重的是养老产业发展的巨大市场潜力，打着养老业旗号大量圈地搞养老地产，实质上仍然是房地产开发，一些真正从事公益性或准公益性养老的养老机构因为入住老人爆满，想扩大规模，但征地十分困难。三是我国没有专门的市场准入法律制度，通常是分散在各个部门和地方的不同层次的法律法规、政策或产业指导等文件中形成的三级市场准入制度体系之中。在民间资本参与养老机构建设方面，也未有全面系统的市场准入法律规定，多是采用行政政策来规范、引导，缺少个性化、功能性服务的养老机构。

（二）管理机制滞后对养老市场形成掣肘

部分公立养老机构为追求盈利，降低贫困和失能老人的收住率，这使得社会福利没有真正用于急需帮助的困难老人。我国现有养老机构护理人员总数约为 22 万，具有专业养老护理资质的专业人员只有 5 万。而预计到 2020 年，我国城市养老服务人员需求量将达到 1000 万人，人力储备缺口巨大。大部分养老机构的法规、行业标准却缺乏，相关规定也很笼统、模糊。例如，养老机构在服务老人过程中的安全责任及保障义务的范围；家属与养老机构的关系、责任；养老机构的服务行为规范、法律责任等问题，都没有明确规定。目前，出现了养老院、老年公寓、养老社区以及度假养老、候鸟式养老等多样化的养老服务产品，而对这些养老服务产品该执行什么样的服务标准，更是缺乏法律规范与行业标准。

一方面，随着转型期我国老龄化的加剧，我国现有的养老法律制度已经不适应当前的经济和社会发展需要，亟需进一步健全和完善。养老立法缺乏统筹协调，现有法规制度对于如何具体地照顾老年人的基本生活、老年人的权益维护和法律咨询服务、对患病老年人的医疗护理及老年人对社会各项事务的参与等基本的养老服务的有关老年人专项养老法律法规并没有相应的规定；我国机构养老产业投资大、周期长、利润低、周转慢的特点，加上现行的法律政策存在一定程度的制度性缺失，造成当前的民营养老机构发展水平较低，占养老机构总数的比例不大，且多处于亏损状态。另一方面，当前我国养老服务业结构性矛盾突出、无序化现象严重，其中一个重要原因在于监管不到位，问责机制滞后性明显，缺少事前预判预警和事中流程控制，对养老服务多样化需求底数不清，以致产业转型和行业发展过程中难以激活和满足有效需求。以营利性为最大特征市场部门无法克服的缺陷，也就是市场无法使资源配置达到最优状态，尤其是无法按照最优化原则提供公共物品和公共服务，引致的市场失灵也意味着市场运作难以充分组织和实现公共服务的供给，机构养老服务作为一类较具公共性的公共物品，显然不能仅依靠市场机制解决。DB33/T926-2014《养老机构服务与管理规范》（浙江省地方标准）根据老年人需求，将养老机构分为居养型养老机构、助养型养老机构、护理型养老机构，并明确了管理要求，包括对机构设立的要求、人员要求、场地设施要求、安全管理、制度建设，服务内容包括生活照料服务、膳食服务、医护服务、精神慰藉服务、休闲娱乐服务，养老服务质量评定采用星级制，养老服务质量划分为五个级别，即一星级、二星级、三星级、四星级、五星级。星级越高，表示养老机构的服务质量越高，服务设施设备越完善。星级养老机构有利于养老机构服务的竞争，星级越高，综合服务品质也越高。

（三）监管责任不明晰影响养老服务质量

2014 年 7 月 22 日，黑龙江省青冈县祯祥镇一家养老院，智障人员王某过量饮酒后发泄不满，割除了 4 名养老者睾丸。2015 年 5 月 25 日 19 时 33 分，河南省平顶山市鲁山县康乐园老年公寓发生特别重大火灾事故，38 人死亡，失火原因为房屋违规采用以易燃可燃材料为芯材的彩钢板。像这样已经许可准入的养老机构发生安全事故，必须引以为戒。对于养老机构养老人员的安全，内部管理人员、负责人理应负有责任，但是外部由谁来监管的责任必须明确。这些风险，如人身安全风险、消防安全风险、资金安全风险、食品安全等风险的形成无疑与监管责任不够、责任不明确有很大关系。众所周知，养老机构的主要监管部门民政部门在审核方面做了相关的监管工作，但对于养老机构后期的运营发展，每年的考核方面并无统一的监管办法，容易造成养老机构管理和发展的松懈。在养老机构运营期间，没有专门的监察机构，不能严格监控社会养老机构的服务质量，切实保护老年人的合法权益；监管上没有明确其他部门的协助义务，以至于多头监管，监督责任不明确。造成这样主要是由于法律赋予民政部门的权力有限，对设立养老机构只有审批权，只能对违规养老机构采取规劝的方式，没有权力查封。此外，当前民政部门由于没有执法权，后续力量薄弱，对养老机构欠缺有效的监督和管理。目前，养老机构的监督管理涉及政府多个部门，但限于《养老机构管理办法》的部门规章位阶，对相关部门职责难以做到具体，只能作原则性要求；养老机构监管长期以来单靠民政部一方力量，其他部门没有积极投入力量开展和配合工作，容易致使上述事件的发生；监管的主体还不明确，消防部门、民政部门、医疗部门、卫生部门、社会保障部门的责任只是各自负责各自范围内的，甚至忽略养老机构监管的重要性，特别是养老机构在日常的运营中，需要外部力量介入，包括如何组织护理员以及服务人员后续培训。

（四）养老机构设施、服务与经营管理跟不上

人口老龄化加重成为不可阻挡的趋势，并且变得越来越严峻。老年人何去何从，不仅关乎老年人的晚年生活，也关系到整个社会的发展。因此，老年人的生活是社会普遍关注的问题。在110所养老机构，随机抽取200位老人，问及希望选择什么类型的养老方式，20%的老人表示养老机构养老不错；44%的老人表示出于无奈，不得不选择养老机构；56%的老人表示如果身体条件允许还是希望居家养老。

目前，各类养老机构水平参差不齐。我国大部分养老机构尚未明确进行功能定位，只是按照被接收老人的身体状况差异在护理等级上进行简单区分和管理，严重缺乏针对性和科学性。高档养老机构在市场上所占份额不多。在沈阳市南市场街道的鲁园社区，人口老龄化相当严峻，该社区拥有60岁以上老年人7365人，占社区人口总数的63%。一是社区养老服务机构基础设施比较差，如消防设施，辽宁省沈阳市养老机构在消防设施改造方面，公办养老服务机构的消防改造费用由财政资金全额承担，民办养老服务机构的消防改造费用由财政给予一定补贴。民办养老机构为了节省成本，从简改造甚至不改造，易留下安全隐患。二是活动室和健身房、医疗室简陋，床位比较少，社区养老服务单一，无法满足其多样化需要，这是该社区老人普遍的反映。究其原因是准入门槛低，投资者对民办养老机构风险性的认识不足，急于求成，场地利用旧办公房改造而成，没有经过消防部门检查验收。在养老机构功能设施改造、安全管理意识等方面不足，考虑到成本因素，用塑料扣板等可燃装修材料局部装修、乱拉电线，还有房间使用电炉、“热得快”等高功率电器也容易诱发火灾事故。2012年国家民政部就已经发布中华人民共和国民政行业标准MZ/T032-2012《养老机构安全管理》，对消防安全、

电气安全、燃气安全、建筑安全、健身器材安全、食品安全都作出明确要求，并要求有安全教育，即安全责任人负责对安全管理人员的教育和培训，使之全面掌握养老机构安全监测、控制、管理的理论、专业知识和技能，并能指导实际工作；安全管理人员应组织本机构工作人员的安全教育和培训，使之掌握安全知识和相关安全技能，应对老年人进行重点安全问题预防知识教育。但从实践来看，现有的养老机构存在漏洞，并没有认真按照《养老机构安全管理》执行规定，各自从功利角度出发，养老机构安全问题并没有引起举办人的高度重视；行业信息披露机制不完善，不能很好地维护社会知情权和监督权，促进养老机构的公平竞争。

从养老服务从业人员的情况看，服务管理水平参差不齐。一是文化水平偏低。养护员由于没有专业养护员培训机构，对养老服务的认识仅停留在日常生活服务层面，对老年精神文化服务缺乏认识。二是专业水平偏低。大多数养老机构的养护员没有权威部门颁发的从业资格证书。养老机构中的医务人员由于长期在有限的范围从事医疗工作，临床经验比较匮乏，难以提供高质量的医疗服务。三是工资水平低。高档养老机构由于收费高，养护员工资也相对高，但是其他规模较小的中低档民办养老机构中，养护员的工资多数在900—2000元之间，因为待遇低等原因，护理员队伍不稳定，甚至难以招到护理员。养老机构表示低价招聘到养护员就很庆幸了，没有想过他们能不能胜任此工作。鉴于以上情况，养老机构服务质量堪忧。相比大环境，辽宁省丹东市目前实行养老护理员岗位补贴制度，颇有成效。为解决养老机构普遍存在的护理人员难招、难留、工资待遇低、年龄偏大等问题，制定出台了护理员岗位补贴政策，对在非营利性民办养老机构从事一线养老服务工作，符合学历、从业时间等相关条件要求，并取得相应执业资格的养老机构养老护理人员实行岗位补贴制度（初、中、高级补贴标准分别为每人每月100元、150元和200元）。这一政策的实施，提高了养老护理员的工资待遇，也调动了养老护理员从事养老服务工作的热情。

从经营管理来看，随着养老服务业的发展，养老机构的经营和市场联系在一起，很多民办养老机构定位不清，功能混乱，无法形成差异化经营，从长远来看，这对培养民办养老机构的专业化和品牌发展不利。部分养老机构服务意识不强，缺乏人性化服务，目前我国大多数民办养老机构还不能按入住老人的具体需求来提供服务，而是根据一般性的规章制度和固定程序提供统一领导，没有结合老年人特点和自身实际进行经营管理。

（五）社会参与程度低不利于激发活力

整体来说，我国现有的社会服务机构，社会组织的数量不能满足社会的基本需求，并且处于边缘地位，这与我国社会组织的运行、宣传政策不充分有关，民间组织缺乏专业社会组织人员，对社会组织人员的保障和志愿者的规范没有标准，尤其是志愿者服务没有长期性、组织性，使社会组织人员和志愿者参与社区工作的积极性受挫，不利于促进其他社会力量参与到社会养老服务工作中来。尽管从 1988 年到 2012 年，全国登记的社会组织数量增长了 100 多倍（1988 年我国仅登记社会团体 4446 个）。目前，我国的社会组织主要包括社会团体、民办非企业单位、基金会三种形式。社会组织的整体实力不断提升，业务范围覆盖到科技、教育、文化、卫生、社会保障、民政、体育、环境保护、法律等领域，初步形成了与经济社会发展的社会组织形式。但在实践中，志愿制度面对的一个主要缺陷，即无法产生充足的、可靠的资源，导致志愿部门活动所需的资源与其募集到的资源之间存在巨大缺口。

调查访问的 110 所养老机构中，只有 30 家社区养老有长期性志愿服务记录，其他的基本属于封闭式自我管理、自我经营的状态，之前也有零散的社会组织进入养老机构，但由于没有专业性和规范性，被以干扰工作的名义拒绝。香港的机构养老保持了相当高的社会参与度，来自各行各业的香港市民通过义工身份参与社会福利性服务，截至2009年7月底，香港共有1943所机构登记参与义务工作，登记义工人数已超过80万，香港义工参与率已从2001年的22.4%增至2008年的35.9%，每10人中便有3.5人曾做义工，特区政府鼓励企业和在职人士继续担当义工，为社会上有需要的人士贡献爱心。以美国、加拿大两国为例，他们国家的社会化养老最为显著的特点，就是政府机构不直接办养老机构，而是由民间组织和个人办养老机构，政府通过向民办养老机构购买服务的方式，为低收入老年人提供养老服务。我国由于在土地供应、资金补助、税费减免等方面缺乏具体的政策，可操作性不强，未能充分发挥优惠政策对社会力量参与的激励扶持作用，造成社会力量参与不充分，民办养老机构床位较少、设施较差，还在一个较低的层次徘徊，与公办养老机构之间差距较大，导致社会力量参与养老事业的不足。

综上所述，随着国家政策的导向，越来越多的支持和鼓励社会资本参与到养老机构的兴办中，社会资源也越来越多地投向养老领域，这就要求建立养老机构准入制度，建立养老机构许可制度，规定养老机构设立的标准、资质和条件。我国对养老机构的监管包括机构准入监管和服务监管。虽然制定民办养老机构规章制度，但没有法律效力。在实际运行管理中，民政部门因没有独立的行政执法权，无权对民办养老机构进行服务质量监管。已在工商登记的养老机构，企业法人只是负责登记，而不承担日常运行管理职责。

四、养老机构准入及监管政策评估指标构建

养老责任事故一旦发生，对投资者来说是经济损失，对国家来说是社会资源的巨大浪费。目前各个地方关于养老机构准入及监管没有统一标准，有的地方对于养老机构准入条件放宽，有的地方抬高准入条件。当前量化的评估指标有很多，随着时代的发展以及老年人需求的增加，

各类养老机构要注意以需求为导向，避免追求大规模、不切实际的做法。因此，本课题首先要构建一套评估各类养老机构准入和监管的定量指标。而后要建立定性指标，一方面在明确养老机构类型基础之上，从机构设定准入的条件和标准，注重硬件配套设施建设，并对涉及准入标准养老机构的设施、服务人员职业标准等情况进行科学合理的综合评价。另一方面也要在监管方面下功夫，建立服务质量等内部监管指标以及外部养老监管评估指标，形成一套专业化、标准化、规范化、综合性的养老机构准入和监管指标。

（一）定量指标

结合我国养老机构当前的基础条件、基本特点、建设重点和发展趋势，在参考大量研究资料基础上，通过对相关指标的可行性量化分析，本课题设计了养老机构准入及监管政策评估指标（见表 5—2），力求能够全面、科学、准确衡量养老机构准入及监管政策。该体系分为三个层次六大类共计 39 个指标，并根据指标的重要程度确定了相应的权重，现作简要说明。

1. 经济指标

养老机构准入与监管评估的基本环节在于经济指标，特别是民办机构纷纷成立，为了规范养老机构以及扶持各类养老机构，本课题设计了包括 B_1 财务控制、B_2 金融补贴、B_3 入住收费，具体涵盖了 C_1 资金筹集额、C_2 资金投入额、C_3 大型养老机构设立补贴额、C_4 小型养老机构设立补贴额、C_5 大型养老机构入住收费额、C_6 小型养老机构入住收费额六项具体的指标。鉴于经济投入在养老机构建设中重要的基础性作用，我们将其权重确定为 10。财务控制是指按照一定的程序与方法，对养老机构资金的投入及收益过程和结果进行衡量与校正，具体是对资金的筹集、投放、耗费与收入分配的控制。

2. 社会指标

老年人是社会的重要组成部分，保障老年人的权利至关重要。我国养老机构具有公益性质，其职责在于为老年人提供较好的服务。当前有一些营利性民办机构存在，因此必须高度重视对养老机构的监管评估，依据《中华人民共和国老年人权益保障法》，老年人和老年人组织有权向国家机关提出老年人权益保障、老龄事业发展等方面的意见和建议。因此，我们把养老机构社会指标分为：B_4 监督管理和 B_5 老年人权益两项，其中主要包括：C_7 社会第三方对养老服务的满意度、C_8 安全达标率、C_9 设施达标率、C_{10}专业人员达标率、C_{11}老年人入住合同签订率、C_{12}自身参与民主权利覆盖率、C_{13}老年人对服务的满意度，并将其权重确立为 20。老年人协会是与老年人息息相关的重要的基层组织。根据最新统计（2014 年 6 月），老年人协会在城镇地区的覆盖率是 80. 5%，在农村地区的覆盖率是 72. 85%。我们要在 2020 年实现老年人自身参与民主权利覆盖率为 85%的目标。

3. 准入指标

根据《老年人社会福利机构基本规范》和《养老机构安全管理》要求以及《养老机构设立许可办法》和《养老机构管理办法》规定，我们将养老机构准入建设分为：B_6 硬件设施和 B_7 软件标准两项。具体包括 C_{14}最优床位数、C_{15}最优建设规模、C_{16}安全系数、C_{17}养老护理资源系数、C_{18}专业技术人员技能系数、C_{19}专业人员培训率、C_{20}服务质量制度执行度七项指标，并将其权重确定为 20。本课题认为小型养老机构最优床位数是 15 位以上，最优规模为 60 平方米，较好地满足老年人舒适的居住环境。

4. 老年人健康指标

日常生活自理能力的丧失是高龄老人最主要的健康问题，记忆力、认知功能的减弱和生活自理能力的下降，个人、家庭、社会经济及区域环境、疾病或意外伤害等因素影响高龄老人日常生活自理能力。由此，我们依据这些因素，将老年人健康指标具体分为：B_8 生活自理和 B_9 认知能力两方面内容，并规定生活自理分值分别为 50 分、认知能力为 10 分。C_{23}生活重度依赖、C_{24}生活中度依赖、C_{25}生活轻度依赖、C_{27}认知重度缺失、C_{28}认知中度缺失、C_{29}认知轻度缺失六项指标，并将其权重确立为 15。本课题规定生活自理分值最高为 50 分、认知能力最高为 10 分。生活重度依赖为 25—50 分，生活中度依赖为 5—25 分，生活轻度依赖为 0—5 分，认知重度缺失为 5—10 分，认知中度缺失为 2. 5—5，认知轻度缺失为 0—2. 5 分。

5. 家庭指标

到 2030 年，我国将进入人口老龄化高峰期，老年人口也会随之面临高额的养老费用和医疗支出，老龄事业迫在眉睫。“中国城镇老年人的经济保障主要来源于离退休金，但由子女或配偶提供经济保障的仍有 45. 39%的比例。农村老人则基本上依赖于家庭提供的经济保障，他们接受的具体赡养方式可因老年人不同的家庭居住方式而有差异。有的以配偶参加劳动的收入赖以为生，老夫老妻互相照顾，相依为命。可是，这种家庭结构具有不稳定性，一旦夫妻中有一人先去世，剩下的一方在体弱多病时往往难以独立生活下去，只得与子女一起生活，接受赡养；也有的老人可能到各个子女家里轮流居住，由子女轮流赡养；还有的老人相对固定居住在一个子家里，由子女们共同承担生活费用。”① 所以，在此我们把家庭指标作为养老机构准入及监管政策的重要评价指标之一。主要从 B_{10}经济条件、B_{11}居住情况两方面来衡量，具体包括：C_{30}工资收入占总收入比重、C_{31}养老补贴收入占收入比重、C_{32}养老费用支出占收入比重、C_{33}独居老人居住率、C_{34}社区居住覆盖率、C_{35}机构养老居

① 张敏杰：《社会政策论——转型中国与社会政策》，北京大学出版社 2015 年版，第 128 页。

住率等八项指标，综合考虑，我们将其总权重确定为15。

6. 福利指标

主要从B_{12}养老保障来衡量，具体包括：C_{36}高龄津贴覆盖率、C_{37}养老服务补贴覆盖率、C_{38}护理补贴覆盖率、C_{39}最低补贴标准，考虑到福利指标对健全老年人福利制度、保障养老服务资金、提升老年人生活质量，具有十分重要的意义。我们将其权重确立为20。

构建以上指标，最终是为了老年人能够根据实际情况更好地选择养老机构，养老机构在准入和监管方面得到提升，更好地为老年人提供优质服务。

经济指标中的收费标准，在实践中，特别要注意建立科学合理的价格形成机制，非营利性养老机构提供的养老服务，其价格实行政府指导价。营利性养老机构提供的服务，根据其提供服务的质量，实行自主定价。之所以列了标准，是为了规范养老机构乱收费的现象，引导其根据规模和服务内容来进行合理收费。此外，根据养老机构的投入资金，要按照国家政策规定，实行分类扶持。对非营利性民办养老机构提供集中养老、居家养老和社区养老服务，要根据其投资额、建设规模、床位数、入户服务老人数等因素，给予一定的建设补贴或运营补贴。对于营利性民办养老机构，要支持其根据市场需求，丰富服务形式和服务内容，为老年人提供多样化的选择性服务。要鼓励民办养老机构接收安置政府供养对象，政府按规定标准将生活、医疗、照料等费用转入民办养老机构。

社会指标考量侧重于第三方社会组织开展评估和老年人主体进行评估，要制定评估办法和标准，完善评估程序，促进养老服务评估制度的规范化、专业化和公平公正。同时，结合对养老机构的监管，加强质量评估工作。通过老年人对服务人员的服务质量进行评估，不断提高老年人对服务需求的满意度。

准入指标侧重于养老机构的硬件设施和软件服务两方面，特别是根据硬件设施中的最优床位和最优规模具体指标，确定养老机构规模和效率的关系，如果说大型养老机构在质量方面占有优势，那么小型养老机构的优势则在于其市场运行效率，大型养老机构虽然规模大，当规模效益增大到一定程度时，效率可能受到影响。小型养老机构能够随着市场要求变化进行调整和建设，当市场需求发生变化时，小型养老机构服务易调整。小型养老机构具有灵活的特点，因此更有利于市场竞争。我们把 15 张床位定为小型养老机构的最低床位数要求，具有一定的合理性。正因为小型养老机构更具有竞争性，因此也需要市场和政府进行监管，在原有投入基础上，不应盲目扩大规模，需更加侧重于内部管理和机构建设、提高服务的质量和水平以更好地发挥小型养老机构在市场中的作用。

老年人身体健康指标评估重在考量老年人的身体状况，以确定其养老服务方式和补贴标准。老年人家庭经济条件指标评估重在考量老年人的经济收入状况，以确定其是否可以享受养老服务补贴。当前，老年人依靠工资性收入养老占很大比重，有些地区的老年人到了 60 岁还要出去打工。因此，要优先将经济困难老年人纳入补贴范围，有条件的地区，要逐步扩大受益面。

中国人口结构正快速转变，老年人口的绝对数和所占比例都在持续增长，虽然中国福利一直在投入，但中国在收入保障方面的世界排名最低（第 75 位），原因是与区域平均水平（12.9%）相比，中国老年人的贫困率较高，相对福利水平较低（50%）。通过家庭渠道获得养老收入是中国普遍养老模式，与中国东部沿海地区相比，中西部老年人口的健康状况较差，不同的养老金体系也导致了城镇和农村老年人口的收入差距。在城镇地区，一个人的养老金收入主要取决于其在就业期间的收入水平，而在农村地区，养老金收入相对固定，且起点偏低，导致农村老年人口的劳动参与率比城镇地区高。二是民政部办公厅下发了《关于在全国省级层面建立老年人补贴制度情况的通报》（民办函〔2016〕280号），在高龄津贴方面，北京、天津、河北等26个省（区、市）出台了相关补贴政策；在养老服务补贴方面，北京、天津、山西等20个省（区、市）出台了相关补贴政策；在护理补贴方面，北京、天津、山西等17个省（区、市）出台了相关补贴政策。这些已经建立高龄津贴的地区，享受年龄段和补助标准方面存在较大差距，如天津市年满60周岁不满70周岁的，每人每月95元；年满70周岁不满80周岁的，每人每月105元。吉林省80—90周岁的（城乡低保老年人），每人每月不少于50元；90—99周岁的，每人每月不少于100元。结合以上因素，确定了福利指标，实现2020年高龄津贴覆盖率、养老服务补贴覆盖率、护理补贴覆盖率分别为100%，提高最低补贴标准，最低标准为每人每月200元。后续再规定国家、各级地方政府和社会福利法人所应承担费用的比例、支付方法。

（二）定性指标

1. 养老机构准入评估指标

（1）养老服务机构分类管理制度

法律要对养老院分级标准、区分管理等进行基础规定。政府应立足于不同市场需求，通过法律法规将养老院分为，以收养孤寡老人、对国家有特殊贡献的老人等特殊群体为主的公立养老院；满足老人需求公私合营的民间养老院，民办养老机构接收安置政府供养对象，政府按规定标准将生活、医疗、照料等费用转入民办养老；不同层级的居家养老、社区养老、集中养老，依据其投资额、建设规模、床位数、入住率和覆盖社区数、入户服务老人数等因素，政府要投入一定的建设补贴或运营补贴。

根据老年人的健康状况和生活自理能力，分等级发展养老机构，同时考量老年人的身体状况和经济状况，以确定其养老服务方式和补贴标准。以老年人的自理能力、精神状况、疾病特征、生活环境等作为依据，进行分级分类。对于评估确定为失能失智的，要根据老年人及其家庭意愿，优先保证其进入机构养老，并根据失能失智程度，发放养老服务补贴或者护理补贴。针对困难家庭，优先进入公办养老机构，推动普遍建立经济困难老年人养老服务补贴、高龄津贴和护理补贴制度。经济困难的老年人和高龄老年人养老服务补贴标准均为每人每月 300 元，按照地方财政情况，最低补贴标准为 200 元。这样可以让不同类型和功能的养老机构朝更加专业化的方向发展，并且避免资源的浪费，也为老年人提供了很好的选择和判断标准；对于营利性民办养老机构，要支持其根据市场需求，丰富服务形式和服务内容，为老年人提供多样化的选择性服务。在分级化发展过程中，还需加大护理型养老机构的比重。因此，亟需建立一套全国统一的养老服务机构分类以及老年人入住不同类型养老机构评估和补贴标准，包括身体状况评估标准、经济状况评估标准。

（2）养老服务设施建设标准

建设部和民政部 1999 年联合发布了强制性行业标准《老年人建筑设计规范》（编号为 JGJ122—99）。该规范自 1999 年 10 月 1 日起施行，对老年人建筑设计规定了明确的标准。国家或行业标准 2012 年 3 月，发布了行业标准《养老机构安全管理》（MZ/T 032—2012），首次以标准形式从养老机构的安全管理体系建设、设施设备安全、食品安全、消防安全、突发事件应急管理及安全教育与培训等 10 个方面对安全管理进行了统一规范和要求。2012 年年底，推荐性国家标准《养老机构基本规范》（GB/T 29353—2012）发布，于 2013 年 5 月实施。2013 年 8 月，推荐性行业标准《老年人能力评估》（MZ/T 001—2013）发布，于 2013 年 10 月 1 日起实施。

参考以上标准，主要对床位、建筑面积、建筑设备、生活设备完备度、医疗设备完备度、康复设备完备度、通信设备完备度、交通工具完备度、电教设备完备度、建筑防火等级、卫生防疫、国家环境保护等指标进行评估。

（3）养老服务职业标准

机构管理者具有高中以上文化，五年以上相关工作经验，经过行业培训，获资格认证；专业技术人员要有专业资格证书；养护人员要有与岗位一致的职业资格证书。《养老护理业国家职业标准》于2005年颁布，将养老护理定位为职业，分为初级、中级、高级和技师。落实养老机构院长资质培训和养老护理员持证上岗制度，培训率达到100%。目前多数养老机构依据入住老人的健康状况、生活自理能力和年龄，并参照临床医疗护理等级，将入住老人划分为自理等级（相当于临床三级护理）、半护理等级（相当于临床二级护理）、全护理等级（相当于临床一级护理）和特别护理等级。有的养老机构还将护理等级划分为普一级、普二级、特一级、特二级和专护级；有的进一步细化为偏瘫护理、老年痴呆护理和临终护理等。

（4）养老服务质量及评估制度

一是服务质量制度标准制定。联合制定《社区养老服务规范》《养老机构养护服务规范》和《养老机构心理支持服务规范》等养老服务地方标准。

二是加强评估机构建设。依托专业机构（包括养老机构评估专家组）进行评估，也可以委托第三方社会组织开展评估，还可以在社区公共服务平台建立评估站点。开展评估的工作人员必须具备医学或护理学学历背景，或获得社会工作者资格，或获得高级养老护理员资格；经过评估知识技能专门培训，成绩考核合格。

三是养老需求服务评估。制定养老需求评估标准，由各区县民政部门负责组织对符合条件的老年人进行照料等级评估工作。招募具有医学、康复、护理专业的人员，建立一支评估员队伍，统一组织评估人员培训，对申请人的补贴资格进行评估，对居家养老服务人员的服务质量进行星级评估，不断提高老年人对服务需求的满意度，保障政府购买服务的有效落实。具体指标可参考《上海市养老服务需求评估表》和《天津市居家养老服务需求评估表》。

（5）养老服务收费项目和标准

修订后的《中华人民共和国老年人权益保障法》第四十二条第二款规定："各级人民政府应当规范养老服务收费项目和标准，加强监督和管理。"今后由于除空巢、失能半失能老人继续由政府举办的养老机构提供免费或低收费服务外，其他养老服务项目都将面对市场。因此特别要注意建立科学合理的价格形成机制，由物价部门核定收费标准，应考虑民办养老机构设施、设备资金投入等因素，合理定价。非营利性养老机构提供的养老服务，其价格实行政府指导价。营利性养老机构提供的服务，根据其提供服务的质量、自负盈亏等因素，实行自主定价。

2. 养老监管制度评估

民政部门需要加大对养老机构的监管，让机构之间互相督促。根据不同养老机构的服务范围，制定不同的监管标准。具体包括：老年人生活环境卫生、消防安全、人身安全、饮食安全、老年人护理服务和医疗保健等指标。

内部监督和外部监管。内部监督是行业自我监督，设立养老服务行业协会，必须指导和监督养老机构制定老年人服务合同管理制度，老年人健康评估制度，制定服务质量评价及改进办法，设施、设备以及用品的购置、使用、维护及报废等管理制度。外部监管分为机构监管和社会监管。机构监管主要有民政部门、卫生、食品药品监督、物价、社会保障、技术监督局、消防部门和工商部门。各个分管机构每个月必须上报辖区各类养老机构检查、监管信息。社会监管主要通过服务信息平台、监督举报热线，让社会人员包括老人家属都能获得老人在养老机构中的活动状态和实时情况。

表 5—4　养老机构准入及监管政策评估指标及权重

一级指标	二级指标	三级指标	标准值(2020 年)	权重
A_1 经济指标	B_1财务控制	C_1资金筹集额	40000 元	10
		C_2资金投入额	30000 元	
	B_2金融补贴	C_3大型养老机构设立补贴额	50000 元	
		C_4小型养老机构设立补贴额	20000 元	
	B_3入住收费	C_5大型养老机构入住收费额	2000 元/人	
		C_6小型养老机构入住收费额	1500 元/人	
A_2 社会指标	B_4监督管理	C_7社会第三方对养老服务的满意度	70%	20
		C_8安全达标率	80%	
		C_9设施达标率	85%	
	B_5 老年人权益	C_{10}专业人员达标率	90%	
		C_{11}老年人入住合同签订率	100%	
		C_{12}自身参与民主权利覆盖率	85%	
		C_{13}老年人对服务的满意度	85%	
A_3 准入指标	B_6硬件设施	C_{14}最优床位数	>15 位	20
		C_{15}最优建设规模	60 平方米	
		C_{16}安全系数	85%	
	B_7软件标准	C_{17}养老护理资源系数	85%	
		C_{18}专业技术人员技能系数	90%	
		C_{19}专业人员培训率	100%	
		C_{20}服务质量制度执行度	70%	
A_4 老年人健康指标	B_8生活自理	C_{23}生活重度依赖	25-50	15
		C_{24}生活中度依赖	5-25	
		C_{25}生活轻度依赖	0-5	
	B_9认知能力	C_{27}认知重度缺失	5-10	
		C_{28}认知中度缺失	2. 5-5	
		C_{29}认知轻度缺失	0-2. 5	

（续表）

一级指标	二级指标	三级指标	标准值（2020年）	权重
A_5 家庭指标	B_{10}生活水平	C_{30}工资收入占总收入比重	50%	15
		C_{31}养老补贴收入占收入比重	40%	
		C_{32}养老费用支出占收入比重	70%	
	B_{11}居住情况	C_{33}独居老人居住率	60%	
		C_{34}社区居住覆盖率	80%	
		C_{35}机构养老居住覆盖率	50%	
A_6 福利指标	B_{12}养老保障	C_{36}高龄津贴覆盖率	100%	20
		C_{37}养老服务补贴覆盖率	100%	
		C_{38}护理补贴覆盖率	100%	
		C_{39}最低补贴标准	200元每人每月	

五、养老机构准入及监管政策设计合理化建议

当前养老机构多种多样，老年人选择的空间越来越大。为了提升老年人的生活质量，使老年人更好地安度晚年，必须构建适宜养老的环境。从国家宏观调控的角度来讲，解决社会化养老困局，需要政府在政策、制度、执行等方面的保障和支持。政府要做好对养老机构“起步助推、过程扶持、严格监管、正常退出”的工作。养老机构在成立、建设、运营的过程中，通过政府扶持政策，完善相关配套政策，制定相关法律法规，有效整合各类养老资源；政府通过对养老机构资质的合理评估，加强对养老机构监管，促进养老机构服务质量提高，同时利用市场规律，在市场化竞争中引导养老机构社会化发展以及良性发展。

（一）有效整合各类型养老资源

一是落实完善养老服务的各类政策，助推和扶持民办养老机构的发展，激发养老服务业市场和社会活力。从市场需求来看，培育多元主体及供给格局是实现行业治理、激发行业活力的基础保障。对于养老工作来说，要通过构建公办和民办公平竞争与合作平台，吸引更多民间资本和社会资本，建立政府和社会资本共同参与，重构养老服务体系的良性互动模式。主要通过完善土地供应政策、金融扶持政策，如保障社会养老机构土地供应、降低项目最低资本金要求、税收优惠等政策扶持，着力解决民办机构面临的用地难、融资难等问题。民办养老机构能否走出一条可持续的发展道路，关键在于政府的扶持力度与自身的努力程度。政府资金应公平地资助社会力量，对民办养老机构的补贴应与公办一视同仁，各项优惠政策也应落到实处。政府应加快建立“公办民营”的新型养老服务机构，将政府办养老机构的所有权和经营权分立，采取承包、租赁、股份制等形式，把经营权、管理权、服务权交给企业、社会组织、非政府部门或个人。通过民间资本的吸收和经营机制的转变，实现养老服务机构独立法人实体运营的模式，在获得社会效益的同时也确保了合作方的经济收益。我国也可以借鉴英国的经验，采取多形式、多渠道筹集养老机构的建设资金，如采取由政府购买公共服务等形式以及“公助民办”的形式开展经营活动。这也充分体现了我们国家所倡导的社会福利社会化所包含的社会福利民营化之意，即社会福利的投资主体应更加多元化，应加大非政府组织、非营利组织以及一些企业与个人的参与力度。除此以外，在社区内也可以发挥社区居民的筹资力量。我们要集中社会力量，发扬团结精神，不能紧紧盯住政府有限的拨款，而限制了社区养老的发展。比如，社区养老中可以对一些有条件的老年人收取一定比例的服务费用，或者提倡社区内居民自行捐款、奉献等；鼓励民间资本对企业厂房、商业设施及其他可利用的社会资源进行整合和改造，用于养老服务。通过改造再利用城市核心区存量房，将养老的工作重心放在养老服务上，而不是地产开发上，培育和扶持养老服务机构和企业发展。据中国社会科学院预测，到 2030 年，中国养老产业市场需求可达 13 万亿元。中国指数研究院统计，截至 2015 年年末全国已经有超过 80 家房企进入养老地产领域，养老地产项目超过百个，万科、绿城、金地、保利地产、远洋地产等扎堆入场养老地产。对各类养老机构的金融扶持政策要有所区别，营利性养老机构的所需资金可通过养老服务债券、养老服务产业基金等多种渠道获得，非营利性养老机构可通过信贷支持、补助贴息和政府采购获得资金。促进金融机构对养老服务业信贷的支持力，对支持养老服务业力度较大的银行，按其贷款投放额适当给予风险补偿。

二是对养老机构实行分类登记管理，实行分类指导改革，并根据老年人的需求整合资源，将已有的公共服务资源整合到养老机构的发展中，提高养老服务有效供给，避免资源不合理利用。一方面是民办化改革，有条件的地方可以积极稳妥地把专门面向社会提供经营性服务的公办养老机构转制成企业，降低公办机构所占的比例，政府将由服务提供者转型为服务监督者。条件不成熟的地方可以逐步通过削减财政补贴、购买服务、股权合作等方式，鼓励社会力量管理、运营养老服务设施，参与市场竞争。经过改革后的养老机构，重点发展养护型、医护型养老，在接收有入住需求的老年人群体基础之上，闲置床位全部向失能或高龄老年人开放，确保继续履行公益职能、确保资产安全。另一方面改革公办养老机构的定位，形成医养结合型，或者针对“三保”“五保”，失能半失能老人的专业性养老机构，优先保障经济困难的孤寡、失能、高龄等老年人服务需求，同时确保政府兜底的困难对象优先入住。有条件的地方可以积极稳妥地把专门面向社会提供经营性服务的公办养老机构转制成为企业，完善法人治理结构。政府投资兴办的养老床位应逐步通过公建民营等方式管理运营，积极鼓励民间资本运营公有产权的养老服务设施。

三是积极探索新型养老模式，使各类老人能够老有所依。未来养老产业有望成为我国的支柱性产业，当下要借助国家供给侧结构性改革的大好机会，形成全国性的养老服务提供商，创新商业模式，完善扶持政策及支付机制，积极开拓养老服务业及养老产品消费行业。要将政府、营利和非营利组织等多方主体有机结合起来，建立医养结合服务模式市场化运作机制。社会力量是养老服务业的市场主体，也是养老服务产品的主要供给者。通过建立医养融合一体化供给制度，形成市场细分的养老服务全产业链，强化财政税收杠杆引导聚合作用，构建以专业化居家智慧养老为基础、一体化医养融合社区服务为依托、多元化机构养老为新主体、普惠化政府托底为保障的新型养老服务业体系。建立“互联网+”智慧养老服务模式，充分发挥现代信息技术优势，打造养老服务领域众筹众创空间，有效整合实体养老机构资源，支持将闲置的旧厂房、办公用房和转型后的公办培训中心、疗养院等改造成养老设施。规模化运营能够降低社会养老成本，增强居家养老的专业化水平，更好地满足个体差异性、多样化的养老服务诉求。当前，智能化的居家养老模式受到老人的青睐。正在投资建设的哈尔滨太阳城养老事业发展有限公司，即将成为东三省最大智能化养老产业园；沈阳市已有 11 个社区普及这种模式，未来还要计划建 100 个智能化养老社区，建立智慧社区“居家养老”服务电视平台，居民在家只要用电视遥控器，轻按电视上的服务“菜单”，发个“点菜”指令，社区居家养老服务中心就可实时收到信息，着手为老人提供各种居家养老服务。此外，推广定制化的居家养老模式，以企业或社会组织为主体，以街道、社区养老设施为依托，以老年人信息采集、能力评估及服务设计为前提，通过政府购买服务与市场化运作相结合，向居家老人提供“套餐式”服务的养老服务模式。目前长春市二道区正在实施定制化的居家养老模式，以社区为平台，按照老人需求定制化服务，包括七大类，55 项服务，80 岁空巢、失独老人每人每月还可以领到150元服务券。居家养老定制化服务极大地满足了老人们的生活服务所需。积极探索机构养老和居家养老服务相结合的养老服务模式。2016年7月，民政部和财政部联合发布《关于中央财政支持开展居家和社区养老服务改革试点工作的通知》要求，“支持城乡养老机构开展延伸服务，直接提供居家和社区养老服务，或为居家和社区养老服务设施提供技术支撑。”对此，民政部门要给予一定优惠政策，鼓励养老机构推广延伸服务，与社区和居家养老实现对接，满足服务对象的不同需求，使其享受专业的养老服务。

（二）健全养老法规制度

习近平对加强老龄工作作出重要指示：“加强顶层设计完善重大政策制度，及时科学综合应对人口老龄化。”因此，国家要从顶层为养老保障制定法律法规和发展规划，提供科学规范化的管理和监督，从而为老年人口提供公平性和基础保障性的养老保障制度。现阶段我国应围绕养老服务业加快立法进程，在《老年人权益保障法》等基础上，制定出台相关配套法规，把养老服务业发展纳入依法治国轨道，以相关政府机构管理条例、部门的养老机构管理办法等规章为主体，各省市以相配套的地方性法律法规，从法律制度上保障养老机构行政许可，制定符合不同地区实际、满足不同需求的养老服务业发展实施细则，建立养老机构的行业规范和质量标准，明确相关部门对养老机构的监督与管理的权责，使各类养老机构有法可依。修订后的《老年人权益保障法》虽然规定县级以上民政部门均有许可权，但对养老服务权限没有具体要求，因此许可权限范围、设立养老机构的资金条件，可以结合当地实际来制定行政法规、地方性法规、部门规章。

同时，探索建立全民化的社会养老保险制度、建立养老保障税收制度、健全护理保险制度。要出台政策，引导社会资本向养老服务领域集聚，并将公共养老资源用于对养老服务最迫切、最急需的对象和领域中去；要出台养老服务质量评估标准、老年护理服务分级标准、从业人员技能等级规范、行业风险防控等配套的制度保障，建立统一的行业管理规范。针对不同养老服务供给主体，完善居家、社区、机构养老服务发展的激励约束制度以及市场的准入机制，推动养老服务业标准化发展。

（三）明确各监管主体的责任

政府是养老机构监管的主要责任方，政府在放权扶持养老机构的同时，更要注重加强风险监管。建议完善养老机构建筑、环保等准入标准，并按标准配备各种消防、健身、餐饮设施。除了明确民政部门的职责，还要规定其他相关部门职能，对养老机构进行多方监督，共同承担责任。为规范养老服务机构的设置，依法设立行政许可。法律法规应当科学合理地规定设置养老服务机构应当达到的条件，清理取消申办养老机构的不合理前置审批，行政相对人举办养老服务机构，只要符合该法定条件，并经主管机关审查核实，就可获准开办养老服务机构。凡是营利性养老机构要在工商部门登记，非营利性养老机构则在民政部登记，无论营利性养老机构还是非营利性养老机构都要接受民政部门日常监督和年度检查。

一方面要采取定期检查和不定期抽查相结合的方式，通过制定政策性文件等方式，联合公安消防、医疗卫生、食品安全等部门，着力发现各项管理风险及制度落实不到位问题，因此各监督方要加大对养老机构的监督管理力度，对不达标的予以整顿，对违规的予以处罚和取缔。民政部门主要是从养老服务的角度进行业务指导、行业监督、行政管理。其他部门则是按各自的职能范围内对养老机构进行监督。公安消防部门要定期检查，落实消防安全责任制，对已取得消防合格手续的，要按照民政部门审批民办养老机构要求，办理相关手续；对基础设施差，安全隐患严重、群众反映强烈，且不具备整改条件的养老机构，依法予以关停取缔，并向社会告知。卫生部门要对养老机构开展医疗服务进行指导和支持。食品药品监督则对食品、药品安全进行监管。人力资源、社会保障部门负责对养老机构工作人员的职业培训鉴定和社保等情况进行监督。另一方面，政府应尽快建立健全专门的监管机构，配备专职工作人员，实行统一的管理和监督，建立健全社会养老服务科学化、标准化、规范化的管理评估体系。组织养老服务从业人员到人社部门认定的社会办学机构进行规定科目的岗位培训，实行服务人员持证上岗。强化监管是为了提高养老机构的服务质量，应完善以社会为主体的养老服务运行监督机制。养老服务接受政府公共财政补贴、社会慈善捐赠和税收优惠等公益性资源的同时，有责任和义务接受广大社会公众的监督。①

（四）积极跟进服务和完善管理

养老机构管理主要指政府对养老机构的管理和养老机构内部的管理。政府对养老机构的管理多是从宏观层面，即从政策法规层面对养老机构建设、服务与经营进行管理，这种管理多为指导和监督。而养老机构内部管理则是从微观层面，根据老人的需求，依据国家政策法规进行具体事务管理。两者相辅相成，缺一不可，共同目标是规范养老机构服务与经营，满足广大老年人集中养老的需求，促进养老服务事业的发展。

从宏观管理来讲，政府要做以下几点。

其一，做好事前监管，即制定不同层次养老机构的准入标准。机构养老为“三无老人”“失独老人”提供一定的养老场所，同时也可以满足一些高层次的养老需求。根据养老机构不同的规模，建立小机构和大机构的分类准入标准。大型养老机构的准入标准要严格些，加快推进养老机构标准化建设，完善养老机构建筑、环保、护理人员等标准，按标

① 杨孟：《推进养老服务的社会化》，中国共产党新闻网源自 http://theory.people.com.cn/n/2013/0923。

准配备各种消防、健身、餐饮设施，适时启动养老助餐、风险体系建设。选取有条件的养老院就高科技防范风险开展试点并逐步推开。如在户外各处都有紧急呼叫按钮；每个老人都有一块定位手表，值班室通过GPS定位进行跟踪；公寓房间内安置红外线传感装置，一旦老人在室内某个地方静止时间超过半个小时或一个小时，监护人员就会收到报警。小型养老机构的准入标准相对放宽些，除了配备各种消防、餐饮等基础设施，允许鼓励个人举办家庭化、小型化的养老机构，社会力量举办规模化、连锁化的养老机构。

对于养老服务机构的管理人员和厨师、司机、园丁、看守员、保洁员、文员等，虽然专业技术要求不高，但也需要建立准入制度；对于养老服务机构的医生、护士、护理员、社会工作者等专业技术人员，为确保其具备服务老年人的专业知识和技能，必须建立严格的准入制度，设立特殊资格的限制。香港机构养老服务水平的专业化程度较高，这主要得益于其社会工作专业制度的建立，香港的大学基本都有社会工作专业教育，毕业生95%以上都能从事本专业的工作，这样可以为香港的福利机构输送大量的专业人才。[①] 从发达国家的经验来看，美国养老机构的准入和监管，主要分为护理人员的资格管理和护理机构的资格管理。在人员管理方面，虽然各个州会有不同，但主要采取的都是执业资格管理的方式，由所在州政府、教育机构和职业考试机构共同完成。因此，我国必须重视专业人员的培养，通过各种教育培养，提高护理人员等专业人才的知识和技能，加强资格准入和管理。

其二，建立养老机构年度验审制度。通过组织行业内专家，采取“听取养老机构自评、组织老人和员工座谈、问卷调查、电话访谈老人家属、实地查看设施设备、实地检查管理与服务”等方式对养老机构

① 黄耀明、陈景亮、陈莹：《人口老龄化与机构养老模式研究》，吉林大学出版社2011年版，第215页。

开展活动、财务管理、依法变更、问题整改等情况进行综合评定。特别是对养老保险的资金筹集、日常事务管理、资金的日常使用等方面进行验审，以保证养老保障体系的健康发展。

其三，建立养老机构服务资质等级体系。由日本经验可知，日本采用政府主导型管理模式。日本的厚生劳动省负责制定和发布养老护理机构的设施、设备、人员、服务、管理等标准，通过准入制度、服务标准、服务评估等方式对养老机构进行监督和管理。对养老机构的评价不仅包括事前评价，还包括服务完成之后的事后评价。同时，事后评价也考虑了投入资源、服务过程、服务结果、服务效果。我国可以借鉴其经验，加强事后评价，也就是说民政部门除了在准入条件给予监管外，还要建立资质等级体系，依据老年人需要和专业特点，研究制定养老机构服务资质等级标准和信息反馈系统，对服务质量进行跟踪监督和信息公布，进行严格监管，一旦发生重大责任事故，要严肃处理。全国范围内应建立星级评定，按照评定标准进行现场测评，包括硬件设施（床位、消防等设施）以及软件设施（服务人员素质和服务品质等），星级越高，综合服务品质也越高。此外，重视从市场准入规范化入手，遵循市场规律，总体监管，引导养老机构良性发展。我国政府提供的养老保险只能满足基本的养老需求，这就为市场发挥作用留下了一定的空间。随着我国市场经济的快速发展，我国的养老方式开始呈现多元化的发展趋势，市场主体在社会化的养老方式中发挥的作用也越来越突出。市场主体进入养老领域，不仅成为养老方式的重要补充，也能够满足多元化的养老需求，体现的是老年人口的自主选择的过程。我国市场主体提供的养老保障主要包括商业性的养老保险、机构养老和其他营利性的养老产业。商业性的养老保险是社会养老保险制度的重要补充，能够满足不同层次群体的需求。其他营利性的养老产业主要指一些多样化的养老产业，这些产业能够满足多元化的养老需求。通过建立规范的行业准入标准和资质评估机制，设置合理的行业准入门槛，让市场淘汰清理那些不具备资质或资质较差的养老服务企业。

其四，加快和规范行业协会发展。牢固树立常抓不懈的思想，落实好人防、物防、技防等各项防范措施，坚持长效管理，落实自查自纠。针对管理上的薄弱环节，定期进行深入细致、全面彻底的安全专项自查。加快和规范行业协会发展，弥补政府监管不足。目前养老产业缺乏统一的行业标准和市场规范，各种类型的企业龙鱼混杂，恶性竞争，增加管理风险。因此，必须完善养老机构行政管理的法律法规，做好养老机构登记注册和日常检查。建议由民政部门牵头，出台规范和扶持政策，除落实好《养老机构安全管理》，还要建立完善的行业协会管理体系，促进行业自律自助。通过行业协会制定和完善行业规范，包括老人入住管理制度、护理等级评定制度、健康管理制度、员工管理制度、岗位职责制度、服务标准、操作规范等。定期开展管理质量服务评估，确保制度落到实处。[①] 制定民办养老机构管理办法、居家养老服务和社区服务等政策规范，促进各类养老机构依照政策法规运行，指导养老机构完善管理规范、改善服务质量，积极培育和发展养老服务行业协会，发挥行业自律作用，促进养老机构内部管理。

其五，建立养老机构退出机制。养老机构为老年人提供的养老服务应当是持续稳定的，在经营过程中，可能会因为分立、合并、改建、扩建以及解散等原因暂停或者终止服务，为了保障养老机构的正常有序退出，充分保护老年人群体的合法权益，应当建立养老机构退出机制。《养老机构设立许可办法》第二十条规定，养老机构应当向原许可机关提出申请，并提交老年人安置方案，经批准后实施。未经批准，不得擅自暂停或者终止服务。《养老机构管理办法》第二十七条作了更加明确的规定，养老机构应当于暂停或者终止服务的 60 日前，向实施许可的

① 李严昌：《重视养老机构风险监管》，中国社会科学网，http://www.cssn.cn/dzyx/dzyx_gwpxjg/201603/t20160317_2926688.shtml。

民政部门提交老年人安置方案，方案中应当明确收住老年人的数量、安置计划及实施日期等事项，经批准后方可实施，民政部门应当自接到安置方案之日起20日内完成审核工作。民政部门应当督促养老机构实施安置方案，并及时为其妥善安置老年人提供帮助。

从微观角度来讲，养老机构首先要做好市场调研，增强抵御风险能力。养老服务业前期投资大，成本回收时间长，是一个有风险的微利行业，投资人在投资前要有清醒的认识。在投资前，必须做好充分的市场调查、分析和论证。有些地区居家养老者较多，建立太多养老机构，可能达到饱和状态，要在有了科学判断依据之后再进行投资决策。比如民办养老机构必须慎重进行市场定位，而不是选择直接与公办养老机构展开价格竞争。要识别潜在的竞争优势，民办养老机构要充分了解当地公办养老机构的养老服务产品定位，区域内老人养老需求满足状况，本养老机构能提供何种服务，根据自身优势和特点选择适当的竞争模式。其次，人才是组织最重要的资源，组织的发展离不开专业人才，民办养老机构的经营管理同样需要具备相关专业知识的人才，民办养老机构应重视人才引进和人才培育，经常组织员工培训学习，增强员工素质。再次，转变经营理念，提供人性化服务公办养老机构应当抛弃过去那种一切靠政府的经营思维，切忌追求不切实际的硬件高档化，应转而追求养老服务的质量。部分有条件的养老服务可以引入市场竞争机制，外包给家政服务公司。按照顾客导向理论的要求，最大可能地满足老年人的实际需求。最后，市场主体多样性的供给必定成为未来养老的发展方向。由于受经济发展水平的限制和传统观念的影响，目前我国养老机构发挥市场作用的范围也十分有限。随着社会经济发展和人们生活水平提高，老年人口对于养老的需求也将越来越多样化，从以往以生活照料为主向包括生活照料、精神慰藉和医疗保健等在内的一系列养老需求发展，要把握市场规律和机遇，从而为制定营销策略及企业决策提供有价值信息的管理活动。

（五）推动全社会养老理念的转变

树立敬老爱老的社会风尚，培育现代化养老理念。在现代化步伐加快的社会，在城镇一体化进程中，价值观念的多元多变，也影响着人们原有的生活方式和价值观念，以“孝”为核心的传统道德观念也受到冲击，对推行不同的养老模式的发展产生负面影响。由此，必须加强社会主义核心价值观教育和中华优秀传统文化教育，重视传统孝道美德建设，大力宣传孝老爱亲的好榜样，长春市当前已 60 岁及以上老人达到 131.6 万人，占户籍人口的 17.4%，标志着长春进入老龄化社会。为进一步弘扬中华民族尊老敬老、养老爱老的传统美德，体现市委、市政府对老年人的殷切关怀，长春市已在 2016 年 3 月 1 日启动实施长春医保“夕阳健康行动”。

建立适应现代社会的“新孝道”观念，促进社会和谐的养老氛围的培育，不仅为社会养老，也为居家养老、社区养老培育更加和谐的养老氛围。同时，凝聚和培育各种力量，社会作为养老服务的重要补充部分，随着我国非政府组织的发展，往往起到意想不到的作用。一个国家的志愿者发展状况在某种意义上体现了这个国家的文明发展度。因此，积极鼓励社会工作者以及志愿者积极参与机构养老，深入开展敬老活动，形成广泛的尊老养亲的社会氛围和舆论环境，尽可能地避免社会上出现因敬老问题引发的各种社会矛盾；引导老年人树立积极的现代养老理念，调动老年人的积极性和主动性，让老人们也加入志愿者队伍，引导老年人保持老骥伏枥、老当益壮的健康心态和进取精神，发挥老年人价值，丰富晚年生活。

由家庭养老观念转为社会养老理念，尝试民办公助、公办民营、政府购买服务等社会组织参与公共服务模式，建立一个由政府引导、监督的，由社会组织运作的，全社会力量广泛参与的公共服务供给机制，是符合社会发展潮流的。公益性、服务性、非营利性是民办非企业单位的显著特征，这与市场部门（例如企业）的私益性、逐利性、营利性有分别，“消费者的偏好”不是民办非企业单位在提供公共服务时唯一的考量因素，“获取最大的利益”更不是具有一定社会责任感的民办非企业单位在运营过程中亟需的最大欲望。从调查访问可以得知，老年人对民办非营利养老机构作为服务供给载体时的信任度与满意度，远高于由市场部门举办的民营养老机构。在“企业—市场”体制和“政府—国家”体制之外，民办非营利养老机构提供了新的具有深厚潜力的选择。政府、市场和社会是三个相互结合相对独立的体系。它们对立统一地构成了现代社会的整体。

参考文献

全国人大内司委内务室等编著：《〈中华人民共和国老年人权益保障法〉读本》，华龄出版社 2013 年版。

民政部政策研究中心编：《我国养老服务准入研究》，中国社会出版社 2013 年版。

许虹、李冬梅主编：《养老机构管理》，浙江大学出版社 2015 年版。

尤元文编：《老龄问题与养老工作资料选编》第三辑，中国经济出版社 2015 年版。

曹健、王云斌主编、宋爽副主编：《老年人权益保障法律制度比较研究》，中国政法大学出版社 2012 年版。

邓大松、刘昌平等：《中国社会保障改革与发展报告 2013》，北京大学出版社 2014 年版。

民政部：《民政部社会福利和慈善事业促进司有关负责人就养老机构两个〈办法〉答记者问》，http://www.mca.gov.cn/article/gk/jd/shflhcssy/201307/20130715486348.shtml。

周膺主编：《杭州蓝皮书 2014 年杭州发展报告》（社会卷），杭州出版社 2014 年版。

张敏杰：《社会政策论——转型中国与社会政策》，北京大学出版社 2015 年版。

杨孟：《推进养老服务的社会化》，中国共产党新闻网，http://theory.people.com.cn/n/2013/0923/c49156-22999555.html。

黄耀明、陈景亮、陈莹：《人口老龄化与机构养老模式研究》，吉林大学出版社 2011 年版。

李严昌：《重视养老机构风险监管》，中国社会科学网，http://www.cssn.cn/dzyx/dzyx_gwpxjg/201603/t20160317_2926688.shtml。

第六篇　孤儿基本生活费政策实施研究报告

【摘　要】 在社会经济快速发展的今天，我国依然存在为数不少的孤儿。民政部统计数据显示，截至2015年年底，我国孤儿达50.2万人。孤儿作为社会弱势群体的一部分，关注他们的生活状况和福利是国家职责所在，也是社会进步的应有之义，孤儿生活津贴标准的适度性即是备受关注的问题之一。课题组从政策的目标任务（孤儿的基本生活保障情况）、资金的筹集和发放、政策实施效果、制度建设和监督管理等角度选取指标构建了孤儿基本生活费用政策绩效评价指标体系。在甘肃省内的兰州、天水、临夏、甘南等地，多家儿童福利机构进行问卷调查，对孤儿的基本生活状况、基本生活费用的筹集与使用、相关制度建设与政策满意度等方面加以评估，发现存在政策跟不上需求，保障水平低的情况，保障内容也集中于对生存需求的满足，缺乏对孤儿精神、发展需求的关注等。只有加强孤儿福利立法，大力发展嵌入式保障，发挥政府兜底作用，协调保障需求等，才能更好地保障孤儿福利。

【关键词】 孤儿　基本生活费　政策

儿童福利状况是衡量一个国家社会发展及综合实力状况的最佳角度，也是衡量一个国家国民的客观生活质量和主观幸福感、快乐感与安全感的灵敏指标。联合国的《儿童权利宣言》指出：凡是以促进儿童身心健全发展与正常生活为目的的各种努力、事业及制度等均称之为儿童福利。《美国社会工作年鉴》则指出：儿童福利旨在谋求儿童愉快生活、健全发展，并有效地发掘其潜能，它包括了对儿童提供直接福利服务，以及促进儿童健全发展有关的家庭和社区的福利服务①。国家应该尽量使每一个儿童能够健康快乐地成长，享受美好的金色童年。在儿童群体中，有一群最弱小、最困难的儿童——孤儿，他们需要全社会从物质到精神的各个方面给予支持与关爱。

一、问题的提出

从我国当前孤儿的现状来看，自 2008 年以来，全国孤儿数量呈现先上升后下降的趋势，表现为：在 2008—2012 年期间全国孤儿数量呈现逐年上升的趋势，2012—2015 年期间呈现逐年下降的趋势。截至 2015 年年底，我国孤儿人数达到了 50.2 万人。

从当前我国孤儿社会政策保障的体系建设来看，我国孤儿保障体系还不健全，特别是受文化观念、抚养能力等方面因素制约，家庭收养孤儿发展较为缓慢，事实上仍然存在相当部分孤儿监护缺位问题，大部分残疾和重病孤儿难以找到适合的收养家庭，迫切要求儿童福利机构发挥“兜底”作用。儿童福利机构作为政府举办的集中收养孤儿的服务设施，在孤儿保障体系建设中具有重要支撑作用，虽然说我国孤儿集中收养条件有所改善，但整体保障水平还有待进一步提高；特别的，儿童福利机构床位总量仍然不足，远远不能满足实际需求；基层孤儿保障能力不足，农村孤儿安置服务供需矛盾突出，抚养条件亟待完善。

正因为存在着公共政策保障体系不健全以及孤儿政策保障供需的矛盾，我国政府在坚持科学发展观和以人为本主义的理念原则下，建立健

① 联合国儿童基金会网站（中文）：https：//www. unicef. org/zh/。

全孤儿社会福利的保障政策体系。2010年印发的《国务院办公厅关于加强孤儿保障工作的意见》（国办发〔2010〕54号）要求，建立健全孤儿保障制度，切实保障孤儿合法权益，促进孤儿健康成长。建立生活保障是《意见》的核心。民政部、财政部随后联合下发了《关于发放孤儿基本生活费的通知》（民发〔2010〕161号），自2010年1月起为全国孤儿发放基本生活费，对东、中、西部地区孤儿分别按照月人均180元、270元、360元的标准予以补助。

2011年，中央财政提高孤儿基本生活费补助标准，对东、中、西部的补助标准分别由2010年的每人每月180元、270元、360元提高到200元、300元、400元，提高幅度超过10%。

《国务院办公厅关于加强孤儿保障工作的意见》（国办发〔2010〕54号）及《民政部　财政部关于发放孤儿基本生活费的通知》（民发〔2010〕161号）下发以来，各地高度重视、积极推动，制定出台相应的政策制度，认真开展孤儿基本生活费的发放工作，有效改善了广大孤儿的生活状况，为推动社会和谐稳定起到了重要作用。建立孤儿保障制度是一项全新的工作，各地在实施中也遇到了一些亟待解决的问题。2011年，民政部发布《关于进一步完善保障孤儿基本生活有关工作的意见》，主要包括以下十个方面的内容：一、规范孤儿保障对象范围；二、确保孤儿基本生活费及时足额到位；三、建立孤儿基本生活费自然增长机制；四、发挥亲属抚养的基础性作用；五、严格机构孤儿基本生活费的使用管理；六、强化对社会散居孤儿监护人的监督和指导；七、加强对社会力量举办收养孤儿机构的管理；八、加快全国儿童福利信息管理系统建设；九、协调落实孤儿其他保障相关政策；十、做好对孤儿基本生活费发放使用的监督检查。

2012年，民政部会同财政部印发了《关于发放艾滋病病毒感染儿童基本生活费的通知》（民发〔2012〕179号），要求各地从2012年开始，对艾滋病病毒感染儿童参照当地孤儿基本生活费标准发放基本生活费，中央财政按照孤儿基本生活费补助标准对各地予以补助。目前，中央财政对东、中、西部地区孤儿和艾滋病病毒感染儿童补助标准为月人均200元、300元、400元。

2013年3月22日，民政部、财政部决定自2010年1月起为全国孤儿发放基本生活费，各省（自治区、直辖市）要根据城乡生活水平、儿童成长需要和财力状况，按照保障孤儿的基本生活不低于当地平均生活水平的原则，合理确定孤儿基本生活最低养育标准，具体标准参照民政部关于孤儿最低养育标准的指导意见确定。机构供养孤儿养育标准应高于散居孤儿养育标准。地方各级财政要将孤儿基本生活费列入预算，省级财政要进一步加大投入，保障孤儿基本生活费所需资金来源。地方各级民政部门要根据保障对象的范围认真核定孤儿身份，提出资金需求，经同级财政部门审核后列入预算。中央财政2010年安排25亿元专项补助资金，对东、中、西部地区孤儿分别按照月人均180元、270元、360元的标准予以补助。以后年度按民政部审核的上年孤儿人数及孤儿基本养育需求，逐年测算安排中央财政补助金额。各地财政部门要统筹安排中央补助和地方资金，建立孤儿基本生活最低养育标准自然增长机制。孤儿基本生活费保障资金实行专项管理，专账核算，专款专用，严禁挤占挪用。

2014年，民政部、国家宗教事务局下发《关于规范宗教界收留孤儿、弃婴活动的通知》（民发〔2014〕99号），要求按照《关于发放孤儿基本生活费的通知》（民发〔2010〕161号）的相关规定，积极为宗教界收留的儿童进行孤儿身份认定。材料齐全的，将其纳入孤儿国家保障范围，按照当地孤儿养育标准发放基本生活费；材料不全但可以补齐的，民政部门要协调相关部门为其补齐手续并纳入孤儿国家保障范围；材料确实无法补齐不能认定为孤儿的，要按照国家相关规定予以救助。

2016年国务院发布的《国务院关于加强困境儿童保障工作的意见》（国发〔2016〕36号）明确指出，“针对困境儿童生存发展面临的突出问题和困难，完善落实社会救助、社会福利等保障政策，合理拓展保障范围和内容，实现制度有效衔接，形成困境儿童保障政策合力；通过构建县（市、区、旗）、乡镇（街道）、村（居）三级工作网络，建立部门协作联动机制，充分发挥群团组织作用，鼓励支持社会力量参与形成完善的困境儿童保障工作体系”。

同时，地方政府也出台一系列相应的政策条例，建立健全孤儿保障体系。以甘肃省为例。在“十五”“十一五”期间，甘肃省在孤儿医疗保障、孤儿生活救助、孤儿生活保障、孤儿收养抚育规范、孤儿教育就业等方面推出了相应的政策措施。比如，根据2007年甘肃省民政厅等15个部门联合下发的《关于贯彻民政部等15部门〈关于加强孤儿救助工作的意见〉的通知》，甘肃省将符合条件的社会散居孤儿纳入城乡医疗救助范围，资助城乡散居孤儿分别参加城市居民医疗保险和新型农村合作医疗制度，其医疗费用按城市低保人员医疗保险或新型农村合作医疗制度规定报销后仍有困难的，按城乡医疗救助规定予以救助。民政部门使用福利彩票公益金资助和社会捐赠等多渠道筹集资金，保障孤儿的基本生活不低于当地平均生活水平。到2010年，全省14个市州都要建一所床位数达100张以上的具有养护、医疗康复、教育能力的儿童福利机构。卫生部门制定相应政策，鼓励、支持医疗机构采用多种形式为孤儿提供医疗服务，应把孤儿的就医纳入公立医疗机构济困病床管理范围，实行“两免一减”（免除挂号费、床位费，减免医疗费用）的统一政策。

2007年，甘肃省为贯彻民政部《关于加强孤儿救助工作的意见》，甘肃省民政厅联合15部门下发了《关于贯彻民政部等15部门〈关于加强孤儿救助工作的意见〉的通知》，进一步明确孤儿救助工作的主要任务和对象，明确各相关部门在做好全省孤儿救助工作中的职责。通知首次涵盖了孤儿在生活、教育、医疗、就业、住房等方面的服务和保障，并对儿童福利机构建设、城乡散居孤儿的基本生活保障、医疗救助和优惠措施、法律援助等方面提出了明确要求。

2007年，甘肃省通过下发《关于贯彻民政部等15部门〈关于加强孤儿救助工作的意见〉的通知》，指出在孤儿群体义务教育阶段实行“两免一补”（免收学杂费、免费提供教科书，补助寄宿生生活费）。

2007年以后，甘肃省各级民政部门积极协调，为达到上学年龄的孤儿优先安排就近学校完成基础教育；同时，通过指定省内定点院校培训、与北京社会管理职业学院实施“孤儿助学工程”等多种形式，广泛培训适龄孤儿。仅2010年至2012年，甘肃省定点院校就培训适龄孤儿435名。其中2010年培训的185名孤儿中，159人顺利实现就业。2013年7月，省民政厅与省教育厅会商，对参加高考的孤儿实施优先录取，尽量扩大孤儿接受高等教育的覆盖面。

2011年甘肃省根据国务院办公厅《关于加强孤儿保障工作的意见》，下发了《关于做好孤儿基本生活保障的通知》，明确从2011年1月1日起建立孤儿基本生活保障制度，并确定了孤儿基本生活保障最低补助标准。部分经济条件相对较好的市州，还制定了高于省定标准的补助制度。其中天水福利机构集中供养孤儿基本生活费每人每月达到1380元。根据当地生活水平状况，甘肃省各地在有效保障孤儿基本生活的同时，考虑到后续成长所需，视情况为孤儿安排备用资金。其中天水市为散居孤儿办理了两张卡，一张将农村散居孤儿每月生活费的80%、城市散居孤儿每月生活费的70%打入其中，交由监护人保管和支配；另一张将农村散居孤儿生活费的20%、城市散居孤儿生活费的30%打入其中，密码由县（区）民政部门专人保管，待孤儿年满18周岁后交给孤儿或监护人，用于孤儿就学、就业和生活启动等使用，帮助孤儿融入和立足社会。

2013年甘肃省通过召开全省孤儿收养抚育工作电视电话会议，全面规范孤儿收养抚育工作。会议指出，全省各级民政部门要严格按照相关要求，对个人、民办机构和寺院场所收留孤儿情况进行拉网式大排查，对不具备养育条件和安全保障的，做好收留人和民办机构的工作，抓紧将孤儿接收并集中安置到儿童福利机构；对已经具备养育条件、明确责权的，纳入民政部门监管；对于已签订合办协议，排查中发现安全隐患的，限期整改；对符合收养条件且有收养意愿的个人，依法办理收养登记手续；对借收养孤儿募捐牟利或操纵孤儿从事违法活动的，依法进行处理。

政府通过上述政策制定孤儿政策保护机制，完善孤儿生活保障的基础设施建设，改善孤儿生存发展的环境条件，推进孤儿项目管理，拓展孤儿抚育社会资源，强化孤儿保障政策监督管理，完善孤儿生存发展资金配套机制等一系列政策措施，政府公共部门旨在改善孤儿的社会福利状况，提升孤儿的社会福利水平，推进构建适宜于我国孤儿生存发展的福利体系，使得孤儿居有定所、生活有着落。

通过以上分析我国现阶段孤儿的基本现状以及政府在建立健全孤儿社会福利等方面的政策措施，评价当前我国政府在孤儿社会服务方面实现的政策绩效显得尤为重要，这也就是此课题选题的现实依据。

二、孤儿相关政策文献综述

（一）国外研究综述

国外有关儿童社会福利的研究，最早开始于古希腊雅典社会。柏拉图最早提出子女公养的设想。当前，国外对儿童社会福利的研究主要从儿童生活现状、社会机构对儿童照护、替代性养护、儿童保护等方面进行。

1. 关于儿童生活现状的研究

国外学者首先对孤儿生活中主要存在的困难进行研究。他们认为孤儿在日常生活中存在许多的困难。安斯沃思（Ainsworth）认为由于孤儿受经济因素的影响，不容易进入学校、存在较高的贫困风险并且孤儿身体素质比正常孩子差。赛鲁特（Saluter）认为弱势群体主要包括有智力障碍、身体残疾或者慢性疾病的儿童经常会遭受到排斥和孤立，缺少玩伴，也缺乏良好的心情，一般的儿童照料不能满足他们的需要，必须给予他们特殊的关注①。联合国艾滋病规划署（UNAIDS）指出，南非成人艾滋病毒感染率高达13%—16%，导致许多儿童失去父母成为孤儿②。人口与健康调查组织（DHS）认为，艾滋病毒导致部分儿童失去父母，不满15岁的孤儿约占全体儿童总数的15%—25%，人们加强了对艾滋孤儿群体福利的关注③。雷切尔（Rachel）和苏珊（Susan）认为，孤儿处于弱势地位是因为孤儿家庭贫困，缺乏爱和亲属的照顾，缺少正确的孤儿观念与规范的环境。因此，导致孤儿地位低下的主要原因是贫困，而且由于贫困致使孤儿更加缺乏爱和照顾，亲属关系淡化④。

加芬克尔（Garfinkel）发现瑞典的单身母亲和孩子生活水平往往会降低到离婚前2/3左右，不能满足孩子的基本生活需要⑤。布朗（Brown）认为单亲家庭儿童由于缺少父母关爱，会变得孤僻，失去双

---

① Saluter, A. F. Singleness in America [A], In U. S. Department of Commerce, Bureau of the Census, Studies in Marriage and Family, Current Population Reports (Special Studies Series) [C], Washington, D.C.: U.S. Government Printing Office, 2009, 23: 162-164.

② UNAIDS. 2010 UNAIDS Report on the Global AIDS Epidemic [EB/OL]. http://www. iinaids. org/en/me (iia/unaids/contentassets/documents/unaidspublication, 2010 - 11 - 23/2013-6-24.

③ Demographic and Health Surveys (DHS). Compilation by Authors of Statistics from Most Recent DHS Final Reports [EB/OL]. http://www. measuredhs/onlinefiles/uploads/ubos/UDHS/UDHS2011 . pdf, 2011-10/2013-6-24.

④ Rachel, E., Goldberg, Susan, E., Short, The Luggage that isn't Theirs is Too Heavy: understandings of Orphan Disadvantage in Lesotho, Popul Res Policy Rev, 2012, (31): 67-83.

⑤ Garfinkel, I., Sweden's Child Support System: Lessons for the United States, Social Work, 1982, 27(6): 509-515.

亲的孩子也会变得更加冷漠，因此，要给孤儿或者单亲家庭的儿童提供家庭服务。伊丽莎白（Elizabeth）探讨了肯尼亚首都内罗毕城市孤儿和贫民窟中儿童的生活状态，特别是营养状况和粮食安全状况，认为孤儿更容易受粮食安全性的威胁，存在营养不良的情况。在这些孤儿中，最弱势的孤儿群体是失去父亲的孤儿和男性孤儿，因为他们的社会经济地位最低。因此，单亲也是致贫的重要原因，孤儿不论物质生活状况还是精神状况都存在很大问题，社会地位也较低。科恩（Cohen）认为家庭生活是最美好的，也是公民最期望的一种幸福，儿童不能因为家庭的贫穷而失去享有此种幸福的权利，应当对贫困家庭提供儿童福利服务[①]。威兹德姆（Wisdom）认为应该发展一项儿童福利计划，专门向因残疾或父母失业等原因而失去经济支持的儿童发放现金与食物补助[②]。小泽一郎（Ozawa）认为向贫困儿童实施儿童福利主要基于两个原因：一是因为收入安全是公平的重要内容；二是因为儿童福利是收入再分配的有效手段[③]。生活贫困与儿童发展有密切关系，斯通（Stone）指出社会条件（如富裕或贫穷）将会对儿童发展起到深远的影响[④]。

2. 关于社会机构对儿童照护的研究

儿童日间照顾是儿童社会福利的重要内容，儿童日间照顾在儿童福利中必不可少。Schorr 指出，儿童日间照顾具有社会必要性，单亲家庭尤其是单亲妈妈家庭中，父亲或母亲一方需要通过工作来提供经济收入，亟须日间照护服务为单亲家庭儿童提供养育和保护；此外，专业工

---

① Cohen,D.J., Federal day Care Standards: Rationale and Recommendations , New York;National Association of Social Workers,1987, 57-59.

② Wisdom,I.C., New York Times,1987,(10):26-28.

③ Ozawa,M.N., The 2002 Amendments to the Social Security Act: The Issue of Intergenerationalequity, Social Woik,2003,(2):131-137.

④ Stone, L.M., Effects of Maternal Employment on Children; Evidence from Research , Child Development,2007,(4):31-34.

作人员可为儿童提供更为专业化的教育和康复服务①。Gamble&Zigler 认为，儿童日间照顾的产生是经济结构与社会结构转变的结果，家庭结构的小型化，双职工家庭的日益普遍，使得儿童日间照顾服务需求日益增大②。Gray & Coolsen 认为，当前美国儿童日间照顾服务开展并不完善，许多家庭的孩子放学后单独在家，缺乏照顾。调查显示，6—9 岁和 9—11 岁的孩子中分别有 15% 和 45% 单独在家，缺乏有效的照顾和保护。儿童日间照顾解决父母后顾之忧的同时，对社会稳定起到不可或缺的作用，对儿童的后期成长与家庭照顾具有同样的效果。Farber & Egeland 调查表明，婴儿时期有日间照顾经历的孩子，长大后仍与父母保持亲密的关系，并没有因为曾享有日间照顾经历而疏远父母。Gamble & Zigler 指出，有受照顾经历的孩子与无受照顾经历的孩子相比，其承受能力和成熟度并没有多大区别③。因此，儿童日间照顾是对家庭照护的很好的一种替代方式。

3. 关于儿童保护的研究

戈尔茨坦（Goldstein）认为在一个离婚的家庭中，儿童的真实意愿难以由父亲或母亲单方正确地表述，因此，对离婚家庭的儿童可以由政府为其委派一个法律代表人，以便儿童能够获得应有的社会权利④。戴维森（Davidson）和格拉克（Geriach）认为监护人至少要扮演好三个方面的角色：儿童信息了解的受调查者、儿童权益的提倡者、法庭上儿

---

① Schorr, A. L., Poor Kids, New York: Basic Books, 2006: 28.

② Gamble, T. J., & Zigler, E., Effects of Infant day Care: Another Look at the Evidence, American Journal of Orthopsyhiatry, 2006, 56(1): 42.

③ Gamble, T. J., &Zigler, E., Effects of Infant day Care; Another Look at the Evidence, American Journal of Orthopsychiatry, 2006, 56(1): 42.

④ Goldstein, B., Children and Work, A Study of Socialization, New York: Free Press, 1979, 60-62.

童适当的劝告和建议者[①]。但也有学者认为美国的儿童监护制度不完善，波利尔（Polier）认为，在美国父母对儿童的权利是绝对的，儿童福利制度在保护儿童免受虐待和忽视的过程中，一直扮演一个胆小的角色[②]。斯特劳斯（Straus）和盖利斯（Gelles）认为，在美国每1000名儿童中就有19名儿童曾被虐待或忽视，儿童遭受虐待与他们未来犯罪呈正相关的关系，由青少年未来犯罪带来的非直接社会成本远远高于预防儿童受虐待的成本[③]。

弗雷蒙德（Freymond）和卡梅伦（Cameron）认为儿童和家庭福利制度分为分立制度和嵌入制度两类。分立制度是指政府建立专门针对儿童的福利制度，对弱势儿童提供保护。嵌入制度是指儿童和家庭福利制度被包括在多种不同的社会福利制度中，如住房政策、社会救助政策、医疗服务制度中有专门针对孤儿的福利规定[④]。

卡罗尔（Carroll）和哈泽（Haase）认为儿童保护的任务主要有两个方面：一是调查儿童受虐待情况；二是调解父母与儿童的关系。他们将儿童保护服务的特性定为三个方面：儿童保护服务具有强制性；儿童保护服务增加了社会服务机构的责任；儿童保护服务要掌握好尺度。儿童保护存在的最大问题就是对儿童虐待没有一个准确的度量标准。他还认为，如果社会能够建立一个对儿童照顾的最低标准，则儿童保护的界

---

① Davidson, H.A., Geriach, K., Child Custody Disputes; The Child's Perspective [A]. In R. M. Horowitz & H. A. Davidson (Eds.), Legal Rights of Chilcken. Colorado Springs [C]. SheparcTs/McGraw-Hill, 1984: 232-261.

② Polier, J.W., A View from the Bench, New York: National Council on Crime and Delinquency, 1994, 45-60.

③ Straus, M., & Gelles, R., The Costs of Family Violeiice, Public Health Reports, 2007, 102, (6): 640.

④ Freymond, N., Cameron, G., Towards Positive Systems of Child and Family Welfare: International Comparisons of Child Protection, Family Service, and Community Care Models, Toronto, On: University of Toronto Press, 2006, 23-30.

限就会变得清晰[①]。苏珊（Susan）和厄妮丝汀（Ernestine）认为，对儿童提供保护，应做到以下几点：正确评估儿童生活中的潜在风险，并能用联邦或者州法律来保护儿童免受伤害。当儿童受到暴力、虐待、忽视和遗弃而不能在原有家庭生活时，应为儿童寻找一个安全、稳定和幸福的替代性环境；应关注儿童发展中的需要，增加家庭对儿童的照顾能力；应以家庭成员的身份介入家庭对儿童的决策之中；要有能力对儿童福利机构和其他相关机构对儿童及其家庭提供的服务进行甄别与确定[②]。

4. 关于替代性养护的研究

（1）关于院内照护的研究

大卫（David）基于针对在儿童养护院度过童年生活的美国人、加拿大人和澳大利亚人的采访得出，儿童养护院的管理千篇一律，多是惩戒与体罚，儿童受到严密的监视，过一种僵化、呆板的生活；儿童照护人员多是帮孤儿做日常家务，很少对孤儿有爱和感情。因此，当孤儿走上社会时，很难进行正常的人际交往，建议未来的儿童保健工作者要对孤儿给予爱和感情支持，提高自己的技能[③]。

（2）关于家庭寄养的研究

威廉姆斯（Williams）认为儿童监护应基于以下五点原则：儿童有充分发展其能力的权利；父母作为儿童的自然监护人，有义务和责任照

---

① Carroll, C.A., Haase, C.C., The function of MXjtective services in child abuse and neglect [A]. InR. E. Heifer & R,S. Kempe(Eds.),The battered child(4th ed)[C]. Chicago: University of ChicagoPress,2008:159-163.

② Susan Whitelaw Downs, Ernestine Moore, E., Child Welfare and Family Services; Policies and Practice (8th Eds.),Pearson Education,2008. 481-482.

③ David Maunders, Awakening from the Dream: The Experience of Childhood in Protestant Orphan Homes in Australia,Canada,and the United States,Child & Youth Care Forum, Human Sciences Press,Inc. 1994,23,(6):393-394.

顾和保护儿童；儿童失去父母，或者父母对儿童的照顾标准小于社会最低照顾标准时，政府有权利和责任为儿童安排一个合理的替代照顾家庭；儿童照顾责任的转移是一种正当的法律程序；儿童的照顾人，必须要保护儿童的利益[①]。詹金斯（Jenkins）和诺曼（Norman）认为只有当原生父母不再关注儿童的时候，这个过程才可以进行[②]。Beezley 将寄养照顾服务的特征归纳为：亲生父母不能照顾儿童，由社会组织提供照护；寄养照顾是一种独立于亲生父母的全天式服务；寄养照顾服务由公共组织或志愿者组织提供。寄养照顾服务要遵守六条基本准则：社会的第一责任是促使儿童生活在亲生父母身边；如果父母不能为儿童提供最基本的生活和安全保障，社会应该为儿童提供一个长久性的生活之家；不同的寄养方式——家庭寄养，儿童村和机构教养，三者的功能与侧重点不同；寄养服务的目标是实现家庭的融合或者为儿童寻找到另一个合适的家庭；寄养照顾人是寄养服务中不可或缺的一部分，需要具有长久性；对于寄养家庭和亲生父母家庭，儿童具有自我选择的权利。

综上所述，西方社会替代性养护对象中有亲生父母的正常儿童居多，其中既包括丧失父母的孤儿，也包括由于各种原因父母无力或不愿对其进行抚养的儿童，争取一段时间的机构照顾后，可以回到原来的家庭，这与我们国家现实情况存在一定的差异性。但是，西方社会对儿童福利涉及相对全面，儿童保护的政策法规实行拥有完备的法律体系，在儿童成长和发展过程中，值得我国借鉴和学习。

---

① Williams, C. W., Guardianship: A Minimally Used Resource for California's Dependent Children: A Study in Policy, 1895-1978, Unpublished Doctoral Dissertation. University of Southren California, Los Angeles, 1980: 189-210.

② Jenkins, S., Norman, E., Filial Deprivation and Foster Care, New York: Columbia University Press, 2002, 190-203.

（二）国内研究综述

随着社会发展与经济增长，社会保障制度不断完善，国家对弱势群体的社会保护不断加强。孤儿作为最受怜爱的弱势群体，其基本生活保障和身心健康成长等方面的保护尤为重要。近年来，国内对孤儿福利的研究呈增长趋势，许多学者从不同角度对致孤原因、孤儿生活现状、需求、孤儿津贴、孤儿保护政策等问题做了比较详尽的分析。

1. 致孤原因研究

从2005年4月至7月中国首次全国性孤儿登记排查资料来看，2005年全国孤儿总数为57.3万人，占全国人口的4.43%，其中农村户口的孤儿占总数的86.3%。农村孤儿最集中的年龄段为义务教育阶段，即6—15岁。总体而言，男孩的数量超过女孩。该调查显示，在农村地区，首要致孤原因则是儿童的父母因疾病病故，其次为意外事故，儿童遭到遗弃等其他原因排第三，自然灾害则排在最后一位。

杨生勇和徐晓军通过对武汉市郊农村孤儿的成因和现状分析进行调查，发现绝大多数的农村孤儿是由父亲以不可抗拒的原因（病逝、意外事故、车祸）去世后，其寡母（自杀、改嫁、失踪）主动放弃子女造成的[①]。王飞鹏通过对农村孤儿的抚养模式与生活状况的实证分析，总结出农村孤儿应包含四种类型：一是父母双方均已去世；二是父母双方，一方去世，另一方不承担抚养责任；三是父母均在世，但双方均不承担抚养责任；四是被遗弃的孩子[②]。尚晓援认为北京的孤儿大多来自外地的农村，且具有女童多于男童、残疾比例高的特点，认为孤儿产生

① 杨生勇、徐晓军：《农村孤儿的成因及其现状分析——以武汉市郊李集镇、山坡镇义务教育阶段的孤儿为例》，《青年研究》2005年第6期。

② 王飞鹏：《农村孤儿生活状况调查——以烟台部分农村为例》，《中国社会保障》2007年第10期。

原因包括非婚生、超生、来自问题家庭和艾滋病家庭等[①]。

2. 孤儿监护研究

根据杨生勇、徐晓军的研究，孤儿监护主要有三大特点：一是父系监护，所谓父系监护是指孤儿的监护人都是父亲这边的亲属，部分母系亲属也对孤儿实施了资助，但他们不能也没有作为孤儿的监护人，只是时常来到孤儿的家中给予一定的生活照顾及物质支持。二是孤儿抚养与养老问题并存，对于农村孤儿来说，失去的是父母，是物质与精神依靠的丧失；而对于孤儿的爷爷奶奶来说，没有人养老，失去的则同样是生活与精神慰藉的主要来源。也就是说，大量同样作为社会弱势群体的、需要供养与照顾的老人与需要监护和资助的孤儿共同生活在一起。三是物质扶助为主，精神抚养、情感教育缺乏。在调查中发现，孤儿的监护人及其邻居都认为这些孤儿仅仅“活着”“有口饭吃”就可以了，所有的外部支持也仅停留在物质扶助上，根本就没有相应的精神抚养和情感教育之类的青少年最需要的支持。

3. 孤儿教育研究

王飞鹏的研究表示，农村散居孤儿主要面临三大困境：首先就是教育无保障，由祖辈抚养的孤儿。他们的经济来源大多来自祖父母的子女或者低保金，只能保证孩子的温饱问题，因此即使很少的教育费用，对这些老年人也是沉重的负担，因此无法过多考虑孤儿的教育问题；而由中年人抚养的孤儿，这些抚养人本身上有老、下有小，他们也只能保证孤儿的温饱，有能力的可以供孩子上学，一旦家里发生变故，首先减少的支出就是这些孩子的上学费用[②]。尚晓援认为，一些地区由于资金问

① 尚晓援：《中国孤儿状况研究》，社会科学文献出版社 2008 年版。

② 王飞鹏：《农村孤儿生活状况调查——以烟台部分农村为例》，《中国社会保障》2007 年第 10 期。

题，没有执行和落实“两免一补”的国家教育政策，导致当前孤儿教育问题十分严峻[①]。刘晓红和宋继芳认为，虽然国家教育政策让贫困孩子有机会上学，但仍有许多孤儿生活贫困，因不能支付文具费、书本费、学杂费、生活费而辍学，其根本原因在于孤儿救助工作缺乏物质基础[②]。郅玉玲调查发现，浙江省已对孤儿实行全日制义务教育和特殊教育，义务教育阶段的健康孤儿可以进入学校随班就读，免除书费、学杂费等，在高中和高职就读的孤儿按比例减免学费和杂费，大力支持特殊教育，以帮助脑瘫、弱智、聋哑等各类残疾儿童接受教育。但其他地区孤儿教育资金匮乏，亟须政府资助[③]。杨瑛认为，专家很少关注和研究孤儿教育救助问题：一是教育学界专家很少研究孤儿的教育问题；二是专门研究孤儿救助的学者，大多来自社会学、心理学、管理学、人类学、医学等领域，往往关注孤儿生活，却很少关注孤儿教育[④]。

4. 特殊儿童的儿童福利

张明锁探讨了流浪儿童的救助与回归问题，认为应建立一个集寄养、看护、教育于一体的“类家庭”，为无家可归的流浪少年儿童融入主流社会奠定基础[⑤]。范丹认为流动适龄儿童入学率较低，失学率高，应切实推进流动儿童教育的社会福利并采取相应措施[⑥]。刘继同对河南省艾滋病致孤儿童救助政策进行了调研，认为应密切儿童福利、家庭福

① 尚晓援：《中国孤儿状况研究》，社会科学文献出版社2008年版。

② 刘晓红、宋继芳：《孤儿救助及其存在的问题》，《西安电子科技大学学报》(社会科学版) 2008年第1期。

③ 郅玉玲：《基于社会保障理论的孤残儿童福利研究》，《人口与发展》2011年第1期。

④ 杨瑛：《教育学视域下的中国孤儿教育救助》，《当代青年研究》2011年第1期。

⑤ 张明锁：《流浪少年儿童的救助与回归》，《青年研究》2003年第3期。

⑥ 范丹：《流动儿童教育的社会福利问题探析》，《理论月刊》2004年第11期。

利、社区福利的形成与发展，密切生活照顾、教育与劳动就业政策的相关性，促进卫生与福利的制度化整合。谢琼认为流浪儿童缺乏健康成长的环境和条件，其生存权、发展权和教育权等基本权益未得到制度保障，应整合政府、社会及家庭等的力量，形成一套以生活临时救助机制、预防流浪机制与回归社会机制的“三位一体”流浪儿童救助体系[①]。

5. 孤儿福利的政府责任研究

长期以来，我国政府一直没有建立面向社会散居孤儿群体的孤儿保障制度，亲属家庭养育在我国整个儿童福利体系中居于基础性地位。陆士祯认为，在政府缺乏投入的情况下，孤儿福利制度很难满足实际需要。杨生勇和徐晓军认为，农村孤儿的经济支持仍然以传统的血缘亲属网络为主，而现代社会倡导的社会中介组织、政府保障体系发挥的作用均不是第一位的。政府资助力度小，是因为农村存在大量需要照顾的民政对象，有限的资源只能平均分配给众多受助对象，而这一点点的资助对于受助者没有太大的意义。王飞鹏认为，国家和社会对农村孤儿的社会救助参与度偏低，资助力度有限。邹明明认为，目前我国的“五保”制度在理论上能够覆盖到农村孤儿，但只是象征性的、极不稳定的救助。实践中，只是把孤儿纳入现有的城乡居民最低生活保障制度和农村“五保”制度中，这难以覆盖所有孤儿。即使被纳入“低保”“五保”的孤儿，救助标准也达不到城乡居民平均生活水平。

6. 中国对孤儿的社会保护制度

社会保护一词可以用来概括各种形式的国家干预政策。这些政策旨在保护个人免受市场不测和其他非市场风险造成种种后果的伤害。同时

① 谢琼：《流浪儿童救助：政策评估及相关建议》，《山东社会科学》2010 年第 1 期。

在国家提供的服务之外，社会保护也包括一个社会中存在的、非正式的、能够对社会成员尤其是对弱势群体提供保护和支持的制度安排。

从国家正式的制度安排来看，2006 年以前，中国没有专门针对全体孤儿群体进行救助的制度。但是，中国社会保护的很多方面都与孤儿有关。这些有关的制度主要包括以下几个方面：第一，由农村的家庭和亲属提供的非正式保护制度；第二，“五保”救助制度；第三，农村特困救助制度；第四，土地家庭承包制度；第五，教育费用减免制度。其中涉及孤儿基本生活救助的主要制度有三个：城乡低保救助，农村“五保”救助及农村特困救助。此外，农村的土地家庭承包制度使大部分孤儿有少量的资产，可以和拓展家庭的劳动力相结合，也可以出租，提供数量不等的收入，在孤儿救助中发挥了重要作用，可视为具有中国特色的、生产和救助两位一体的制度。此外，农村的扩展家庭也为孤儿提供了主要的基本生活支持。孤儿替代性养护的主要制度为国家儿童福利院制度和农村的亲属寄养制度，涉及儿童发展的制度，主要是教育和卫生救助①。

自 2010 年制定了全国统一的孤儿最低养育标准，集中供养孤儿每人每月 1000 元，社会散居孤儿每人每月 600 元。此外，各省（自治区、直辖市）要在民政部制定的孤儿最低养育标准基础上，根据各地区实际情况，科学确定孤儿生活津贴标准。

7. 孤儿津贴与服务研究

我国自 2010 年制定了全国统一的孤儿最低养育标准，集中供养孤儿每人每月 1000 元，社会散居孤儿每人每月 600 元。这是孤儿生活保障中的一缕曙光。尚晓援认为我国应借鉴先进的国际经验和国内地方实践，设立由中央和地方财政共同负担的残障儿童福利津贴制度。鼓励开

① 尚晓援：《中国孤儿状况研究》，社会科学文献出版社 2008 年版。

展社区服务、社区看护，增强对儿童的发展性支持和对家庭的支持。同时支持原始家庭养育，避免出现抛弃残障儿童的现象[1]。成海军认为应在国家制度层面建立儿童津贴，根据儿童问题的特征和类型，予以不同的保障。内容主要包括：孤儿基本生活津贴、残疾儿童生活津贴、残疾儿童康复医疗津贴、失依儿童基本生活津贴、大病儿童医疗津贴、流浪儿童救助津贴、农村留守儿童津贴、流动家庭儿童津贴、艾滋病儿童救助津贴、单亲或低保家庭儿童津贴[2]。

综上所述，通过对国内外研究现状的梳理可以看出国外对儿童福利比较重视，国外学者大多从广义的角度来研究儿童福利，但我们国家，绩效评估主要针对政府部门或者企业，而在社会保障领域绩效评估相对较少，针对儿童的绩效评价研究更少。目前国内学者主要利用调查问卷和访谈方法对孤儿的生活现状、教育现状、身心健康状况、就业培训和住房方面进行研究。但是，我国现有的儿童福利是否已经保障孤儿的基本生存和发展需要，尚未有学者进行研究。上述相关文献提供的可借鉴启示如下。

第一，应充分发挥家庭对孤儿的发展尤其是在心理以及社会融合方面的积极作用。

第二，政府是保护孤儿的首要责任主体，因此政府需承担首要责任和提供相关资金。

第三，不能忽视非政府组织在孤儿救助方面的重要性。

第四，国外有关儿童保护的政策取向为重塑我国孤儿社会保护思路提供了不同的思考角度。

---

① 尚晓援、王小林等：《中国儿童福利前沿（2011）》，社会科学文献出版社2011年版。

② 成海军：《中国儿童福利制度转型与体系嬗变》，《社会福利》2012年第9期。

同时也存在以下许多弊端。

第一，虽然扩展家庭提供的照顾，在儿童的心理健康照顾方面要比儿童福利院好，更有利于孤儿身心的发展。但是，由于政府对社会散居孤儿生活保障不到位、抚养家庭经济困难等原因，孤儿的生活、教育、医疗和住房等方面仍存在困难，需要国家和社会对其帮助。

第二，对于孤儿群体的研究一直掺杂在对困难群体的研究之中，或者在对贫困群体以及儿童福利问题进行研究时将孤儿作为研究的一部分进行分析，并没有专门对孤儿群体进行有针对性的研究。我国自 2010 年制定了全国统一的孤儿最低养育标准，集中供养孤儿每人每月 1000 元，社会散居孤儿每人每月 600 元。这是孤儿生活保障中的一缕曙光。因此，优化儿童福利院收养程序，关注孤儿身心健康成长，完善专门针对孤儿这一弱势群体的政策法规迫在眉睫。

三、研究设计

（一）研究目的

孤儿是社会弱势群体的一个重要组成部分，由于这部分群体属于未成年，具有相较于其他弱势群体的特殊性，也是需要全社会给予关心和帮助的主要群体之一。对于这些孤儿来说，在孤儿院的生活对于今后的人生具有转折性的影响，同时，对于国家来说，这一特殊群体对于国家的发展也具有十分重要的影响。孩子是国家的未来，关注孤儿，更是国家应有的责任。本项目通过调查问卷对孤儿生活费用的绩效评估，进一步了解目前孤儿的生活状况和具有的特征，为国家政策的制定提供信息、咨询和建议。

（二）研究指标体系设立的基本原则

构建科学合理的孤儿基本生活费用政策绩效评价指标体系，需要以政策运行的目标任务及要素为主要评价内容，进行多角度分析。因此，我们结合社会政策绩效评价的价值原则，提出孤儿基本生活费用政策的绩效评价应遵循的基本原则。

1. 目的性原则

实现研究的目的，是指标选取的重要原则之一，通常可以将指标用统计方法进行推理、演绎来达到研究目的。如果选取的指标对研究目的不具有解释说明性，那么选取的指标便无意义。

2. 全面性原则

广泛考虑各种体现运行效应的因素，结合目的性原则，最大限度地将较为重要的因素选入指标体系，显然其含义并非片面地追求最优，而是建立在以满意为准则的基础上。就孤儿基本生活费用政策的运行而言，选取的指标不仅要考虑政策因素，还要考虑到实施时的操作过程与实施后的满意状况，这样才能更全面地对制度政策进行评价。

3. 层次性原则

指标体系必须能够涵盖孤儿基本生活费用政策的主要特征。政策绩效评价系统由多个相互联系、互为补充的指标构成，可以分为几个子系统，入选指标能从不同侧面、不同角度反映和测评其内涵与特征。因此，在建立评价指标体系时，需要将所有的指标根据待分析的问题划分到不同的层次中。

4. 可操作性原则

指标的选取不但要求尽可能涵盖研究对象的各个方面，同时也必须考虑指标的可操作性，即指标获取和衡量的难易程度。出于可操作性的考虑，只选择与政策运行效应紧密相关的指标。

（三）评价指标选取的说明

本书按照《民政部　财政部关于发放孤儿基本生活费的通知》精神，参照其他评价研究的指标体系，最终确定从政策的目标任务（孤儿的基本生活保障情况）、资金的筹集和发放、政策实施效果、制度建设和监督管理等角度选取相应的指标，从而对孤儿基本生活费发放政策的实施绩效进行有效评价。

表 6—1　孤儿基本生活费用政策绩效评价指标体系

一级指标	二级指标	三级指标
A. 目标任务：孤儿基本生活保障	A_1. 抚养状况	A_{11}. 抚养类型
	A_2. 生活费用的标准	A_{21}. 生活费用的申请
		A_{22}. 领取时间
		A_{23}. 生活费用的月标准
	A_3. 基本保障项目	A_{31}. 食品保障
		A_{32}. 生活用品保障
		A_{33}. 交通通信保障
		A_{34}. 医疗康复保障
		A_{35}. 教育保障
		A_{36}. 基本人际交往保障
		A_{37}. 娱乐保障
B. 资金的筹集和发放情况	B_1. 资金筹集	B_{11}. 资金筹集渠道
	B_2. 资金发放	B_{21}. 资金接收者
		B_{22}. 资金发放的方式
		B_{23}. 资金发放的时效

（续表）

一级指标	二级指标	三级指标
C.政策实施效果	C_1. 政策的普及性	C_{11}. 政策的了解 C_{12}. 政策内容的了解 C_{13}. 获得信息的方式
	C_2. 政策的公平性	C_{21}. 公平感 C_{22}. 满意感
	C_3. 政策的落实程度	C_{31}. 落实情况 C_{32}. 政策作用
	C_4. 政策的熟悉程度	C_{41}. 执行人员的熟悉程度
	C_5. 政策执行人员的效率	C_{51}. 工作效率
	C_6. 政策执行人员的服务态度	C_{61}. 真实的服务态度 C_{62}. 发生纠纷的处理办法
D.制度建设情况	D_1. 实施方案	D_{11}. 实施方案的评价
	D_2. 资助办法	D_{21}. 资格确定 D_{22}. 申请程序 D_{23}. 资助金额
E.监督指导与管理	E_1. 与监护人的协议签订	E_{11}. 协议签订 E_{12}. 监护人对协议内容的了解 E_{13}. 意愿程度
	E_2. 建档造册	E_{21}. 档案情况 E_{22}. 档案内容
	E_3. 定期巡查与监督评估	E_{31}. 定期巡查 E_{32}. 监督评估
	E_4. 对监护人的指导与培训	E_{41}. 监护人的指导培训
	E_5. 对政策运行问题的处理	E_{51}. 处理问题的方式 E_{52}. 处理方式的妥当性 E_{53}. 处理问题的及时性
	E_6. 对违规行为和人员的查处	E_{61}. 对违规行为和人员的查处
	E_7. 上访投诉处理情况	E_{71}. 申诉方式 E_{72}. 处理结果

本项目将研究分为5项一级指标、20项二级指标和44项三级指标。5项一级指标包括目标任务、资金的筹集和发放情况、政策实施效果、制度建设情况、监督指导与管理。目标任务包括3项二级指标（抚养状况、生活费用的标准、基本保障项目），资金的筹集和发放情况包括2项二级指标（资金筹集、资金发放），政策实施效果包括6项二级指标（政策的普及性、政策的公平性、政策的落实情况、政策的熟悉程度、政策执行人员的效率、政策执行人员的服务态度），制度建设情况包括2项二级指标（实施方案、资助办法），监督指导与管理主要包括7项二级指标（与监护人的协议签订、建档造册、定期巡查与监督评估、对监护人的指导与培训、对政策运行问题的处理、对违规行为和人员的查处、上方投诉处理情况）。

在二级指标抚养状况下，具有1个三级指标抚养类型，主要指的是不同的孤儿抚养方式，在孤儿院抚养或领养。

在二级指标生活费用的标准下，具有3个三级指标，生活费用的申请，指孤儿对生活费用的申请；领取时间，指孤儿生活费用的领取时间；生活费用的月标准，指对孤儿日常生活费用的标准。在二级指标基本保障项目下，有7个三级指标，包括食品保障，指的是对孤儿的食品供应状况；生活用品保障，指的是对孤儿日常生活用品的供给；交通通信保障，指的是对日常交通和电话通信费用的保障；医疗康复保障，指的是对孤儿医疗方面的保障；教育保障，指的是对孤儿接受教育的保障；基本人际交往保障，指的是用于孤儿日常人际关系费用支出的保障；娱乐保障，指的是基本娱乐费用的保障。

在二级指标资金筹集下有1个三级指标资金筹集渠道，指的是孤儿费用资金的来源渠道。在二级指标资金发放下有3个三级指标，包括资金接收者，指的是资金的接收人；资金发放的方式，指的是孤儿费用的方法形式；资金发放的时效，指的是资金发放的及时性。

在二级指标政策的普及性下有3个三级指标，分别是对政策的了解，指的是对孤儿政策的了解；政策内容的了解，指的是对孤儿政策的了解；获得信息的方式，指的是获取孤儿政策信息的方式。在二级指标政策的公平性下有2个三级指标，分别是公平感：指的是对孤儿政策公平性的感知；满意感，指的是对孤儿政策的满意程度。在二级指标政策的落实程度下有2个三级指标。它们分别是落实情况，指的是政策的现实效果；政策作用，指的是政策发生的作用。在二级指标政策的熟悉程度下有1个三级指标执行人员的熟悉程度，指的是执行人员对于政策的了解程度。在二级指标政策执行人员的效率下有1个三级指标工作效率，指的是工作人员的工作效率。在二级指标政策执行人员的服务态度下有2个三级指标，指的是工作人员真实的态度和发生纠纷的处理办法。

在二级指标实施方案下有1个三级指标实施方案的评价，指的是对政策实施情况的评价。在二级指标资助办法下有3个三级指标，分别是资格确定，指的是孤儿资格的确定；申请程序，指的是孤儿资格的申请步骤；资助金额，指的是获得资助的钱数。

在二级指标与监护人的协议签订有3个三级指标，分别为协议签订、监护人对协议内容的了解和意愿程度。在二级指标建档造册下有2个三级指标，分别是档案情况和档案内容。在二级指标定期巡查与监督评估下有2个三级指标，分别是定期巡查和监督评估。在二级指标对监护人的指导与培训下有1个三级指标监护人的指导培训。在二级指标对政策运行问题的处理下有3个三级指标，分别是处理问题的方式、处理方式的恰当性和处理问题的及时性。在二级指标对违规行为和人员的查处下有对违规行为和人员的查处1个三级指标。在二级指标上访投诉处理情况下有申诉方式和处理结果2个三级指标。

（四）问卷设计

本问卷在设计过程中，严格按照评价指标设立的原则与内容展开。但针对课题组的试调查和对不同地区的初步摸底情况，我们在问卷设计和实地调研的过程中，主要对孤儿的目前抚养状况、社会费用的标准、生活费基本保障的项目、资金筹集、发放及政策实施的效果进行了着重调查。

（五）数据来源

本次研究严格按照民政部相关要求，选取甘肃省内的兰州、天水、临夏、甘南等多家儿童福利机构，共发放调查问卷 350 份，收回 350 份，其中有效问卷为 314 份，有效回收率为 90%。

四、数据分析

（一）孤儿基本信息

孤儿作为社会群体中的弱势群体，可以通过分析这一群体类型构成的状况认识这一弱势群体。根据调查结果，将从孤儿构成的性别、民族、年龄、年级、进入儿童福利机构之前抚养人以及进入儿童福利机构原因等方面描述分析孤儿弱势群体的基本情况。

1. 自然属性

孤儿群体自然属性构成主要表现为民族属性维度和性别属性维度两个方面。根据调查所得资料信息，孤儿群体的自然属性结果如表 6—2 所示。

表 6—2　孤儿群体民族—性别交叉表

		民族		合计
		汉族	非汉族	
性别	男	49	129	178
	女	37	99	136
合计		86	228	314

根据表 6—2 的数据结果，可以看出当前孤儿群体构成的结构具有明显的差异性。也就是说，孤儿群体作为弱势群体，这一群体类型的构成民族类型和性别类型是有差异的。具体而言，从调查资料表中的数据统计结果来看，民族角度下孤儿群体的性别构成存在着差异性，汉族的孤儿数量为 86 人，占调查总体的 27. 39%，其中男性孤儿数量占到了 56. 98%，女性孤儿数量占比为 43. 02%；非汉族的孤儿数量为 228 人，占调查总体的 72. 61%，其中男性孤儿数量占到了 56. 58%，女性孤儿数量占比为 43. 42%。同样的，性别角度下孤儿群体的民族构成存在着差异性，男性的孤儿数量为 178 人，占比 56. 69%，其中汉族孤儿数量占到了 27. 53%，非汉族孤儿数量占比为 72. 47%；女性的孤儿数量为 136 人，占比 43. 31%，其中汉族孤儿数量占到了 27. 21%，非汉族孤儿数量占比为 72. 79%。

2. 基本信息

（1）年龄

根据调查所得数据资料，孤儿群体的年龄在 8—22 岁之间。基于这一分布现实，我们以距值为 4 岁将孤儿群体做相应的划分。具体情况如表 6—3 所示。

表 6—3　孤儿群体年龄分布状况

分段区间(岁)	频数	百分比(%)
8—12	111	35. 35
13—17	197	62. 74
18—22	6	1. 91
合计	314	100

从表中的数据可以看出，当前孤儿群体主要集中在 13—17 岁之间。从表中统计数据分布状况来看，孤儿群体年龄在 8—12 岁之间的比例为 35. 35%，在 13—17 岁之间的百分比为 62. 74%，占比最大，18—22 岁之间的孤儿群体的占比为 1. 91%，占比最小。

（2）年级

年级反映了当前孤儿群体接受教育的基本情况，根据调查的基本资料，孤儿年级信息的统计情况如图 6—1 所示。

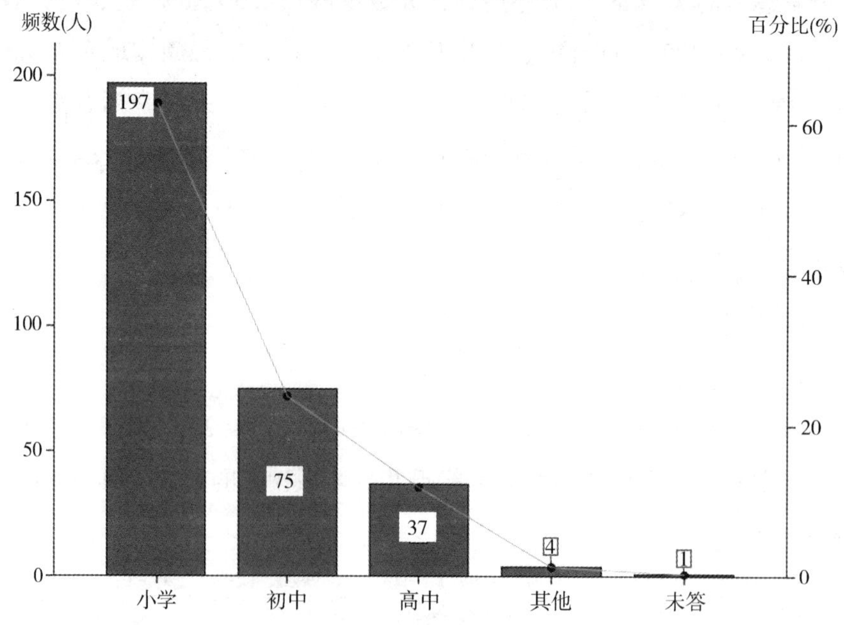

图 6—1　孤儿群体受教育年级分布状况

从孤儿群体受教育年级分布状况的双轴图可以看出，当前孤儿群体主要集中在小学。从图中的具体分布状况看，孤儿接受小学教育的百分比占到了此次调查总体的62.7%，接受初中教育的占到了23.9%，接受高中教育的占到了11.8%，接受其他类教育的占到了1.3%。

（3）进入儿童福利机构之前抚养人

表6—4　孤儿群体抚养人状况

	频数	百分比(%)
祖父母或外祖父母	140	44.6
父母一方	13	4.1
亲属	151	48.1
其他	7	2.2
未答	3	1.0
合计	314	100.0

从表6—4中的数据可以看出，在孤儿进入福利机构之前，亲属抚养方式在孤儿群体的抚养过程中扮演重要角色。具体而言，祖父母或外祖父母抚养占到了本次调查总体的44.6%，父、母一方的抚养占到了4.1%，亲属抚养占到了48.1%，占比最大。

（4）进入福利机构的原因

表6—5　孤儿群体进入福利机构的原因

原因	频数	百分比（%）
父母均过世	100	31.8
父母一方过世，另一方弃家或改嫁	178	56.7
因离异等纠纷，实际上无任何一方履行抚养义务	9	2.9
父母一方过世，另一方因病重已不能自理	2	0.6
父母情况不清楚	10	3.2
其他	7	2.2

（续表）

原因	频数	百分比（%）
未答	8	2.5
合计	314	100.0

从表 6—5 中的调查信息可以看到，孤儿群体进入福利机构的主要原因在于父母一方过世，另一方弃家或改嫁。具体而言，因父母均过世而进入福利机构的孤儿群体占到了本次调查总体的 31.8%；因父母一方过世，另一方弃家或改嫁而进入福利机构的孤儿群体占到了本次调查总体的 56.7%，占比最大；因父母一方过世，另一方因病重已不能自理而进入福利机构的孤儿群体占到了此次调查总体的 0.6%，占比最小。

3. 抚养状况差异性

从当前孤儿群体抚养的状况来看，孤儿弱势群体主要依靠机构供养、亲属寄养、家庭寄养以及独立生活四种类型实现安全需求的满足。但因经济状况和思想观念等因素的影响，孤儿群体的抚养状况存在差异性。具体情况如表 6—6 所示。

表 6—6　孤儿群体抚养状况的差异性

民族			性别		合计
			男	女	
汉族	目前抚养状况	机构供养	47	37	84
		家庭寄养	2	0	2
	合计		49	37	86
非汉族	目前抚养状况	机构供养	129	97	226
		家庭寄养	0	2	2
	合计		129	99	228

从表6—6中的数据结果可以看出，当前孤儿群体主要依靠机构供养和家庭寄养两种形式满足安全需求，不同民族、不同性别孤儿群体的受抚养状况存在差异性。从调查的结果来看，汉族孤儿群体受抚养数量为86人，占调查总体的27.39%；非汉族孤儿群体受抚养数量为228人，占调查总体的72.61%。从民族和性别的维度视角来看，汉族男性孤儿群体数量为49人，其中机构供养占比95.91%，家庭寄养占比4.09%；汉族女性孤儿群体数量为37人，其中机构供养占比100%，家庭寄养占比为0；非汉族男性孤儿群体数量为129人，其中机构供养占比100%，家庭寄养占比为0；非汉族女性孤儿群体数量为99人，其中机构供养占比97.98%，家庭寄养占比2.02%。从中可见，当前机构供养在孤儿群体的抚养过程中扮演着主要角色。

（二）孤儿基本生活保障状况

孤儿群体的基本生活保障状况可以通过孤儿群体的衣食住行等方面来反映，本部分主要通过对福利机构孤儿的基本生活费用情况、衣食情况、健康保障、学习用具拥有情况、出行及人际交往等几个方面来反映孤儿群体的基本生活保障状况。

1. 生活费用的标准

（1）生活费用的申请

孤儿生活费主要由申请获得，孤儿能否通过申请的方式获得生活费以及申请到生活费的难易程度也反映了孤儿福利政策的普及程度和办事力度。

如表6—7所示，在受访孤儿中98.1%的孤儿是通过申请的方式获得生活费的。这说明孤儿生活费申请制度和规章制度已经逐步完善，孤儿能够真正获得社会的关心和生活上的保障。同时孤儿生活费申请已经规范化、程序化。构建出孤儿生活费用的政策指标体系将实现孤儿政策绩效科学的评估。

表 6—7　生活费是否由申请获得

	频数	百分比(%)
是的	308	98.1
不是	4	1.3
未知	2	0.6
合计	314	100.0

（2）领取时间及领取费用

通过对孤儿生活费领取年份的分析可以获得近年来孤儿保障情况的发展状况。

如图 6—2 所示，在受访孤儿中，在 1997 年领取生活费的孤儿占调查总体的 3.2%；1998 年领取孤儿生活费的受访孤儿占比 0.3%；1999 年占比 0.3%；2000 年占比 1%；2001 年占比 0.3%；2002 年占比 1%；2004 年占比 0.6%；2006 年占比 0.3%；2007 年占比 0.3%；2008 年占比 1%；2009 年占比 1%；2010 年占比 2.5%；2011 年占比 21.7%；

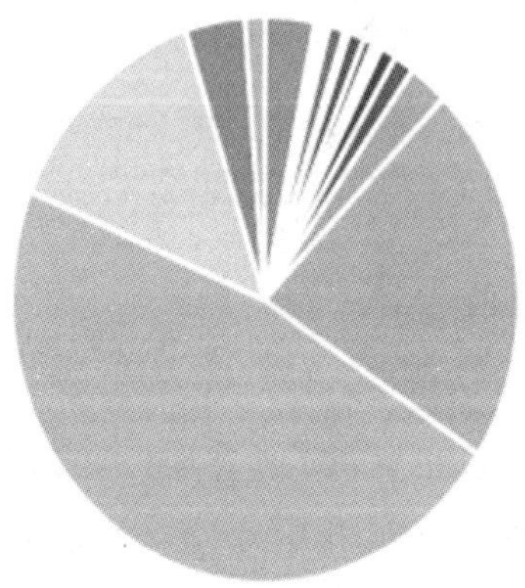

图 6—2　领取生活费的年份

2012年占比47.1%；2013年占比13.7%；2014年占比3.8%；2015年占比1.3%。从2009年开始孤儿领取生活费的人数逐渐增多，在2012年人数最多，占调查总体的47.1%，体现出自2010年对孤儿生活费进行统一规定之后孤儿领取生活费的规范化，另一方面也体现出孤儿生活费获取的差异化，即：领取年份各不相同。

受访孤儿首次领到生活费的费用如图6—3所示：

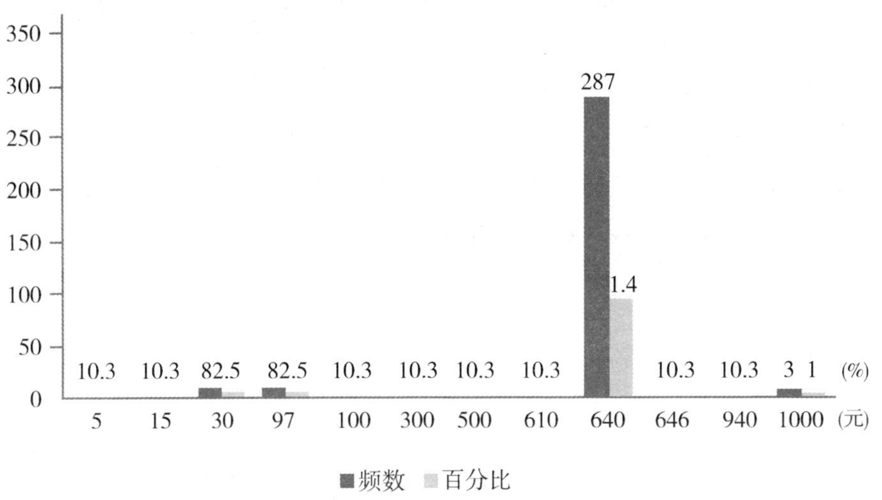

图6—3　第一次领到生活费的费用

如图6—3所示，5.9%的受访孤儿首次获得的生活费为5—100元；0.3%的受访孤儿领到300元的生活费；0.3%的受访孤儿领到500元的生活费；0.3%的受访孤儿领到610元的生活费；91.4%的受访孤儿领到640元的生活费；领到646元和940元生活费的孤儿各占调查总体的0.3%；领到1000元生活费的孤儿占调查总体的1%。我国自2010年制定了统一的孤儿最低养育标准，集中供养孤儿每人每月1000元，社会散居孤儿每人每月600元，因此，91.4%的孤儿领到640元的生活费。

（3）生活费用的月标准

受访孤儿现在每月生活费如表6—8所示。

表 6—8　现在每月生活费

	频数	百分比(%)
550 元以下	8	2. 5
550 元	1	0. 3
1000 元	305	97. 1
合计	314	100. 0

如表 6—8 所示，2. 5%的受访孤儿现在生活费为 550 元以下；0. 3%的受访孤儿现在生活费为 550 元；97. 1%的受访孤儿现在生活费为 1000 元，这反映出受访孤儿中集中供养模式的孤儿较多，同时也说明孤儿生活费严格按照全国统一的孤儿最低养育标准发放。

2. 基本保障项目

（1）生活用品保障

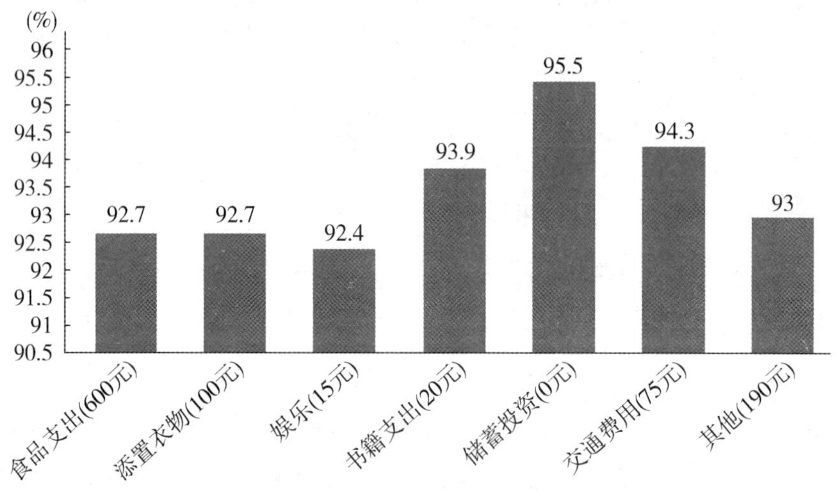

图 6—4　生活用品保障结构

如图 6—4 所示，92. 7%的受访孤儿食物支出 600 元；92. 7%的受访孤儿花费 100 元添置衣物；92. 4%的受访孤儿娱乐花费为 15 元；93. 9%

的受访孤儿的书籍支出为 20 元；高达 95.5%的受访孤儿储蓄投资为 0 元；交通费用为 75 元的受访孤儿占调查总体的 94.3%；93%的受访孤儿其他花费为 190 元。图中体现出孤儿生活费支出结果差异化和消费结构差异化明显，在此次调查中很明显的发现 95.5%的孤儿没有储蓄投资意识。

（2）食品保障

如表 6—9 所示，0.6%的受访孤儿认为午饭全是素菜；0.6%的受访孤儿认为午饭全是荤菜；98.1%的受访孤儿认为午饭荤素搭配，频数达到 308，反映出受访孤儿对午饭表现为“比较满意”。

表 6—9　午饭形式

	频数	百分比(%)
全是素菜	2	0.6
全是荤菜	2	0.6
荤素搭配	308	98.1
其他	2	0.6
合计	314	100.0

如表 6—10 所示，对饭菜不满意的受访孤儿占调查总体的 0.3%；认为饭菜一般的受访孤儿占调查总体的 1%；236 位受访孤儿对饭菜满意，占调查总体的 75.2%；22.9%的受访孤儿表示对饭菜非常满意。

表 6—10　饭菜满意情况

	频数	百分比(%)
不满意	1	0.3
一般	3	1.0
满意	236	75.2

（续表）

	频数	百分比（%）
非常满意	72	22.9
其他	2	0.6
合计	314	100.0

（3）营养保障

如表6—11所示，不喝牛奶的受访孤儿占调查总体的1.3%；93.6%的受访孤儿表示偶尔喝牛奶；4.1%的受访孤儿每天都喝牛奶，反映出孤儿生活水平已逐渐提高。

表6—11　是否每天喝牛奶

	频数	百分比（%）
不喝	4	1.3
偶尔喝	294	93.6
每天都喝	13	4.1
其他	1	0.3
未知	2	0.6
合计	314	100.0

如表6—12所示，受访孤儿中有298位孤儿表示偶尔能吃到水果，占到调查总体的94.9%；3.8%的受访孤儿经常吃到水果。水果中有人体必需营养要素，对儿童的生长至关重要，显然在这一方面福利机构有所欠缺。

表6—12　能否吃到水果

	频数	百分比（%）
偶尔	298	94.9

（续表）

	频数	百分比(%)
经常	12	3.8
其他	4	1.3
合计	314	100.0

如表6—13所示，有290位受访孤儿不吃零食，占调查总体的92.4%；20位孤儿偶尔吃零食，占调查总体的6.4%；3位孤儿经常吃零食，占调查总体的1%。

表6—13　吃小零食的频率

	频数	百分比(%)
不吃	290	92.4
偶尔吃	20	6.4
经常吃	3	1.0
未知	1	0.3
合计	314	100.0

（4）消费品保障

如表6—14所示，必备用品、洗漱用品、生活用品够用的孤儿频数为310，占调查总体的98.7%；必备用品、洗漱用品、生活用品不够用的孤儿的频数为3，占调查总体的1%。反映出对孤儿的硬件提供情况较好。

表6—14　必备用品、洗漱用品、生活用品充足度

	频数	百分比(%)
够用	310	98.7
不够用	3	1.0
其他	1	0.3
合计	314	100.0

（5）交通保障

如表 6—15 所示，出行方式为步行的频数为 5，占调查总体的 1. 6%；出行方式为公交的频数为 14，占调查总体的 4. 5%；出行方式为校车的频数为 283，占调查总体的 90. 1%；出行方式为自行车的频数为 2，占调查总体的 0. 6%。校车的普及以及国家对校车安全的重视也使孤儿的出行更加方便和安全。

表 6—15　出行方式

	频数	百分比(%)
步行	5	1. 6
公交	14	4. 5
校车	283	90. 1
自行车	2	0. 6
其他	1	0. 3
未知	9	2. 9
合计	314	100. 0

（6）医疗康复保障

如表 6—16 所示，受访孤儿最近一年参加过体检的频数为 303，占调查总体的 96. 5%；最近一年没有参加过体检的受访孤儿的频数为 4，占调查总体的 1. 3%，有 2. 2%的受访孤儿不记得最近一年是否参加过体检。反映出福利机构重视孤儿的健康状况。

表 6—16　最近一年是否参加体检

	频数	百分比(%)
参加过	303	96. 5
没有参加过	4	1. 3
不记得	7	2. 2
合计	314	100. 0

如表6—17所示，受访者身体健康的频数为305，占调查总体的97.1%；身体有疾病的受访孤儿的频数为7，占调查总体的2.2%；受访孤儿身体有伤残的频数为2，占调查总体的0.6%。反映出孤儿身体状况普遍健康，福利机构较为重视孤儿的身体状况。

表6—17　身体状况

	频数	百分比(%)
健康	305	97.1
疾病	7	2.2
伤残	2	0.6
合计	314	100.0

如表6—18所示，受访孤儿每月都不去康复机构的频数是309，占调查总体的98.4%；受访孤儿每月1—2次去康复机构的频数是2，占调查总体的0.6%；受访孤儿每月2—4次去康复机构的频数是2，占调查总体的0.6%。一方面反映出孤儿的健康观念不强，另一方面反映出福利机构没有系统地组织孤儿到康复机构接受检查或治疗。

表6—18　每月去康复机构的次数

	频数	百分比(%)
0次	309	98.4
每月1—2次	2	0.6
每月2—4次	2	0.6
其他	1	0.3
合计	314	100.0

如表6—19所示，22.9%的受访孤儿在最近一年生过病，73.6%的受访孤儿最近一年没有生过病。一方面反映出随着生活条件的提升，孤

儿自身免疫力提高，生病次数少；另一方面反映出福利机构对孤儿身体健康的关注，提供充足物资、完善各种基础设施的同时，重视孤儿生活的卫生条件以及主动采取疾病预防措施。

表 6—19　最近一年是否生病

	频数	百分比(%)
生过	72	22.9
没有生过	231	73.6
不记得	11	3.5
合计	314	100.0

如表 6—20 所示，在受访孤儿中有 6.1%的孤儿生过 1 次病；6.1%的受访孤儿生过 2 次病；0.6%的受访孤儿生过 3 次以上病。

表 6—20　生病次数

	频数	百分比(%)
1 次	19	6.1
2 次	19	6.1
3 次以上	2	0.6
不记得了	4	1.3
其他	270	86
合计	314	100.0

如表 6—21 所示，在受访者中医疗费用由机构承担的频数为 276，占调查总体的 87.9%；医疗费用由亲戚拼凑的频数为 2，占调查总体的 0.6%；由政府补助的频数为 1，占调查总体的 0.3%。

表 6—21　医疗费用承担者

	频数	百分比(%)
机构承担	276	87. 9
亲戚拼凑	2	0. 6
政府补助	1	0. 3
其他	1	0. 3
未知	34	10. 8
合计	314	100. 0

(7) 教育保障

如表 6—22 所示，0. 3%的受访孤儿非常不喜欢上学；在受访孤儿中有 1. 9%的孤儿不喜欢上学；0. 6%的受访孤儿对上学持无所谓态度；79. 6%的受访孤儿喜欢上学；16. 2%的受访孤儿非常喜欢上学，表现出对知识的渴望。

表 6—22　是否喜欢上学

	频数	百分比(%)
非常不喜欢	1	0. 3
不喜欢	6	1. 9
无所谓	2	0. 6
喜欢	250	79. 6
非常喜欢	51	16. 2
其他	4	1. 3
合计	314	100. 0

如表 6—23 所示，3. 5%的受访孤儿表示不需要课外书；25. 5%的受访孤儿需要故事、漫画书方面的书籍；20. 1%的受访孤儿表示希望得到作文书；16. 6%的受访孤儿表示需要百科全书；27. 1%的受访孤儿希望拥有语数外辅导书；6. 1%的受访孤儿希望拥有感悟和思哲类图书；1. 2%的受访孤儿需要其他类书籍。从表 6—23 中可以看出孩子希望拥有的课外书首先是语数外辅导书，其次是故事、漫画方面的书籍和作文书，而不需要课外书的孤儿仅占 3. 5%，反映出孤儿对知识的渴望，希望能够扩大阅读量，同时有意识地提升自己的学业成绩。

表 6—23　课外书需求情况

	频数	百分比(%)
不需要	11	3. 5
故事、漫画书	80	25. 5
作文书	63	20. 1
百科全书	52	16. 6
语数外辅导书	85	27. 1
感悟和思哲类	19	6. 1
其他	4	1. 2
合计	314	100. 0

如表 6—24 所示，在受访孤儿中有 16. 9%的孤儿不希望参加课外辅导；82. 8%的受访孤儿希望参加课外辅导。

表 6—24　是否希望参加课外辅导

	频数	百分比(%)
不希望	53	16. 9
希望	260	82. 8
其他	1	0. 3
合计	314	100. 0

如表6—25所示，拥有学习用具的受访者频数为304，占调查总体的96.8%，没有学习用具的受访者频数为7，占调查总体的2.2%。反映出福利机构支持孤儿的学习，为孤儿学习提供便利条件，福利机构提供充足的学习用具将会极大地鼓舞孤儿努力学习。

表6—25　学习用具拥有情况

	频数	百分比(%)
有	304	96.8
没有	7	2.2
其他	3	0.9
合计	314	100.0

3. 目前生活状况

(1) 目前所需

如图6—5所示，46%的受访孤儿表示目前最想上学，学习知识；26.4%的受访孤儿表示目前最需要健康的身体；12.7%的受访孤儿表示

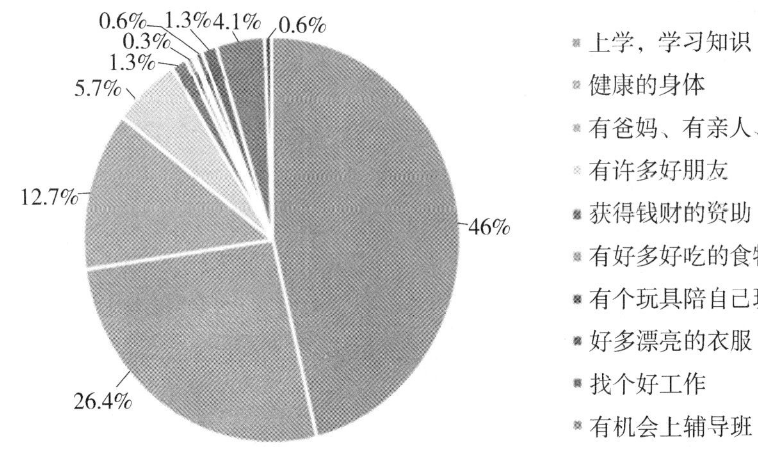

图6—5　目前最需要的东西

目前最需要有爸妈、有亲人、有家；5.7%的受访孤儿表示目前希望有许多好朋友；1.3%的受访孤儿表示目前想获得钱财的资助；0.6%的受访孤儿表示目前希望有好多好吃的食物；0.3%的受访孤儿表示目前需要有个玩具陪自己玩；0.6%的受访孤儿表示目前需要好多漂亮的衣服；1.3%的受访孤儿表示目前希望找个好工作；4.1%的受访孤儿表示目前希望有机会上辅导班。体现出孤儿表示目前更倾向于上学和有健康的身体，仅有0.6%的孤儿表示目前希望得到漂亮的衣服，0.6%的孤儿想吃到好吃的食物，0.3%的孤儿需要有个玩具陪自己玩，反映出随着生活条件和物质条件的提高，孤儿有了更深层次的追求。

（2）耐用消费品拥有数量

如图6—6所示，在受访孤儿中有手表的孤儿占调查总体的15%；有9.6%的受访孤儿拥有手机；有4.5%的受访孤儿拥有MP4；有5.1%的受访孤儿拥有自行车；有2.9%的受访孤儿拥有乐器；有4.1%的受访孤儿拥有体育用品。总体来说孤儿拥有耐用消费品的比例较小。

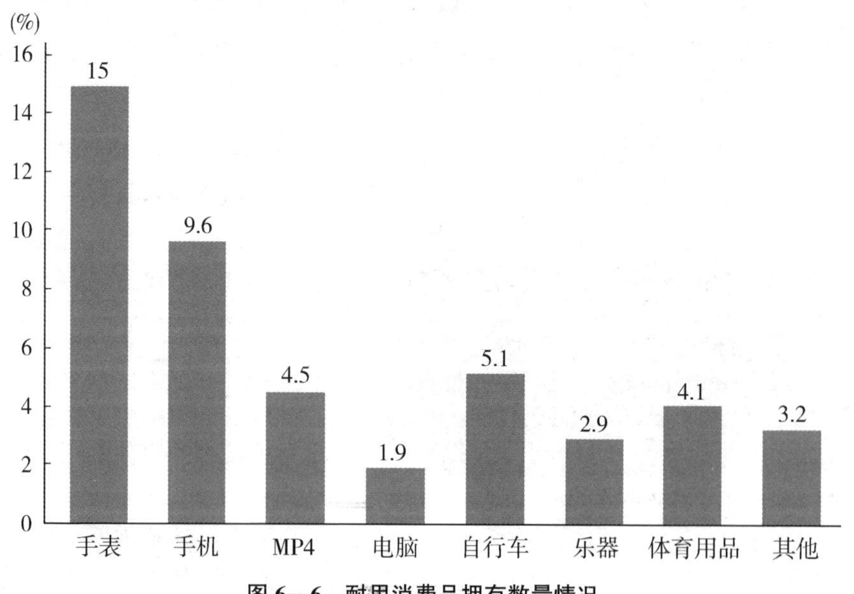

图6—6　耐用消费品拥有数量情况

（3）生活满意情况

如表6—26所示，1.3%的受访孤儿对目前的生活不满意；0.3%的受访孤儿对目前的生活感受一般；55.7%的受访孤儿对目前的生活比较满意；41.7%的受访孤儿对目前生活非常满意。

表6—26　生活满意情况

	频数	百分比(%)
不满意	4	1.3
一般	1	0.3
比较满意	175	55.7
非常满意	131	41.7
其他	3	1.0
合计	314	100.0

4. 孤儿基本人际交往

如表6—27所示，受访孤儿中人际交往费用在101—200元的孤儿占调查总体的93.6%。从侧面展现出孤儿生活费的消费更加充足与合理。

表6—27　人际交往费用

	频数	百分比(%)
0—100元	14	4.5
101—200元	294	93.6
201—300元	3	0.9
301—400元	1	0.3
400元以上	2	0.6
合计	314	100.0

（三）基本生活费用的筹集和发放情况

孤儿基本生活费用的筹集和发放情况是孤儿基本生活费用政策的关键步骤，直接影响着政策的实施效果。本部分将从资金筹集环节和资金发放环节相关调查数据来分别描述。

1. 资金筹集渠道

表 6—28　孤儿基本生活费用资金筹集渠道

方式	频数	百分比(%)
政府全额拨款	292	92. 99
福利机构筹集	0	0. 00
社会慈善人士捐助	1	0. 32
其他	0	0. 00
未答	21	6. 69
总计	314	100.0

通过问卷中“你知道生活费用的自己是如何筹集的吗?”（多选）这一问题的统计，292 人认为政府对资金筹集起非常大的作用，这一比例约占总样本的 92. 99%，21 人没有作答这个问题。政府有着保障孤儿基本生活的责任和义务，因此，被调查者认为这是主要的资金筹集来源。

2. 资金发放情况

本部分从三个方面了解资金的发放情况，分别是：资金的接收者是谁、资金的发放方式以及资金的发放时效。

（1）资金的接收者

由表 6—29 调查结果显示，94. 58%的孤儿基本生活费用的接收者是福利机构的集体账户。监护人接收和本人账户接收所占的比例分别为

2.54%和2.22%，0.63%的被调查者没有作答这个问题。也就是说，政府发放的绝大多数的孤儿基本生活费用由福利机构统一接收和使用。因此，为了保障孤儿基本保障权益不受侵害，我们应加强对福利机构的监管，切实保障政策的有效实行、保障孤儿生活的基本权益。

表6—29　孤儿基本生活费用的接收者统计

资金的接收者	频数	百分比(%)
监护人	8	2.54
福利机构	297	94.58
本人	7	2.22
未作答	2	0.63
总计	314	100.0

（2）资金的发放方式

由表6—30显示，绝大多数的孤儿基本生活费用是通过银行转账方式发放的，这一比例高达94.26%，而现金支付仅占5.41%，有一位被调查者没有作答这个问题。这说明银行转账方式有着更高的效率和准确率，更加便于监管。

表6—30　孤儿基本生活费用的发放方式统计

资金发放方式	频数	百分比(%)
银行转账	296	94.26
现金支付	17	5.41
未作答	1	0.32
总计	314	100.0

（3）资金发放的时效

由表6—31数据显示，98.40%的被调查者的基本生活费用是按月及时发放的，0.32%的被调查者遇到过发放拖沓的情况。其他情况发生的频率非常低，占0.64%。总体上，孤儿基本生活费用发放的时效性较高，孤儿基本可以按月领取应得的生活费用。

表6—31　孤儿基本生活费用发放的时效性统计

资金发放时效性	频数	百分比(%)
按月及时发放	309	98.40
有拖沓情况	1	0.32
其他	2	0.64
未作答	2	0.64
总计	314	100.0

(四) 政策实施效果

本部分内容从孤儿基本生活费用政策的宣传程度、孤儿基本生活费用政策的效用评价、被调查者对孤儿基本生活费用政策的满意度评价三个方面来评估政策的实施效果。

1. 孤儿基本生活费用政策的宣传效果

政策宣传是政策执行过程的起始环节和一项重要的功能活动。要使政策得到有效执行，必须首先统一人们的思想认识。政策宣传是统一人们思想认识的一个有效手段。政策对象只有知晓了政策，才能理解政策；只有理解了政策，才能接受和服从政策。

关于孤儿基本生活费用政策的宣传效果，本书是从调查对象政策获取的途径和政策了解程度两方面来衡量。

(1) 孤儿基本生活费用政策获取途径

由表6—32调查数据显示，目前甘肃省孤儿对“孤儿基本生活费”政策的获取途径主要来自于民政部门，这个比例高达85.99%，通过其他方式包括：家人告知、看电视报纸、听别人谈论、监护人告知获知政策所占的比例较低，约占6.38%，7.64%的被调查者未作答。这说明人们对政策的获取手段比较单一，大部人是通过民政部得知政策消息。政府应该努力利用各种手段、利用各种宣传工具宣传政策，重视媒体的作用。同时，监护人和家长也应该将相关政策告知儿童，使得政策的意义、目标、具体实施步骤更加深入人心。

表6—32　孤儿基本生活费用政策的获取途径统计

了解方式	频数	百分比(%)
民政部门	270	85.99
家人告知	4	1.27
看电视、报纸	3	0.96
听别人谈论	2	0.64
监护人告知	8	2.55
其他	3	0.96
未作答	24	7.64
总计	314	100.0

（2）孤儿基本生活费用政策的了解程度

本次问卷从两个方面的主体调查人们对这项政策的了解程度。一是孤儿对基本生活费用政策的了解程度；二是老师对基本生活费用政策的内容是否熟悉。选取这两类不同的主体是因为孤儿是直接的政策对象，孤儿对这项政策了解程度也就显得至关重要。而孤儿对于政策的理解程度有限，要想使得对这项政策有一个清晰、明确的认识，多依赖于老师的政策信息传递。

由表6—33可以看出，69.11%的孤儿对基本生活费用政策表示了解。了解一点的人群占28.34%，不太了解的仅占2.55%。

表 6—33　孩子对于孤儿政策的了解程度统计

了解程度	频数	百分比(%)
了解	217	69.11
了解一点	89	28.34
不太了解	8	2.55
总计	314	100.0

由表 6—34 可以看出，对这项政策非常熟悉的教师占到了 61.78%，比较熟悉的教师占 37.26%。

表 6—34　老师对孤儿基本生活费政策内容的熟悉情况统计

熟悉程度	频数	百分比(%)
非常熟悉	194	61.78
比较熟悉	117	37.26
一般	2	0.64
比较不熟悉	1	0.32
非常不熟悉	0	0.00
总计	314	100.0

结合表 6—32 数据分析得出，虽然政策的宣传途径较为单一，儿童和教师多是通过民政部发布的有关文件和通知获取政策内容，但是这一途径的宣传效果普遍较好。福利院老师和孩子们对政策都有较好的了解程度。

2. 孤儿基本生活费用政策的效用评价

孤儿生活费用政策的效用主要包括其对孤儿产生的物质效用和心理效用。

（1）孤儿生活费用政策所产生的物质效用

表 6—35　孤儿生活费用政策的物质效用统计

是否起到物质帮助	频数	百分比(%)
是	308	98.09
不是	6	1.91
总计	314	100.0

自 2011 年 2 月开始，政府开始向城乡所有孤儿发放生活费用，集中供养孤儿每人每月发放不低于 1000 元生活费用，社会散居孤儿每人每月不低于 600 元。

由于孤儿缺乏有效监护人，没有固定的生活来源，多数孤儿处于贫困之中。因此，这一政策的实施对被调查的 98.09%的儿童起到了物质帮助，在其成长的过程中提供了基本的生活费用、教育、医疗等保障。只有 1.91%的孤儿认为所发放的生活费用没有起到物质帮助。

（2）孤儿生活费用政策所产生的心理效用

表 6—36　孤儿在日常生活中是否感受到亲情关怀统计

是否感受到亲情关怀	频数	占比(%)
是	313	99.68
否	1	0.32
总计	314	100.0

表 6—37　孤儿在日常生活中是否感受到快乐情况统计

是否感受到快乐	频数	百分比(%)
经常	201	64.01
有时候	113	35.99

（续表）

是否感受到快乐	频数	百分比（%）
从未	0	0
总计	314	100.0

孤儿因失去父母、失去家人照顾容易产生心理缺陷，成为儿童中需要特别关爱和特殊照顾的弱势群体。对于孤儿的保障政策不应该仅仅停留在物质效用层面，而应更多地关注孤儿的心理发展。调查数据显示，约占99.68%的孤儿在日常生活中能体会到亲情的关怀，生活中经常感到快乐的孤儿占64.01%，有时候感到快乐的孤儿占35.99%，没有人从未感受到快乐。政府和福利机构对孤儿的一系列保障不仅仅停留在外部的物质支撑上，也为其成长提供了精神抚养和情感教育。

3. 被调查者对孤儿基本生活费用政策的满意度评价

任何政策如果投入运行后，如果政策对象没有对其作出相关的评估和反馈，那么政策实施的效果就不得而知。孤儿生活费政策是否产生了预期效果，是通过被调查者对这项政策的满意程度反映出来的。本书将从政策的公平度、孤儿对政策的满意度和孤儿对日常生活中老师工作情况的满意度来说明这一问题。

（1）孤儿基本生活费政策的公平度调查

由表6—38调查结果显示，41.40%的被调查者认为这项政策非常公平，57.64%的被调查者认为这一政策比较公平。可见，基本每一位被调查者都可以获得相同标准的生活费用和福利待遇。但也不能忽视有将近0.64%的少量调查者认为这一政策的公平性一般，0.32%的被调查者未作答这一问题。我们将继续深入分析个别公平感较低的原因，推动孤儿基本生活费用政策的优化。

表 6—38　孤儿生活费政策公平度情况统计

是否公平	频数	百分比(%)
非常公平	130	41.40
比较公平	181	57.64
一般	2	0.64
未作答	1	0.32
总计	314	100.0

(2) 孤儿对基本生活费政策的满意度调查

据表 6—39 的数据结果可以看出，33.12%的被调查者对这项政策感到非常满意，65.61%的被调查者对这项政策比较满意。对政策满意度一般的人占 0.64%，对政策非常不满意的人占 0.64%，这两部分所占比例极低。孤儿缺乏有效监护人，因此生活保障缺失，这一政策使他们每月有了固定的生活费保障，从而带来了巨大的边际效用，使得被调查者总体上对政策感到满意。

表 6—39　孤儿对政策满意度情况统计

满意度	频数	百分比(%)
非常满意	104	33.12
比较满意	206	65.61
一般	2	0.64
不满意	0	0
非常不满意	2	0.64
总计	314	100.0

（五）制度建设与制度评价

本部分通过调查孤儿生活费政策实施方案和生活费资助办法，分析孤儿生活费政策制度建设情况，从而得出当前甘肃省孤儿生活费制度建设状况。

1. 制度建设情况

（1）福利机构是否制定了孤儿生活费用的具体实施办法

根据表6—40调查数据显示，可以看出福利机构明确制定了有关孤儿基本生活费用的具体实施方案。具体而言，从调查资料的数据统计结果来看，认为福利机构制定了有关孤儿基本生活费用的具体实施办法的儿童数量为310名，占调查总体的98.7%，而仅有4名儿童认为其所在的福利机构没有指定有关孤儿基本生活费用的具体实施办法，占调查总体的1.3%。上述数据表明，我国政府在坚持科学发展观和以人为本的理念原则下，建立健全孤儿社会福利的保障政策体系，通过2010年《国务院办公厅关于加强孤儿保障工作的意见》，各级政府重视孤儿保障的工作，福利机构相应政策号召，积极参与孤儿保障的相关工作，制定有关孤儿基本生活费用的具体实施办法，为孤儿生活费用政策的顺利运行奠定基础。

表6—40　福利机构是否制定了有关孤儿基本生活费用的具体实施办法

	频数	百分比(%)
有	310	98.7
没有	4	1.3
合计	314	100.0

（2）福利机构实施方案落实情况

根据表6—41调查数据显示，可以看出福利机构对于为儿童制定的实施方案的落实程度较高。具体而言，从调查资料的数据统计结果来看，有 307 名儿童认为福利机构严格落实了为儿童制定的实施方案，占整个调查总体的 97.8%，而有 7 名儿童认为其所在的福利机构没有严格落实为儿童制定的具体实施方案，占调查总体的 2.2%。

表 6—41　福利机构为儿童制定的实施方案是否严格落实了

	频数	百分比(%)
严格落实了	307	97.8
没有严格落实	7	2.2
合计	314	100.0

2. 制度评价

(1) 儿童对生活费用政策的具体实施方案的评价

根据表 6—42 调查数据显示，可以看出与生活费具体实施方案评价的不满意度相比较，对于生活费政策的具体实施方案的满意程度较高，说明绝大多数儿童认为其生活费政策的具体实施方案是完善的。具体而言，从调查资料的数据统计结果来看，对儿童生活费政策的具体实施方案不满意的有 3 名儿童，占调查总体的 0.9%，其中有 1 名儿童认为政策具体实施方案非常不好，占调查总体的 0.3%。有 2 名儿童认为实施方案不好，占调查总体的 0.6%。而认为具体实施方案一般的儿童有 1 名，占调查总体的 0.3%。其余 309 名儿童对生活费政策的具体实施呈满意态度，占调查总体的 98.4%，包括 190 名认为政策实施方案比较好的儿童和 119 名认为政策实施方案非常好的儿童。

表 6—42　你对目前的生活费政策的具体实施方案如何评价

	频数	百分比(%)
非常不好	1	0.3

（续表）

	频数	百分比(%)
不好	2	0.6
一般	1	0.3
比较好	190	60.5
非常好	119	37.9
未作答	1	0.3
合计	314	100.0

（2）儿童对生活费用实施效果的评价

根据表6—43、表6—44的调查结果，儿童生活费领取资格的透明化以及政策申请程序的普及性程度较高，其中306名儿童认为生活费领取资格的确定通过公示，占总调查儿童的97.5%，而有6名儿童认为生活费用领取资格的确认没有通过公示，占总调查儿童的1.9%。申请程序公开透明，普及程度较高，其中有41名儿童非常了解生活费政策的申请程序，263名儿童了解生活费政策的申请程序，占总调查儿童的96.9%，但是也有8名儿童表示对生活费政策的申请程序不甚了解，占总调查儿童的2.5%。

表6—43　生活费用领取资格的确定是否通过公示

	频数	百分比(%)
通过公示	306	97.5
没有通过公示	6	1.9
未作答	2	0.6
合计	314	100.0

表 6—44　你对生活费政策申请程序是否了解

	频数	百分比(%)
非常了解	41	13.1
了解	263	83.8
不清楚	8	2.5
未作答	2	0.6
合计	314	100.0

五、结论及建议

孤儿保障事业是我国福利事业中的一项重要内容，也是社会主义国家的应有之义。我国孤儿保障事业在建国后尤其是近年来取得了很大的进步，但是也出现了一些问题。针对以上存在的问题，本书提出以下建议。

1. 结合当前实际促进政策与时俱进

从上面的问题可以看出，我国的孤儿政策目前存在一个严重的问题，就是政策没有跟上现实的需求，使得保障虽有但是水平较低，很多政策还停留在过去。民政部表示，我国未满 18 周岁的未成年孤儿有 61.5 万名，而民政部集中养育的孤儿只有 10.9 万名，仍有很多孤儿没有得到国家的救助。政府是孤儿政策的制定者，也是孤儿政策的实施者，但存在重视政策的制定，对于政策出台后的实施以及对于跟踪和针对现实情况的改进更新不重视、不及时，政策没有达到应有的效果。因此，政府应加强对孤儿政策的全过程监管，及时根据现实修订政策，使政策充分发挥作用，保障孤儿的生活。由于政府的工作繁重，难免不能面面俱到。这时，由于孤儿供养机构处在第一线，最接近实际，对情况最为了解，应及时与政府沟通并反馈现实情况，使政府可以及时地关注和解决实际问题。以上两种制度对于我国都有很好的借鉴意义，我们要结合这两种制度综合施策，使孤儿政策落地。一方面，要加强我国对于孤儿福利事业的立法建设。法律的健全对于孤儿福利至关重要，只有通过立法，才能使全社会对孤儿问题的关注和认识达到新的高度，才能协调各方，按政策办事，否则上有政策下有对策，会使孤儿政策的效果大打折扣。另一方面，要大力发展嵌入式保障。孤儿的保障不能仅仅依靠一个部门，一个文件，而要在各个方面给予照顾政策，使各项政策形成合力，使孤儿不感到孤单。

2. 突出政府在孤儿保障过程中的“兜底”作用，同时其他相关方面应积极配合

全面建成小康社会，让全民共享发展成果，作为弱势群体之一的孤儿也应该得到应有的重视。特别是在贫困地区。想要孤儿保障工作，整个社会有不可或缺的责任，更需要政府来“兜底”。

一是加强孤儿弱势群体社会保障制度建设。制度是一切行动的保障，只有确立相关制度，才能将孤儿问题提到更高的层面。通过政府建立相应的保障制度，将孤儿纳入保障范围，才能为孤儿提供切实的保障。我国已经在这方面取得了很大成就，但是还应该与时俱进，不断完善。

二是孤儿补助足额按时发放。孤儿补助是国家对于孤儿的特殊帮扶，关系到孤儿的切实利益和具体生活。因此，要加大监管力度，保证孤儿补助的足额按时发放。对于挪用和故意拖延发放补助的行为，要进行严格处理，保证孤儿利益不受侵害。

三是将所有符合条件的孤儿纳入保障范围。我国对于孤儿的保障，根据不同的情况划分不同的类型。随着国家对于民生问题的重视，孤儿的保障范围已经有了很大的提高，但是当前还存在个别特殊情况，由于与国家制定的条件不符，无法纳入保障体系。下一步，国家要加强相关研究和制度设计，使得所有符合条件的孤儿都能得到保障。

四是鼓励多方力量参与。引导社工、志愿者、社会组织、慈善机构和基层组织积极参与孤儿保障兜底，开展社会融入、能力提升、心理疏导、资源链接、宣传倡导等服务。全面落实优惠政策，按照国家税收法律及有关规定，对符合条件的慈善机构和社会组织给予公益性捐赠税前扣除资格。加强政府购买服务工作，支持社会组织积极参加政府面向社会购买的社会服务工作。

3. 进一步协调需求保障结构

随着我国政府对于孤儿事业的关注和投入的不断增加，孤儿基本生活已经完全得到了保障。也就是说，生存需求已经不再是问题。但是，目前对于更高层次的发展和精神需求的重视还不够。下一步，政府应该加大对于发展和精神需求的投入，使保障的结构更加协调。各部门对于孤儿事业的认识，不能仅仅给予资金支持，还要使其共享经济社会发展成果，各级政府要更加关注孤儿的发展需要，使其得到作为人的价值感和归属感。在这个点上我国各级政府还要下大气力，下大功夫。例如，要定期安排专人前往孤儿机构慰问，给予鼓励和支持，还要提供其发展所需的基本资源，如更好的教育（包括职业和高等教育），心理疏导，文化体育活动等等，让孤儿真正感受到家庭的温暖和亲人的存在。

4. 积极借鉴国外先进经验

完备而严密的法律体系是孤儿救助的法律和制度保障。纵观各国经验，为确保孤儿救助工作的顺利进行，各国普遍通过国家立法，使之具有制度上的合法性。越是发达国家，关于儿童社会救助的法律制度就越健全、完善，有关规定也越具体。早在1601年，英国女王伊丽莎白就颁布了世界上第一部《济贫法》，1908年，英国又先后出台了《儿童法》等；法国有《家庭及社会救助法典》、日本有《救护法》，都明确了包括儿童在内的社会救助工作的内容、形式等，韩国、阿根廷、印度尼西亚等发展中国家也颁布实施了专门的社会救助的法规。而针对流浪儿童的救助，早在1993年，俄罗斯联邦政府就颁布了《俄罗斯流浪儿童预防性原则纲领》，预防流浪儿童的产生。1999年，俄政府又颁布了《预防流浪儿童和未成年人犯罪法》。2002年10月，俄政府颁布了《俄罗斯儿童整体纲要（2003—2006年）》，预防流浪儿童产生的举措操作性更强。因此，我国要根据国外经验，加强立法，保障孤儿救助的合法地位。

发达国家大都通过法律和行政设置政府、私人机构和社会个体密切协作、各有分工的儿童救助网络。以芬兰为例，中央政府负责儿童福利的主要是社会卫生部，但社会卫生部没有自己的执行部门，其下属的全国福利卫生监督署和地区行政署负责对地方政府进行监督。各地方政府的儿童福利部门，对需要援助的儿童进行干预。相关法律尽可能详尽地规定社会各界在儿童救助方面应负有的义务，确保了对于儿童的救助服务落到实处。芬兰儿童福利工作的主要法理依据是《儿童福利法》。这部2007年通过的法案，此后进行过数次修订。它对举报人、社会工作者、抚养者、出资人等各方的义务和权利进行了详细规定，从立法层面就做到尽可能细致，消除了很多后续隐患。一是明确举报人职责，清除社会死角。需要救助的儿童分散在社会各个角落，只有在第一时间得到情报，才能提供及时的救助。该法第25节规定，所有在社会卫生、教育、学生服务、青年服务、警察、刑事制裁、消防、应急中心等系统供职的人，只要发现儿童成长环境险恶，必须在第一时间向政府社会服务部门报告，不得耽搁。二是对抚养者资质作出规定，防患于未然。一户寄养家庭最多只能收养5个孩子，前提是这户家庭必须有足够的房间。抚养者必须具有一定的文化素质，且接受过专业培训。三是划清责任领地，防止出现“扯皮”现象。《儿童福利法》还对受援助儿童原籍所在地、居住地、暂居地及其父母居住地等地方政府的职责做了详细规定，从而确保私人组织和寄养家庭在为儿童提供服务时，总能找到“埋单”人。这部法律的英译本有 38 页之多，包含 17 章 95 节，对儿童保护工作者在实际操作中可能遇到的各类情况进行了详细分述。例如，该法对儿童面临的困境做了多种设想，包括父母离异、服刑、酗酒、患精神疾病，或是家境贫寒、居住条件过于简陋等，并提供了多种服务选项，如上门服务、家长指导、困难补助、异地帮扶、教育改造、指定新监护人等；还规定了社会工作者在做情况评估以及制定帮扶方案时应遵循的原则。

法国更是建立了完善的家庭收入补助制度。这一补助制度主要覆盖多子女家庭，目的是帮助其解决抚养孩子的成本。主要包括：婴幼儿支持项目，给予低收入怀孕妇女出生奖励，婴儿出生后再按月给付，直到孩子年满 3 周岁；儿童抚养补助，此补助与家庭收入没有关系，而主要考虑的是孩子数量，法国勃艮第大区金秋县的数据显示，养育 18 岁以下的两个孩子，每月可领取儿童抚养补助 125 欧元，3 个孩子则可以领取 180 欧元，孩子越多领取补助越多；单亲家庭补助，主要发放给单亲家庭，保证其维持最低收入水平，2009 年 7 月之后与就业团结收入制度合并；其他特殊补助，比如残疾儿童补助等，2009 年法国家庭收入补助制度共支出 340 亿欧元，覆盖了 30%的法国人口。这些制度从源头保障了儿童的基本生活，满足了他们包括营养、医疗在内的多种需求，因贫穷等问题失去父母或他人的抚养监护的可能性大大减低。这就建构了避免孤儿、弃婴产生的基础，也对儿童实施了根本意义上的保障。

因此，我国要借鉴国外的先进经验，并结合我国的实际，进一步完善和发展我国的孤儿保障工作。

参考文献

柏拉图：《理想国》，郭斌和、张竹明译，商务印书馆 1986 年版。

杨生勇、徐晓军：《农村孤儿的成因及其现状分析——以武汉市郊李集镇、山坡镇义务教育阶段的孤儿为例》，《青年研究》2005 年第 6 期。

王飞鹏：《农村孤儿生活状况调查——以烟台部分农村为例》，《中国社会保障》2007 年第 10 期。

尚晓援：《中国孤儿状况研究》，社会科学文献出版社 2008 年版。

刘晓红、宋继芳：《孤儿救助及其存在的问题》，《西安电子科技大学学报》（社会科学版）2008 年第 1 期。

郅玉玲：《基于社会保障理论的孤残儿童福利研究》，《人口与发展》2011 年第 1 期。

杨瑛：《教育学视域下的中国孤儿教育救助》，《当代青年研究》2011 年第 1 期。

张明锁：《流浪少年儿童的救助与回归》，《青年研究》2003 年第 3 期。

范丹：《流动儿童教育的社会福利问题探析》，《理论月刊》2004 年第 11 期。

谢琼：《流浪儿童救助：政策评估及相关建议》，《山东社会科学》2010 年第 1 期。

邹明明、赵屹：《美国的儿童福利制度》，《社会福利》2009 年第 10 期。

尚晓援、王小林等：《中国儿童福利前沿（2011）》，社会科学文献出版社 2011 年版。

成海军：《中国儿童福利制度转型与体系嬗变》，《社会福利》2012 年第 9 期。

Saluter, A. F. Singleness in America [A], In U.S. Department of Commerce, Bureau of the Census, Studies in Marriage and Family, Current Population Reports (Special Studies Series) [C], Washington, D. C.: U. S.

Government Printing Office,2009.

Demographic and Health Surveys (DHS). Compilation by Authors of Statistics from Most Recent DHS Final Reports[EB/OL].http://www.measured-hs/onlinefiles/uploads/ubos/UDHS/UDHS2011.pdf,2011-10/2013-6-24.

UNAIDS. 2010 UNAIDS Report on the Global AIDS Epidemic[EB/OL]. http://www. iinaids. org/en/me (iia/unaids/contentassets/documents/unaid-spublication,2010-11-23/2013-6-24.

Rachel, E., Goldberg,Susan, E., Short, The Luggage that isn't Theirs is Too Heavy: understandings of Orphan Disadvantage in Lesotho ,Popul Res Policy Rev,2012,(31).

Garfinkel, I., Sweden's Child Support System: Lessons for the United States ,Social Work,1982,27(6).

Brown, G. E., Seeking a National Consensus, Public Welfare, 2008, (45).

Elizabeth, W., Kimani Murage,Food Security and Nutritional Outcomes among Urban PoorOrphans in Nairobi [J].Kenya Journal of Urban Health: Bulletin of the New York Academy ofedicine,2010,(88).

Cohen,D.J., Federal Day Care Standards: Rationale and Recommendations ,New York;National Association of Social Workers,1987.

Wisdom, I.C., New York Times,1987,(10).

Ozawa,M.N., The 2002 Amendments to the Social Security Act: The Issue of Intergenerationalequity, Social Woik,2003,(2).

Stone,L. M., Effects of Maternal Employment on Children; Evidence from Research, Child Development,2007,(4).

Schorr,A.L.,Poor Kids,New York: Basic Books,2006.

Gamble,T.J.,& Zigler,E., Effects of Infant Day Care: Another Look at the Evidence, American Journal of Orthopsychiatry,2006,56(1).

Gray, E.A., & Coolseni, P., How Do Kids Really Feel about Being Home Alone ,Children Today, 2008, 16(4).

Farber, E. A., & Egeland, B., Developmental Consequences of Out-of-home Care for Infants in a Low-income? Population in E.F.Zigler, & E.W. Gordon(Eds.), Day care, Scientific and Social Policy Issues, Boston: Auburn House, 2002.

Goldstein., B., Children and Work, A Study of Socialization, New York: Free Press, 1979.

Davidson., H.A., Geriach, K., Child Custody Disputes; The Child's Perspective[A]. In R.M.Horowitz & H. A. Davidson (Eds.), Legal Rights of Chilcken. Colorado Springs [C]. SheparcTs/McGraw-Hill, 1984.

Polier, J.W., A View from the Bench, New York: National Council on Crime and Delinquency, 1994.

Straus, M., & Gelles, R., The Costs of Family Violeiice, Public Health Reports, 2007, 102, (6).

Freymond, N., Cameron, G., Towards Positive Systems of Child and Family Welfare: International Comparisons of Child Protection, Family Service, and Community Care Models, Toronto, On: University of Toronto Press, 2006.

Carroll, C. A., Haase, C. C., The function of MXjtective Services 2 Susan Whitelaw Downs, Ernestine Moore, E., Child Welfare and Family Services; Policies and Practice (8th Eds.), Pearson Education, 2008.

David Maunders, Awakening from the Dream: The Experience of Childhood in Protestant Orphan Homes in Australia, Canada, and the United States, Child & Youth Care Forum, Human Sciences Press, Inc. 1994, 23, (6).

Williams, C.W., Guardianship: A Minimally Used Resource for California's Dependent Children: A Study in Policy, 1895-1978, Unpublished Doctoral Dissertation. University of Southren California, Los Angeles, 1980.

Jenkins, S., Norman, E., Filial Deprivation and Foster Care. New York: Columbia University Press, 2002.

Beezley, P., Comprehensive Family Oriented Thereqsy [A]. In R. E. Heifer, C. H. Kempe (Eds.) The battered child (2th Eds.) [C]. Chicago; University of Chicago Press, 2004.

第七篇　适度普惠型儿童福利试点经验与成效评估报告

【摘　要】2007年民政部提出中国社会福利制度由补缺型向适度普惠型转变，困境儿童福利提供成为制度转型的主要内容。近十年来，中国保护困境儿童的社会福利政策得到了快速发展，由补缺向普惠转型是其突出特征。为了解适度普惠型儿童福利成效，课题组以江苏昆山、张家港、海门、盐城四个试点城市为评估对象，对四城市在儿童福利提供原则、具体福利提供和工作平台建设与服务方面进行评估。评估发现四城市适度普惠型儿童福利尚存在人力资源缺乏，分类分层难落实和支持体系薄弱等问题，提出应建立家庭为本的儿童福利制度和儿童福利标准化术语体系，整合儿童福利行政体系，推动多元化儿童福利社会组织建设等合理化建议。

【关键词】适度普惠型　困境儿童　福利

一、导论

儿童福利政策是指一套谋求儿童幸福的方针或行动准则，目的是促进所有儿童身心健康地成长、发展的社会福利。儿童福利包括儿童需求的满足、儿童权利的保障及儿童保护工作三个方面。这是涉及所有儿童的宏观政策。但本篇受研究目的制约，仅从社会工作的角度，研究我国处于困境中的儿童福利政策及制度对于困境儿童的救助效果。

2016年发布的《国务院关于加强困境儿童保障工作的意见》对困境儿童概念的界定是："困境儿童包括因家庭贫困导致生活、就医、就学等困难的儿童，因自身残疾导致康复、照料、护理和社会融入等困难的儿童，以及因家庭监护缺失或监护不当遭受虐待、遗弃、意外伤害、不法侵害等导致人身安全受到威胁或侵害的儿童。"困境儿童也是国际社会通行的概念，联合国通过的有关文件对此有专门界定。[①]

（一）中国困境儿童的补缺型福利政策与制度

改革开放后，我国政府推动了保护困境儿童政策发展。国务院妇女儿童工作协调委员会制定了《九十年代中国儿童发展规划纲要》指出，"处于困难条件下的儿童"主要包括农村的独生子女和女童、残疾儿童、离异家庭的儿童、单亲家庭的儿童、流浪儿童、经济欠发达地区的儿童和家庭经济困难的儿童[②]。1999年全国首届"预防儿童虐待、忽视研讨会"在西安召开，民政部代表指出救助和保护特殊困境下的儿童是复杂的社会系统工程。2001年第一届中国儿童论坛在北京召开，该论坛认为困境儿童主要包括贫困孩子、受性别歧视的孩子、孤儿、残障

① 困境儿童概念部分源自西方社会福利政策。西方儿童社会福利政策中多次使用不同的英文提出或界定儿童困境。联合国儿童问题特别会议通过的《适合儿童成长的世界》（United Nations，A World Fit for Children，2002）也使用了多种表达来指代困境儿童：有特殊需要的儿童（children with special needs）、最为脆弱的儿童（the most vulnerable children）、生活在特别困难的处境中的儿童（children live under especially difficult circumstances）、生活在不利社会处境中的儿童（children living in disadvantaged social situations）、处于危境中的儿童（children at risk）、最需要帮助的儿童（children in greatest need）等等。

② 国务院妇女儿童工作协调委员会：《九十年代中国儿童发展规划纲要》，1992年。

儿童、被廉价利用的童工及有精神障碍的儿童。由此可见，中国政府和学界在20世纪90年代关注的是经济社会变迁过程中困境儿童的生存状况和补缺型福利提供问题。那时中国政府对困境儿童救助，实行的是补缺型的福利政策与制度。

（二）中国政府对困境儿童的适度普惠型政策与制度

在中国从计划经济向市场经济转型的背景下，需要保护的儿童群体类型比计划经济时代更复杂，补缺型儿童福利政策框架已经不能满足社会需要。2007年，民政部提出中国社会福利制度由补缺型向适度普惠型转变[①]。对困境中的儿童福利惠及制度的制定与实施成为制度转型的主要内容之一。在中国，困境儿童概念，有一个演变过程，这一点可以从政府对困境儿童的福利政策演变中看出。民政部明确提出由政府负责福利提供的儿童对象由孤儿向困境儿童群体拓展，即逐渐由传统"三无"（即无法定抚养人、无劳动能力、无固定生活来源）未成年人转变为所有孤儿及其他面临困境的儿童[②]。2012年民政部在全国民政会议上强调发展适度普惠型社会福利事业，探索困境儿童分类保障机制，健全儿童福利制度[③]。2013年中国共产党在十八届三中全会上提出健全困境儿童分类保障制度[④]。为了持续推动对困境儿童的福利提供以保护他们的权益，民政部先后于2013年、2014年开展适度普惠型儿童福利制度

---

① 窦玉沛：《社会福利由补缺型向适度普惠型转变》，《公益时报》2007年10月23日。

② 张世峰：《变革中的中国儿童福利政策》，《社会福利》2008年第11期。

③ 窦玉沛：《深入学习领会第十三次全国民政会议精神》，《中国民政》2012年第4期。

④《中共中央关于全面深化改革若干重大问题的决定》，《人民日报海》（海外版），2013年11月16日。

建设的试点工作，并明确以困境儿童作为重点保障对象。困境儿童的福利提供得到分类和细化①。

在地方试点的基础上，民政部先后于2013年和2014年发布《民政部关于开展适度普惠型儿童福利制度建设试点工作的通知》《民政部关于进一步开展适度普惠型儿童福利制度建设试点工作的通知》。前者将儿童群体分为孤儿、困境儿童、困境家庭儿童和普通儿童4个层次。后者进一步将困境儿童界定为自身状况存在困境的儿童，分为残疾儿童、重病儿童和流浪儿童3种；将家庭状况存在困境的儿童称为困境家庭儿童，包括父母重度残疾或重病的儿童、父母长期服刑在押或强制戒毒的儿童、父母一方死亡另一方因其他情况无法履行抚养义务和监护职责的儿童、贫困家庭的儿童四类。2014年民政部发布《民政部关于开展第二批全国未成年人社会保护试点工作的通知》，将困境未成年人（即困境儿童）② 界定为5类未成年人群体：因监护人服刑、吸毒、重病重残等原因事实上无人抚养的未成年人；遭受家庭暴力、虐待、遗弃等侵害的未成年人；缺乏有效关爱的留守流动未成年人；因家庭贫困难以顺利成长的未成年人；以及自身遭遇重病重残等特殊困难的未成年人。可见，政策层面对困境儿童种类界定已经日趋清晰，覆盖范围愈来愈适合儿童需要，困境儿童的年龄范围也在与国际社会接轨，更适合适度普惠型社会福利政策实施。

① 彭华民：《中国政府社会福利责任：理论范式流变与制度转型创新》，《天津社会科学》2012年第6期。

② 中国政府将儿童年龄区间设为0—14岁，未成年人年龄区间设为0—18岁。中国未成年人的年龄区间和联合国政策中的儿童（0—18岁）相同，因此，在这个意义上，中国的困境未成年人群体也就是困境儿童群体。

（三）中国保护困境儿童的社会福利政策体系与制度

近十年是中国保护困境儿童的社会福利政策快速发展阶段，特别突出的是儿童福利制度从补缺型向普惠型转型。其主要有以下几个特征①。

第一，建立困境儿童基本生活保障制度。从全国范围看，我国开始建立起面向全体孤儿和艾滋病病毒感染儿童的基本生活保障制度。2010年国务院办公厅颁布《国务院办公厅关于加强孤儿保障工作的意见》，标志着面向全体孤儿（包括机构养育孤儿和散居孤儿）的基本生活保障制度开始建立。之后，2012年民政部、财政部发布《关于发放艾滋病病毒感染儿童基本生活费的通知》，为全国携带艾滋病病毒及患有艾滋病的儿童发放基本生活保障津贴。从地方层面来看，山东、浙江等地建立困境儿童基本生活保障制度，将因父母服刑、强制戒毒、重病重残等事实上无人抚养的儿童，贫困家庭中重病重残、罕见病的儿童等困境儿童纳入基本生活津贴的覆盖范围中。

第二，制定困境儿童健康与医疗卫生救助政策。政府开始为困境儿童中的贫困儿童提供营养膳食补助。2011年，《国务院办公厅关于实施农村义务教育学生营养改善计划的意见》出台，国家开始对农村贫困地区和家庭经济困难的处于义务教育阶段的儿童提供营养膳食补助。2010年专门针对困境儿童的医疗救助制度在我国开始建立。卫生部、民政部于2010年联合下发《关于开展提高农村儿童重大疾病医疗保障水平试点工作的意见》，规定在“新农合”基础上对0—14周岁（含14周岁）儿童患急性白血病和先天性心脏病两类重大疾病6个病种的救助进行试点。

---

① 高丽茹、彭华民：《中国困境儿童研究轨迹：概念、政策和主题》，《江海学刊》2015年第4期。

第三，困境儿童的教育政策。在基础教育方面，政府为全体儿童提供普惠的免费义务教育，全部免除义务教育阶段学生学杂费。同时，还为农村贫困家庭和城市低保家庭学生免费提供教科书，对家庭经济困难的寄宿生补助生活费。此外，流动儿童在城市平等接受义务教育的权利不断得到保障。流入地政府对符合条件的流动儿童，按照相对就近入学的原则统筹安排在公办学校就读，免除学杂费，取消借读费。在学前教育方面，政府为贫困家庭儿童建立起学前教育资助制度。2011 年财政部、教育部联合印发《关于建立学前教育资助制度的意见》，为家庭经济困难儿童、孤儿和残疾儿童接受普惠性学前教育提供保障。

第四，困境儿童的社会保护机制。政府开始建立对流浪儿童的救助保护制度，并尝试向其他困境儿童拓展。2011 年国务院办公厅颁布《关于加强和改进流浪未成年人救助保护工作的意见》，标志着流浪未成年人救助保护制度的建立。在此基础上，民政部先后于 2013 年、2014 年，分别在全国 20 个城市、78 个地区开展未成年人社会保护试点工作，将救助保护对象开始延伸至困境未成年人，探索构建“家庭、社会、政府”三位一体的新型未成年人社会保护网络。此外，2014 年最高人民法院、最高人民检察院、公安部、民政部联合印发《关于依法处理监护人侵害未成年人权益行为若干问题的意见》，为保护困境儿童免受监护人侵害提供了强有力的法律依据。

二、调研方法与资料收集

（一）评估指标

1. 成效评估的对象

根据民政部适度普惠型儿童福利试点城市安排，江苏昆山、张家港、海门、盐城为评估对象城市，我们依托这四个城市的民政部门开展资料收集工作。具体评估对象是：①江苏省和四个城市适度普惠型儿童福利政策；②四个城市困境儿童及其福利状况；③儿童福利工作者；④提供儿童福利的平台和社会组织。

按照《民政部关于开展适度普惠型儿童福利制度建设试点工作的通知》（民函〔2013〕206号）和《民政部关于进一步开展适度普惠型儿童福利制度建设试点工作的通知》（民函〔2014〕105号），调研团队设计了三个板块的评估指标（见图7—1）并界定了资料收集类型。

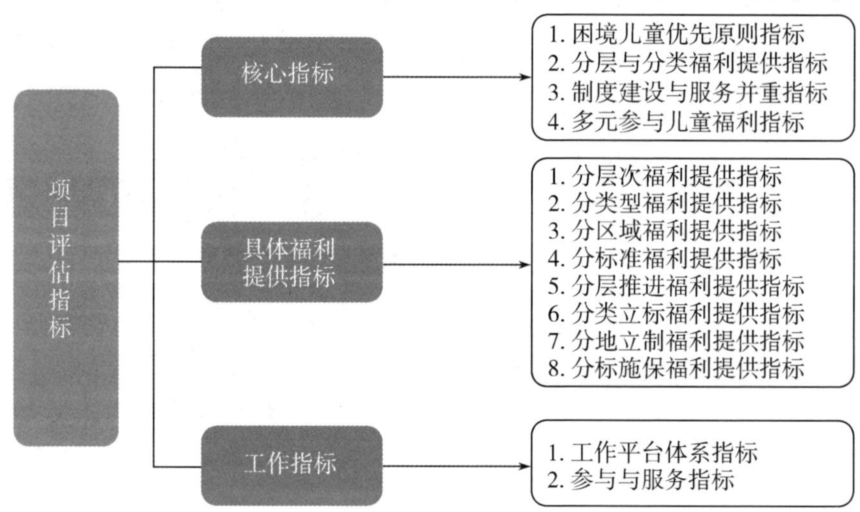

图7—1　适度普惠型儿童福利政策实施评估指标

2. 适度普惠型儿童福利试点评估核心指标

（1）困境儿童优先指标（在制定政策规划、提供福利服务等方面，优先考虑困境儿童的利益和需求）。资料收集：试点城市政策、试点城市推动政策宣传等实施行动、试点城市2010—2016年5月人口、经济、社会福利、社区服务统计数据。

（2）分层与分类指标（本着“适度普惠、分层次、分类型、分标准、分区域”的理念，按照“分层推进、分类立标、分地立制、分标施保”的原则和要求，坚持分层推进、分类保障，适应经济社会发展，逐步扩大儿童保障范围，根据不同儿童群体需求，分类给予保障）。资料收集：试点城市政策。

（3）制度与服务并重指标（坚持福利制度和福利服务并重，既高度重视儿童福利制度的建设和完善，建立惠及不同类型儿童的补贴制度，又切实加强服务机构的布局和建设，努力为儿童提供专业化的服务）。资料收集：试点城市政策、试点城市儿童福利制度与服务并重工作安排与成效。

（4）多元参与指标（坚持政府主导、社会参与，既充分发挥政府相关部门作用，切实履行政府保护儿童权益的职责，又广泛动员社会组织，形成儿童福利服务社会化的生动局面）。资料收集：试点城市政策、试点城市儿童福利多元参与工作安排与成效。

3. 适度普惠型儿童福利试点评估具体福利提供指标

（1）分层次福利提供指标（将儿童群体分为孤儿、困境儿童、困境家庭儿童、普通儿童4个层次）。资料收集：试点城市儿童分层统计数据、试点城市儿童分类统计数据。

（2）分类型福利提供指标（将各层次儿童予以类型区分，孤儿分社会散居孤儿和福利机构养育孤儿两类；困境儿童是指自身状况存在困境的儿童，分残疾儿童、重病儿童和流浪儿童3类；困境家庭儿童指家庭状况存在困境的儿童，分父母重度残疾或重病的儿童、父母长期服刑在押或强制戒毒的儿童、父母一方死亡另一方因其他情况无法履行抚养义务和监护职责的儿童、贫困家庭的儿童4类）。资料收集：试点城市儿童分类型福利提供统计数据、工作成效。

（3）分区域福利提供指标（指全国划分为东、中、西部，因地制宜制定适应本地区特点的儿童补贴制度）。资料收集：4个试点城市数据并比较。

（4）分标准福利提供指标（指对同类型的儿童予以同标准的福利保障）。资料收集：试点城市儿童分标准福利提供统计数据。

（5）分层推进福利提供指标（区分孤儿、困境儿童、困境家庭儿童、普通儿童4个层次，依次扩大儿童福利范围）。资料收集：试点城市儿童分层推进福利提供统计数据。

（6）分类立标福利提供指标（区分不同类型的儿童，确立不同的保障标准）。资料收集：试点城市儿童分类立标福利提供统计数据。

（7）分地立制福利提供指标（各地根据当地经济社会发展状况，建立相应的保障制度）。资料收集：4个试点城市数据并比较。

（8）分标施保福利提供指标（按照确立的保障标准，实施好保障工作）。资料收集：试点城市儿童分标施保福利提供统计数据。

4. 适度普惠型儿童福利工作指导和服务体系指标

（1）工作平台体系指标（依托市（县）儿童福利机构或综合性的社会福利机构设立儿童福利指导中心，依托街道或乡镇设立儿童福利服务工作站，依托村（居）委员会设立一名儿童福利主任或儿童福利督导员，形成纵向到底、信息共享工作指导体系，开展儿童福利指导工作）。资料收集：指导中心、工作站、儿童福利主任（儿童福利督导员）统计数字与案例。

（2）参与与服务指标（依托儿童福利指导中心、儿童福利服务工作站和儿童福利主任，广泛动员专业化的社会服务组织参与，形成儿童福利服务体系，为有需求的儿童及其家庭提供教育辅导、心理疏导、监护指导、政策咨询、能力培训、帮扶转介，定期探访儿童等服务）。资料收集：专业化的社会服务组织参与数据与项目数、经费数、服务活动与案例。提供教育辅导、心理疏导、监护指导、政策咨询、能力培训、帮扶转介，定期探访儿童等服务数据或典型案例。

（二）调研方法

1. 文献法

文献法所收集的资料主要包括：一是与困境儿童福利需要和福利提供相关的学术文献资料；二是有关困境儿童福利服务的政策文件。本次评估共收集各种政策文件、政府统计数据文献、研究报告文献、儿童服务资料、困境儿童研究文献约 40 万字。

2. 焦点访谈小组法

由一个经过训练的主持人以无结构的形式或者半结构的形式与一个小组的被调查者访谈。主要目的是通过倾听一组被调查者的不同信息，从而获取对相关问题的深入了解。本次评估共进行各种焦点小组访谈 24 组。其中盐城 4 组，昆山 5 组，张家港 8 组，海门 7 组。

3. 深度访谈法

采用目标抽样的方法选取深度访谈对象，以确保选取的被访者具有典型性，可以给评估提供可信的、可观察到的、反映事物全貌的信息。被访问对象包括儿童社会福利管理者、儿童社会福利工作者、多种类型的困境儿童、困境儿童家人等。本次评估共访谈各种类型的被访问者 147 位。其中盐城 31 位，昆山 33 位，张家港 31 位，海门 52 位。

4. 实地观察法

对儿童服务机构的场地、设施、工作人员进行观察。本次评估共实地观察了 24 个儿童福利院、救助站、未成年人保护中心、市级儿童福利中心、社区儿童福利站以及儿童服务的社会组织等。

(三) 调研时间与资料收集分类

调研团队在江苏省以及 4 个试点城市完成各种焦点小组访谈 24 组；访谈各种类型的被访问者共 147 位；实地观察儿童福利院、救助站、未成年人保护中心、市级儿童福利中心、社区儿童福利站以及儿童服务的社会组织等 24 个；收集政策文献、政府统计数据、儿童研究报告、困境儿童研究论文约 40 万字。

三、四城市适度普惠型儿童福利原则实施评估

(一) 儿童优先理念不断提升与深化

1. 出台制度建设试点意见与工作方案

4 个试点城市都相应地出台了适度普惠型儿童福利制度建设试点工作意见和工作方案，将“儿童优先”“儿童利益最大化”等理念作为试点工作方案通知中的首要原则。如江苏省制定的《关于完善困境儿童分类保障制度的意见》明确提出“坚持特殊保护、优先保护，在制定政策、提供福利等方面，优先考虑困境儿童的利益和需求。坚持分类保障、适度普惠，根据不同儿童群体需求特点，分层次统筹推进，分类型设置标准，分标准实施保障”①。

① 参见江苏省人民政府办公厅下发的《关于完善困境儿童分类保障制度的意见》。

2. 建设整合与高效的组织网络

4个试点城市积极强化儿童福利组织网络的整合性与高效性，各城市都在市（县）层级建立适度普惠型儿童福利制度建设试点工作的领导小组和联席会议制度。如张家港市成立由市政府分管领导为组长，市委宣传部（文明办）、市教育局、公安局、民政局、财政局等相关部门分管负责人为成员的市儿童福利和保护工作领导小组，协调解决适度普惠型儿童福利制度建设和儿童保护工作中遇到的问题[①]。同时，强化市、（街）镇、村（居）三级福利行政网络，促进儿童福利行政效率的提升。

3. 强化儿童福利工作人员队伍

4个城市注重强化儿童福利工作人才队伍的儿童优先理念与服务方法，通过成立儿童福利指导中心，培育儿童服务机构和儿童公益服务项目，培训街镇、社区、社会组织等相关儿童工作人员，以提升儿童福利工作人才队伍的理念、方法、素质与能力。如张家港市对在社区、学校担任儿童福利督导员的社工给予补贴；资助和奖励参加社会工作硕士（MSW）教育的服务人员[②]。

4. 积极创新儿童福利服务

4个城市积极创新儿童福利服务方式、服务手段与服务内容，将儿童优先理念转化为可及性、可近性与便利性相融的儿童服务。盐城、张家港、海门、昆山四城市在服务对象上都注意到由原来的以儿童个体为介入焦点转向以家庭为介入焦点，从而转向了以家庭系统作为工作基点的转变，从而更加重视帮助家庭解决问题，使其能够应对困境、化解风险从而优化儿童的家庭成长环境。

---

① 参见《张家港市适度普惠型儿童福利制度建设试点工作方案》。

② 参见《张家港市适度普惠型儿童福利制度建设试点工作方案》。

（二）分层分类标准不断完善与细化

江苏4个试点城市根据本市实际情况制定孤儿、困境儿童、困境家庭儿童、普通儿童的福利提供标准和思路，并在此基础上将各层次儿童予以类型区分。通过多种途径整合各方资源，对本地区的儿童福利对象进行摸排、筛查、复核，制定各种具体的分层分类标准，补贴与帮扶方式和标准，促进了儿童福利水平的整体提升。

1. 制定科学合理的儿童分层分类标准

4个试点城市总体上的儿童分层分类标准与江苏省的文件精神不仅基本一致，且多有进一步细化和强化措施。盐城市盐都区民政局出台《关于推进困境儿童和困境家庭儿童分类保障制度有关事项的通知》，对困境儿童及困境家庭儿童的生活保障标准的规定更加细致。昆山市对残疾儿童康复训练的补助标准进行了规定。张家港市发出两轮通知，对全市困境儿童和困境家庭儿童进行了两轮摸排和核实，对全市儿童的生活状况和家庭环境的掌握更加精确和细致。

2. 适度普惠型儿童对象范围得到扩展

4个试点城市在儿童福利覆盖对象范围上，明显呈现出由孤残儿童、困境儿童、困境家庭儿童到普通儿童的适度铺盖向全面覆盖转型的特点。如张家港市、海门市和昆山市针对自身外来人口众多的特点，将新市民儿童和流动儿童纳入政策中，打破了以户籍为标准的“本市”“非本市”儿童福利对象分类和儿童福利提供的区隔，有助于新市民儿童和流动儿童获得当地的福利待遇和社会支持。其中，张家港市对外来务工人员子女以及流浪儿童的救助水平和现金补贴标准较为灵活和人性，其中将“阳光午餐”福利供给扩展到非本市户籍学生。张家港对于重病人群的医疗救助由原来14类扩充到16类，体现出适度普惠的福利发展思路。海门市作为全国教育先进地区，针对外来就学儿童较多的情况，从教育资源配置和教育资金补贴资助上进行了创新和扩展，有利于外来就学儿童得到更多保障和支持。

3. 建立动态儿童福利补贴增长机制

4个试点城市在较好的经济条件下都出台了儿童福利补贴标准的调整机制。盐城于2015年将社会散居孤儿生活保障标准全市统一提高到每人每月1000元；机构养育孤儿生活保障标准每人每月提高到1700元；市区困境儿童生活补贴由每人每月450元提高到500元，监护人监护缺失的儿童基本生活补贴提高到每人每月800元，规定困境儿童生活补贴按社会散居孤儿基本生活保障标准的50%发放生活补贴，监护人监护缺失的儿童生活费补助不低于80%。2016年张家港市将福利机构养育孤儿标准从每人每月1920元提高至2080元；社会散居孤儿标准从每人每月1340元提高至1460元[①]。昆山市于2011年将福利机构养育孤儿标准提高至1200元；社会散居孤儿标准从每人每月提高至720元[②]。在助医、助学和助住等方面，4个试点城市的补贴和支持标准都随着经济社会发展水平增长而逐步提升。通过优化资金补贴方式和标准，有效缓解了儿童及其家庭面临的困境，儿童福利水平有显著提升。

（三）制度与服务两相并重两相促进

从4个试点城市的调研来看，适度普惠型福利制度建设的关键在于有科学、合理、可续、系统的中央—省—市—县—乡几级儿童福利政策体系，有专业、专注、投入、用心的儿童福利机构和服务人才队伍，有先进、实用、便利、齐全的儿童福利服务设施设备。

---

① 参见张家港市《关于调整我市孤儿养育标准的通知》〔2016〕98号。

② 参见昆山市政府办公室印发《关于加强困境儿童分类保障工作的实施意见的通知》〔2015〕。

1. 制度设计逐步走向体系化和优质化

4 个试点城市都出台了适度普惠型儿童福利制度试点建设的工作意见和工作方案，并依据这些方案和要求，不断出台生活照顾、安全保护、医疗救助、就学支持、就业支持等专项性政策，同时针对孤儿、残疾儿童、流浪儿童、重病儿童等不同的儿童群体制定相应的福利政策，这些政策逐步具有显著的衔接性与融合性。如 4 个城市将残疾儿童的康复训练补贴支持由 0—6 岁扩展到 7—14 岁，从政策上优化了服务的可持续性和系统性。

2. 制度设计过程逐步走向专业化和科学化

在儿童福利制度设计与执行中，4 个试点城市相应地采取了前期调研，试点先试，分步推开，到全面推进和适时调整的政策制定与实施过程。同时，各试点城市充分整合儿童福利方面的专业团队参与政策设计和服务提供，如盐城市与盐城师范学院，张家港市与北京师范大学及苏州科技学院，海门市与南通大学，昆山市与南京大学等高校的专家和科研团队形成紧密的合作关系，就政策对象需要评估，政策方案设计与论证，政策实施与评估等进行深度的合作和咨询，大幅度提升了政策的科学性、合理性、实用性和发展性。

3. 儿童福利服务体系逐步完善和提升

在“横向到边，纵向到底”的服务理念指导下，在政府内部建立起儿童福利服务的协同机制，以促进各部门形成福利服务合力，为儿童提供更加全方位、有力度、有成效的福利服务，积极提升儿童福利行政的有效性和系统性；在政府和社会合作上，强化政府服务购买、公益创投、公益慈善等形式的探索与建设，以健全儿童福利服务体系。纵向上，建立市、乡、村三级儿童福利行政与福利服务体系。

盐城市由市儿童福利院牵头摸排出全市孤儿数量为 2000 名，困境儿童数量约1万名[①]。张家港市2014年明确要求各街镇成立儿童福利工作站，确定1名人员兼任主任，各街镇确定一个村试点并确定1名人员担任儿童福利督导员。从盐城来看，其充分利用未成年人社会保护试点城市和适度普惠型儿童福利制度建设试点城市的双重身份，将未成年人社会保护与适度普惠型儿童福利制度建设两项工作融合起来，从市级层面的领导小组、联席会议制度建立，到街镇、社区的儿童福利载体建设都将两项工作融合在一起，最大限度地集中儿童福利行政和服务资源，尤其是在社区层面，通过资源、人员、平台的集中，能够促使儿童福利服务工作持续化、专业化。

张家港市每年对其中的一些优秀社区载体提供2万元的经费补助，其2015年对儿童福利载体首批资助的25家资金拨付全部到位，并新增金港镇、塘桥镇、乐余镇、凤凰镇10家儿童福利载体，将分别对其进行2万元奖励性补助；张家港通过儿童福利载体的建设，逐步实现全市各社区都有儿童福利载体直接面向社区儿童提供服务，从而促进福利提供由弱势儿童覆盖到全体儿童的福利体系建设。

4. 儿童福利服务上力求务实、专业和有效

在专业服务上，4个试点城市都积极引导专业社会组织参与儿童福利服务，盐城市通过以市社会福利院和市儿童福利指导中心为依托建立儿童服务项目和机构培育基地，引导儿童福利服务机构和服务项目的快速、健康成长。如张家港市通过政府购买服务、社会组织运作的形式，开展困境儿童、困境家庭儿童托管、课业辅导、课外游戏、素质培养、心理疏导等项目，对普通家庭可采取低偿、困难家庭采取无偿的形式提供服务。

---

① 数据来源于2016年7月12日盐城市儿童福利院焦点访谈资料。

（四）多元力量参与新格局快速发展

1. 建立多部门联动机制常态化

4个试点城市都成立了以市政府主要领导牵头的试点工作领导小组。如盐城市由市政府成立分管副市长任组长，市府办、发改委、财政局、教育局、民政局等部门分管领导为成员的市儿童福利工作领导小组。

各试点城市在儿童福利人才队伍建设上，一改以往民政、妇联团委、关工委等在系统内部对人员进行培训和奖励，而是依托市委组织等相关部门来统筹专业人才的选拔、任用、培训、激励等事务。如张家港、海门、昆山由市委组织部统一发文，引导分散在各政府系统、各社会组织、社区的人员参加社会工作师考试，并制定相对统一的激励政策以引导儿童福利工作者提升专业知识能力和专业服务水平。盐城市通过市级机关发文要求全市机构事业单位每年必须到儿童福利院、社区开展儿童关爱活动。

2. 建立政府与社会互动合作机制

4个试点城市都在积极探索通过政府购买服务、公益创投、公益性岗位开发等方式积极吸纳社会组织和社会力量参与儿童福利服务。盐城市依托盐城市儿童福利院的专业服务团队，服务办公设施设备免费提供、社会组织孵化等优势，积极培育多种社会服务项目，并将成熟的社会服务项目孵化为专业儿童服务社会组织的渠道培育力量。

4个试点城市都通过政府财政投入、福利彩票公益金、慈善资金以及社会捐助等途径筹集公益创投资金，成立社会组织培育和孵化基地，通过免费提供资金、技术、管理、培训、跟踪支持以及免费或低偿提供场地场所、办公设施等，吸引福利事业单位、社会组织、社区、高校和社会个人参与公益创投项目设计、申请与实施，吸纳初创社会组织入驻孵化中心接受孵化培育，通过政府服务购买方式将儿童福利服务委托给专业社会组织进行服务提供。

3. 儿童福利服务手段社会化增强

盐城市和张家港市在第二轮困境儿童排查中，采用与高校合作的方式进行。如昆山市委托昆山市琼花爱心助困服务中心对初步摸排出来的94个监护缺失儿童进行进一步的核查评估。海门市在市民政局的支持下，引导60多位企业家在单纯捐资助学慈善行动基础上注册成立“楠楠爱心基金”，将服务扩展到助学、助医、助困等多种儿童慈善公益服务。盐城市盐都区某社区儿童服务中心利用自身社区有大型企业的资源优势，通过与企业的反复沟通，获得企业提供免费的大型厂房作为儿童服务与活动基地，从而能吸引且能容纳数百人开展活动和接受服务。昆山市周市镇华城美地社区整合社会资源成立“億未来公益联盟”，在社区建立1500平方米的社区活动中心，每年筹集各方资金100万元，用于资助20多个项目在社区活动中心进行儿童、青少年、老年人服务，其中儿童社区运动馆是主阵地，社区中800多名儿童中有600名为外来流动儿童，他们作为“新昆山”儿童成为主要的服务对象①。

4. 儿童服务专业能力不断增强

4个试点城市积极通过“造血”“引血”“借血”等方式提升儿童福利服务人才队伍的能力。从“造血”角度而言，各试点城市十分重视对社区、社会组织、社会团体、福利事业单位的儿童福利工作者进行社会工作知识培训，儿童保护与服务知识培训，提升他们的儿童服务能力和服务理念。同时，积极整合计生委专职干部和民政专职干部力量承担儿童福利督导员角色，并积极引导他们学习儿童福利理念和儿童福利服务方法，将他们逐步打造成相对专业、持续、稳定的儿童福利人才队

① 资料来源于2016年7月18日昆山市社会福利院访谈资料。

伍。如昆山市在社区儿童服务中心注重以家庭为基础开展服务，设立“妈妈社工计划”，调动妈妈们来担任志愿者，引导她们学习儿童服务知识，促进她们成为专业儿童服务志愿者①。在“引血”上，积极引导社会工作、心理学、教育学、特殊教育等专业人才进入儿童福利机构和儿童服务组织，优化诸如儿童福利院、救助站、未成年人救助保护中心、社区儿童福利中心等组织机构的专业人才队伍。在“借血”上，引导专业社会工作服务机构、心理咨询机构参与儿童福利服务，并加强与周边地区和城市的高校和科研院所合作，借助外部的专业力量开展项目设计、政策规划、服务提供、咨询评估等专业服务。

四、四城市具体适度普惠型儿童福利提供评估

试点城市本着“适度普惠、分层次、分类型、分标准、分区域”的理念，按照“分层推进、分类立标、分地立制、分标施保”的原则和要求，努力探索建立“一普四分”的适度普惠型儿童福利分类保障制度。

（一）全国儿童福利提供分区立制

民政部从2013年开始逐步推进适度普惠型儿童福利制度的试点城市建设，江苏省昆山市、浙江省海宁市、河南省洛宁县、广东省深圳市4个城市在2013年成为第一批试点城市，2014年发展的第二批试点包括北京市房山区、天津市东丽区、河北省三河市等46个市（县、区），其中东部地区有20个试点市（县、区）、中部地区有17个试点市

① 资料来源于2016年7月18日昆山市社会福利院访谈资料。

(县、区)、西部地区有13个试点市（县、区）①。

适度普惠型儿童福利制度要求“分区域”推进儿童福利事业，即要求各地按照自身经济发展状况制定符合本地实际发展的儿童基本生活保障制度。在适度普惠型儿童福利制度试点建设的31个省（直辖市）中，天津、山东、江苏、浙江、广东、重庆、陕西和青海等8个省（直辖市）出台了全省的困境儿童福利保障政策②。各省都按照各自的经济发展水平建立了相对应的困境儿童基本生活保障政策，并且基本上都做到城乡统一标准。

（二）四城市儿童福利转型适度普惠

4个试点城市都结合江苏省的要求和规定，根据自身实际确定了4个层次儿童的分类标准及其福利提供的制度安排和福利内容和提供方式，有助于建立层次分明、层级衔接、急缓有别、服务有序的层级化福利提供体系。

盐城市于2014年出台《盐城市儿童福利保障实施细则》，将儿童福利对象分为孤儿、困境儿童、困境家庭儿童、低保家庭儿童4个层次。福利机构集中供养孤儿补贴标准不低于年度城镇居民人均消费性支出的70%，社会散居孤儿福利保障标准按不低于盐城市福利机构孤儿福利保障标准的60%确定；困境儿童和困境家庭儿童福利保障标准按社会散居孤儿福利保障标准的25%确定；低保家庭儿童福利保障标准

---

① 按照国家统计局的区域划分，中国东部地区包括辽宁省、河北省、北京市、天津市、江苏省、浙江省、山东省、上海市、广东省、海南省、福建省；中部地区包括山西省、吉林省、黑龙江省、安徽省、江西省、河南省、湖北省、湖南省；西部地区包括内蒙古自治区、广西壮族自治区、重庆市、四川省、贵州省、云南省、西藏自治区、陕西省、甘肃省、青海省、宁夏回族自治区、新疆维吾尔自治区。

② 《中国民政》编辑部：《部分省市困境儿童福利保障政策亮点及评析》，《中国民政》2015年第19期。

按社会散居孤儿福利保障标准的20%确定。

张家港市将儿童福利对象分为孤儿、困境儿童、困境家庭儿童和普通儿童4个层次。孤儿指失去父母和事实上无人抚养的未成年人，包括机构内集中养育的孤儿和弃婴、社会散居孤儿、暂时查找不到家庭的流浪未成年人和暂时查找不到生父母的弃婴、因父母服刑或其他原因暂时失去生活依靠的未成年人、受艾滋病影响的未成年人；困境儿童指自身状况存在困境的儿童，包括残疾儿童、重病儿童和流浪儿童；困境家庭儿童指家庭状况存在困境的儿童，包括父母重度残疾或重病的儿童、父母长期服刑在押或强制戒毒的儿童、父母一方死亡另一方因其他情况无法履行抚养义务和监护职责的儿童、贫困家庭儿童。

海门市2015年出台的《海门市政府关于做好困境未成年人社会保护工作的实施意见》，将困境儿童分为九大类，事实上也就是将儿童分类孤儿、困境儿童、困境家庭儿童和普通儿童4个层次。

昆山市将困境儿童分为5个层次。一是孤儿。二是监护人监护缺失的儿童，包括父母双方长期服刑在押或强制戒毒的儿童；父母一方死亡或失踪（人民法院宣判或公安机关证明），另一方因上述情况无法履行抚养义务和监护职责的儿童。三是监护人无力履行监护职责的儿童，包括父母双方重残（2级以上残疾）、重病（参照本市重特大疾病救助办法规定）的儿童；父母一方死亡或失踪，另一方因重残或重病无力抚养的儿童。四是重残、重病及流浪儿童，包括重残儿童；患重大疾病儿童，包括艾滋病病毒感染、白血病（含再生障碍性贫血、血友病）、先天性心脏病、尿毒症、恶性肿瘤等重大疾病，以及医保政策规定的住院和门诊治疗费用1年中自负部分超过2万元的疾病；长期在外流浪儿童。五是其他需要帮助的儿童，包括受侵害和虐待的儿童、单亲家庭儿童、失足未成年人、家庭生活困难的留守儿童等。

从4个试点城市的儿童层次划分来看，体现了试点城市先行先试的特点，既紧密结合中央和省的相关政策要求，又根据地方自身特点来推进儿童分层标准，其中张家港市和昆山市进行了更为细致的儿童层次划分，并依据不同层次的儿童群体的需要以及当地的经济发展水平确定了具体的补贴、帮扶措施。

（三）四城市儿童福利分层推进

昆山市、盐城市、张家港市、海门市 4 个适度普惠型儿童福利制度的试点城市，根据各地的经济社会发展状况，制定了符合本市实际状况的政策文件。明确了每个城市的困境儿童划分标准，并明确各个类型儿童的福利提供指标。昆山市基本沿用江苏省对于困境儿童的划分标准；盐城市和张家港市按照民政部《关于进一步开展适度普惠型儿童福利制度建设试点工作的通知》（民函〔2014〕105 号）的要求划分困境儿童的标准；海门市将困境儿童与困境未成年人相结合，按照本地区的实际情况制定了困境儿童（未成年人）的划分标准。

在基本生活保障方面，昆山市、盐城市、张家港市和海门市都实行基本生活费自然增长机制，不断提高基本生活费标准，满足孤儿、困境儿童和困境家庭儿童的生活需要。2013 年，昆山市社会散居孤儿保障标准为每人每月 1000 元、福利机构集中供养标准为每人每月 1600 元；到 2016 年 7 月，社会散居孤儿保障标准提高为每人每月 1460 元，福利机构集中供养的标准提高为每人每月 2080 元。海门市 2015 年对困境家庭儿童、事实无人抚养、孤儿基本生活费实行自然增长机制，2015 年 7 月起，海门市福利机构集中供养孤儿养育标准提高至每人每月 1667 元；社会散居孤儿养育标准提高至每人每月 1017 元；对低保家庭中的未成年人，低保标准提标 10%。

在福利服务方面，昆山市、盐城市、张家港市和海门市这 4 个试点城市除了基本生活保障外，在安全保护、医疗保障、康复扶持、教育帮扶、住房保障、就业扶持等方面不断拓展福利服务范围，围绕儿童福利服务的方方面面，建立健全各种保障制度，不断完善儿童福利服务提供体系，为困境儿童提供全方位的福利服务。

在安全保护方面，昆山市在全市建立布局合理、资源整合、功能完备、管理规范的困境儿童保护设施网络，充分发挥未成年人救助保护中心、妇女儿童庇护中心、青少年综合服务平台、青少年法律援助维权岗、少年法庭励志学校等未成年人社会保护设施作用，加强对困境儿童的救助保护；此外，昆山市为全市0—18周岁的儿童购买民生保险，为减轻儿童患重大疾病及意外伤残给家庭带来的经济负担、提高患儿病有良医的可及率，为其成长保驾护航。张家港市建立了儿童保护案例报告平台，充分整合现有资源，为使儿童保护案例得以发现，一方面通过儿童福利和未成年人保护督导员入户筛查发现儿童保护案例；另一方面在市儿童福利院新设儿童保护热线，对原市救助管理站的救助热线进行功能扩展，两条热线全面接听有关儿童保护的来电，畅通了儿童保护相关案例的报告渠道；同时张家港市于2014年5月在儿童福利院设立儿童保护庇护中心，为短期困境的儿童提供庇护服务。

在医疗保障方面，昆山市将符合条件的困境儿童纳入市居民基本医疗保险，符合市级城乡居民大病补助条件的，按有关规定及时足额给予医疗费结报；将符合医疗救助条件的儿童纳入救助范围，按照市的医疗救助比例和封顶线用足政策。盐城市将孤儿纳入城乡居民医疗保险范围，其个人缴费部分由财政承担；困境儿童享受定额医疗包干费，其年度住院治疗费用在城乡居民医疗保险报销、城乡医疗救助后，自费较多影响基本生活的可向民政部门申请临时救助；继续落实“贫困家庭儿童重大疾病慈善救助”“残疾孤儿手术康复明天计划”“0—6岁贫困残疾儿童抢救性康复项目”。

在康复扶持方面，昆山市优先开展困境儿童抢救性治疗和康复，医疗机构要加强相关工作的管理，采取多种形式开展困境儿童的医疗康复工作，创造条件为困境儿童的诊疗提供便利；对残疾儿童康复给予补助，补助金列残疾人就业保障金支出；做好0—14岁残疾儿童康复救助和补贴工作，依据《昆山市残疾儿童康复补助办法》（昆政办发〔2013〕63号）发放康复补助，并逐步扩大范围、提高标准，对残疾婴幼儿及时提供专业康复训练服务。盐城市对残疾婴幼儿，做到及早发现、及早干预、及早开展手术矫治和专业康复训练。充分发挥儿童福利指导中心、残联、医疗卫生机构的资源优势，为有需求的社会散居孤儿、困境儿童提供康复服务。张家港市对参加居民基本医疗保险的儿童，存在视力、听力言语、肢体、智力、精神功能障碍，需要康复训练的，按照《张家港市少年儿童机构康复救助实施办法》规定给予康复项目救助。海门市把“0—6岁贫困家庭残疾儿童实施抢救性康复”列入市政府民生实事工程。在残联设置康复中心，举办聋儿康复语训班，为0—6岁肢体残疾儿童定制矫形器。

在教育帮扶方面，昆山市完善孤、残、贫困儿童的资助政策，建立健全“政府主导、学校联动、社会参与”的扶困助学机制，将困境儿童优先纳入教育资助体系，不断扩大困境儿童资助面。严格执行困境儿童学杂费减免制度，切实保障其受教育权利；建立困境儿童辍学、失学、逃学信息通报制度。盐城市按照健康适龄孤儿和困境儿童接受普通教育，中重度残疾适龄孤儿集中接受特殊教育，轻度残疾适龄孤儿落实随班就读的原则，全面加强孤儿和困境儿童的教育工作。对在幼儿园、普通高中、中等职业学校、高等职业学校和普通本专科高校就读的孤儿和困境儿童，纳入国民教育国家资助政策体系优先予以资助并根据家庭困难情况，开展结对帮扶和就学救助。张家港市对孤儿和低保、低保边缘重病困难家庭学生给予一定补助，切实保障弱势未成年人的受教育权。海门市按照“城乡一体、均衡发展”的要求，保障各类型儿童都能享有公平的受教育机会和权利。落实特殊教育政策，完善帮困助学机制，保障残障儿童少年接受15年免费教育。

在住房保障方面，昆山市规定对于成年的孤儿按照政策优先给予住房保障。盐城市在农村孤儿和困境儿童成年后，没有住房且符合特困建房条件的，由乡镇、街道帮助其解决住房困难；居住在城镇的孤儿和困境儿童成年后，符合住房保障条件且具有独立生活能力的，政府优先给予保障。张家港市规定孤儿成年后，没有住房且具有独立生活能力的，符合廉租住房的，政府优先给予廉租住房实物配租保障；符合经济适用住房或公租住房申请条件的，政府优先给予解决；符合困难群众"安居工程"帮扶对象条件的，政府优先予以帮扶。

在就业扶持方面，昆山市规定对成年孤儿优先给予就业指导，对于残疾人给予一定的就业补偿金。盐城市积极支持、帮助孤儿和困境儿童成年后自谋职业和自主创业，将符合条件的成年孤儿和困境儿童认定为"零就业家庭"成员，并作为援助重点对象，提供就业服务和就业援助，并按规定给予社会保险补贴、岗位补贴、职业培训补贴等政策；孤儿和困境儿童成年后就业困难的，优先安排到政府开发的公益性岗位。张家港市对困境儿童和困境家庭儿童中的16周岁以上大龄儿童和成年后的孤儿，按照"社会自主择业，政府促进就业"的原则，鼓励帮扶完成就业；对符合条件的大龄儿童和成年孤儿优先推荐到非营利性公共管理和社会公益性服务岗位和"就业援助单位"就业，对提供就业岗位的单位给予一定的政策扶持；对原为孤儿、困境儿童、困境家庭儿童的高校毕业生提供优惠政策鼓励自主创业。

（四）四城市儿童福利分类立标

昆山市、盐城市、张家港市和海门市对于不同类型的儿童也制定了相应的福利保障内容。在基本生活保障制度方面，昆山市、盐城市、张家港市和海门市针对不同类型的困境儿童的需要制定了相应的基本生活保障金标准。

在其他福利服务提供方面，各个试点城市也针对不同类型的儿童提供了不同的福利服务。张家港市与儿童乐益会合作开展儿童保护试点项目，设立儿童保护热线、儿童庇护中心、形成儿童保护个案的"发现—回应”机制，为受到虐待威胁的儿童提供庇护、个案服务，开设困境儿童家长课堂为困境儿童家庭提供支持性服务，开展儿童宣传月活动，通过公交媒体、亲子“嘉年华”等宣传活动提高社会对儿童保护社会意识。盐城市民政局牵头联合市公安局、卫生局、城管开展“接送流浪孩子回家”“流浪孩子回校园”活动，对全市各地辍学、流浪未成年人情况开展拉网式检查，根据被救助孩子的个体情况，安排其接受相应的义务教育或替代教育。海门市则建立“春蕾班”等平台和载体，组建“社会妈妈”等关爱团队，关注关爱海门人子女、特困儿童、孤残儿童、单亲儿童等特殊群体，开展亲情走访、亲子活动等，让他们有人爱护、有人解难，打造慈善救助绿色通道，建立帮困信息平台。

（五）四城市儿童福利分地立制

昆山市、盐城市、张家港市和海门市4个试点城市在福利提供方面按照自己的地方经济发展状况制定了符合自身发展的福利提供指标。盐城市属于地级市，昆山市、张家港市、海门市属于县级市，按人均地区生产总值来看，按从多到少顺序依次为昆山市、张家港市、海门市和盐城市。基本生活保障上，对于社会散居孤儿、监护人监护缺失儿童、重残重病儿童的保障标准符合当地经济发展水平。只有在机构养育孤儿生活保障方面，盐城市的保障标准高于海门市；在监护人无力履行监护责任的儿童的保障标准方面，海门市的保障标准高于昆山市、张家港市、盐城市。

（六）四城市儿童福利分标施保

4个试点城市都对孤儿、困境儿童、困境家庭儿童进行了更进一步的分类，并制定了相应的补贴标准和福利服务提供的规定。

盐城市对各类儿童的保障标准进行了相应的规定，其中重残儿童、重病儿童，每人每月发放30元的医疗包干费；流浪儿童，每人每月按社会散居孤儿福利保障标准的20%发放救助金；对重残儿童的家庭、履行社会散居孤儿监护责任的家庭，每月每人发放100元的护理、监护补贴；对依法收养儿童福利机构内养育的重残儿童的家庭，每人每月发放150元补助。2015年盐城市出台《关于做好全市困境儿童基本生活补贴发放工作的通知》，进一步将困境儿童分为3类：一是残疾儿童；二是重病儿童，包括艾滋病、血友病、自闭症、先天性心脏病等患各种重大疾病的儿童；三是流浪儿童。将困境家庭儿童分为5类：一是父母双方均失踪、服刑（服刑1年以上，包含强制戒毒、刑事被告人在押等）。二是父母双方重残（残疾标准二级以上）。三是父母双方长期患重病。四是父母有严重虐待儿童行为的。五是父母一方死亡或失踪，另一方因上述情况无法履行抚养义务和监护职责的。在补贴发放上，盐城市明确规定县（市、区）民政部门统一为困境儿童或其监护人办理银行卡，实行“一人一卡”，县（市、区）财政部门根据同级民政部门提出的支付申请，及时足额将款项划拨到困境儿童或其监护人账户，实行按月打卡发放。

张家港市在2015年将福利机构养育儿童标准由每月1760元提高到每月1920元，社会散居孤儿补贴标准每月1120元提高到每月1340元。张家港对其他几类儿童也提供了补贴标准，一是对“低保”、“低保”边缘重病、重度残疾和特殊残疾对象以外，持有市残联4级以上残疾证的残疾儿童，月均康复费用超过家庭收入的，次月月初按照最低生活保障标准的60%发放生活费。二是对“低保”、“低保”边缘重病对象以外的大病儿童，月均医疗费用超过家庭收入的，次月月初按照最低生活保障标准的60%发放生活费。三是对本市户籍流浪儿童由户口所在地负责接收并按规定办理生活救助手续；非本市户籍流浪儿童由市救助管理站负责，予以生活救助并做好帮扶工作。四是对困境家庭儿童和其他贫困儿童对困境家庭儿童和因其他原因暂时失去生活依靠但又不符合低保等基本生活保障制度条件的儿童，生活出现暂时困难的，按低保标准

3—6 个月发放临时生活补贴。

海门市建立孤儿养育标准自然增长机制。每年 7 月 1 日将集中供养孤儿养育标准调整到按照上年度城镇居民可支配收入的增长幅度提标，社会散居孤儿养育标准调整到按照上年度农民人均纯收入的增长幅度提标。

昆山市 2014 年明确孤残儿童康复补贴标准，0—6 岁的孤残儿童在医保报销的基础上全额补助，7—14 岁的孤残儿童给予定额补助。昆山市对于监护缺失的儿童本人按社会散居孤儿养育标准发放生活补助费；对于监护人无力履行监护责任的“低保”家庭儿童按“低保”标准的 120%发放生活补助费；非“低保”家庭的儿童，按散居孤儿养育标准的 50%发放生活补助费；对于重“低保”家庭的重残儿童按“低保”标准 120%发放重残生活补助费，同时享受重残补贴；非“低保”家庭的重残儿童按低保标准发放重残生活补助费；艾滋病病毒感染儿童按散居孤儿养育标准发放基本生活费；对于流浪儿童在保护期间由市未成年人保护中心提供基本生活保障对于其他需要帮助的儿童，如遇有突发困难，符合临时救助条件的可向民政部门申请临时救助。

（七）四城市儿童福利实施保障

1. 昆山：全方位建立工作机制，多部门全社会共同建设

（1）建立组织实施机制。昆山市委市政府高度重视儿童福利制度“先行先试”工作，将试点工作作为加强社会建设和管理的重要方面，纳入经济社会发展总体规划、相关专项规划和年度工作计划，健全了“政府主导、民政牵头、部门协作、社会参与”的保障工作机制，成立了以分管市长为组长，相关部门负责人为成员的试点工作领导小组，确保工作有力有序进行。

（2）建立部门协调机制。由昆山市市政府办公室总协调，民政部

门牵头，建立适度普惠型儿童福利制度的部门联席会。财政部门负责建立稳定的经费保障机制；发展改革、教育、公安、司法、人力资源和社会保障、卫生、计生、残联、妇联等部门将此项工作纳入本部门职责范围，合力推进试点工作。

（3）建立工作保障机制。初步形成“城乡三级”一体化服务体系，建立儿童福利指导中心、儿童福利服务工作站及儿童福利服务工作室 3 级儿童福利工作网络；筹建一支儿童社工服务队伍，分别在城乡 3 级儿童福利工作平台上提供专业化服务。

（4）建立社会参与机制。通过公益“创投”平台，鼓励和支持社会组织通过项目化的运作，为困境儿童的生存和发展提供专业服务。截至 2016 年，连续举办四届公益创投活动，共有 33 个涉及关爱儿童的项目入围，投入资金达 380 万元；同时政府招投标 10 个项目投入 200 万元。

2. 盐城：政策先行平台搭建整合资源

（1）大力推行政策，儿童福利有章可依。盐城市妇女儿童工作委员会先后出台“十一五”“十二五”《盐城市儿童发展规划》，科学规划、有效部署、全面保证儿童事业有力有序推进。2012 年市民政局、市财政局、市人力资源和社会保障局、市卫生局、市慈善总会联合出台《盐城市贫困家庭儿童重大疾病慈善救助实施细则》规定：财政预算、慈善募集款、福彩公益金按 5∶3∶2 比例每年统筹安排 100 万元，筹集和解决贫困家庭儿童重大疾病慈善救助。儿童大病救助实施以来累计申报 576 人，结算资金 509 万元。2011 年由市民政局牵头出台《盐城市人民政府办公室关于加强孤儿保障工作的意见》。市残联、教育局、财政局在全面落实残疾儿童免费接受义务教育的基础上，大力开展扶残助学活动。不让残疾学生因贫困而辍学或失学。有入学能力的残疾儿童入学率稳定在 96%以上。

（2）依托儿童福利院和儿童福利指导中心两大平台。盐城市市儿童福利院、福利指导中心在盐城市民政局的领导和帮助下，联合盐城晚报发起，得到团市委、市妇联、市红十字会、市慈善总会等部门的支持，实施“心之家”公益项目。

（3）资源整合，共同保障儿童福利的发展。盐城市建立了困境儿童服务数据库。建立专业工作队伍，提高专业服务水平，盐城市民政局委托儿童福利指导中心组建社工服务小组，并与南京晓庄学院社工系合作，建立健全社工服务小组的准入机制、培训制度、实践督导等管理制度，规范服务队伍的管理，定期进行社会工作专业知识培训，规划服务方案，设立社工的长期、中期、短期发展目标，开展社工小组结构设计、督导、志愿活动，建立社会工作评估标准等活动，提升儿童福利社工服务水平。从上至下成立市、县、院（福利指导中心）、社区纵向化儿童福利服务体系，深入社区开展困境儿童服务，服务站主要由市民政局牵头，将在有条件的社区试点，依托社区建设阵地，联合社区工作人员以及志愿者，建立服务站，设立指导员，掌握社区内困境儿童情况，及时提供救助、教育、艺术培训和健康咨询等服务，并与法律顾问室合作，为困境儿童提供法律宣传和政策服务。

3. 张家港：明确职责多方参与资金保障

（1）加强领导，明确部门职责。张家港市成立由市政府分管领导为组长，市委宣传部（文明办）和市教育局、公安局、民政局、司法局、财政局、人社局、卫生局、团市委、残联、妇联及各镇（区）政府（管委会）分管负责人为成员的市儿童福利和保护工作领导小组，协调解决适度普惠型儿童福利制度建设和儿童保护工作中遇到的问题，确保试点工作顺利开展。领导小组办公室设在市民政局，各成员单位依照职责定期向领导小组办公室报告儿童福利工作落实情况。

（2）加强督导，健全参与机制。全面建立城乡儿童福利督导制度，确保儿童福利保障政策落实到位。各镇（区）按属地管理原则，设立儿童福利工作站，明确1名专（兼）职工作人员；每个村（社区）确定1名儿童福利督导员，完善市、镇、村三级网络。建立健全社会参与机制，积极培育发展儿童福利社会组织，营造全社会关心儿童、支持儿童福利事业的良好氛围。

（3）加大投入，保障制度实施。强化政府主体责任，增加财政投入，优先为儿童成长发展提供福利保障和福利服务；在制订政策规划、促进社会福利事业发展中，优先考虑儿童的生存、发展和受保护权。张家港市每年从福彩公益金和慈善基金共安排200万元列入“儿童福利经费”，用于扶持儿童福利载体建设和购买社会组织服务。

4. 海门：政府主导组织协调资金支持

（1）开辟困境儿童绿色通道。政策牵引保障儿童福利的普惠。2015年8月份海门市出台了《关于做好困境未成年人社会保护工作的实施意见》，明确了13个部门的相关职责与工作重点，细化了九类儿童的分类标准，建立了早发现、报告响应等机制，有效地实施了生活、教育、救助、司法、就业、医疗、精神七大方面的保护。出台了海门市临时救助办法，和镇以及市政务中心建立了救济的窗口，对于困境儿童设置了快速通道，实现了早发现早救助，可即报即办，先救助再办理相关的手续，并把外来务工人员的家庭发生了突发事件纳入临时救助，可救助的一次救助资金达到5000元。

（2）完善健全儿童福利服务网络。海门市设立了困境儿童保护领导小组，在民政局设专职的部门，确保儿童福利服务的成效，2014年年底成立了困境儿童保护领导小组，每半年召开一次专题研究会，把困境儿童列入2016年度市政府为民办实事十大工程；建网络，依托网络平台对困境儿童实施动态管理，市镇村三级儿童的福利体系基本建成，在镇成立未成年人指导站，以大学生村干部和民政协管员为主，在村

(居)设立专职的儿童辅导员，由文明办牵头，重点加强未成年人成长指导中心的建设管理，充分发挥市局中心的辐射作用，有序推进学校、社区未成年人的心理辅导建设。

(3)加大儿童福利经费投入。海门市在硬件设施上投入了500多万元建立了市一级的儿童福利和未成年人保护中心。每年海门市有60万元的福彩公益金，进行创投项目，有60%用于未成年人保护的，民政局对儿童适度普惠较好的单位在2016年下发了10万元的专项试点经费，市财政对在校的困境家庭当中的约3000名儿童提供免费午餐服务。民政部门设立了儿童福利的专项资金，福彩公益金每年对海门市特殊教育学校定向帮扶10万元。

五、四城市儿童福利工作平台与服务评估

(一)积极建设儿童福利指导和服务平台体系

试点城市以多种方式构筑市(县)、乡镇(街道)、村(居)三(四)级联动的困境儿童福利服务网络框架，积极搭建福利机构载体，广泛动员专业化社会服务组织参与，全力建设儿童福利指导和服务平台体系。

1. 昆山市经验与成效

(1)完善困境儿童三级服务网络体系

在市级层面建立儿童福利指导中心，具体承担全市儿童福利的指导、协调、管理工作；在区镇建立儿童福利工作站，受理困境儿童的救助申请、审核、上报工作，定期对儿童福利督导员进行培训，协调解决困境儿童的困难；在村(居)委会建立儿童福利工作室，负责收集困境儿童基本信息，传达政府有关儿童福利的法律法规和政策，帮助困境

儿童及其家庭申请有关福利津贴。目前全市共有指导中心 1 个，工作站 11 个，儿童福利督导员 303 个。

（2）建设儿童福利和未成年人社会保护示范基地

昆山市整合社会优质资源，着力建设儿童福利和未成年人社会保护示范基地，发挥基地的服务特色，根据困境儿童不同的生理、心理特点和成年需求，有针对性地开展各项服务，为困境儿童的健康成长提供支持。目前昆山市共建有 10 个示范基地，皆打造了比较有影响力的品牌服务项目。

（3）开展社会组织公益招投标和创投

从 2012 年开始昆山市连续开展四届社会组织公益招投标和创投活动，投入 480 万元资金（公益创投项目 380 万元、公益招投标项目 100 万元），大力扶持社会组织开发儿童服务项目，涵盖心理辅导、课业辅导、儿童托管、成长体验、犯罪预防、社区矫正等方面。

2. 盐城市经验与成效

（1）成立福利服务指导中心，开展儿童福利指导工作

2011 年，盐城市成立了儿童福利指导中心，明确专职人员 2 名，积极开展儿童福利指导工作：联合盐城市儿童福利院义工联和市妇幼保健院建成完备的困境儿童数据信息库和困境儿童健康成长档案；帮助社区建立社区服务站；与南京晓庄学院社工合作开展培训，加强社工专业服务；开展“心之家”公益行动。

（2）设立福利服务工作站，强化儿童服务基层力量

试点初期，依托社区建设阵地，联合社区工作人员以及志愿者，建立社区服务站，设立社区指导员，掌握社区困境儿童情况。开展面向社区家庭残障儿童系列康复服务，实行低偿康复治疗，对其中的低保、特困家庭，给予免费康复服务，同时开展家庭康复培训，印制并向家庭发放康复知识宣传册。与法律顾问室合作，为困境儿童提供法律宣传和政

策服务。

2015 年，盐城市出台了《关于建立健全儿童福利服务工作机构的通知》，要求各地建立健全市、县（市、区）、镇（街道）、社区（村）四级困境儿童福利关爱服务网络，在市、县（市、区）成立依托区儿童福利机构或综合性的社会福利机构设立儿童福利指导中心，在街道（镇）成立儿童福利工作站，负责本辖区儿童福利保障具体业务工作，监督儿童监护人依法履行监护职责和抚养义务。在社区（村）成立儿童福利工作室，设立儿童福利督导员，传达贯彻落实儿童保障政策，协助调解相关儿童的家庭纠纷，做好儿童权益维护工作；协助儿童监护人提出儿童福利保障申请；负责儿童养育状况的督察和儿童监护人监护资格的审查工作，定期将儿童养育情况和实际困难，向乡镇人民政府或街道办事处报告。

2016 年，在市区原社区儿童福利工作室的基础上，再选择 10 个不同条件和类型的社区，配备困境儿童所需的救助、生活、学习等设施设备，积极开展试点工作，力争年底在盐城市区基本建立城乡一体化、保障制度化、组织网络化、服务专业化，惠及所有困境儿童的服务体系，并同时在全市各县（市、区）全面推进。福利指导中心先后帮助亭湖区、盐都区、开发区、城南新区重点打造具有各自服务特色的儿童福利服务站示范点，并以此推进各县（区）、镇（街道）、村依靠民政办、养老中心、救助中心建立儿童福利服务站。

（3）建设儿童福利机构，提升儿童福利服务能力

全市已建成市、县儿童活动中心 10 个，各县（市、区）的“儿童快乐家园”示范点全部建成，全市 1895 个村、192 个社区“妇女儿童之家”实现覆盖，有力推进了全市儿童福利机构的规范化、标准化、专业化建设。在“蓝天计划”项目助推下，新建了市儿童福利院，占地面积 8566 平方米，建筑面积 10000 多平方米，现有床位 400 张，负责全市弃婴、孤儿的收养、教育、康复工作。

（4）搭建互动公益平台，建立服务社会支持系统

搭建“心之家”孤困儿童救助互动公益平台。2013 年，市儿童福利院、福利指导中心联合团市委、妇联、红十字会、慈善总会、《盐城晚报》等共同发起实施“心之家”公益项目。通过整合各方志愿者和爱心人士，形成相对固定的帮扶组合，给孤困儿童送去他们最渴望的家庭关怀。项目开展以来，已吸引近 50 多个单位参与了“心之家”活动，成立 6 个专业援助组，注册志愿者达 600 多名。

建立儿童福利服务社会支持系统。以“心之家”协调社会资源，培育社会组织、社工、社会志愿者参与专业服务，搭建社会资源支持系统。目前“心之家”已经吸纳各类关爱儿童的社会组织、团体 20 多个。其中直接孵化成立盐城市心灵花园心理咨询中心和盐城市“心之家”儿童服务中心民办非企业组织，免费为儿童提供心理疏导，帮助困境儿童恢复心理平衡，让孩子体验心灵的平静、光明、和谐与爱。并利用个案咨询和集体活动相结合的方式，完善儿童心理咨询服务项目。积极引导社会组织、社工、社会志愿者进驻儿童服务站，为社区儿童开展教育、医疗、心理咨询、艺术培训等服务。

3. 张家港市经验与成效

（1）构建三级服务网络，创新服务机制

成立市级领导小组。成立由市政府分管领导为组长，市委宣传部、教育、民政等 11 个部门及各镇（区）分管负责人为成员的市儿童福利和保护工作领导小组，协调解决儿童福利和保护工作中遇到的问题，领导小组办公室设在市民政局。

设立镇级工作站和村（社区）级督导员队伍。在 10 个镇（区）按属地管理的原则，设立儿童福利与保护工作站，明确 1 名专（兼）职工作人员，指导村（社区）做好辖区内儿童工作。各镇（区）在所属街道推选 1 个试点村（社区）确定 1 名儿童救助与保护督导员负责儿童

福利工作，原则上 1 个街道所辖社区设 1 名儿童救助与保护督导员，锦丰镇增加 1 名。优先安排有社工专业背景的人员担任儿童福利督导员。目前全市 278 个村（社区），共登记在册 260 名儿童救助与保护督导员，做好本辖区内孤儿、困境儿童、困境家庭儿童和贫困家庭儿童、留守儿童的摸底排查、入户走访、信息录入（录入“未成年人社会保护工作平台”）、登记造册、动态监测（每季度第一个月 10 日前更新一次数据）工作，开展儿童保护主题宣传活动（发放儿童保护宣传单 2 万份，张贴儿童保护宣传海报 2000 份）对儿童保护热线个案入户评估，并主动链接资源。

（2）设立多项服务平台，强化服务能力

依托儿童福利院成立的儿童福利指导中心登记注册为民办非企业，扩展服务范围，为孤儿、监护困境儿童进行登记造册，与社会散居孤儿的监护人签订协议，对孤儿和困境儿童进行评估，对儿童保护热线个案入户评估、提供庇护，为散居孤儿提供建档、体检等服务，协助落实孤儿保障政策和困境儿童保障政策，开展社工专业服务项目，为散居孤儿、困境儿童及家庭提供支持性、补充性服务。

2014 年 5 月在儿童福利院设立儿童保护庇护中心，为短期困境的儿童提供庇护服务，目前共为 4 名监护人缺失、无人照管的困境儿童提供庇护服务，其中 1 名儿童自己求助，1 名儿童由公安转介求助，2 名儿童由社区居民拨打热线求助，庇护中心为他们提供生活照料、辅导功课、心理疏导安抚等多种服务，尽力将家庭突发事件对儿童的伤害降至最低，并积极寻找临时监护人或单位，4 名儿童目前都得以妥善安置。

在全市各镇（区）敬老院设立 9 个救助指导站、277 个社区（村居委会）设立流浪乞讨人员救助服务点，实现了救助管理工作进街道（乡镇）、社区（村委会），完善了市—镇—社区（村委会）“三级救助服务网络”，将对流浪未成年人的早发现、早救助延伸到最基层，形成基层巡查发现、主动救助咨询、实施必要护送的救助体系，市救助管理站为受助人员提供医疗、生活救助、心理辅导以及护送返乡等救助保护服务工作。救助管理站计划将原“未成年人流浪救助保护中心”更名为“未成年人救助保护中心”，以更有效地对受助未成年人提供生活帮助和精神关怀。自 2003 年到 2014 年年底，共救助保护流浪未成年人 361 人次，平均年救助约 30 人次。

（3）引导社会组织参与，拓展服务内容

推动儿童福利载体建设。通过近年来不断探索，张家港儿童福利载体呈多样化发展，有“四点半课堂”“少儿驿站”“放心班”等多种形式。张家港要求各区镇在中小学、幼儿园附近或社区、村至少建 1 所儿童福利载体，搭建困境儿童服务平台，并通过发放补助金的方式，促进儿童福利载体可持续健康发展，于 2015 年起为每家儿童福利载体提供 2 万元补助金，目前共计资助 35 家，共计 70 万元。

加大政府购买服务力度。张家港市于 2012 年、2013 年分别安排资金 10 万元、150 万元用于公益项目招投标，共 20 个项目。于 2014 年起每年投入 200 万元用于公益项目创投，共创投了 70 个项目，其中 22 家机构的 31 个项目为青少年儿童社工服务，共获资金约 204 万元。

镇（区）也分别安排 30 万—80 万元专项经费用于购买困境儿童服务的项目，2015 年锦丰镇出资 80 万元开展“关爱困境儿童综合援助项目”创投活动，依托“滨江公益坊”开展艺术辅导、课业培训等活动，补充性地为困境儿童的家庭提供支持，为儿童提供健康成长环境。

（4）平台协作形成合力、创新服务方式

形成儿童保护个案模式。2015 年张家港在实践与探索中逐步形成“专业与体制联动”“社会与机构合作”的儿童保护个案模式。一是建立“社区—热线”发现途径：预防阶段由儿童救助和保护督导员入户走访发现后，向上级主管部门报告潜在个案；发生阶段由教育、公安等相关工作人员或社会大众发现个案后报告至儿童保护热线或儿童福利和保护工作领导小组办公室。二是建立“评估—转介”个案流程：儿童保护个案一经发现，由儿童福利指导中心进行入户评估，根据服务需求进行转介，畅通失管儿童的个案服务渠道，2015 年共计接收个案 7 例，其中转介至社会组织的“我未成年——与家庭心身暴力抗争的 S 姑娘”个案喜获省社会工作优秀案例一等奖。三是建立“庇护—社工”服务方式：由儿童福利院为有需要的短期失管或受暴力儿童提供庇护服务，并根据实际情况提供相应的社工服务，2015 年共计庇护服务 5 人，并逐步完善庇护服务的菜单，为购买服务提供依据。

明确分工递送服务。张家港市将督导员的工作重心向“筛查分类、登记造册、分类统计”等基础服务倾斜；困境儿童专业服务则由社会组织根据分类档案摸排各类别儿童需求，提供“保护、保障、支持”服务，形成“社区预防筛查—社工专业服务”相配合的服务模式，并形成“市智慧民政系统为困境儿童提供信息管理，未成年人保护系统为困境儿童提供专业服务”的格局，两个系统协调运作全面开展未成年人保护工作。

设立“互联网+”服务平台。张家港市通过智慧民政系统建立了困境儿童数据库，每季度更新，办理困境儿童申报、注销，为制定儿童福利政策、开展困境儿童服务项目提供数据支持。儿童福利院研发启动儿童福利服务信息管理系统，通过互联网实时管理。

（5）推动服务体系专业化、提升服务品质

进一步加强载体建设。根据场地状况和现实需求，引入专业社工机构、慈善公益组织、社会培训机构等社会组织，开展儿童托管、学业辅导、成长援助、心灵护航、社会融入等社会工作和公益服务项目，采取有偿、低偿和无偿相结合的方式，进行社会化运作。全市各中小学校、医院要成立社工服务站，至少安排一名专职社工，为儿童提供专业化的社工服务。

进一步强化专业能力建设。在村（社区）和学校建立儿童福利督导员网络，优先安排有社工专业背景的人员担任儿童福利督导员。对在社区、学校担任儿童福利督导员的社工给予补贴；资助、奖励接受社会工作硕士（MSW）教育的服务人员。

进一步发展“社工+义工”联动机制。充分利用市镇两级社工协会、市公益组织培育中心、镇级社会组织孵化基地、乡镇社区服务中心以及社区网站等平台，实现社工与儿童的及时沟通和实时互动，加强对少年儿童的心理辅导和社会功能恢复，协助有困难的儿童及时获得物质、教育和精神帮助；促进社工、义工联动，提升志愿服务水平和专业服务能力，完善“社工引领义工服务、义工协助社工服务”运行机制。

4. 海门市经验与成效

（1）抓住契机，不断建立健全服务网络

海门市依托市福利院儿童部建立儿童福利指导中心，在街道和乡镇民政办设立儿童福利服务工作站，由村（居）民政协管员兼任儿童福利督导员，建立儿童福利督导员制度，形成自上而下、深入社区和乡村的儿童福利服务网络。

（2）加大投入，有效开展服务机构建设

海门市利用节假日和寒暑假与妇联、残联和教育局等相关部门联合组织“快乐儿童园”“模拟家庭”等活动，对困境儿童和家庭困境儿童进行心理疏导、康复训练等。

（3）多项举措，支持专业组织服务参与

海门市开展社会组织公益“创投”活动。海门市 2015 年推出“公益创投”项目 20 个，在全市民办非营利幼儿园中实施了“四点半”学校，在“学大”等教育机构中实施了“小候鸟关爱行动”“乐缤纷、快成长”公益夏令营等专项项目。成立了青少年科技辅导员协会、“希望来吧”联合会、青春启航爱心助学协会、自行车协会等志愿服务组织，为青少年特别是社区青少年提供服务。到目前，共帮扶留守儿童、单亲儿童、流浪儿童等不同类型儿童 15000 多人。

建立社会组织孵化园。海门市社会组织孵化园，是南通地区首家服务于社会组织孵化和培育的公共服务平台，主要承担“海门市公益组织孵化器”项目，旨在为初创期的社会组织提供办公场地、办公设备、能力建设、种子基金、财务管理、注册协助等关键性支持，给入驻组织提供专业的技术支持，让优秀的项目赢得发展空间和成长机会，促进社会组织的专业化发展，带动和引领相关领域的社会组织参与社会服务。

妇联开发困境儿童公益服务项目。为建立关爱困境儿童的长效机制，海门市妇联向社会广泛征集困境儿童公益服务项目并给予公益服务项目技术支持，目前已有“心相依、爱相随——守护困境儿童公益行动”项目、“爱来牵手、快乐成长”服务项目等 10 个项目入选并正在实施之中。根据项目的实施情况，在有限的资金里拿出 8 万元作为困境儿童公益服务项目的扶助资金，以奖励的形式给予支持。

（二）大力开展全方位儿童福利服务

1. 昆山市经验与成效

在满足困境儿童物质需求的基础上，昆山市儿童福利服务体系向包括困境儿童、孤儿、流浪未成年人、流动儿童等在内的全体儿童提供精神关爱、心理咨询、能力培训等方面的全方位服务，形成众多长期开展、内容专业、评价良好的品牌项目，有效地促进儿童身心全面发展，优化困境儿童家庭环境，营造关爱困境儿童的社会氛围，推动困境儿童福利服务实现从物质保障到精神关爱、从救急助困到源头预防、从补缺型向适度普惠型的转型。

昆山市还推出大量服务于包括普通儿童、孤儿、困境儿童、困境家庭儿童在内的全体儿童的普惠型儿童福利项目，实现了儿童保险全覆盖，儿童公交福利全覆盖。

2. 盐城市经验与成效

（1）教育救助服务

开展“流浪孩子回家、回校园”专项救助行动。以市区和各县（市）为单位，举行专项行动启动仪式，对全市各地辍学、流浪未成年人情况开展拉网式检查，并结合活动开展对胁迫、诱骗、利用未成年人乞讨等违法犯罪行为进行专项整治。根据被救助孩子的个体情况，安排其接受相应的义务教育或替代教育，让每一个流浪孩子都能享受应有的文化教育。据统计，专项行动开展以来全市共救助流浪未成年人 142 名，切实维护了流浪未成年人的合法权益。

（2）精神关爱服务

聘请盐城市教育心理专家定期来院指导工作，邀请盐城师范学院社工专业的老师和同学来院开展结对活动，组织儿童走出院门，游览公园、儿童游乐场所、科技馆等，用开放式教育在实践中不断调整和完善残障儿童的康复特教内容，做到早发现、早干预、早康复。

3. 张家港市经验与成效

（1）儿童托管服务

张家港市部分社区根据困境儿童、困境家庭儿童实际困难与需求，开设“四点半”学校，探索困境儿童学业辅导问题。另外，考虑到困境儿童（困境家庭儿童）自身和家庭的特性，从 2012 年开始，以政府购买服务的方式和“社工+义工”双工联动的工作模式，开展困境家庭儿童托管服务；委托专业机构试点开展困境儿童（困境家庭儿童）社工救助活动，开辟专门的活动场所。

（2）精神关爱服务

2016 年张家港市通过引入社工专业救助青少年模式，以全市 17 名社会散居孤儿为服务人群，通过政府购买服务方式，委托张家港市暨阳青少年发展事务所专业机构开展“左手有爱——散居孤儿青春期成长援助计划”。

（3）心理咨询服务

市救助管理站与百信公益义工协会合作，在站内设立“阳光心灵”心理工作室，站内社工人员如发现受助对象存在明显心理障碍、行为失范的情形，需要通过正规的心理评估、心理辅导予以矫正的，及时通知心理咨询师来站进行一对一的心理评估和咨询，用专业的技术和手段开展心理咨询及辅导。该项工作自开展以来，及时发现和介入矫正受助对象4名，对流浪未成年人的心理障碍、行为失范等问题起到很好的早期干预效果，为防止受助对象发生自杀、自伤等过激行为及帮助受助对象重新认识自我、重返社会起到积极的促进作用。

（4）能力提升服务

2012年开始，张家港市从杨舍镇试点选取40户贫困家庭的学生为服务对象，分为高中组和大学组，以政府和高校合作的形式开展“贫困生职业生涯发展”项目，内容包括行为调整、心理辅助、模拟应试、就业辅导等系列专业帮扶，旨在帮助贫困学生树立正确人生观，提升社会融合能力。

（5）政策宣传服务

对政府职能部门工作人员及7个不同专业412人次开展培训，树立“儿童第一”原则。设立儿童保护热线、儿童庇护中心，畅通儿童受侵害事件的“报告—回应”渠道，倡导全社会关注儿童安全，对儿童受伤害事件作出积极回应，进一步强化儿童保护是政府、社会共同责任的观念。

4. 海门市经验与成效

（1）教育扶助服务

贫困儿童助学项目。海门市的“春蕾计划”从1995年开始实施起，目前，各级“春蕾班”33个，在班困境儿童近700人，成为在学困境儿童最大的救助方式之一。“圆梦助学工程”共安排80万元，资助200名贫困大学新生、200名贫困高中生就学。

残障儿童助教项目。特殊学校组织成立了教师志愿队伍，2015年对全市因残不能上学的87位困境儿童进行了“送教上门”义务行动，得到了社会各界的广泛赞誉。

留守儿童关爱项目。2013年起，市教育局与关工委、团市委联合，依托中小学校和乡文化站、乡村少年宫等场所，建设农村留守儿童之家“希望来吧”和留守流动儿童活动室，努力使全市农村义务教育阶段留守儿童“校内有监管，课余有去处”。2015年3月，开展了“善行东洲”志愿服务——“爱心守护，希望同行”留守少年儿童关爱行动。

家庭教育项目。海门市文明办在全国首创了“家庭教育日”活动，全面提升家庭教育科学化水平。每年围绕一个主题，比如“亲子共读、共同成长”“教给孩子一生有益的习惯”“共同展示、携手成长”等，组织开展了专家报告会、咨询会、成长故事会、家庭教育论坛、沙龙等一系列丰富多彩的活动，推进家庭教育不断升温，科学家教理念全面普及。近年来，参加家庭教育活动日的学生、家长多达50万次。孙云晓、尚秀云等40多位著名专家来海门市参加活动。省内外20多个团队来海门市学习考察。《新华日报》、新华社、《中国青年报》、江苏省电视台等主要媒体对此进行了报道。

（2）残疾康复服务

市残疾人康复中心作为0至6岁贫困残疾儿童抢救性康复训练的主要基地，为全市残疾儿童提供康复训练、心理疏导、康复信息咨询、康复技术指导、辅助器具适配等全方位服务。中心开办6年来，已有40多名受训儿童进入普通幼儿园、小学随班就读。现有在训20多名。全市120多名0—6岁残疾儿童均得到康复训练和转介服务，康复效果显著。中心已被省残联评定为“一级康复机构”和人工“耳蜗”术后训练定点机构。在机构康复的基础上，中心积极探索重度适龄残疾儿童少年居家康教结合的创新举措，与特校、爱心慈善总会联合开展“康教上门”等活动，87 名残障儿童享受到不同类别的康教上门服务。进一步保障重度残疾儿童少年康复、教育权益，“康教上门”被列为南通创新性项目，且已获市财政 50 万元专项经费补贴。室外活动场地建设已列入工作日程。

（3）精神关爱服务

海门市各部门联合社会组织、志愿者大力开展对困境儿童的精神关爱，提供精神慰藉、课业辅导、人际交往、心理咨询等服务。

（4）能力拓展服务

积极开展各种技能培训、能力拓展服务。自暑期以来，海门市 230 多个妇女儿童之家以服务儿童、教育儿童为宗旨，开展了一系列安全教育、红色教育为主题的活动，受到困境儿童的欢迎和家长的支持。比如海门街道海南社区开展了火灾逃生演练，让孩子们通过亲身体验火灾情景，学会基本的逃生技能；四甲镇头桥村留守儿童特别多，专门开展游泳安全知识培训，让孩子们明白急救相关知识，降低安全隐患等等。常乐镇培才村“妇代会”邀请革命老同志宣讲英雄故事、宣讲党的历程，让孩子们从小接受红色教育，从小立志当奉献于人民、服务于人民的好公民，促进儿童自我能力提升。

（三）试点城市儿童福利服务经验总结

1. 昆山市发展方向：立足儿童需要，稳步推进普惠

昆山市整合政府部门和社会力量优质资源，以满足儿童需要为导向，不断扩展儿童福利服务内容和服务对象范围，稳步向适度普惠的方向上不断迈进。昆山市通过加大孤儿保障工作投入力度、对困境儿童实行专项补助等举措满足了困境儿童经济需要。在此基础上，昆山市针对困境儿童精神健康方面的需要，鼓励和支持社会团体、公益慈善组织、

企事业单位等参与困境儿童的精神关爱活动。

2. 盐城市服务模式："品牌化管理+项目化运作+专业团队"

盐城市为克服儿童福利服务提供中出现的缺乏规划性、可持续性等常见问题，不断探索儿童福利工作的新路径，开创了儿童福利服务"品牌化管理+项目化运作+专业化团队"的新模式。盐城市以儿童福利院为全市困境儿童工作的中心阵地，整合全市困境儿童福利工作，推出"心之家"公益服务品牌，开展一系列困境儿童福利项目。目前已开展37期。该项目实现了品牌化管理、项目化运作和专业化团队，参加活动的志愿者达5000人次，受助困境儿童达500人次。

3. 张家港市机制格局：儿童福利服务多元供给

张家港市坚持政府主导和社会参与相结合，以社区为平台，以社工为骨干，以社会组织为载体，通过建立完善"三社"联动机制，形成政府与社会互动的儿童福利服务多元供给格局。实施城乡社区布点规划，进一步完善社区服务设施布局，拓展一站式服务、社会组织孵化培育、社会工作者服务等功能，满足居民对儿童托管、子女教育等各类新需求。

4. 海门市工作亮点：政府主导结对帮扶困境未成年人

海门市加强政府主导、部门协作，逐步推进困境未成年人社会保护工作联席会议结队帮扶新机制。建立困境未成年人社会保护工作联席会议，研究解决困境未成年人社会保护工作中的重要事项。联席会议办公室发出《关于做好困境未成年人结对帮扶工作的通知》，要求联席会议12个成员单位对口帮扶海门市12个乡镇的困境未成年人，以便更全面地摸清困境未成年人需求，提供更精准的帮扶服务。

总而言之，试点城市的儿童福利服务进行了有益的探索，积累了宝贵的经验，但有的地方仍然存在基层儿童福利服务力量薄弱，部分困境儿童的精神健康、心理疏导需求得不到满足的问题，建议在以后的工作中进一步通过优化政府部门联动协作、加大儿童福利服务投入、强化基层专业力量、积极购买专业组织服务等方法，整合政府部门和社会力量优质资源，加强基层儿童福利服务体系建设，解决儿童福利服务“最后一公里”问题，扩大服务范围，丰富服务内容，提升服务层次和质量，推动儿童福利服务在从物质保障到精神关爱、从救急助困到源头预防、从扶贫补缺到适度普惠的发展方向上不断迈进。

六、存在问题与改革建议

（一）四城市适度普惠型儿童福利存在问题

总体来看，4个试点城市的儿童福利发展方向正在逐步由普惠重点弱势儿童转向惠及普通儿童。四试点城市的儿童福利制度建设试点工作在具体福利提供上具有两大特点。一是从儿童福利发展方向上是由残补型转向适度普惠型，并在积极向普惠型方向探索；二是从儿童福利发展内容来看，福利资源和福利服务提供走向专业化、精细化和系统化。

从4个试点城市调研评估情况来看，4个城市都在积极依据中央和省相关儿童福利政策的文件精神和目标要求，开展儿童福利试点工作。特别是在儿童分层分类性地建立福利制度和福利提供机制的成效十分明显。各试点城市对于孤儿、重病重残、家庭监护缺失或监护不力，贫困家庭儿童等都制定了相应的帮扶措施和具体的补贴标准，对这些儿童的生活保障、康复、医疗、教育、住房等权益进行了有效保障。同时建立了大病救助机制，对于防止一些家庭因病致贫、因病返贫的问题有明显作用。但从具体福利提供的角度而言也存在一些新的问题。

1. 儿童福利提供的人力资源比较匮乏

一是基层儿童福利行政人员偏少，在面向这项涉及面广，工作量大，程序复杂的儿童福利试点工作存在人员不足与能力不足的问题。如基层民政人员反映，在民政部、省民政厅、市民政局层面留守儿童、流浪儿童、困境儿童的相关工作职能分属两个司、处，而在县、乡层面有关几类儿童的福利行政有可能统归到同一个科室，这样就存在基层民政部门需要同时向民政部、省民政厅、市民政局的多个部门汇报工作、提交材料和接受指导。

二是儿童服务人员的专业服务能力还有待增强。孤儿、困境儿童、困境家庭儿童更需要的是医疗、康复、就学、就业、社会参与等方面的帮扶和支持。这些都需要专业人员、专业方法以及专业设施、专业手段来提供专业、有效的服务。从 4 个试点城市来看，张家港、海门、昆山三地的社会组织较多，经济基础较好，因而在专业设施设备建设和配置上力度较大，在专业人才队伍建设、专业服务资源整合方面具有一定优势。如海门市“残联”所在的康复中心配置了多种自闭症儿童、脑瘫儿童等残疾儿童的康复设备，并一方面将自己的康复师资派往上海、苏州等地接受专业培训，另一方面邀请上海、苏州等地的康复、医疗方面的专家到中心进行定期诊断和治疗服务。由于这些儿童服务对象散居在城市和农村的广大区域，而专业服务资源和专业服务人才主要集中在城市，对于广大农村和偏远乡镇的儿童而言，他们较难获得便利的专业服务资源和专业服务，或存在接受服务的成本比较高。

2. 福利提供分层分类标准设置落实的困难

一是有关儿童的分层分类标准不够准确而难以把握。在民政部有关适度普惠型儿童福利政策试点文件中，一般将儿童分为孤儿、困境儿童、困境家庭儿童、普通儿童 4 个层次，而国务院的相关文件将前三层次的儿童统称困境儿童，在民政部的未成年社会保护试点文件中统称困境未成年人。这几种文件中的不同称谓对基层的儿童福利行政和儿童福利工作者的具体服务实践容易产生混淆和理解不到位。从4个试点城市中有关儿童的分层分类界定来看，也存在较大的不同，这与每个试点城市实际情况不同有关外，也与基层福利行政人员对儿童分类分层概念把握不同有关。

二是部分儿童福利补贴并没有实现动态价格补贴。现阶段，大部分地区对于孤儿这一类型儿童的基本生活补贴规定了自然增长机制，但对于其他类型的儿童的基本生活补贴并没有实现。

3. 儿童福利制度的支持体系比较薄弱

一是儿童福利工作经费保障需要加强。从各级政策层面都明确了不同类型儿童的福利补贴标准，从试点城市实践来看对于儿童及其家庭的补贴保障都依据政策落实到位，但在实际工作中存在儿童福利工作经费保障的政策规定不明确，这一定程度上限制了基层儿童福利工作网络和儿童福利工作人才队伍建设的力度。

二是儿童福利获得与支持体系仍然存在城乡差别。农村的支持体系大大弱于城市。虽然部分城市已经实现困境儿童基本生活补贴制度城乡统一标准。但在全国大部分地区，城市和乡村的同类型儿童的基本生活补贴并不一样，农村儿童所获得的基本生活补贴低于城市孩子。

三是儿童福利提供的相关政府部门和群团组织之间的配合仍需加强。作为适度普惠型儿童福利制度的主要负责部门——民政局，没有足够的权力和资源调动其他政府部门和群团组织配合其共同推进儿童福利事业的发展。民政局作为与其他相关部门的平级单位，没有足够的权力依据要求他们全力以赴配合适度普惠型儿童福利制度的工作推进，这也导致需要多部门联动的儿童福利工作发展存在一定的问题，儿童福利服务的实施存在困难。

（二）四城市适度普惠型儿童福利改革建议

1. 建立家庭为本的儿童福利制度

以家庭为本的福利服务，强调将福利服务接受者及其家庭视为一个整体，通过支持家庭特别是支持儿童照料者、监护人来改善儿童境况，提升儿童福祉，同时帮助弱势儿童的家庭走出困境。这种“家庭尽责+社会帮扶”的模式应该成为中国儿童福利政策和制度建设的核心。

2. 建立儿童福利标准化专用术语体系

统一明确儿童福利的相关术语和概念。积极整合政府部门、实务部门和科研部门的力量和经验，重点解决现行政策文件中相关概念模糊不清、重叠矛盾的问题，加紧研究更加科学、合理、实用的儿童分层分类概念，制定具体可行的类别标准指标，务求基层民政干部和服务人员对政策规定能够准确理解、便捷操作，切实提升儿童福利服务质量。

3. 整合儿童福利行政体系

儿童福利行政职能的集中整合是推进普惠儿童福利政策的重要保障。张家港市、海门市等试点城市均以市政府名义统合有关部门的联动协作，效果比较明显。在国务院、省政府、市政府层面很有必要设立综合儿童福利行政的组织机构，或将分散各部门的儿童福利行政进一步统合收拢，提高儿童福利行政效率。

4. 强化专业人才队伍建设

特殊儿童服务涉及康复、医疗、社会工作、心理咨询、法律等各个方面，具有极高的专业性。因此，要在“训、学、练”三方面下功夫，打造一支专业过硬、充满爱心的儿童福利工作人才队伍。“训”就是要向从业者提供具有针对性、系统性及持续性的短期专业培训；“学”就是要引导高校培养儿童福利服务的专业人才、高端人才；“练”就是要积极开发岗位，投入资金，引导专业人才进入基层社区、社会组织、基层政府从事儿童福利行政和儿童福利服务，在实际工作中锻炼队伍。

5. 加强儿童福利投入

多渠道筹措资金，切实保障儿童福利工作经费，同时积极促成儿童福利支出纳入地方财政预算，提高基层儿童福利行政的积极性与灵活性。在当前形势下，可充分借鉴试点城市经验，扩大资金投入，通过政府服务购买、公益创投、公益性岗位开发等途径引导专业服务力量和资金参与儿童福利发展中。

6. 推动多元化儿童福利社会组织建设

积极培育儿童福利社会组织。从试点城市经验来看，张家港市和昆山市整合专业社会组织，特别是专业社会工作服务机构的力量比较强，因而其基层儿童福利服务呈现出较高的专业性和规范性、持续性。今后需要积极培育各类专业服务机构就近就地为社区、乡镇层面的儿童提供专业服务，从而提高儿童接受率和参与率。

参考文献

国务院妇女儿童工作协调委员会：《九十年代中国儿童发展规划纲要》1992 年。

窦玉沛：《社会福利由补缺型向适度普惠型转变》，《公益时报》2007 年 10 月 23 日。

张世峰：《变革中的中国儿童福利政策》，《社会福利》2008 年第 11 期。

窦玉沛：《深入学习领会第十三次全国民政会议精神》，《中国民政》2012 年第 4 期。

《中共中央关于全面深化改革若干重大问题的决定》，《人民日报》（海外版）2013 年 11 月 16 日。

彭华民：《中国政府社会福利责任：理论范式流变与制度转型创新》，《天津社会科学》2012 年第 6 期。

冯元、彭华民：《我国流浪儿童救助模式的转向研究——基于抗逆力理论的视角》，《江苏大学学报》（社会科学版）2014 年第 5 期。

高丽茹、彭华民：《中国困境儿童研究轨迹：概念、政策和主题》，《江海学刊》2015 年第 4 期。

《中国民政》编辑部：《部分省市困境儿童福利保障政策亮点及评析》，《中国民政》2015 年第 19 期。

冯元、彭华民：《近 30 年中国流浪儿童教育研究述评》，《中国特殊教育》2014 年第 3 期。

United Nations, The Convention on the Rights of the Child, 1989. http://www.ohchr.org/EN/ProfessionalInterest/Pages/CRC.aspx, 2015-4-27.

United Nations, "World Declaration on the Survival, Protection and Development of Children", Asia-Pacific Journal of Public Health, 1990, 4(2-3), pp. 99-101.

United Nations, "Plan of Action for Implementing the World Declaration on the Survival, Protection and Development of Children in the 1990s", Asia-Pacific Journal of Public Health, 1990, 4(2-3).

United Nations, "Goals for Children and Development in the 1990s", Asia-Pacific Journal of Public Health, 1990, 4(2-3).

United Nations, A World Fit for Children, 2002. http://daccess-dds-ny.un.org/doc/UNDOC/GEN/N02/481/78/PDF/N0248178.pdf? Open Element, 2015-4-27.

UNICEF, The State of The World's Children, 2011. http://www.unicef.org/sowc2013/files/SOWC-2011- Main-Report_EN_02092011.pdf, 2015-4-27.

Stevens, G. D., Seid, M., Mistry, R., & Halfon, N, Disparities in Primary

Care for Vulnerable Children: the Influence of Multiple Risk Factors, Health Services Research, 2006.41(2).

Satchell, M., and Pati, S., "Insurance Gaps among Vulnerable Children in the United States, 1999–2001", Pediatrics, 2005, 116(5).

Thompson, R., Lindsey, M. A., English, D. J., Hawley, K. M., Lambert, S., and Browne, D. C., "The Influence of Family Environment on Mental Health Need and Service Use among Vulnerable Children", Child Welfare, 2006, 86(5).

Ebersohn, L., and Eloff, I., "Identifying Asset – based Trends in Sustainable Programmes Which Support Vulnerable Children", South African Journal of Education, 2006, 26(3).

Aubrey, C., and Dahl, S., "Children's Voices: The Views of Vulnerable Children on Their Service Providers and the Relevance of Services they Receive", British Journal of Social Work, 2006, 36(1).

Daniel, B., and Wassell, S., Assessing and Promoting Resilience in Vulnerable Children: Adolescence (Vol.3), Jessica Kingsley Publishers, 2002; Place, M., Reynolds, J., Cousins, A., and O'Neill, S., "Developing a Resilience Package for Vulnerable Children". Child and Adolescent Mental Health, 2002, 7(4).

第八篇 “残疾孤儿手术康复明天计划”实施研究报告

【摘　要】孤残儿童作为社会弱势群体，他们的福利状况一直是党和国家关注的重点。自 2004 年以来，民政部出台“残疾孤儿手术康复明天计划”（以下简称“明天计划”），旨在为生活社会福利机构中和散居的残疾孤儿提供手术救助。“明天计划”开展 10 余年来，已向成千上万名残疾孤儿提供医疗康复服务，帮助他们恢复健康。为评估“明天计划”成效，使其更好地为孤残儿童服务，课题组以湖南省为样本，对“明天计划”的项目投入、产出、管理过程等方面进行评估，结果显示项目实施过程中存在“重手术治疗，轻康复护理”等“五重五轻”现象。课题组从理念、落实和制度三个层面提出建议，以期进一步提升“明天计划”实施成效。

【关键词】残疾孤儿　明天计划

一、评估设计

（一）背景

“明天计划”是为生活在社会福利机构中的残疾孤儿实施的一项医疗救助行动。“明天计划”的实施经历了 3 个阶段。

启动实施阶段（2004—2006年）。2004年，民政部出台“残疾孤儿手术康复明天计划”，计划利用3年时间对全国福利机构中的残疾孤儿做适应性康复手术，使他们恢复健康。3年间通过实施“明天计划”，城乡各类社会福利机构中适合手术的3.5万名残疾孤儿得到了手术矫治和康复，5000多名术后儿童被国内外家庭收养。

建立长效机制阶段（2007—2014年）。通过2004年5月至2007年5月的3年“集中战役”式工作后，“明天计划”转入常态，建立长效机制。2007年，民政部发出《关于建立“残疾孤儿手术康复明天计划”长效机制》的通知，要求在坚持现行工作机制不变、福利彩票公益金资助渠道不变、定点医院合作制度不变的基础上，建立“残疾孤儿手术康复明天计划”长效机制。这一阶段，8万多名残疾孤儿得到了手术矫治和康复训练，数以万计的“明天计划”术后康复儿童融入了社会，1.8万名术后残疾孤儿被国内外家庭收养。目前，福利机构内凡具备手术适应症的新增患儿都能在最佳治疗时机得到手术救治。

拓展试点阶段（2015年至今）。为惠及更多残疾儿童，民政部要求积极推进“明天计划”拓展工作。第一，在救治的范围上，抓好残疾孤儿手术救治向医疗救治的拓展。坚持“试点先行、逐步推进”的原则，开展调研摸底，掌握需求情况，按照东、中、西，分别选择试点区域，在充分利用基本医疗保障、大病保险和医疗救助政策的基础上，通过“明天计划”渠道对残疾孤儿医疗救助予以资助保障。完善救治方式，建立医疗专家库，建立健全重大疾病会诊机制，进一步推动建立多家医院加盟、辐射全国福利机构的远程会诊工作体系。第二，在康复形式上，以脑瘫康复为重点，开展肢体、精神、语言和听力等其他病种全方位康复，造福更多残疾孤儿。丰富康复模式，由以运动康复为主，向理疗、多感官训练、中药熏蒸、针灸、石膏矫形、音乐和游戏等多种康复模式并重拓展。要求做好0—6岁孤残儿童抢救性康复，通过早期干预，促进孤残儿童改善身体机能。第三，在覆盖对象上，本着因地制宜、积极稳妥、逐步拓展的思路，不断拓展受益群体。把城乡低保对象、特困供养对象中具有手术适应症的病残儿童，以及社会散居孤残儿童纳入“明天计划”资助范围，参照福利机构内孤残儿童的救治政策和做法，实施医疗康复。

湖南是启动实施“明天计划”较早的省份，10余年来，累计投入福彩公益金3000余万元，救助手术矫治和个案救治2000余人，脑瘫康复训练400余人，安装假肢和矫形器具600多例。近50%的术后儿童被国内外家庭收养。2015年，湖南省成为全国6个“明天计划”拓展试点省份之一。根据《民政部“明天计划”拓展工作试点方案》（民明办〔2015〕2号）的要求，湖南省民政厅制发《湖南省“残疾孤儿手术康复明天计划”拓展工作方案》（湘民办函〔2015〕33号）（以下简称《方案》）。《方案》明确“明天计划”救助对象为全省未满18周岁的社会福利机构儿童和社会散居孤儿，以湖南省人民医院、湖南省儿童医院、中南大学湘雅二医院等定点医院救治为主。救助患儿原则上不限疾病种类，但对缺乏有效治疗手段或预后较差的医疗救治要先开展专家评估。省民政厅积极引导社会力量，为患儿提供心理疏导、亲情陪护等形式多样的慈善医疗服务，帮助孤儿全面健康成长。《方案》规定，社会福利机构儿童由所在福利机构通过全国“儿童医疗救助信息子系统”填报信息，直接向省“明天计划”办申请，不再需要当地民政部门审核。社会散居孤儿监护人提交《“明天计划”医疗救助申请书》，所属县级民政部门通过儿童医疗救助信息子系统填报信息，直接向省“明天计划”办申请。住院治疗后，省“明天计划”办直接与定点医院结账。《方案》明确了“明天计划”救助费用。患儿住院治疗费用减除各类医疗保障、统筹支付、大病救助、捐赠支付、医院减免等之后，自付费用在10万元以下的，凭付费凭证享受全额救助；自付费用超过10万元的，按照个案单独办理。另外，“明天计划”项目负责社会散居孤儿患者和一名陪护人员住院治疗期间用餐，提供全套日常生活用品，并按一定标准救助康复营养服务费。

2016年湖南省全面拓展“明天计划”：①拓展对象。在个别贫困县试点，将“低保”家庭儿童纳入救治范围。在充分调查摸底、医学筛查的基础上，确定资助病种和比例，出台文件明确资助申报程序。②拓展内容。组建跨医院的儿童医疗专家委员会。由术前筛查拓展至术后复查、医疗回访，由单一经济资助拓展至医疗社工、心理疏导服务。③突出专业康复。对脑瘫康复训练示范基地实施动态管理，检查评估分片开展工作情况。购买社会专业机构服务，开展自闭症、精神障碍等特殊病种康复训练工作。④衔接医疗政策。协调“人社”“卫计”“残联”等部门，综合运用医保、大病救助、慈善资助等政策。整合定点医院慈善项目，实现资金效益最大化。

（二）评估目的

本课题以湖南省为样本，评估“明天计划”的实施情况，主要目的有三项：一是建立科学的“明天计划”评估指标体系。二是对“明天计划”的投入水平、行政效率和实施效果进行评价。三是分析对“明天计划”成效产生影响的决定性因素。

（三）评估内容

主要包括5个方面：一是评估项目投入水平，主要对项目的经费投入、人力投入和政策机制的投入水平进行评价。二是评估项目执行过程中的运行状况，主要对行政效率、部门协作管理、可及性和经费控制进行评价。三是评估项目效率，主要对项目的产出进行评价，包括对手术治疗次数和手术病例次数的评价。四是评估项目效用，主要对项目手术效用、康复效用和服务效用进行评价。五是评估项目的效益，主要对项目的社会效益和经济效益进行评价。

（四）评估方法及指标设计

为了实施监督与评估，必须有监督评估的工具。所谓监督评估的工具，一般是指监督与评估的绩效指标。绩效指标是指衡量所执行项目或政策的投入、过程、产出、效果和效益的指标。开发这些工具的目的是为了政策制定者或者管理者测量政策措施的执行情况。根据不同的政策或项目，研制监督与评估的绩效指标常用的方法有：逻辑框架法、理论评价法和经济学评价法。逻辑框架法是指按照政策的投入、过程、产出、结果和效果的因果关系，找出可识别绩效指标的方法，有利于政策制定者清楚地了解各项政策对政策最终效果的影响与贡献，随时评估政策效果，纠正政策执行中的不足。这些方法较为符合本项目的评估目的，因此，评估指标设计主要基于逻辑框架法。

表 8—1　“明天计划”成效评估指标及数据来源

一级指标	二级指标	三级指标	数据来源
投入	经费投入	历年“明天计划”资助经费总额	“明天计划”档案信息收集
		历年“明天计划”资助项目	“明天计划”档案信息收集
		“明天计划”资助对象平均每日住院成本、平均每例手术成本、平均每次手术经费	“明天计划”档案信息收集
	人力投入	特教师照顾之比、保育员照顾之比、社工或护工照顾之比、康复师照顾之比、在院事业编制工作人员照顾之比	社会福利院提供调查数据
	政策投入	“明天计划”省级规范性文件、“明天计划”标准化管理、“明天计划”定点医院管理	访谈；湖南省收养网站

（续表）

一级指标	二级指标	三级指标	数据来源
过程	审批效率	审批通过率、申请等待时间	全国儿童福利医疗救助子系统
		审批程序和申请程序满意度	社会福利机构负责人和办事人调查问卷
	部门协作	医院手术等待时间、医院绿色通道	“明天计划”档案信息收集、访谈
		残疾孤儿参加医疗保险情况、“明天计划”中医疗保险使用情况	湖南社会福利机构负责人调查问卷、“明天计划”档案信息收集
	可及性	信息可及性	社会福利机构负责人调查
		空间可及性	“明天计划”档案信息收集、百度地图
	经费控制	医疗费用透明度、使用效率和投入满意度评价	湖南社会福利机构负责人和福利机构工作人员
		同类手术经费平均值、标准差、最大值和最小值	“明天计划”档案信息收集
产出	治疗情况	历年资助孤儿手术次数、历年辅助器资助人次、资助手术例数及医院分布	“明天计划”档案信息收集

（续表）

一级指标	二级指标	三级指标	数据来源
效果	健康效用	孤残儿童健康效用指数手术前后变化状况	福利机构负责人问卷调查
	日常生活功能	孤残儿童日常基本功能手术前后变化状况	福利机构负责人问卷调查
	项目收益	经济和社会收益评估	社会福利机构负责人问卷调查
	手术预期效果	残疾孤儿生活学习功能预期效果	"明天计划" 档案信息收集
		安置方式	"明天计划" 档案信息收集
	不同病种比较	高风险病种	"明天计划" 档案信息收集
		高收益病种	"明天计划" 档案信息收集
		高成本病种	"明天计划" 档案信息收集

（五）资料收集对象与方法

本次调查数据收集和分析的基本单位：接受医疗康复救助的孤残儿童和社会福利机构负责人及工作人员。目标总体为湖南省自 2004 年以来接受医疗康复救助的孤残儿童。调查总体为 2010—2015 年以来已经接受医疗康复救助的孤残儿童和福利机构工作人员。

资料收集方法有 3 种。

文献收集法。通过 4 条途径获取：一是通过全国儿童医疗救助信息子系统对湖南省"明天计划"申请信息进行整理。二是通过对湖南省民政厅等相关部门对"明天计划"制度文件等信息进行收集。三是到民政厅以及相关机构，查阅"明天计划"救助手术医疗康复儿童的病历等档案。

座谈法。在湖南选取 2 个具有代表性的定点医院、2 个定点康复基地和 4 家福利机构开展座谈。湖南省调查的定点医院为湖南省人民医院和中南大学湘雅二医院；调查的康复基地为常德康复医院和长沙市第一福利院；调查的福利机构为长沙市第一福利院、株洲市儿童福利院、常德市社会福利院和岳阳市儿童福利院。

问卷调查法。主要开展两个类型的问卷调查：社会福利机构负责人调查问卷和残疾孤儿手术康复成效调查问卷。社会福利机构负责人调查问卷的调查对象为社会福利机构的“明天计划”负责人。残疾孤儿手术康复成效调查问卷主要对残疾孤儿手术前后健康效用和日常生活功能的变化状况进行调查，调查对象为手术康复“明天计划”资助对象。

（六）样本选取与调查方式

社会福利机构负责人采取等距抽样的方法。2010—2015 年，湖南省有 53 家社会福利机构的残疾孤儿受到“明天计划”项目资助。根据湖南省民政厅提供的名单，采取等距抽样，共抽取了 12 家社会福利机构，有效回收调查问卷的福利机构 10 家。

“明天计划”实施成效采取等群抽样的方法。在湖南省抽取了长沙市第一福利院、常德市第一福利院、株洲市儿童福利院和岳阳市儿童福利院。对这 4 家社会福利院从 2010—2015 年的“明天计划”资助所有儿童进行问卷调查。由于有些康复儿童已被收养，照顾该儿童的工作人员已经不在该岗位工作，经过筛选和匹配，共有 58 位工作人员符合样本要求。问卷调查采取面谈访问的方式。总共发放问卷 58 份，有效回收问卷 57 份。

（七）调查质量控制

为保证调查质量，项目团队对调查员培训、调查实施、问卷检查、质量审核、个案访谈、数据录入、数据清理等各个环节加强了质量控制。同时采取严格的保密守则，尤其涉及未成年的相关数据。

二、项目投入评估

（一）样本特征分析

通过对湖南省2010—2015年的“明天计划”救助对象进行分析，样本呈现以下特征。

被救助对象以0—3岁的孤残儿童为主。调查显示，0—1岁的占40.7%；1—2岁的占21.2%；2—3岁的占8.8%；3—4岁的占3.4%；4—5岁的占2.6%；5岁以上的占23.3%。其中0—3岁占到70.7%左右。数据说明手术孤儿主要以婴幼儿为主，符合“明天计划”救助的目标设计，有利于早期介入以达到最佳康复效果。

表8—2　湖南省2010—2015年“明天计划”救助对象年龄分布

		频数	百分比(%)	有效百分比(%)	累计百分比(%)
有效	0—1岁	203	25.8	40.7	40.7
	1—2岁	106	13.5	21.2	61.9
	2—3岁	44	5.6	8.8	70.7
	3—4岁	17	2.0	3.4	74.1
	4—5岁	13	1.7	2.6	76.8
	5岁以上	116	14.8	23.3	100.0
	合计	499	63.5	100.0	
缺失		287	36.5		
总计		786	100.0		

注：数据根据对2010—2015年湖南省“明天计划”救助对象手术医疗的病历档案整理得来。

被救助对象性别比例基本平衡。调查显示，救助对象中男童的比例为52.4%，女童的比例为47.6%。这说明，社会遗弃与性别相关关系减弱，而与儿童身体状况有较强关系。在过去，受重男轻女观念的影响，较多的女婴被遗弃。而当前，被遗弃的儿童往往身患重症。在课题组实地调查福利院中，被遗弃的儿童身上都存在不同程度的疾病。

表8—3　湖南省2010—2015年“明天计划”救助对象性别分布

		频数	百分比(%)	有效百分比(%)	累计百分比(%)
有效	男	364	46.3	52.4	52.4
	女	330	42.0	47.6	100.0
	合计	694	88.3	100.0	
缺失		92	11.7		
总计		786	100.0		

被救助对象的手术复杂程度高。对2010—2015年“明天计划”救助对象手术类型统计可以发现，被救助对象患病较为严重，被救助对象平均手术类型为1.63次，最少的1类，最多的达8类。调查显示，被救助对象手术类型为1次的占67.2%；被救助对象手术类型为2次及以上的占32.8%。这些手术基本上都是医学上的疑难杂症。

表 8—4　湖南省 2010—2015 年“明天计划”救助对象手术类型分布

		频数	百分比(%)	有效百分比(%)	累计百分比(%)
有效	1	468	59.5	67.2	67.2
	2	100	12.7	14.4	81.6
	3	81	10.3	11.6	93.2
	4	27	3.4	3.9	97.1
	5	10	1.3	1.4	98.6
	6	7	0.9	1.0	99.6
	7	2	0.3	0.3	99.9
	8	1	0.1	0.1	100.0
	合计	696	88.5	100.0	
缺失		90	11.5		
总计		786	100.0		

被救助对象主要以机构孤儿为主。调查显示，机构孤儿占救助对象的比例为 95.5%，散居孤儿占比为 4.5%（见表 8—5）。湖南省在 2015 年作为民政部“明天计划”试点省份以后，将救助对象向散居孤儿拓展，2016 年散居孤儿占的比例有所提高。

表 8—5　湖南省 2010—2015 年“明天计划”救助对象

		频数	百分比(%)	有效百分比(%)	累计百分比(%)
有效	机构孤儿	746	94.9	95.5	95.5
	散居孤儿	35	4.5	4.5	100.0
	合计	781	99.4	100.0	
缺失		5	0.6		
总计		786	100.0		

（二）项目经费投入

湖南省“明天计划”经费投入主要体现以下几个特征：

投入经费呈递增态势。湖南省各级民政部门高度重视“明天计划”工作，救助经费呈逐年递增态势，2014 年和 2015 年增速较快，2015 年比 2010 年和 2011 年增长了将近 5 倍（见表 8—6）。救助人数逐年增加，2015 年比 2010 年翻了约 5 倍。人均救助经费都在 1 万元以上，一方面说明孤残儿童病情普遍较严重；另一方面也说明“明天计划”救助对象主要以大病为主。湖南省经费中央与地方按 1∶1 的比例投入，中央负担 50%，地方政府负担 50%。

表 8—6 湖南省 2010—2015 年“明天计划”经费投入总体状况

年份	总经费（单位：元）	救助人数	人均救助经费（单位：元）
2010	1553757.39	97	16018.12*
2011	2141658.64	211	10150.04
2012	2481620.53	177	14020.45
2013	2532604.51	204	12414.73
2014	7603411.63	549	13849.57
2015	9726723.22	482	20179.92

注：因为 2010 年假肢数据缺失，所以导致的人均救助经费较高。

项目经费使用趋于多元化。一是定点医院多层次。近年来，湖南省民政部门以孤残儿童为中心，力争为孤残儿童匹配最佳治疗方案。除了拓展省内定点医院，还积极为一些重症儿童联系部级定点医院治疗。二是病种类型多样化。不仅将一些医疗费用较高的常规性疾病纳入救助范围，如肺炎等；而且对于一些治疗效果好但治疗费用较高的疾病也纳入救助范围，如开展的大病救助（见表 8—7）。

表 8—7　湖南省 2010—2015 年“明天计划”经费分配（单位：元）

类型 年度	手术经费	脑瘫手术费	假肢费用	安全岛费用	部定点医院费用	大病救助费用
2010	1553757. 39	——	164110. 00	——	——	——
2011	1800218. 46	146684. 18	241780. 00	——	——	——
2012	1966510. 53	230798. 00	450000. 00	——	——	——
2013	2082604. 51	——	1164422. 00	——	——	——
2014	4521476. 65	——	986000. 00	733486. 37	1184026. 61	——
2015	5202319. 46	——	——	704761. 32	1251853. 43	1581789. 01

手术康复成本较高。2010—2015 年，湖南省“明天计划”每日住院成本平均值为 1364. 53 元，最大值为 101985. 39 元；平均每次手术费均值为 24839. 73 元，最大值为 458027. 50 元，最小值为 961. 65 元；平均每例手术成本为 19113. 83 元，最大值为 458027. 50 元，最小值为 778. 21 元。从衡量平均经费的三个指标的标准差也可以发现，明天计划救助的孤残儿童手术比较复杂，手术差异性比较大。再次说明，孤残儿童的手术比较复杂和病类较多。

表 8—8　湖南省 2010—2015 年“明天计划”经费平均使用状况（单位：元）

	样本量	最小值	最大值	平均值	标准差
平均每日住院成本	493	26. 29	101985. 39	1364. 53	4703. 18
平均每次手术经费	712	961. 65	458027. 50	24839. 73	30550. 74
平均每例手术成本	652	778. 21	458027. 50	19113. 83	28798. 48

（三）项目人力投入

课题组在湖南省随机抽选了 10 家福利机构，对其人力配备状况进行调查。调查结果显示，一是福利机构事业编制工作人员照顾之比有待进一步优化。事业编制工作人员照顾之比最高是娄底市社会福利院，1位事业编制工作人员负责照顾93位儿童；配置之比最低的是岳阳市云溪区社会福利院，1位工作人员照顾2位儿童；配置较为合理的是长沙市第一福利院（1位事业编制工作人员照顾4位儿童）、郴州市儿童福利院（1位事业编制工作人员照顾5位儿童）和怀化市社会福利院（1位事业编制工作人员照顾6位儿童）。调查发现，福利院保育员普遍年龄偏大，而且照顾儿童的专业素养也偏低，尤其是对刚出院的“明天计划”救助儿童普遍存在照顾不适或不周的问题。二是福利机构专业化人员配置还有待进一步优化。在社会工作或护理人员照顾之比方面，岳阳市云溪区社会福利院配置较为合理，其次是岳阳市儿童福利院（1∶6）、怀化市社会福利院（1∶8）和长沙市第一福利院（1∶9）。在康复师和特教师方面，由于社会福利院工资水平偏低，难以吸引专业性康复师和特教师，总体比例配置均不尽合理。

表8—9 湖南省10家社会福利机构儿童护理照顾人员配备状况

	在院孤残儿童	在院事业编制工作人员照顾之比	保育员照顾之比	社会工作或护理人员照顾之比	康复师照顾之比	特教师照顾之比
涟源市社会福利院	96	1∶12	1∶6	1∶96	1∶48	1∶48
郴州市社会福利院	110	1∶5	1∶8	1∶28	1∶37	1∶28
怀化市社会福利院	128	1∶6	1∶21	1∶8	1∶32	—
株洲市儿童福利院*	285	1∶12	1∶7	1∶48	1∶48	1∶36
平江县社会福利院	88	1∶6	1∶9	1∶15	1∶22	—
岳阳市儿童福利院	117	1∶9	1∶6	1∶6	1∶39	1∶29
新化县儿童福利院	53	1∶13	1∶4	1∶53	1∶13	1∶13
长沙市第一福利院*	478	1∶4	1∶21	1∶9	1∶48	1∶37
娄底市社会福利院	280	1∶93	1∶23	1∶23	1∶93	1∶93

（续表）

	在院孤残儿童	在院事业编制工作人员照顾之比	保育员照顾之比	社会工作或护理人员照顾之比	康复师照顾之比	特教师照顾之比
岳阳市云溪区社会福利院	13	1∶2	1∶7	1∶3	1∶13	1∶13
总计	1648	1∶6	1∶11	1∶13	1∶41	1∶42

注：株洲市儿童福利院和长沙市第一福利院属于定点康复机构。

（四）项目制度投入

“明天计划”于2004年启动实施，2007年转入长效机制，逐渐形成了以手术矫治、脑瘫康复、远程会诊、大病救治为核心内容的综合性医疗救助体系。近10年来，湖南省“明天计划”累计投入福彩公益金3000余万元，资助手术矫治和个案救治2000余人，脑瘫康复训练400余人，安装假肢和矫形器具600多例。

湖南省近年来主要做了以下几项工作。

一是以制度规范“明天计划”管理。省民政厅先后制定了《湖南省“明天计划”拓展工作方案》和《湖南省“明天计划”定点医院实施办法》等规范性文件，将资助对象扩展到全省未满18周岁的社会福利机构儿童和社会散居孤儿，并公布了具体的资助原则和申请程序。

二是以标准优化“明天计划”管理。在“明天计划”资助申请过程中，通过建立标准化的申请程序达到简化流程的目的。针对脑瘫康复，制定了脑瘫康复标准化流程，以协议方式对脑瘫儿童康复训练示范基地接收脑瘫儿童寄养康复进行管理，推行康复项目标准化模式。

三是以定点强化“明天计划”效能。对于手术治疗，通过定点医院的方式来提升资助对象的就医便捷性；对于脑瘫康复，通过定点基地来加强康复工作的专业化。中南大学湘雅医院、湖南中医药大学第一附属医院、郴州市儿童医院新增为省级“明天计划”定点医院，定点医院由一家扩展至七家，“明天计划”医疗救治网络已基本健全，救助对象获得了更加优质的医疗服务。

三、项目管理过程评估

（一）审批效率评估

湖南省民政厅发布《湖南省“明天计划”拓展工作方案》。“明天计划”申请分为4个阶段：第一阶段申报。社会福利机构儿童由所在福利机构通过全国儿童医疗救助信息子系统填写相关信息，填报《“明天计划”医疗资助审核表》，并提供孤儿户口本或捡拾证明复印件。社会散居孤儿由监护人填报《“明天计划”医疗资助申请书》；委托其他亲属陪护或定点医院专职陪护的，还需填报《“明天计划”医疗陪护申请书》。所属县级民政部门负责通过“儿童医疗救助信息子系统”填写相关信息，填报《“明天计划”医疗资助审核表》，并审验孤儿身份证、户口本和监护人身份证复印件。第二阶段审核。省“明天计划”办根据申请材料，审核救助申请，并作出撤销、补充材料、审核通过等处理。第三阶段就医。对于已审核通过的资助对象，协调安排到定点医院进行救治。第四阶段费用结算。社会福利机构、散居孤儿监护人在当地医保部门开通患儿异地联网结算单，向定点医院提交患儿医保手册和《湖南省医疗保险异地就医联网结算申请表》，配合定点医院办理医保结算手续。省“明天计划”办审核结账申请，直接与定点医院结账。整个过程以儿童医疗救助信息子系统为平台，简化了审核程序。对于这个管理程序，可以从3个方面来衡量其效率：

一是申请审批情况。通过对湖南省“明天计划”2015年1月1日至2016年11月4日申请审批情况分析发现，“明天计划”初审通过率较高，有73.3%申请通过审核；省级审核不通过的比例比较低，为0.5%；待省级审核的比例为12.1%（见表8—10）。

表8—10 “明天计划”2015年1月1日—2016年11月4日审批情况

		频数	百分比(%)	有效百分比(%)	累计百分比(%)
有效	变更中	1	0.1	0.1	0.1
	补充材料	35	4.8	4.8	4.9
	撤销中	23	3.2	3.2	8.1
	待省级审核	88	12.1	12.1	20.2
	待市级审核	2	0.3	0.3	20.4
	申请状态	1	0.1	0.1	20.6
	省级审核不通过	4	0.5	0.5	21.1
	省级审核通过	534	73.3	73.3	94.4
	未提交	25	3.4	3.4	97.8
	已撤销	16	2.2	2.2	100.0
	总计	729	100.0	100.0	

注：数据根据“儿童医疗救助信息子系统”的申请审批信息整理而得。

二是初审等待时间。初审等待时间的计算公式为省级审核通过时间减去资助申请时间。通过对全国儿童救助信息系统中湖南省“明天计划”申请和审核通过时间的计算，初审等待时间平均为19.3天，最短的为3天，最长的为105天。这说明在初审过程中，从申请到审核基本是在一个月之内就能处理。

三是机构工作人员评价。在每个福利院都分配了“明天计划”负责人和儿童照顾人员，课题组对10家福利院和57位儿童照顾人员进行问卷调查。调查显示，社会福利机构“明天计划”负责人对申请程序、批准程序和等待时间满意度较高，90%的社会福利机构负责人持满意评价态度（见表 8—11）。社会福利机构儿童照顾人员对于“明天计划”的申请程序、批准程序和等待时间满意度较高，九成左右的人员满意。

表 8—11 福利机构工作人员对明天计划管理过程评价

	社会福利机构“明天计划”负责人（10 位）					社会福利机构儿童照顾人员（57 位）				
	很满意	较满意	一般	较不满意	不满意	很满意	较满意	一般	较不满意	不满意
申请程序	80.0%	10.0%	10.0%	无	无	53.06%	38.8%	8.2%	无	无
批准程序	60.0%	30.0%	无	无	10.0%	51.0%	38.8%	10.2%	无	无
等待时间	60.0%	30.0%	10.0%	无	无	——	——	——	——	——

（二）部门协作评估

“明天计划”管理衔接主要涉及两个部：医院和医疗保险（城镇居民医疗保险和农村居民医疗保险）管理部门。管理衔接采用评价指标为：医疗保险参加与使用比例和医院手术等待时间以及福利机构人员满意度评价。

一是医疗保险参加情况。“明天计划”资助对象主要以 0—3 岁儿童为主，其中 1 岁以下占到 40.7%。医疗保险针对新生婴儿采取的两种处理办法：第一，为新生婴儿设置绿色通道。一般规定为：如果新生婴儿在出生三个月内办理医保卡的，享受医保待遇就从出生之日开始算起。超过三个月不到一岁办理的，从办理次月开始享受医保待遇。超过一岁才办理的，于次年 1 月 1 日享受医保待遇。第二，参照居民医疗保险参保程序。新生婴儿办理医保手续需提交户口本以及复印件。我国医疗保险参保及管理主要以家庭为单位。而针对社会福利机构的弃婴，新生婴儿医保绿色通道参保政策不适用。这主要是由于弃婴办理入园的程序一般至少需要三个月时间。社会福利机构收到弃婴首先需要向公安部门报案，对于弃婴，公安机关一律采集打拐解救儿童血样，检验后录入全国打拐 DNA 信息库比对，寻找儿童的生父母。公安机关经查找，1 个月内未找到儿童生父母或其他监护人的，应当为社会福利机构或者救助保护机构出具暂时未查找到生父母或其他监护人的证明。儿童福利机构发布寻亲公告期满（一般是 60 天）后，仍查找不到生父母和其他监护人的，经属地民政部门审批后，办理正式进入儿童福利机构的手续。按照此程序，最快需要三个月才能办理弃婴正式进入儿童福利机构手续。除此之外，程序还受到经费的限制。这方面问题比较突出的是常德社会福利院，该院创立了安全岛制度，平均一年基本上有 20—30 名弃婴。在办理弃婴血样采集工作时，当地公安部门要求福利机构承担采集费用，据常德市福利院院长介绍在院的有将近 200 名弃婴需要进行采集，发生费用为每人 2000 元左右，福利院需要承担的采集费用合计为 40 多万元。由于常德市社会福利院难以承担巨额的采集费，导致该院半数儿童没有参加医疗保险。对 10 家福利院医保参加情况的调查发现，有 5 家所在地没有设置孤残儿童参保绿色通道，有 4 家在公示期不能参加医保，有 7 家在未上户之前不能参保（见表 8—12）。

表 8—12 部分福利机构孤残儿童医保参与政策规定

	公示期能否参加医保	未上户能否参加医保	是否有绿色通道
涟源市社会福利院	不能	不能	没有
郴州市社会福利院	能	能	没有
怀化市社会福利院	不能	不能	没有
株洲市儿童福利院	不能	不能	没有
平江县社会福利院	能	不能	有

（续表）

	公示期能否参加医保	未上户能否参加医保	是否有绿色通道
岳阳市儿童福利院	能	不能	有
新化县儿童福利院	不能	不能	有
长沙市第一福利院	能	能	有
娄底市社会福利院	能	不能	没有
岳阳市云溪区社会福利院	能	能	有

由于我国医保政策主要是以家庭为单位进行管理，这就影响了部分孤残儿童正常参加医保。调查显示，在福利机构中还有部分儿童不能参加医保，郴州、株洲和涟源市未参保人数较多（见表8—13）。

表8—13　湖南10家福利机构孤残儿童参保情况

	总人数	参加医保人数	没有参加医保人数
涟源市社会福利院	96	84	12
郴州市社会福利院	110	87	23
怀化市社会福利院	128	128	0
株洲市儿童福利院	285	274	11
平江县社会福利院	88	88	0
岳阳市儿童福利院	117	117	0
新化县儿童福利院	57	53	4
长沙市第一福利院	478	471	7
娄底市社会福利院	280	280	0
岳阳市云溪区社会福利院	13	13	0

二是“明天计划”中医疗保险使用情况。“明天计划”中使用医疗保险较少，在收集的747个案例中，只有23例使用了医保，占比为3.0%。“明天计划”报销中使用过医保报销的孤残儿童集中在2015年，2015年手术康复总资助人数为191人，使用医保报销人数占比为12.4%。医疗保险报销费用中最大值为20037.46元，最小值为307.37元，平均值为4808.33元（见表8—14）。

表8—14　湖南省孤残儿童医保报销情况（2015年）

	样本量	最小值（元）	最大值（元）	平均值（元）	标准差（元）
手术康复住院收费（基本医疗保险）	23	307.37	20037.46	4808.33	4420.54

三是医疗手术等待时间。调查显示，湖南省定点的几家医院普遍存在床位紧张和手术安排难的问题。省民政厅制订的《湖南省“明天计划”定点医院实施办法》要求定点医院为孤残儿童开设绿色通道。通过对2010—2015年的手术康复孤残儿童医疗手术等待时间调查可以得出如下结论：①医疗手术等待时间平均为10.95天，最长85天。②六成以上医疗手术等待时间为0—9天，其中0—3天比例为30.4%，4—6天比例为19.1%，7—9天比例为12.8%（见表8—15）。

表8—15　湖南省孤残儿童手术等待时间（2010—2015年）

	频数	百分比（%）	有效百分比（%）	累计百分比（%）
0—3天	121	15.4	30.4	30.4
4—6天	76	9.7	19.1	49.5
7—9天	51	6.5	12.8	62.3
10—12天	38	4.8	9.5	71.9
13—15天	32	4.1	8.0	79.9
16天以上	80	10.1	20.1	100.0

（续表）

	频数	百分比（%）	有效百分比（%）	累计百分比（%）
合计	398	50.6	100.0	
缺失	388	49.4		
总计	786	100.0		

四是医疗康复服务质量满意度评价。福利机构工作人员对于“明天计划”办联系的定点医院和康复机构质量满意度较高。社会福利机构儿童照顾人员满意度达到九成以上，社会福利机构“明天计划”负责人对医疗服务质量满意度也达到九成（见表8—16）。这说明，“明天计划”的定点医院和定点康复机构的服务质量是比较高的，2010—2015年的定点医院基本上是湖南省或者当地最好的医院。

表8—16 福利机构工作人员对医疗和康复服务质量评价

	社会福利机构“明天计划”负责人（10位）					社会福利机构儿童照顾人员（57位）				
	很满意	较满意	一般	较不满意	不满意	很满意	较满意	一般	较不满意	不满意
医疗服务	70.0%	20.0%	无	无	10.0%	65.3%	32.7%	2.0%	无	无
康复服务	60.0%	40.0%	无	无	无	65.3%	34.7%	无	无	无

（三）可及性评估

可及性包括经济可及性、资格可及性、信息可及性和地理可及性。“明天计划”针对福利机构中的孤残儿童手术资助，资助经费基本上包括所有的手术康复费用，在经济和资格可及性方面较好。信息可及性主要测量福利机构或者监护人是否知晓，地理可及性主要测量各福利机构与定点医疗机构距离对于孤残儿童接受手术康复的影响。

一是信息可及性分析。“明天计划”实施10多年来，无论是民政部还是湖南省民政厅都加大对计划的宣传。湖南省在2015年纳入拓展试点以后，更是加大对“明天计划”的宣传。对社会福利机构“明天计划”负责人调查显示，社会福利机构了解渠道依次是收养中心网站（90.0%）、同行交流（80.0%）、政府通知（60.0%）、媒体报道（30.0%）以及公益广告（10.0%）。从社会福利机构“明天计划”负责人反馈效果来看，收养中心网站效果较好，其次是同行交流。

表8—17　社会福利机构“明天计划”负责人了解渠道

		应答		样本百分比(%)
		样本量	百分比(%)	
了解渠道	媒体报道	3	10.7	30.0
	公益广告	1	3.6	10.0
	政府通知	6	21.4	60.0
	收养中心网站	9	32.1	90.0
	同行交流	8	28.6	80.0
	其他	1	3.6	10.0
合计		28	100.0	280.0

二是空间可及性分析。医疗服务可及性主要指地理和时间上的可及性，即居民到达最近医疗服务机构的距离以及需要的时间。世界卫生组织（WHO）曾将医疗服务可及性定义为：居民为了实现最基本的医疗卫生服务需求，到达初级医疗卫生服务机构的空间便捷性程度。美国医学研究所（IOM）对可及性的定义是及时有效的个人医疗卫生服务可利用以获得尽可能好的健康结果。孤残儿童的手术比较复杂，一般需要到湖南省长沙市湘雅医院、湖南省儿童医院以及湖南省人民医院才有相应的设备和医生。因此，要获得有效的医疗服务就需要到省会长沙市。各地福利院与长沙市的距离就会影响医疗服务享受的便捷性。根据

2010—2015 年分析数据可知，“明天计划”资助对象分布在湖南省 53 家福利院，基本上覆盖了湖南省福利院。排在前几位的分别为：衡阳市社会福利院（72 位）、长沙市第一福利院（69 位）、涟源市社会福利院（60 位）、株洲市社会福利院（46 位），这些福利院均离长沙比较近或者交通较便捷。

为了进一步分析福利机构资助手术例次与空间距离的关系，以福利机构资助手术例次为纵坐标，福利机构离湖南省收养中心距离作为横坐标，制作了散点图见图 8—1。从散点图的线性拟合线和线性估计方程可知，福利机构离湖南省收养中心距离越远，其资助的手术例次就越少。这说明空间距离在一定程度上影响福利机构孤残儿童资助数量。

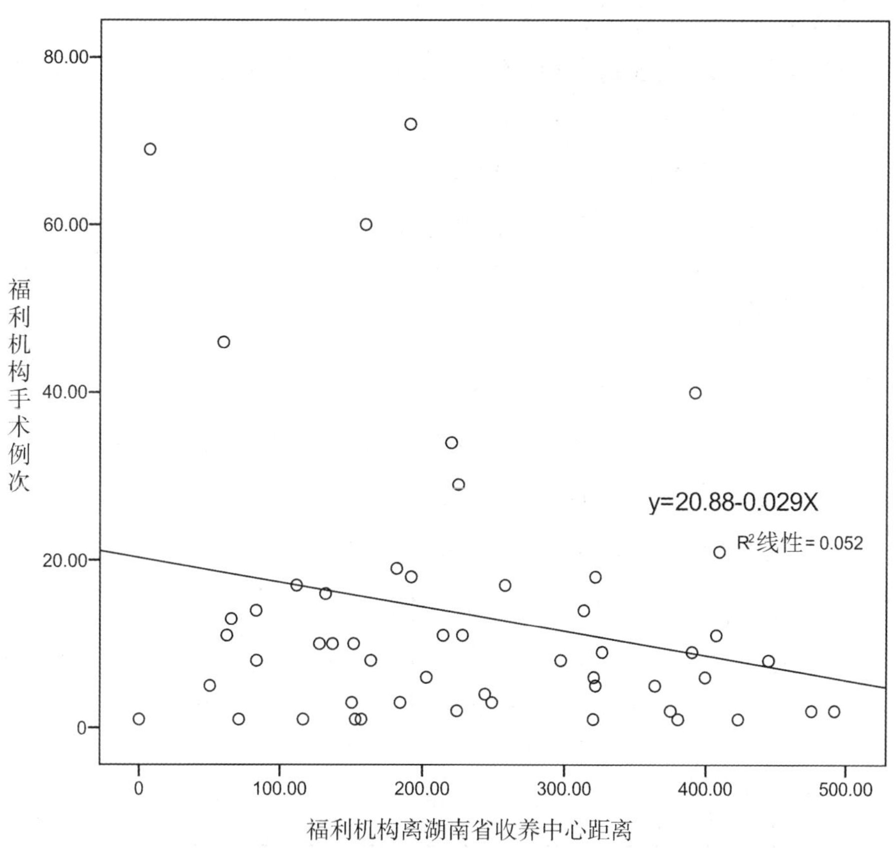

图 8—1 福利机构手术例次与福利机构离湖南省收养中心距离散点图

（四）经费控制评估

“明天计划”实施涉及手术康复经费的控制。湖南省“明天计划”的经费报销和经费使用方面都发生了变化。2015年之前，经费报销采取包干制，以民政部提供手术经费包干报销为准。2015年后实行按项目报销的做法。在病种上，2015年之前主要限于手术，2015年后湖南省试点方案规定不限病种。病种和报销方式变化，实际上增加了经费控制的难度。项目支付以及不限病种对于省级“明天计划”管理机构的专业性要求较高。为有效控制医疗经费，湖南省“明天计划”办聘请了一位专业医生，负责经费使用审查和督查。由于“明天计划”基本采取经费全包的方式，这就使得一方面福利机构没有动力控制经费；另一方面医院也存在过度医疗现象。经费控制主要从社会福利机构评价和病种医疗费用两个方面进行分析。

一是医疗费用透明度、使用效率和投入满意度评价。调查显示，九成左右社会福利机构工作人员对于医疗费用使用满意。90%的社会福利机构工作人员对于经费透明、使用效率和经费投入满意。85.7%的社会福利机构工作人员对于经费透明满意，87.7%的对于经费使用效率满意，91.9%的对于经费投入满意（见表8—18）。

表8—18　福利机构工作人员对医疗费用使用评价

	社会福利机构“明天计划”负责人(10位)					社会福利机构儿童照顾人员(57位)				
	很满意	较满意	一般	较不满意	不满意	很满意	较满意	一般	较不满意	不满意
经费透明	70.0%	20.0%	无	无	10.0%	59.2%	26.5%	14.3%	无	无
使用效率	70.0%	20.0%	无	无	10.0%	61.2%	26.5%	12.2%	无	无
经费投入	80.0%	10.0%	无	无	10.0%	53.1%	38.8%	8.2%	无	无

二是医疗费用控制效果分析。2010—2015 年，湖南省“明天计划”资助基本上可以分为两类：项目包干和按项目支付。2015 年“明天计划”所有的资助项目都是采取项目包干的形式，如假肢康复中心器材的标准定价、康复中心康复周期包干以及手术报销标准定价。假肢和康复中心的标准定价是完全按照标准进行的。手术项目标准定价与孤残儿童实际手术复杂性难以匹配。2015 年之后，手术报销经费采取按项目支付的方式。无论包干制，还是按项目支付，现有的“明天计划”办的技术力量都是难以控制的。以项目的主要手术为主，对资助对象手术中有两次及以上相同主要手术归为一类，课题组总共归纳了 74 类，还有 200 类手术是没有重合的。对于 74 种手术经费的标准差进行分析，结果显示：① 复杂先天型先心病类手术经费标准差值最大，为 92499. 87 元；急性支气管肺炎 + 先天性心脏病 + 重度营养不良类型手术经费标准差最小，为 0 元。② 标准差的平均值为 13473. 59 元，这说明总体上手术经费控制是不理想的。③ 常规性疾病治疗费用标准差较大。2015 年后，很多常规性疾病治疗经费也纳入资助范围，由于缺少有效的介入手段，常规性疾病治疗报销经费控制也不理想，如中耳炎、肺炎、手足口病等疾病的标准差也较大。

表 8—19 不同类型手术经费描述分析（单位：元）

手术类型	样本量	最小值	最大值	均值	标准差
蛛网	2	10580. 88	24727. 48	17654. 18	10003. 16
肺炎	13	7696. 71	37658. 57	18794. 39	9429. 85
中耳炎	2	4185. 93	9133. 76	6659. 85	3498. 64
直肠狭窄扩张术 + 直肠后间隙切开术 + 肛门形成术	6	29225. 38	30000. 00	29742. 22	399. 36
右室双出口矫治术	2	84589. 75	160079. 08	122334. 42	53379. 02

（续表）

手术类型	样本量	最小值	最大值	均值	标准差
右股骨骨折术	2	4906.50	10733.12	7819.81	4120.04
选择性脊神经后根切断术	15	15000.00	26000.00	16389.84	2907.65
新生儿肺炎	7	12936.53	56470.26	22724.89	15230.90
新生儿脐炎+宫内感染+肝肾功能异常	2	12279.39	18889.70	15584.55	4674.20
心导管检查术	2	18922.77	47201.78	33062.28	19996.28
先心病	7	18416.06	97780.95	43769.49	28614.22
先天性马蹄内翻足松解术	11	15000.00	66565.44	33997.32	19953.87
先天性髋关节脱位切开复位骨盆术	4	26008.53	65204.78	49930.54	16797.66
先天性巨结肠	5	10415.56	92861.66	34556.52	34004.10
胃肠造瘘术	3	15000.00	93744.48	52322.60	39531.97
头皮肿物切除术	4	12058.68	14578.63	13091.18	1210.68
体外循环	6	30000.00	91000.90	58686.08	23013.03
双侧完全唇裂修复术	8	9000.00	18712.46	11758.45	3053.26
手足口病	8	9328.43	14349.28	10933.45	1783.84
室间隔缺损	5	5870.32	50586.61	28911.00	19753.49
石膏拆除术+固定	2	2514.94	4040.52	3277.73	1078.75
十二指肠闭锁切除术	2	32657.16	35522.30	34089.73	2025.96
上呼吸道感染	2	13069.33	14752.40	13910.87	1190.11
全麻下行心导管检查术	2	9367.50	11160.03	10263.77	1267.51
气管插管术	7	4627.81	35620.11	22386.84	10727.51
尿道下裂	6	3754.25	20000.00	16150.39	6369.35
脑瘫手术	10	4650.07	46000.00	24667.51	11784.49

（续表）

手术类型	样本量	最小值	最大值	均值	标准差
脑脊膜膨出修复术	3	30092. 34	52611. 72	41809. 61	11287. 55
脑积水	3	5411. 53	26000. 00	18803. 84	11608. 86
面部激光治疗	2	9479. 76	11150. 47	10315. 12	1181. 37
脉冲激光治疗	2	6429. 81	7554. 83	6992. 32	795. 51
马蹄内翻足松解术	5	16068. 10	63730. 17	34448. 67	19206. 04
颅内感染	4	1420. 15	65531. 91	22966. 22	28979. 45
眶内肿物摘除术	2	15729. 48	56645. 57	36187. 53	28932. 04
髋关节脱位	4	37893. 00	52971. 12	44933. 02	6797. 04
巨结肠	3	38020. 18	66689. 21	52297. 72	14334. 85
经皮选择性动脉造影术	2	10928. 50	29739. 91	20334. 21	13301. 68
结膜囊成形术	2	20000. 00	22556. 80	21278. 40	1807. 93
结肠造瘘术	14	6822. 97	55452. 50	26807. 70	15161. 76
脊髓内病变切除术	2	31104. 09	33938. 82	32521. 46	2004. 46
脊髓和神经根粘连松解术	4	22550. 06	74427. 52	39459. 09	23881. 77
脊神经后根切断术（SPR）	2	11238. 65	14694. 81	12966. 73	2443. 87
急性支气管肺炎 + 先大性心脏病 + 重度营养不良	2	30000. 00	30000. 00	30000. 00	0. 00
肌力肌张力调整术	21	7157. 11	78369. 72	12483. 43	15397. 04
喉部血管瘤	2	20000. 00	20000. 00	20000. 00	0. 00
横结肠造瘘术	7	11812. 97	35107. 31	21559. 84	8848. 91
海绵状血管瘤	2	8685. 80	20000. 00	14342. 90	8000. 35
骨折内固定装置取出术	9	8000. 00	118099. 61	42456. 43	42155. 18
骨髓外露修补术	2	15000. 00	19866. 40	17433. 20	3441. 06
骨骼肌软组织肿瘤切除术	3	3726. 70	17574. 13	11985. 68	7299. 77

（续表）

手术类型	样本量	最小值	最大值	均值	标准差
股骨、股骨颈、肱骨干骨折手术	7	25430.19	104748.20	65294.27	30348.23
肝炎	2	9815.33	13216.00	11515.67	2404.64
腹股沟疝修补术	20	5700.82	29730.60	13815.77	7402.87
复杂牙拔除术＋拔牙创面搔刮术+牙槽骨修复术	2	6417.38	10724.93	8571.16	3045.90
复杂型先心病	5	21052.46	239227.15	77409.42	92499.87
房缺封堵术	2	22455.30	31710.14	27082.72	6544.16
房间隔缺损修补术	3	40191.65	43737.12	42446.79	1959.78
法四根治术	3	72938.06	128963.43	91613.18	32346.26
耳廓再造术	10	10090.18	24320.96	16262.10	4622.11
腭裂	30	4509.88	15088.67	11236.06	2413.29
多指切除术	3	10172.95	14185.16	12271.36	2012.47
动脉	2	30000.00	73352.60	51676.30	30654.92
电子纤支镜肺泡灌洗诊疗术	2	8022.35	26759.28	17390.82	13249.01
癫痫	5	4410.87	40614.70	13578.49	15377.93
地中海贫血	2	8605.48	30000.00	19302.74	15128.21
单纯乳房切除术	2	5901.42	9710.45	7805.94	2693.39
唇缺损修复术	2	10344.68	13498.63	11921.66	2230.18
唇裂	29	1223.58	16976.91	9653.40	3148.86
唇畸形矫正术	75	3703.44	25332.04	10637.84	3069.23
肠粘连松解术	8	15000.00	60399.03	27794.80	16329.26
肠造瘘还纳术	10	9907.05	74971.83	35546.05	24137.20
侧脑室分流术	13	15593.53	68296.24	39399.64	17414.58
并指（趾）分离术	4	11000.00	76614.04	32675.38	29734.92
闭孔神经内收肌切断术	3	16042.57	66684.29	43590.26	25612.93
其他	200	961.65	458027.50	28874.25	41679.37

注：由于为了归类，所以每类只是主要手术。

四、项目产出与效用评估

（一）项目总产出、效用与收益评估

1. 项目总产出评估

在 2010—2015 年，湖南省“明天计划”取得较大的产出，具体表现在以下几个方面。

一是 2010—2015 年湖南省“明天计划”共资助手术康复 833 人次，共投入经费 2604 万元，辅助器资助 887 人次。手术康复人次除 2013 年外，基本呈逐年递增态势。

表 8—20　湖南省 2010—2015 年“明天计划”资助手术康复人次

年份	手术康复人次	辅助器资助人次
2010	97	—
2011	107	104
2012	108	69
2013	95	109
2014	201	348
2015	225	257
合计	833	887

二是 2010—2015 年湖南省“明天计划”资助对象共做手术 1132 例数，部级定点医院手术 84 例，其中北大附一医院 7 例，东直门医院 7 例，八一儿童医院 71 例；省级定点医院手术 996 例，其中湖南省人民医院 932 例，湖南省儿童医院 52 例，湘雅二医院 12 例；其他市级医院手术 51 例。从手术例数分布来看，手术例数主要分布在省级定点医院。

表 8—21 湖南省 2010—2015 年“明天计划”资助手术例数及医院分布

	医院	手术例数
部级定点医院	北大附一医院	7
	东直门医院	7
	八一儿童医院	71
省级定点医院	湖南省人民医院	932
	湖南省儿童医院	52
	湘雅二医院	12
其他市级医院	郴州市第一人民医院等	51
合计		1132

2. 项目总效用评估

项目总效用主要通过健康效用、日常生活功能和手术预期效果 3 个指标来测量。

（1）健康效用分析

健康效用评价量表采用健康效用指数（HUI3）量表。该量表是当前测量残障儿童健康效用的主要量表，测量指标具有结构上彼此独立的特征。健康效用指数量表分类系统包括视力、听力、语言、移动、手灵活性、情感、认知和疼痛 8 个方面。综合考虑“明天计划”资助孤残儿童数量等因素，课题组选择长沙市第一福利院、常德市社会福利院、株洲市儿童福利院和岳阳市儿童福利院中“明天计划”资助的孤残儿童作为调查对象。孤残儿童基本上不能填写问卷，问卷由经常对孤残儿童进行护理照顾的工作人员填写。为了保障调查数据的真实性和准确性，课题组要求填写问卷的工作人员为负责孤残儿童手术前和手术后照顾的人员。2010—2015 年有些福利院人员变动较大，4 家福利院符合要求的有57位。调查显示，52.8%的孤残儿童经过手术后，健康效用指数都有增加；47.2%的孤残儿童健康效用指数没有变化。健康效用指数增加值的最大值是1.41，均值为0.25。在2010—2015年，“明天计划”资助手术康复残疾孤儿总的健康效用为208.3，成本与效用之比为112194.17，即每增加残疾儿童的健康效用指数1分，需要投入经费112194.17元。

表8—22　“明天计划”资助孤残儿童健康变化状况

	频数	百分比(%)	有效百分比(%)	累计百分比(%)
健康效用没有变化	25	43.9	47.2	47.2
效用增加	28	49.1	52.8	100.0
效用减少	0	0	0	
合计	53	93.0	100.0	
缺失	4	7.0		
总计	57	100.0		

注：健康效用指数得分根据量表计算公式统计获得。

（2）日常生活功能分析

日常生活功能是指人们为了照顾自己的衣、食、住、行，保持个人卫生整洁和进行独立的社区活动所必备的一系列基本能力。福利机构中残疾孤儿的残疾程度比较严重，课题组对于手术康复的孤儿主要是对其日常基本生活能力进行评价，采用的评价量表为通用的Barthe评分表。调查显示，46.2%的“明天计划”资助残疾孤儿日常生活功能得到不同程度增强，51.3%的受资助儿童的日常生活功能没有发生变化，2.6%的受资助儿童的日常生活功能变差（见表8—23）。日常生活功能得分变化值最大值是55分，最小值是-15分，平均值是12.7分。

表 8—23　受资助孤残儿童日常基本功能手术前后变化状况

		频数	百分比(%)	有效百分比(%)	累计百分比(%)
有效	日常生活功能变差	1	1.8	2.6	2.6
	日常生活功能不变	20	35.1	51.3	53.8
	日常生活功能增强	18	31.5	46.2	100.0
	合计	39	68.4	100.0	
缺失		18	31.6		
总计		57	100.0		

（3）手术预期效果分析

手术预期效果的评价主要通过对手术治疗后，残疾孤儿生活学习功能以及安置方式两个指标进行测量。

残疾孤儿生活学习功能评价主要由医院主治医生进行评价，包括六个方面。调查显示，12.2%的残疾孤儿手术后可以与正常儿童一样；23.2%的残疾孤儿手术后，经康复治疗可以像正常儿童一样可以生活学习；13.6%的残疾孤儿手术后经康复治疗可以像正常儿童一样生活；37.9%的残疾孤儿手术后，各方面有所改善，但是还会影响正常生活能力；9.9%的残疾孤儿手术效果不确定；3.2%的残疾孤儿手术失败。总体上，经过手术后，86.9%的残疾孤儿在经合理的康复治疗之后，生活学习功能都会得到不同程度改善。

表8—24 “明天计划”资助孤残儿童手术效果预期

		频数	百分比(%)	有效百分比(%)	累计百分比(%)
有效	手术失败(死亡)	14	1.9	3.2	3.2
	手术效果不确定	43	5.8	9.9	13.1
	与术前相比,各方面有所改善,但是还会影响正常生活能力	165	22.1	37.9	51.0
	经康复治疗可以像正常儿童一样生活	59	7.9	13.6	64.6
	经康复治疗后可以像正常儿童一样生活学习	101	13.5	23.2	87.8
	与正常儿童一样	53	7.2	12.2	100.0
	合计	435	58.2	100.0	
缺失		312	41.8		
总计		747	100.0		

术后残疾孤儿的安置方式主要是由民政部门“明天计划”工作人员根据其专业和经验判断而作出的。调查显示，3.7%的术后残疾孤儿可以被国内收养，42.9%的术后孤残儿童可以被涉外收养，9.9%的术后残疾孤儿可以被家庭寄养；43.5%的术后孤残儿童仍然需要采取福利机构集中供养的方式。从调查数据可知，56.5%的术后残疾孤儿可以被家庭收养和寄养，在很大程度上提升了残疾孤儿的生活质量。

表 8—25　湖南省 2010—2015 年手术康复儿童安置方式评估

		频数	百分比（%）	有效百分比（%）	累计百分比（%）
有效	国内收养	20	2.7	3.7	3.7
	涉外收养	231	30.9	42.9	46.6
	家庭寄养	53	7.1	9.9	56.5
	福利机构集中供养	234	31.3	43.5	100.0
	合计	538	72.0	100.0	
缺失值		209	28.0		
总计		747	100.0		

3. 项目收益评估

术后残疾孤儿的生活自理能力等方面发生积极变化，对于福利院、孤儿自身以及社会都会产生良好效益。湖南省 10 位社会福利院负责人对于“明天计划”的收益评价结果显示：10 位负责人一致认为“残疾孤儿手术康复明天计划”可以提高残疾孤儿被收养和成人后就业的几率；8 位负责人认为可以提高孤儿自我护理能力，有利于减轻护理负担；8 位负责人认为可以降低残疾孤儿的疾病发生率，有利于减少相应医疗负担。

表 8—26　残疾孤儿手术康复收益评价

		应答		样本
		样本量	百分比（%）	百分比（%）
『明天计划』收益	提高孤残儿童自我护理能力，有利于减轻护理负担	8	21.6	80.0
	提高被家庭收养的几率，有利于孤残儿童回归家庭	10	27.0	100.0
	提高儿童以后就业的几率，有利于孤残儿童回归社会	10	27.0	100.0
	降低孤残儿童疾病发生率，有利于减少医疗负担	8	21.6	80.0
	其他	1	2.8	10.0
总计		37	100.0	370.0

（二）不同病种的成本、收益和风险分析

“明天计划”涉及的病种较多，在2010—2015年湖南省“明天计划”资助对象的手术种类有274种。每类手术种类在手术风险、收益和成本方面都存在较大差异。为能识别风险小、收益高和成本低的手术种类，课题组根据“明天计划”档案信息以及医院“明天计划”负责人的访谈，对手术病例进行了分类。

一是高风险手术病种。根据医院统计数据，湖南省“明天计划”资助对象在2010—2015年共有14例手术失败，其中有11例是抢救无效死亡[①]。14例病例中，有4例没有手术名称记录，有2例结肠造瘘术，还有1例是水痘。总共有8类手术属于高风险病例。其中除唇畸形矫正术外，都是涉及心脏、动脉等关键部位（见表8—27）。

表8—27 高风险手术病种

手术名称	手术年龄	手术风险	手术成本（单位:元）	治疗医院
结肠造瘘术	142天	高风险	6822.97	湖南省人民医院
复杂型先心病	3天	高风险	29354.40	湘雅二医院
唇畸形矫正术	31天	高风险	5483.50	湖南省人民医院
侧脑室分流术	320天	高风险	25000.00	湖南省人民医院
心脏电除颤术抢救无效死亡	367天	高风险	7514.44	湖南省人民医院
永存动脉干合并主动脉弓缩窄矫治术＋体外循环术＋开胸探查术	61天	高风险	54802.19	湖南省人民医院

① 有些“明天计划”资助儿童是出院后死亡的，但因缺乏跟踪，无法获得相应数据，所以统计仅限于医院提供数据。

（续表）

手术名称	手术年龄	手术风险	手术成本（单位：元）	治疗医院
SWITCH 术 + VSD 修补 + PDA 切断缝合 + 主动脉根部成形术	83 天	高风险	45207.15	湘雅二医院
BT 分离术+肺动脉带缩术	124 天	高风险	100330.10	湖南省人民医院

二是高收益病种。高收益病种是根据医院预期效果进行统计的，手术后残疾孤儿能获得与正常儿童一样的生活学习能力。湖南省 2010—2015 年病例中总共有 53 位残疾孤儿是术后和正常儿童一样的。对这些病例进行分析，可以发现唇部、腹股、眼部、耳朵等部位的手术具有较高的收益。同时，高收益与高风险有时是相联系的，一些心脏等疾病虽然具有高风险性，而一旦手术成功，也具有高收益（见表 8—28）。

表 8—28　高收益病种

手术名称	手术收益	手术成本（单位：元）	备注
直肠狭窄扩张术 + 直肠后间隙切开术 + 肛门成形术	高	30000.00	
先天性先脏病 + 新生儿支气管肺炎	高	30000.00	
体外循环	高	59632.50	均值
双侧完全唇裂修复术 + 游离皮片移植术	高	12286.30	
室间隔缺损直视修补术	高	30232.37	
脑脊膜膨出修复术	高	30092.34	
马蹄内翻足松解术 + 石膏固定术	高	23941.79	
结肠造瘘术 + 肛门成形术	高	55452.50	高风险
横结肠造瘘还纳术	高	15039.89	
海绵状血管瘤切除 + 瘢痕畸形矫正术 + 任意皮瓣形成术	高	20000.00	

（续表）

手术名称	手术收益	手术成本（单位:元）	备注
腹股沟疝修补术	高	5270.39	
腭裂兰氏修复术	高	15000.00	
多指切除术＋手部关节松解术＋任意皮瓣形成术＋筋膜组织瓣成形术	高	12455.98	
单纯乳房切除术	高	5901.42	
唇裂	高	11915.52	均值
唇畸形矫正术	高	10581.49	均值
肠造瘘还纳术＋肛门成形术	高	67217.78	均值
ROUX-Y 肠吻合术＋胆囊切除术＋胆总管囊肿切除胆道成形术＋各部位多头带包扎术	高	16660.31	
右侧腹股沟疝气、左侧隐睾	高	8803.81	
面横裂修复术＋带真皮血管游离皮片切取术	高	11162.73	
口腔颌面部小肿物切除术	高	25170.58	
输尿管切开取石术＋输尿管内 DJ 管内置术	高	24303.46	
经输尿管管镜支架置入或取出术	高	6086.85	
膀胱切开取石术＋膀胱造瘘术	高	50000.00	
体外循环＋房间隔缺损修补术	高	30000.00	
扁桃体切除术	高	6564.56	
双眼晶体摘除术＋人工晶体植入术	高	15838.87	
右眼睑表皮肿物	高	5725.50	
右侧精索鞘膜高位结扎术	高	8484.53	
骶尾部术后切口线头反应	高	6036.10	
主动脉弓扩大重建术＋stansle 术＋bts 术	高	65864.52	

（续表）

手术名称	手术收益	手术成本（单位：元）	备注
枕部肿块切除术	高	18686.45	
内外眦成形术＋筋膜组织瓣形成术	高	12000.00	
耳息肉摘除术＋单侧完全唇裂修复术	高	11006.87	
阴道良性肿物切除术	高	7209.80	

三是高成本病种。高成本病种是指手术经费在 10 万元及以上的病种。对湖南省 2010—2015 年的病例分析，有 15 种手术成本在 10 万元以上，这 15 种手术病种普遍收益不高，只有 1 例是收益较好的（见表 8—29）。

表 8—29　高成本病种

手术病种	手术成本（单位：元）	手术收益
造血干细胞移植手术	458027.5	比较低
再生障碍性贫血	148621.7	—
右室双出口矫治术	160079.1	一般
新生儿遗传代谢疾病、左室腱索、三尖瓣返流	102615.8	低
三房心矫正术	163276.1	—
脊柱侧弯矫正术	114995.1	—
骨折内固定装置取出术＋桡骨延长术＋多指切除术＋指关节成形术＋骨折外固定架固定术	118099.6	比较低
骨髓炎切开引流灌洗术＋手法牵引复位术＋慢性溃疡修复术	146439.6	一般
股骨颈骨折切开复位内固定术	101985.4	比较低

（续表）

手术病种	手术成本（单位：元）	手术收益
股骨干骨折切开复位内固定术	104748.2	比较低
复杂型先心病	239227.2	低
房室瓣置换、奇静脉结扎术	127576.0	—
法四根治术	128963.4	—
DORV 根治术 + ASD 修补术	123007.6	较好
BT 分离术 + 肺动脉带缩术	100330.1	—

五、评估结论与建议

（一）结论

通过采用逻辑框架法对湖南省“明天计划”实施成效评估，得出结论如下。

一是项目投入方面。近几年，湖南省加大了经费投入和资助力度，经费投入呈逐年递增态势，经费支出项目呈多元化趋势；人力投入方面受到编制和工资等多方面因素影响，福利机构工作人员配置不太合理。福利机构工作人员照顾比例偏高，康复师、社工以及特教师等专业化人才占福利机构工作人员比例偏低；湖南省“明天计划”的制度规范、标准化流程和定点医院管理方面等都进行了制度方面的探索，有些已经形成比较规范的文件并实施。

二是管理过程评估。① 明天计划审批效率较高。以“儿童医疗救助子系统”为平台，简化申请程序，为“明天计划”的申请提供了便利。申请平台中的申请材料和流程说明清晰，审批及时，福利机构工作人员普遍对申请和审批程序满意。② 部分孤残儿童因政策等因素限制不能参加医疗保险。医疗保险的参加和使用方面还不够完善，有些地方没有为福利院儿童设置绿色通道，部分残疾孤儿没有参加医疗保险；“明天计划”资助残疾孤儿中使用医疗保险报销的比例偏低。医院的衔接管理较好，通过设立定点医院、建立绿色通道等方式为残疾孤儿提供了较为及时的手术康复治疗。③ 空间可及性在一定程度上影响了孤残儿童享受“明天计划”的机会。医疗资源分布集中在省会长沙，空间距离在一定程度上影响了部分孤残儿童享受“明天计划”资助的机会。④“明天计划”手术经费控制无论采取包干制还是按项目付费的方式，都在一定程度上存在控制失灵，部分手术存在过度医疗现象。这一方面与医疗费用本身控制难有关，另一方面也与“明天计划”项目经费安排有关。

三是项目产出与效用评估。① 项目产出较高，成效总体显著。与手术前相比，半数以上的残疾孤儿健康效用指数都有不同程度提高；近五成的残疾孤儿日常生活功能得到不同程度增强；八成残疾孤儿在经合理的康复治疗之后，生活学习功能得到了不同程度改善；超过五成的术后残疾孤儿被家庭收养和寄养；八成以上的福利机构负责人认为，术后残疾孤儿的生活自理能力等方面发生了积极变化。② 手术类型的风险、收益和成本差异性较大。心脏、动脉等关键部位的手术风险较高；唇部、腹股、眼部、耳朵等部位的手术具有较高的收益；成本高的手术，收益普遍偏低。

总体上“残疾孤儿手术康复明天计划”是一项为残疾孤儿谋福祉，且成效显著的医疗救助项目，但在实施过程中，也还存在一些亟待改进的地方。

一是重手术治疗，轻康复护理。调查结果发现，医院的预期治疗效果与福利院的实际效果存在一定差距。这与缺乏比较合理的康复护理是相关的。无论在医院治疗期间，还是出院后，术后的机构残疾孤儿的护理一般是由保育员承担。福利院的保育员一方面年龄偏大，另一方面缺乏专业护理知识，使部分残疾孤儿由于护理不当而导致手术治疗效果不甚理想。

二是重治疗过程，轻跟踪管理。残疾孤儿手术跟踪管理是保障手术治疗效果的基本措施。从实际调查情况来看，无论医院还是管理机构都缺乏对术后儿童的跟踪管理。在全国儿童福利信息系统的“儿童医疗救助子系统”中，虽然有跟踪管理的设置，但是并没有实际运行起来。福利院的负责人对于民政部门的跟踪管理满意度不高。

三是重经费投入，轻成效评估。各级部门对于“明天计划”的经费投入比较重视，但是对如何使经费达到效益最大化的重视程度明显不够。首先，体现在手术前的评估筛查细则规定不详。虽然会组织相关专家对残疾孤儿的手术进行筛查，但是缺乏对于手术项目安排顺序及评估的具体实施细则。其次，在手术治疗过程中对手术治疗医院安排的规则不完善。残疾孤儿的手术复杂程度非常高，一般应根据手术治疗的难度匹配最佳的治疗医院和方案。但是由于定点医院的有限性，以及由于缺乏对于医院安排的具体规定，部分儿童手术治疗安排还存在一定程度的随意性。比如2015年之前，湖南省定点医院只有湖南省人民医院，基本上重大的手术都安排在该院，这就导致有些残疾孤儿不能得到最佳的治疗技术和方案。同时，术后对治疗效果的评价也较缺乏。

四是重对象拓展，轻风险控制。湖南省作为“明天计划”拓展试点省份之一，在2015年已经将部分散居孤儿纳入“明天计划”，目前湖南省正在尝试将“明天计划”拓展至社会困境儿童。在拓展过程中实际上应该考虑两种风险：财务风险和医疗风险。财务风险表现在扩展后现有经费是否能承受得起。对象的拓展会不会影响到对福利机构残疾孤儿手术康复救助的投入。医疗风险是在治疗过程中出现手术失败，或医疗事故的风险。社会困境儿童不同于福利机构收养的孤残儿童，手术失败容易引起监护人与医院或者与民政部门的纠纷和冲突。对于这些风险，现有的拓展试点方案还缺乏有效的制度安排。

五是重流程，轻问责。现有“明天计划”的管理流程是比较清晰的，但是问责制度还有待进一步完善。一方面权威评审机构比较缺乏。湖南省2010—2015年有14例手术失败案例。对于这种手术失败案例，现有制度缺乏比较透明和有公信力的交代。另一方面问责的依据性还不足。现有规范性文件缺少对“明天计划”的流程各个环节的责任划分，导致问责缺乏相应的依据。

（二）建议

“残疾孤儿手术康复明天计划”的成效不仅取决于经费的投入，而且还取决于残疾孤儿在整个治疗康复过程中享受的专业性治疗与服务。为进一步提升残疾孤儿手术康复实施成效，建议从以下几个方面进一步完善。

1. 创新理念

应不断进行观念的转变和创新，从粗放型管理向精细化转变，使为残疾孤儿提供优质服务成为参与计划的相关部门的共同行动。

一是树立“以残疾孤儿为中心”的服务理念。“以残疾孤儿为中心”就是要一切从残疾孤儿的长远利益和根本利益出发，一方面要为残疾孤儿提供就医环节最少、诊疗时间最短、医疗费用最低、服务质量最优、康复效果最佳的手术康复服务；另一方面要建立起保护残疾孤儿权益的基本制度，让残疾孤儿对于手术有充分的知情同意、隐私保护、治疗计划选择以及维护生命，享受公正医疗的权利。杜绝在残疾孤儿身上开展治疗效果尚不明确或者治疗技术尚不成熟的各种医学实验。凡是出现孤残儿童因“明天计划”资助而手术失败或者死亡的，都应组建独立的第三方评审机构对事故进行全方位评估，对于存在失责或者过失行为导致的手术医疗或者护理事故，应根据相关法律严肃问责。

二是树立“资金效益最大化”的理念。虽然“残疾孤儿手术康复明天计划”经费投入处于递增态势，但是面对众多的残疾孤儿，经费整体上还是有限的。资源的稀缺性要求“明天计划”管理要树立资金效益最大化的理念。在手术病种选择上，应优先选择成本相对较低、收益相对较高的病种。尤其是在向困境儿童或者散居孤儿拓展的过程中，应优先成本低、收益高和风险小的病种。在医院的选择上，应综合各方面的因素，根据残疾孤儿病情选择最佳的治疗医院和治疗方案。在手术治疗过程中，术前应加强残疾孤儿的营养，提高其抵抗力；术中和术后，应引进专业性护理和康复服务，使手术效果得到巩固。

2. 实化措施

“实化措施”就是要务实，切实抓好措施落实。“残疾孤儿康复明天计划”的实施，要求管理流程实在、服务人员的专业素质扎实和经费控制有效。

一是实现流程的程序化。加强审批流程的程序化，进一步利用电子信息技术简化审批程序。加强手术治疗的程序化，科学、合理安排残疾孤儿的就诊过程，设计适应残疾孤儿就医需求的服务模式，在定点医院设置绿色通道，简化残疾孤儿的就诊流程，减少残疾孤儿非医疗等待时间。完善管理过程的流程化，建立一个集计划、实施、监督、跟踪和反馈于一体的完整管理流程，组建跨医院的儿童医疗专家委员会，由术前筛查拓展至术后复查、医疗回访，由单一经济资助拓展至医疗社工、心理疏导服务，招募社会爱心家庭开展亲情陪护、结对帮扶等。

二是提升服务的专业化。一方面加强福利机构相关工作人员的专业化水平培训，增强服务能力；另一方面通过购买社会服务方式，加强手术和康复期间的护理专业化。购买服务的方式包括购买专业医务服务，也包括购买康复服务、专业社会工作服务。

三是增强经费控制的有效性。充分利用各省“明天计划”手术康复大数据资料，科学测算各项手术的平均经费，以平均经费为参考，制定“明天计划”手术康复经费资助标准目录。发挥医疗保险的“守门人”作用，支持所有残疾孤儿参加城乡居民基本医疗保险、大病医疗保险，对发生的各种合规医疗费用由保险报销之后，对于数额较大的手术经费支出进行救助，利用好医疗保险费用控制机制。进一步完善“全国儿童医疗救助系统”，使之成为“明天计划”申请与管理的电子化平台和开展绩效评估的平台。

3. 完善制度

“明天计划”管理制度的制定，目的是用于规范定点医院、福利机构以及其他社会主体行为，保证各项工作的质量和安全。

一是加强针对福利院管理的制度建设。完善“明天计划”实施细则，督促福利院积极地为其院内的残疾孤儿申请“明天计划”资助，解决福利院申请“明天计划”发生的必要工作经费，支持院内孤儿参加医疗保险制度，完善儿童福利护理员培训制度，建立术后孤残儿童康复护理服务标准和服务机制。

二是加强对定点医院的管理。明确定点医院的设立标准，推进医疗网络合理布局。对定点医院的遴选应引入竞争机制，制定手术治疗服务综合效果评估机制，对定点医疗机构绿色通道的设立、住院服务以及医疗费用控制等方面加强管理，还要强化对定点医疗机构的监督和评估。

三是强化资源整合和政策衔接。整合民政系统内部的医疗救助、孤儿生活费、残疾人护理补贴、社工多种救助服务资源，使“明天计划”成为针对孤残儿童手术康复救助的一项综合性救助服务项目。以公益慈善为载体，引导社会力量广泛参与，推动“明天计划”与基本医疗保险、大病保险、医疗救助和慈善捐助的有机衔接。通过购买服务、委托等方式吸引专业医疗机构和社会资源参与残疾孤儿的手术康复治疗和服务，提升康复服务专业化水平。

四是健全完善残疾孤儿收养制度。从残疾孤儿融入社会来看，国内收养更有利于残疾孤儿融入社会。当前我国福利制度不断完善，反家庭暴力法颁布实施，国家调整了人口政策，同时部分家庭有收养意愿，但是收养条件过于严格，时代的发展亟须对现行的孤儿收养制度进行改革和完善。要适应人口政策调整和人口出生率的变化，适时启动收养法的修订和相关配套性法规政策的制定工作，从法制上更好地促进残疾孤儿融入社会。

第九篇 儿童福利机构服务状况与转型发展研究报告

【摘　要】 10多年来，随着我国经济社会全面发展，民政部积极联合相关部门为满足特殊儿童需求，相继出台了一系列具有现实针对性的政策措施，为儿童福利机构提出了新要求、作出了新指引。本项目通过系统评估发现，近年我国儿童福利机构服务人员素养全面提升，儿童服务更加规范有效，服务基础和条件进一步巩固增强。可以说，围绕国家政策要求，在政府、社会工作服务机构以及社会各方面共同努力下，新时期我国儿童福利机构建设取得较大成就，儿童福利服务事业有了全面长足发展。

本课题立足当前我国儿童福利机构的现状和发展趋势，通过梳理儿童福利现行政策，结合儿童福利机构的实际，提出两大维度的政策建议。一方面，宏观支持政策层面率先实现转型，包括转变儿童福利理念与模式，明确儿童福利原则与目标，系统谋划儿童福利机构发展，以及健全儿童福利服务体制机制四大举措。另一方面，儿童福利机构层面积极实施转型，主要包括4点：一是以人员增量提质为前提；二是以政府发挥兜底责任为基础；三是以“一院五平台”建设为抓手；四是以儿童福利制度建设为保障。本课题希冀通过系列政策设想，把握好儿童福利机构今后转型发展的社会化、专业化方向，进一步促进特殊儿童福祉的长效提升。

【关键词】 儿童福利机构　转型发展　服务评估

一、研究框架

（一）评估的背景与目标

1. 评估的背景

儿童是祖国的未来，孤残儿童更是社会上最弱小的群体，因此保护、养育孤残儿童成为政府和社会的基本责任。我国有专门的儿童福利机构开展困境儿童福利服务，在中华人民共和国成立后的很长一段时间里，主要面向找不到抚养人又不适合家庭养育的特殊儿童，或者在生理、智力或精神上存在中重度残障等情况的儿童，实施最基本的养育工作。

改革以来，我国儿童福利服务事业也出现了深刻的转型，已经从“单一且封闭式”转向了“多功能开放式”。具体来说，从 20 世纪 80 年代末开始，受“社会福利社会化”改革影响，我国儿童机构的照顾发生了“三个转变”，即封闭型转向开放型、救济型转向了福利型、单一的“以养为主”转向了“养、治、教与康复并重”。

当前我国的儿童福利机构大多已实施了以养育、保护为基础，综合救治、特殊教育、康复和安置等内容的多元化、复合化的服务模式。其一，养护，旨在为那些无家可归、无依无靠的孤儿提供监护、养育和庇护的服务；其二，救治，主要面向那些因身患难以完全康复的疾病和智残、肢残等重残或因严重疾病而被家庭遗弃的儿童实施医治；其三，教育是对机构内的正常儿童或残疾儿童提供的各类教育服务；其四，康复服务是为那些残疾儿童提供的旨在恢复和发展他们各项功能的专业服务；其五，安置服务是在国家政策框架下为更好地满足特殊儿童的长远发展而通过寄养、领养的方式安置于国内外家庭中生活。

进入21世纪以来，特别是国家实施了“蓝天计划”和“明天计划”等积极的儿童福利政策，我国儿童福利事业取得了巨大的进步。当前我国处在全面深化改革的攻坚阶段，也处在全面建成小康社会的战略决胜阶段，儿童福利事业承担着保护、促进特殊儿童基本权益的使命，也需紧跟经济社会发展形势不断发展，提升孤残儿童根本福祉。

根据社会政策学原理，对当下儿童福利政策进行阶段性评估和总结，是下一步推进现行政策转型发展的根本依据。基于这一专业共识，民政部政策研究中心委托中央财经大学方舒副教授组成项目组，开展《儿童福利机构服务状况评估》研究项目。项目合作双方希冀通过此次评估研究，掌握当前我国儿童福利服务的现状、不足及困难，进而提出合理可行的政策建议。

2. 评估目标

鉴于上述评估研究的背景，此次评估项目的主要目标如下。

第一，梳理我国儿童福利服务政策的发展成果。通过项目组搜集中央、省市、福利院三个层面的政策资料，尽可能详细地掌握北京、天津两地儿童福利院服务开展的相关儿童福利政策；项目组将指派专门研究人员负责建成“儿童福利机构法规政策资料库”，为民政事业决策者、儿童福利服务者及相关研究者等提供丰富的政策参考资料。

第二，掌握儿童福利机构孤残儿童服务状况。通过服务状况评估掌握北京、天津两地儿福院开展孤残儿童服务的相关情况，具体包括服务条件、服务队伍、服务管理、服务实施、服务效果及儿童福利服务中的问题与建议；项目组将设计调查问卷、量表及访谈提纲等测量工具，对上述服务模块进行指标化的测量和评估（具体指标体系请见附件一），从而全方位了解两地儿福院现行服务的现状、成效、不足及困难等。

第三，提升儿童福利机构孤残儿童服务能力。我们希望通过评估，使北京、天津两地儿福院能更加清晰地把握服务状况，同时能明确今后孤残儿童服务的发展方向和工作着力点，进而我们将在评估结论中提出一系列针对性强的政策建议，主要为提升其规划、设计、实施及评估专业服务及项目的服务能力，进而确保能对院内孤残儿童切身福祉的提升产生持续积极的影响。

（二）评估模型与具体方法

1. 评估模型

受民政部政策研究中心的委托，本次评估将主要选取北京、天津两地儿童福利院，针对我国儿童福利（服务）政策开展绩效评估。绩效评估对于掌握服务（或项目）的影响性与实效性非常重要，机构评估又是从整体上把握机构层面服务活动的不二方法，因此从机构层面开展儿童福利政策绩效评估就需要将二者紧密结合起来。因此，本项目计划将绩效评估与机构评估结合起来，实施一种综合多方参与评估模式。

按照政策评估的一般要求，机构层面的政策绩效评估主要的实施原则是“结果导向”，而儿童福利机构服务状况评估的聚焦点在“儿童福利服务”上，这就是说此次评估项目主要的任务是“儿童福利服务的结果导向评估”。然而，若只是单纯地从“服务结果”的维度设计评量指标又未免太多偏狭，国内外有关评估的理论和实践也越来越转向较宏观的评估理论框架，主张从机构内外、结果的投入与产出等综合性指标来完成机构层面的绩效评估。

据此我们认为，儿童福利服务是儿童福利机构运用各种资源和条件，以最大限度地满足孤残儿童需求和权益为目标，整合各类专业性队伍实施的一种基本公共服务的过程和体系。从过程论和体系论两个角度来看儿童福利机构服务，就决定了我们此次评估的框架必须从两方面展开。一方面，从过程论角度视之，儿童福利机构的服务过程就是由“服务目标—服务干预—服务结果”这一线索串联起来；另一方面，从体系论角度视之，儿童福利机构的服务干预就是由服务条件（财、物）、服务队伍（人）、服务实施及服务管理4个方面构成。因此，我们的评估框架可见图9—1。

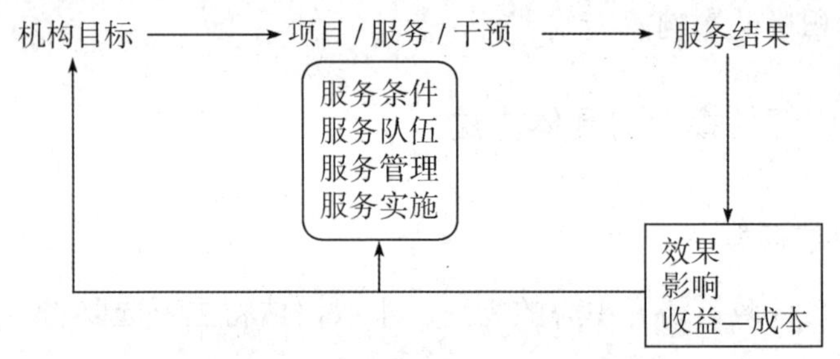

图9—1　此次评估的框架

需要说明的是，图9—1的评估模型遵循了“目标—干预—结果”的基本服务过程模式，其中“服务干预”一项下面的方框中列举的是服务过程涉及的具体4个方面，而“服务结果”所指向的效果、影响及收益—成本是目前评价服务结果的三大方式。

此外，此次评估采取的综合多方参与评估模式，需要北京、天津3家儿福院（北京地区项目组还前往北京第二儿童福利院进行了调研）领导、员工的多方参与，也就是说此次评估活动中的参与者包括评估团队与院内工作者。

2. 具体评估方法

为了准确、全面地把握我国目前儿童福利机构孤残儿童服务的整体情况，本项目在收集所需的评估信息时将需采用多种评估方式。

（1）文献法。通过收集有关的各种文献资料，选取各种对评估有用信息的方法。通过资料分析，评估方可较为全面地了解两家儿福院在推进服务开展上的历程、规章制度及具体信息，同时也能通过查阅服务记录或档案材料，了解其服务水平和服务规范程度。

（2）访谈法。即调查人员与被调查者以口头交谈的方式了解评估信息的方法。在本项目的评估中，评估方的研究及调研人员将以半结构式访谈为主，通过对院内领导、中层管理者及部分员工代表进行个别访谈，从而对他们的有关情况进行深入了解。

（3）观察法。即直接感知与记录正在发生的一切同评估对象与评估目的有关的社会事实的一种评估方法。员工的服务状态可通过观察正在工作的团队以及开展的服务获取一定的信息。

（4）焦点小组法。通过小组讨论深入探讨某一主题的方法。由于本次评估重点在于院内服务现状与成效的把握，因此采用焦点小组法能更好更深入地了解院内领导、员工对服务的认知、态度和设想，以及孤残儿童及其重要他人对服务的感知及评价等方面。

（5）量表测量法。即通过选择某些适用的心理量表及行为量表，对院内员工进行普遍测量，得分作为服务水平、职业压力、工作心态等方面的参考数据，用于综合分析服务实施与其成效影响之间的关联性。

（6）问卷调查法。通过评估团队设计问卷，调查和了解员工日常服务的开展情况，如个人信息、专业背景、工作的环境与任务、自我认知和主观评价等，同时还要收集员工服务的专业水平、实施过程及效果评价。

（三）研究视角

这部分主要从社会福利的类型学划分这一基本专业知识出发，介绍这一理论对本研究的指导意义。

众所周知，社会福利政策体系对具体服务提供者的定位与发展起到决定作用。具体来说，在儿童福利机构所属领域，儿童福利政策的发展决定了儿童福利机构的转型与发展，因此本研究着眼于我国儿童福利的模式和定位，反观儿童福利院存在的问题、今后的定位、转型的关键议题及具体的改革举措。这是符合社会政策可被视为福利资源输送机制和过程的基本知识原理的。

根据这一原理，不同类型的儿童福利政策与制度下儿童福利机构发展是具有不同取向的，所以说社会福利政策的类型学划分，就构成了本研究最为基本的理论基石。当然，这里的类型学划分必须结合特殊儿童这一人群来进行才是有现实意义的。

在社会政策学界，保基本、保安全是社会政策的前提性社会功能，社会政策必须首先要对社会中处于弱势地位的特殊困难人群，提供必要的保护与救助，对于孤残儿童而言，在暂时或永久失去亲缘性监护人的状况下，国家和政府必须承担起他们法定性监护人的角色，这是救助型社会政策在特殊儿童身上的职能体现。同时，自从我国实施一系列旨在增强儿童福利院条件和服务能力的政策项目，我国的儿童福利机构产生了显著的变化，基本职能逐渐拓展为养、治、教、康、安置“五位一体”的儿童福利服务格局，并开始从院内服务逐渐向院外服务转变，初步构建了适度普惠型的儿童福利模式。此外，我们通过对全国各大儿童福利院的实地调研，能够看到有越来越多的专业社会工作者，正以不同的方式日益深化地参与儿童福利服务，形成了又一股专业化潮流。专业社会工作秉持“助人自助”的价值追求，推动我们的儿童福利服务从“他助”走向“自助”，尤其是从原先救助型福利模式向适度普惠型转变，并最终走向以救助型为基础兼顾发展型目标的新型儿童福利模式。

正是基于这一过程和大背景，本研究分析在这一福利政策模型的转型中，儿童福利院的改革方向及具体规划。

（四）具体研究思路

本研究主要围绕我国儿童福利机构转型发展的主线，目标在于回应和解答以下问题：目前儿童福利院的服务现状是什么？与经济社会发展的需要和要求相比，存在的矛盾和张力在哪里？中国儿童福利发展的总体定位是什么？除了基本的孤残儿童救助之外，我们还需要做哪些工作？当前儿童福利院如何实施转型，具体措施及其依据都有什么？

基于上述一系列研究内容，本研究主要思路是：从国家儿童福利制度的宏观背景出发，立足当下儿童福利机构转型的要求及走向这一脉络，通过对当下儿童福利机构的服务状况及存在问题，主要分析和解决儿童福利机构向何处去这一关键性议题，结合社会福利的类型学划分这一知识，提出本研究的对策建议。

围绕这一基本思路，本研究从四个方面展开：一是当前儿童福利机构服务状况评估。项目组根据以往研究经验和实地考察，设计出了一整套评估的指标体系，涵盖了儿童福利院服务体系的主要内容，并以此体系实施评估。二是儿童福利机构的转型要求与现实问题。项目组在实地评估过程中，也收集和整理了目前经济社会发展对我国儿童福利服务尤其是儿童福利院的新期望，并运用实证材料说明了就现状而言，目前我国儿福院尚未达到期望的要求，还存在诸多不利于改善和提升特殊儿童服务的因素。三是中国儿童福利机构建设与发展的总体定位。这部分是本研究承上启下的关键环节，主要运用社会福利类型学的基本知识，结合孤残儿童人群的特殊需求，分析和论证了我国特殊儿童福利的社会化辐射、专业化提升和行业性引领三大发展趋势。社会化辐射是指服务人群基本面的扩大，符合适度普惠型儿童福利模式的要求；专业化提升是指大力引进和融合专业社会工作的理念和方法，推动儿童福利院全员社工化，这与儿福院基本的救助、保护职能相吻合，同时也符合追求可能情况下孤残儿童顺利回归社会的发展型儿童福利模式的要求；行业性引领强调儿童福利院作为官办的公共福利单位，必须发挥好其连接政府与社会组织的中介作用，为更多立志从事儿童福利服务的下级儿福院和行业内社会组织提供业务支持。四是儿童福利机构转型发展的政策建议。本研究仍然从政策层面和儿福院机构层面分别展开论证，立足于我国儿童福利政策的发展走向和儿福院转型定位，提出了一系列的政策建议，其中既有政策理念上的创新要求，也有儿福院组织管理上的改革建议，既有针对救助型、适度普惠型和发展型不同模式下的儿童福利服务总体规划，也有涉及从儿福院角度如何处理政府与社会组织在儿童福利服务上的合作关系建构具体建议。

二、当前儿童福利机构服务状况评估

（一）服务基础

1. 服务经费

经费来源方面，作为事业单位的福利院主要依靠政府全额拨款，受财政支持。只有很小一部分来自捐款或者合作机构，结构比较单一。也有福利院开创“爱心打包计划”等将企业捐款的支出透明化、公开化来鼓励企业进行捐助：“不是为了要钱而要钱，要的每一分钱都是有针对性……在网站上公布，财政上反馈钱是用于孩子的养护、爱心教育还是职工的培训。”（院领导 A3）但是存在每年捐款金额不稳定的问题。通过动员社会力量参与儿童福利事业是福利社会化的趋势，但要解决随之而来的捐款管理等问题。

在经费的数量上，孩子的基本生活费有保障，“每个月 1600 元，马上要涨到 2000 元了”（管理人员 B3），但是部分福利院康复和治疗的经费相对而言不那么充足，只能通过放弃或推迟一部分孩子的治疗来将有限的资源运用到最需要的孩子身上："院里有 30 个孩子，25 个需要治疗，但由于资源有限，只能有 5 个孩子接受治疗，其他的只能放弃治疗。"（管理人员 B2）在保障孩子基本生活的前提下，要逐步将关注重点转向非健全儿童、重症急症儿童的康复和治疗上。

2. 服务设施

除了目前正在扩建的北京第二福利院，其他受访的两家福利院都面临床位紧张的问题，一方面是床位过度饱和，导致空间拥挤，每个孩子的活动空间不足；另一方面是床位不够，部分孩子需要通过寄养来缓解紧张的现状。管理人员 B5 表示："院内包括医院的床位设置是 500 张，但现在实际是 700 多名孩子，最多的时候达到 1400 名。所以就有一部分孩子寄养。"

导致床位紧张的原因主要是福利机构数量较少，所以目前来看每家儿童福利院所接收的儿童相对数量就会多起来①："（我们）有两个院，两个院的床位数加起来依然不符合要求，总体上还是缺"（管理人员 B9）。此外，"弃婴还在增加，尤其是弃婴岛建立以后弃婴的数量呈上升的趋势"（管理人员 B9）。这也成为目前福利院面临问题的一个来源。同时，一方面超过年龄限度的儿童不能顺利转到相关机构或进入社会；另一方面却一直有儿童进入福利院，这种"只进不出"的问题更加剧了床位紧张的问题，也增加了工作人员的负担。

① 目前还没有收养儿童数量的变化方面的针对性研究，但这一问题直接关系到儿童福利机构转型发展的实践。我们认为，一方面，在现今有限的儿童福利资源条件下，每个儿童福利院收养的儿童相对数量仍然很高，并且这种状况还将持续一段较长时间；另一方面，从长远来看，由于经济社会发展水平和儿童福利发展水平不断提高，儿童福利院数量在增加，需要收养儿童数量在减少，因而每个儿童福利院接收的儿童绝对数量则可能是逐年减少的。因而本报告在这里讨论儿童数量变化既有短期内每个儿童福利院接收儿童相对数量仍然在增加这一现实，也存在长期来看每个儿童福利院收养儿童绝对数量在减少这样一个趋势，这两点是儿童数量变化的一体两面，因而并不矛盾。

在设施方面，儿福院之间存在一定程度上的资源分配不均的情况，一些儿福院的设备比较先进："不光是普通的基础型康复器材，我们很多都是从国外进口的……也许在大的三甲医院才有的康复器材，我们这里已经配备了"（管理人员 B8）。而一些福利院管理人员表示设备需要更新换代，或者近几年正处于更新设备这样一个过程中。总的来说，设备的更新需要一个过程，而大部分福利院的设备都能得到及时更新，有些儿福院的设备已经十分先进，但是由于专业人员的紧缺，导致部分设备存在不能被充分利用的情况，"怎么充分利用这些硬件是一个值得思考的问题。关键是人员配置，如果不经过专门的培训，这些设备的使用率也得不到提高"（管理人员 B9）。"我的建议就是先别买，先有人把现有的使用起来"（管理人员 B5）。所以，除了硬件设施上的配备和支持，专业人员的引进和培养更加重要。

3. 物质环境

受访的所有儿童福利院都有员工活动的场所："三楼大厅每周有学书法，在康复楼二楼是瑜伽，周五是管乐队，还有运动会，男职工的足球、篮球场等体育设施"（管理人员 B3）。

员工对空间环境也比较满意。在工作空间方面，有近 80%的员工对工作空间大小基本满意。从卫生、安静、美观、安全、开放程度 5 项指标来看，员工好评率都超过了 60%。

4. 外部力量

社会力量的支持是儿童福利院健康发展的重要力量。外部力量主要包括志愿者、公益组织、家庭寄养（领养）和购买服务。

志愿者参与方面，由于普通志愿者缺乏专业性的知识和经验，所以可能带来一些负面影响："志愿者不了解情况，此外社会上的志愿者多数都是年轻的，缺乏社会经验，想什么说什么，还会把家庭中的观念带到这来，对孩子伤害挺大的，多多少少会产生家庭渴望的想法"（院领导 A1）。而且开展的活动主要是参观，短期不固定的社工辅导等，所以目前并没有对儿福院的发展产生显著的推动效果。但志愿者作为儿童福利事业的重要外部力量，需要加强引导和规范，提升志愿活动的效果和质量，从而营造社会力量参与儿童福利的良好局面。

家庭寄养方面，天津市儿童福利院较早地开创了养护基地的模式，在静海的养护基地安置将近 200 名儿童。针对家庭寄养的 200 名儿童开设幼儿园、急诊门诊和启智课堂，并且请专人对孩子进行前期评估。但大多数儿童福利院还是出于院内床位不够的考虑而被动采取家庭寄养模式。同时家庭寄养模式也存在一些难题，如家庭与孩子的匹配、如何保障孩子生活费不被侵犯、如何监督寄养家庭的养育行为，如何保证寄养家庭养育的质量等诸多问题。尽管寄养政策在实施过程中存在一定困境和难题，但是目前在转型时期，我们仍然需要遵循“重疾在机构、照料在家庭的”这一大方向不变，充分发挥家庭作为儿童最佳养育场所的作用，准确定位在儿童福利提供中儿福院和家庭的角色，以促进儿童福利最大化为目标。

在购买外部服务方面，儿童福利院虽然有一定的需求，但是购买服务并不普遍，购买意愿并不强。“针对院内日常生活能力较差的孩子购买外部机构日常生活护理”，其他的“只购买心理辅导或社工服务”，主要是“政府购买，没有长期社工，根据需求有短期的社工”（院领导 A1）。可见，儿福院目前购买服务的情况是不固定的，没有形成常态。导致这种情况，一方面原因是目前国内针对儿童福利的社会服务因专业性要求高而较难达到标准；另一方面是儿福院处于相对封闭环境中的，主要以儿童养育为主，而这方面的需求基本能自给自足。面对儿童福利社会化的转型要求，儿童福利机构今后将要提高开放程度，为更多困境儿童提供服务，因此，机构传统的“自给自足”模式必然会受到冲击。

5. 服务理念

儿童福利院的宗旨是“一切为了孩子、为了孩子一切”，“只要上学不结束，就一直负责到他上学结束。到工作时候就由上级部门负责安置到各个区县”（院领导 A1）。访谈中有两位院领导都提到“儿童一旦成年需要走上社会，但是如果他们不愿意，还可以寄居在儿福院，我们每个院几乎都有寄居青年，有些甚至已经三十多岁”。这一方面说明儿福院关心爱护孩子，以孩子利益优先，但另外一方面也说明儿福院养育孩子以生活照料为主，一定程度上忽视了儿童多元化的需求，比如社会化发展的需求。

因此在转型时期，迫切需要儿童福利院发挥机构优势，不断创新儿童福利服务的方式，优化人员配置并增强专业化水平，“我们要加强专业化程度，完善人员比例，偏重于康复和尤其 7 岁以下的早教特殊教育，为开放面对困境儿童做好准备”（院领导 A2）。

6. 员工满意度

儿童福利服务机构员工对当前从事的职业的满意程度较为一般。认为当前所从事的职业与期望职业的符合程度一般的员工占比最高，达到 42.9%，而表示当前从事的职业与职业预期非常符合或者比较符合的不超过 30%，认为非常不符合或者不太符合的占比约 20%。说明大部分员工的职业实际经历与期望是存在差距的，这个现象可从对员工选择从事当前职业原因的调查中得到答案。选择原因排在前三位的是生存保障、稳定性和职业情感，其中选择生存保障的比例过半（见图 9—2）。由此看出，目前员工大部分从生存保障和稳定性角度来考虑职业，而从职业中获得的成就感等价值因素较少，这可能是导致他们满意度一般的原因。

与职业满意程度结果一致，超过七成员工的职业喜欢程度为“比较喜欢”或者“一般”，“非常喜欢”本职工作的员工不超过 1/4。

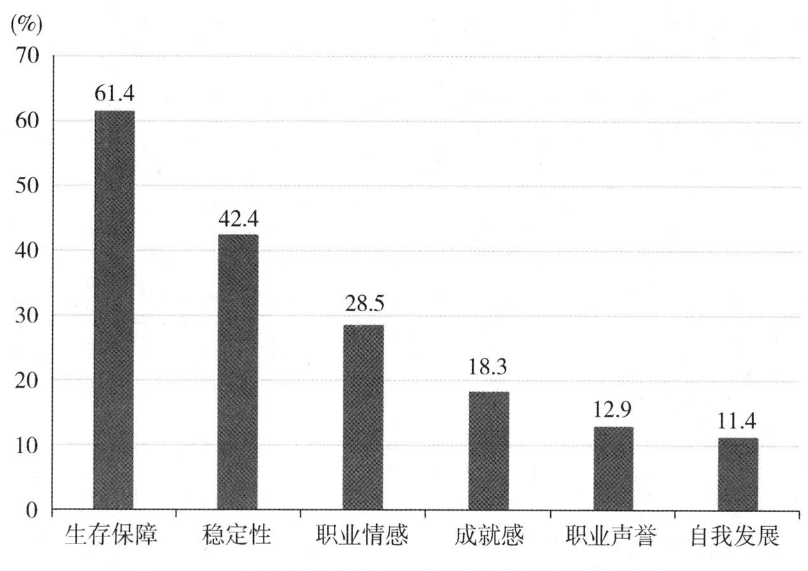

图 9—2　儿童福利机构员工从事该职业的原因统计图

（二）服务队伍

1. 人员结构

从性别、年龄、受教育程度、政治面貌、婚姻状况、身体健康状况六个方面来分析员工的基本情况。

从性别来看，员工男女比例悬殊，特别是一线岗位中女性员工占绝大多数。在总调查人数中，女性员工占 91.16%，男性员工占 8.84%（见表 9—1）。

结合对员工岗位类型的调查，将“教师”“医生”“护士”“护理员”“康复师”“社工”“心理咨询师”等 7 类岗位合并为“一线岗位”，“行政人员”“后勤人员”以及“其他”合并为“非一线岗位”，列联分析证明，岗位类型与员工性别显著相关（$\Phi = 0.405$，$p<0.001$），即一线岗位多为女性员工，非一线岗位多为男性员工。一线员工经常和儿童接触，要求亲和、温柔、耐心等，一定程度上更适合女性来担任。但是这种总体员工中男女比例严重失调，尤其是一线岗位中男性员工的

缺乏，不利于儿童健全人格的培养。

表9—1 按性别分类的员工岗位类型统计表（单位：人；%）

	男		女	
	人数	比例	人数	比例
一线岗位	16	8.84	165	91.16
非一线岗位	30	44.12	38	55.88

从年龄来看，儿童福利院以中青年员工为主。在对儿童福利机构调查的所有样本中，员工年龄最小为22岁，最大为60岁，平均年龄为39.5岁，超过70%的员工集中在30岁至50岁的年龄区间内。由此反映目前儿福院的工作队伍偏年轻化，中青年员工照顾儿童的精力更加充足，参与儿童福利改革的热情相对更高，这有利于今后儿童福利服务工作的改革和发展。

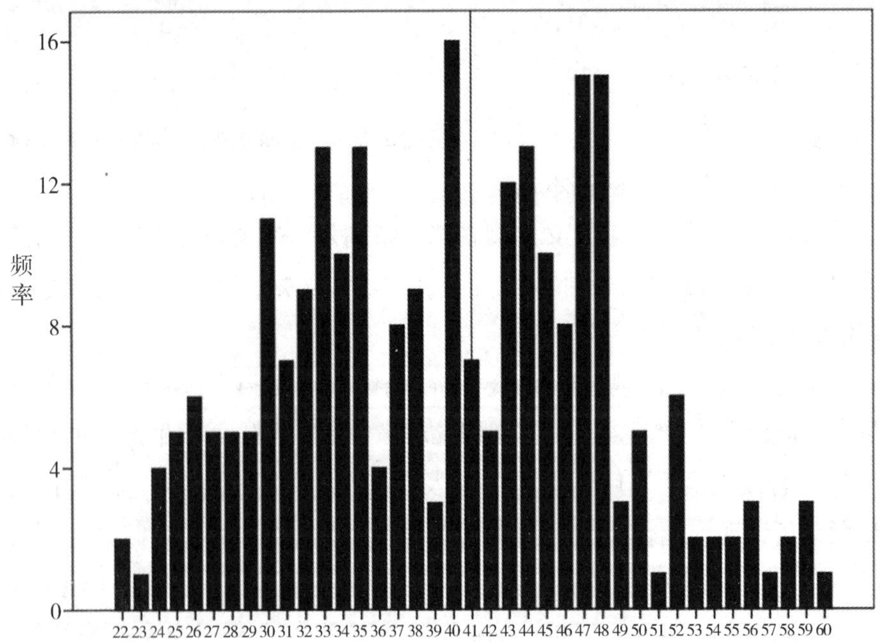

图9—3 儿童福利机构员工年龄分布图

从受教育程度来看，儿童福利机构员工整体学历较高。50.9%的员工学历在本科及以上，36.1%的员工学历为专科（中专和大专），只有13%的员工学历在高中及以下。本科及以上学历的员工超过一半，高学历人才队伍的引进和培养不仅有助于提升儿福院的专业化服务水平，而且还将为转型期儿童福利工作的开展提供强大的智力支持。

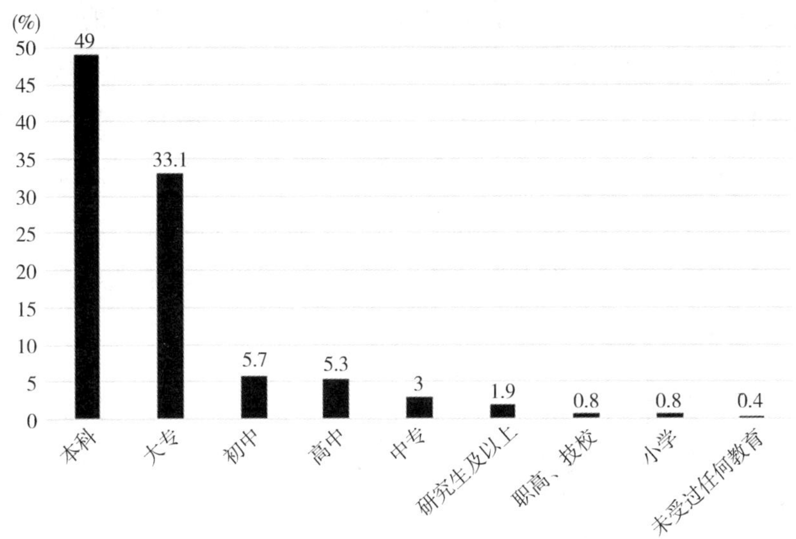

图 9—4　儿童福利机构员工受教育水平统计图

从政治面貌来看，儿童福利院员工中共产党员比例较高。在调查总人数中，尽管政治面貌是群众的员工占了多数，为58.3%，但是共产党员的比例为30.7%，共青团员的员工占到10.2%，民主党派员工占到0.8%，即党员+团员+民主党员的比例达到41.7%，这将有利于充分发挥党组织、团组织、民主党派的作用，为儿童福利事业转型发展提供强有力的政治保障。

从婚姻状况来看，大多数员工已婚，未婚、离婚及丧偶的员工所占比重较小。其中已婚员工的比例达到85.6%，尚未结婚的比例为9.5%，离婚比例为3%，丧偶的比例为1.9%。另外，将“未婚”“离婚”和

“丧偶”三类合并为“单身”，将“已婚”标记为“非单身”，进行进一步的统计检验和分析。结合对员工年龄的调查，通过独立样本 t 检验发现，员工的婚姻状况与年龄之间存在显著差异（$F = 2.905$，$p < 0.001$），单身员工集中在 22—34 岁，非单身员工集中在 30—48 岁。非单身员工所在年龄段也是机构员工的主要年龄段。由此表明目前儿童福利院人员队伍中具有稳定家庭的中青年员工是主力，这将有助于儿童福利机构健康稳定地发展，为转型发展提供一支高度稳定的员工队伍。但与此同时，我们仍需对那些处于“单身”（未婚、离婚、丧偶）的员工，而且主要是青年员工给予足够的关怀，提高他们生活稳定感和幸福感，这不仅有助于儿童福利服务工作水平的提高，同时也有助于吸引更多优秀青年加入到儿童福利服务队伍中来。

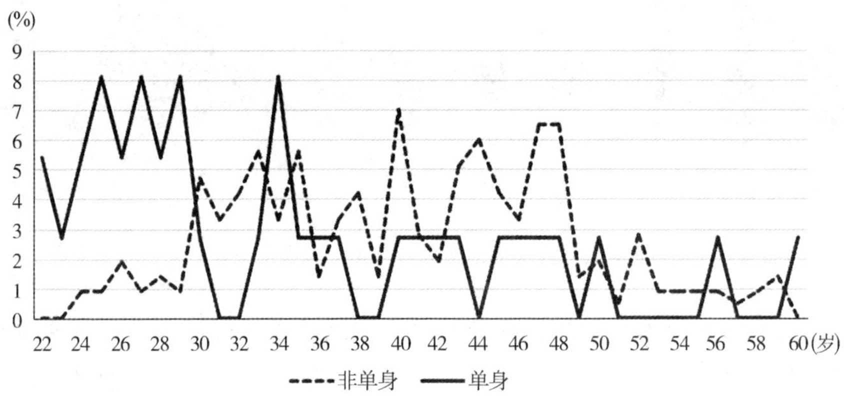

图 9—5　按照婚姻状况分类的儿童福利机构员工年龄统计图

从身体健康状况来看，14.4%的员工认为自己很健康，37.3%的员工认为自己比较健康，认为自己健康状况一般的员工占 36.9%，此外有 9.5%的员工觉得自己不太健康，只有 1.9%的员工认为自身身体状况很不健康。也就是说，超过一半的员工认为自己是健康的，而认为自己不健康的员工只有 11.4%，总体来说，儿童福利机构的员工健康状况良好。

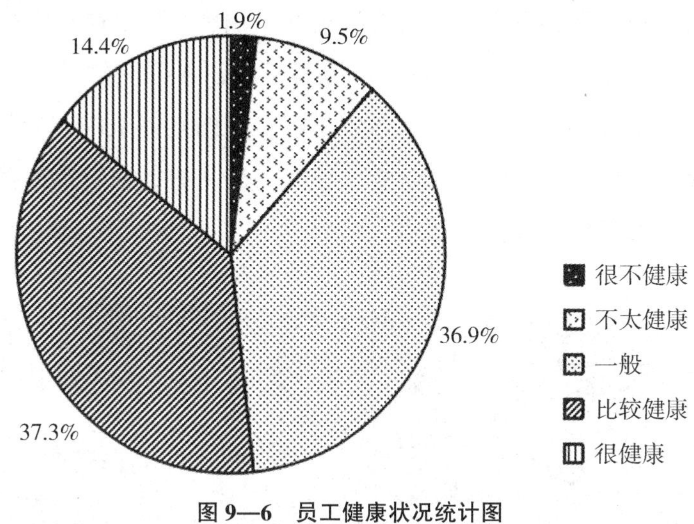

图 9—6　员工健康状况统计图

从员工行政级别来看，超过70%的员工没有行政级别，总体级别越高比例越低，呈金字塔状的格局。一方面，这种格局减少了内部行政级别的划分，推动组织朝向扁平化方向发展，有助于提高机构的运行效率。但另一方面，我们不能忽视的现实是，目前行政级别与福利待遇挂钩，因而在推广这种扁平化机构模式的同时，也要制定科学有效的激励机制，提升员工的福利待遇和工作的积极性。

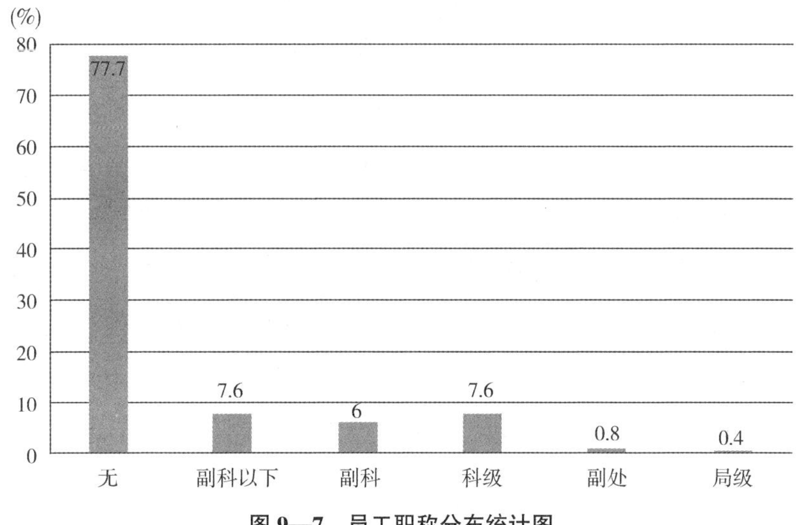

图 9—7　员工职称分布统计图

结合对员工工龄的调查，我们发现儿童福利机构的高级职称多集中在工龄为17—25年的员工中，即是长期工作在儿福院的员工成为了管理者。长期在儿福院工作的员工比较了解本院的具体条件、资源状况以及权力结构，这些员工走上管理者岗位成为决策者，使得儿福院的决策和措施更能与具体工作衔接连贯。

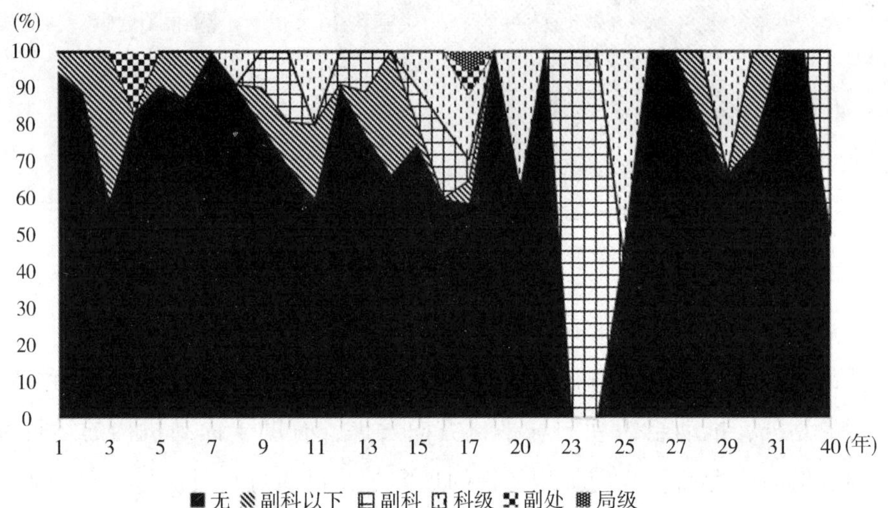

图9—8　不同工龄员工的职级分布图

2. 岗位结构

儿童福利服务机构的员工的专业技能较强，持证上岗比例较高。77.7%的员工所在的岗位需要持证或考核上岗，说明机构对员工的专业技能要求较高。在持证或考核上岗的员工中，超过50%的员工获得中高级职业资格证，除此之外，有40.5%的员工获得过岗位要求以外的职业资格认定，其中还不乏有特高等级的职业资格认定。

从员工现有岗位和专业相关性来看，经过卡方分析发现，是否需要持证上岗和岗位与专业的相关性数据分布之间呈现显著差异（$\chi^2=21.330$，$p<0.001$），即越是需要持证或考核的岗位，员工越认为与自

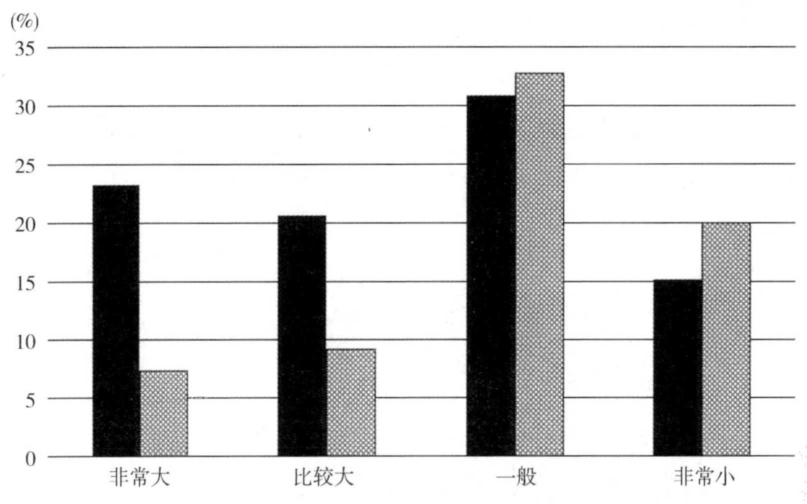

图 9—9　岗位是否需要持证或考核与专业相关度统计图

己的专业相关性强。说明儿童福利机构在一线专业服务岗位上，人才配置合理，对专业水平要求较高。

表 9—2　岗位是否需要持证或考核与专业相关度分布情况统计表（单位：人;%）

	非常大		比较大		一般		比较小		非常小	
	人数	比例	人数	比例	人数	比例	人数	比例	人数	比例
需要持证或考核	43	23. 24	38	20. 54	57	30. 81	19	10. 27	28	15. 14
不需要持证或考核	4	7. 27	5	9. 09	18	32. 73	17	30. 91	11	20

关于员工编制情况，此次调查结果显示，80. 9%的儿童福利服务机构员工所在的岗位具有编制，19. 1%的岗位没有编制。非编比例近两成，这说明儿福院编制比较紧张，同时人员需求量较大，因此只能靠临时聘用来满足对人员的需求。

3. 职业意识

儿童福利机构员工对于职业规划较为重视，在工作中注重自身的发展。近8成的员工意识到了职业规划的重要性，没有意识到职业规划的重要性的员工只占4.2%。总的来说，儿童福利机构员工的职业发展意识较强。

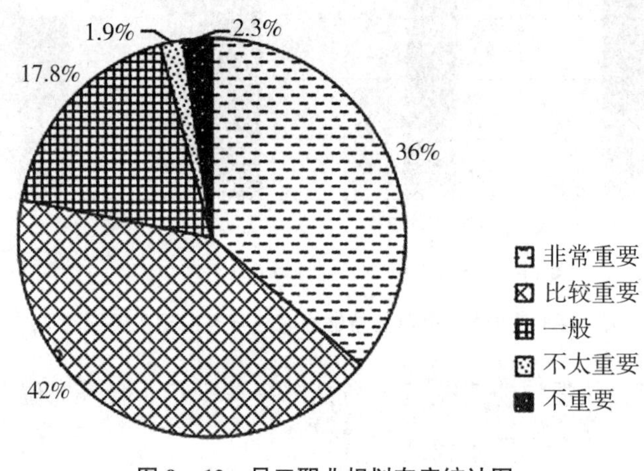

图9—12　员工职业规划态度统计图

从员工对职业规划的考虑和实施来看，大部分员工在考虑自己的职业发展规划，但实施职业规划的员工仍然较少。有46.6%的员工一直在考虑自己的职业发展规划，42.4%的员工偶尔考虑职业发展规划，而完全没有考虑职业发展规划的员工仅占11.1%。但仅有19.8%的员工真正地考虑自己的职业发展规划并且能够真正实施规划。

关于对职业规划的态度与对职业规划的考虑和实施情况的相关关系通过卡方检验可知，员工职业规划态度与对职业规划的考虑和实施情况存在显著差异（$\chi^2=92.538$，$p<0.001$），越认为职业规划重要的员工，越可能考虑并实际实施职业规划。因此儿福院的管理者应当加强对员工职业规划的指导和培训，提升员工职业规划的意识和能力。

表 9—3　员工职业规划态度与实施情况（单位：人；%）

	一直在考虑，并已开始实施		一直在考虑，但未开始实施		偶尔考虑		完全没有考虑	
	人数	比例	人数	比例	人数	比例	人数	比例
非常重要	35	36.8	24	25.3	34	35.8	2	2.1
比较重要	16	14.5	35	31.8	49	44.5	10	9.1
一般	1	2.2	11	23.9	26	56.5	8	17.4
不太重要	0	0.0	0	0	1	20	4	80
不重要	0	0.0	0	0	1	16.7	5	83.3

关于职业提升方式，63.3%的员工选择通过积极参加院里面组织的各种培训、讲座、交流等活动，27%的员工选择在家通过书籍、网络等方式自学，14.3%的员工希望争取直接在一定的岗位上锻炼，13.9%的员工希望自费参加特定的培训班、成人职业教育，12.4%的员工希望寻求他人的指导，仅有11.2%的员工对于职业发展没有任何计划。这些数据充分说明员工更愿意参加福利院组织的培训活动，因此儿福院应该尽量多的链接智力资源，为员工提供多元化的高质量培训活动，帮助员工提升职业发展的能力与掌控生活的能力。

表 9—4　职业提升方式

1	积极参加院里组织的各种培训、讲座、交流等活动
2	在家通过书籍、网络等方式自学
3	争取直接在一定的岗位上锻炼
4	自费参加特定的培训班、成人职业教育
5	寻求他人的指导
6	没有任何计划

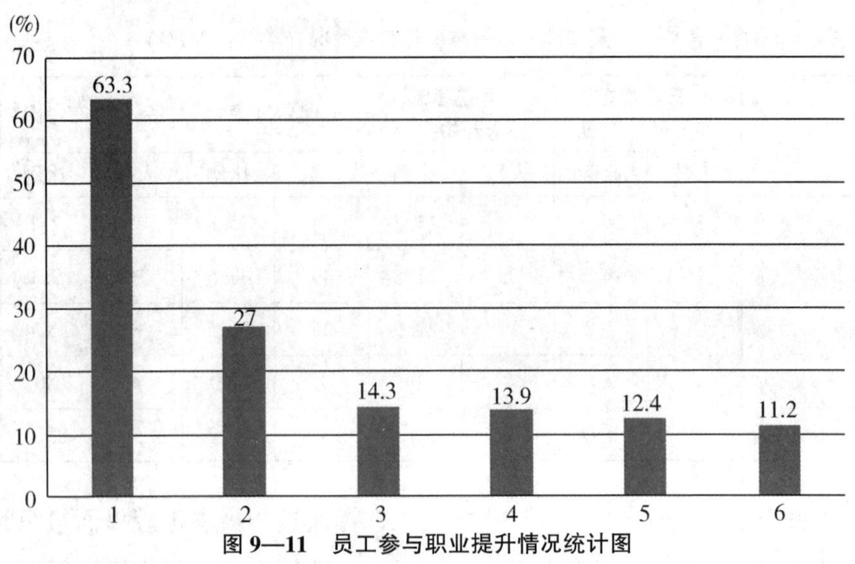

图 9—11 员工参与职业提升情况统计图

4. 员工人际关系

儿童福利院员工在工作期间与同事交往较为频繁，但在工作之外的同事交往较少。员工在工作期间交往“比较多”的占近 60%，而在下

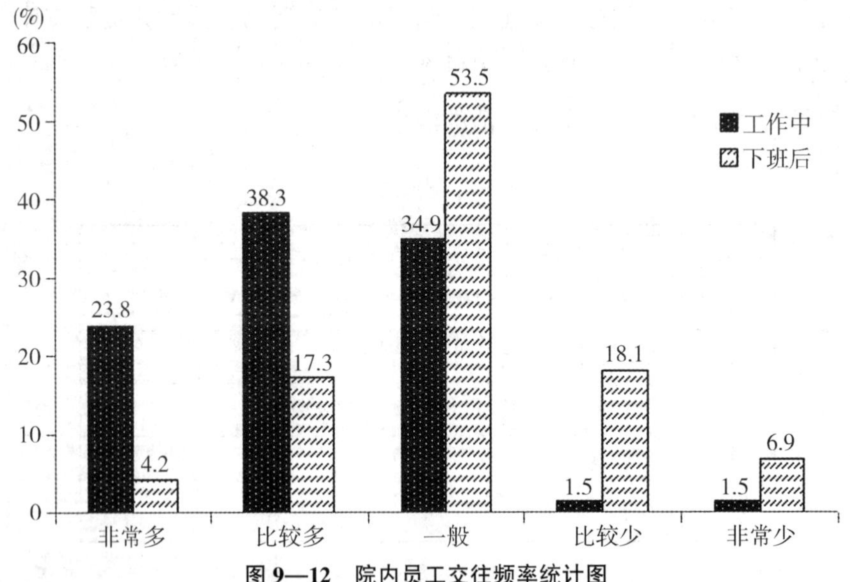

图 9—12 院内员工交往频率统计图

班后这一比例不超过20%。由此看出，员工之间的交往主要集中于工作中，工作后的私人交往不多，这说明儿福院的员工关系以工作纽带为主，彼此间的私人交往不明显，员工之间并没有形成非正式支持网络，因而无法获得持久有效的压力排解和情感支持途径。

从员工交往的广度来看，大部分员工在院内的交往范围比较广。超过85%的员工能与其他员工有基本交往。

员工之间交往的方式比较多样化，除“交谈”这种最普遍的交往方式外，聚餐、文娱活动、逛街、出游等四类交往活动都有30%左右的员工参与过，这启发我们可以开展更多样和丰富的集体活动，为员工之间深化情感交流创造更多机会和条件。

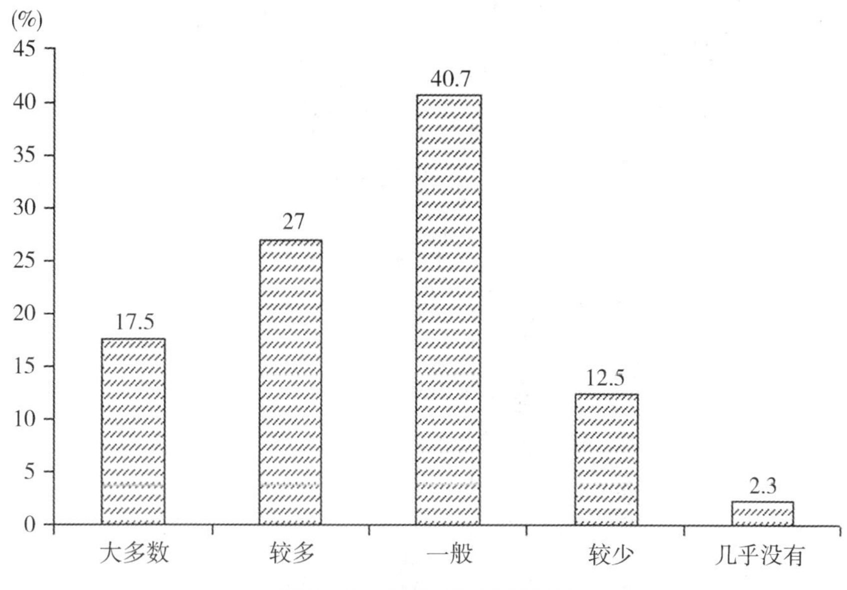

图9—13　院内员工交往广度

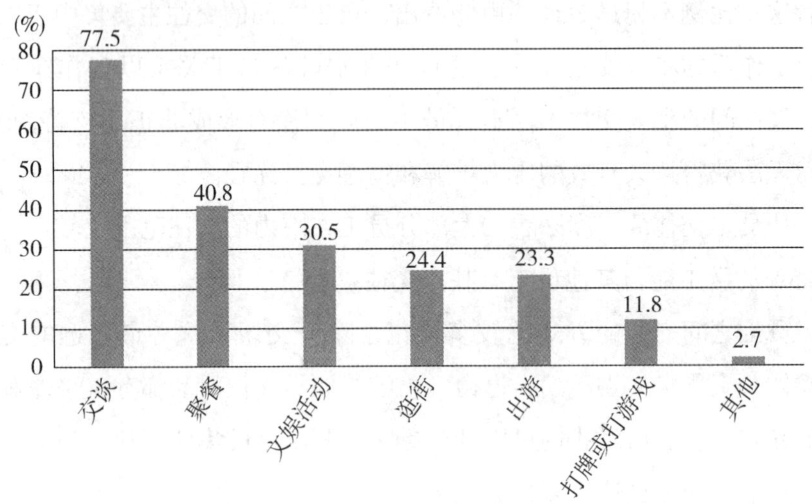

图 9—14　院内员工交往方式统计图

员工乐于分享有趣的事情，遇到困难也会经常向同事请教。达到“有时”向同事分享和请教的比例都在 85%左右，说明员工遇到困难主动获取解决办法和情绪排解的频率是比较高的。

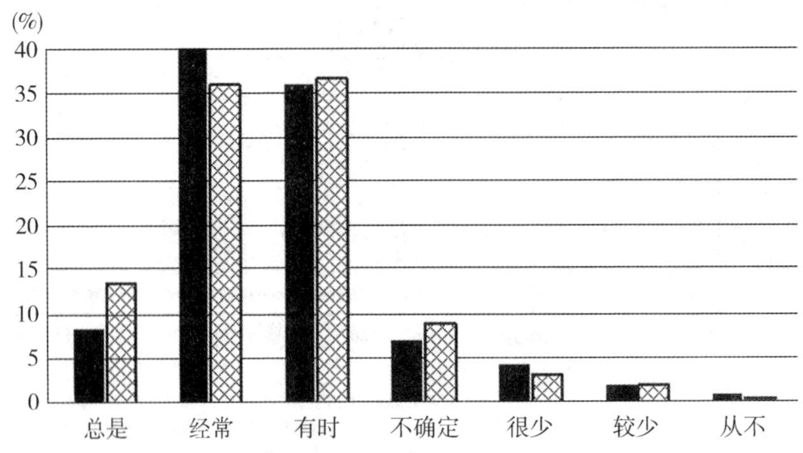

图 9—15　院内员工互相分享与请教频度统计图

（三）服务管理

1. 机制建立

在轮岗方面，与儿童直接接触的一线岗位采取三班倒形式，保证全天 24 小时都有工作人员看护儿童，同时定时巡查的频率也比较高。由于看护对象的生理或心理原因，一般难以直接报告异常情况，所以工作人员主要通过观察或询问来了解孩子的需求。

在人员招聘方面，由于是事业单位，所以一般是通过公招，有需求则上报，然后统一笔试和面试，也有社会公开招聘或网上招聘的情况，但是因为有户口限制，提高了门槛，所以往往很难招到人，这加剧了儿福院人员短缺的困境。

员工对福利院内各项制度的评价方面，满意程度从高到低依次为培训轮岗、考核评估、岗位晋升、员工激励，后两项的满意度均未过半。三家受访儿福院对员工都有月度和年度考核，考核结果以百分制形式呈现，每年度进行评优，分数过低会被领导找去谈话，分数高则可能获得培训机会等激励，但是考核结果往往不涉及奖金。另外，医生岗位有专业的测试。

员工满意度最低的两项制度为岗位晋升和员工激励制度。结合上文所提到的员工职称级别的分布情况，大多数员工无行政级别且工龄范围分布较广，不仅有刚入职的员工，也有工龄在 25 年以上的员工，这也说明了岗位晋升机制存在一定的缺陷，即大多数员工晋升的机会较少，尽管晋升需要首先考取资格证来获得资格，但是如果上一级职称没有人员空缺，考证通过也不能保证升职，因此晋升机制对员工来说缺乏吸引力，无法起到激励作用。此外，如前分析，导致员工职业满意程度不高的原因主要是职业晋升渠道不通畅和员工激励机制欠缺两大块。为此，当前需要进一步明确晋升标准和激励办法，创新人才选拔和评价的机制，以提高员工职业发展的预期性，调动员工参与儿童福利转型发展事业的热情。

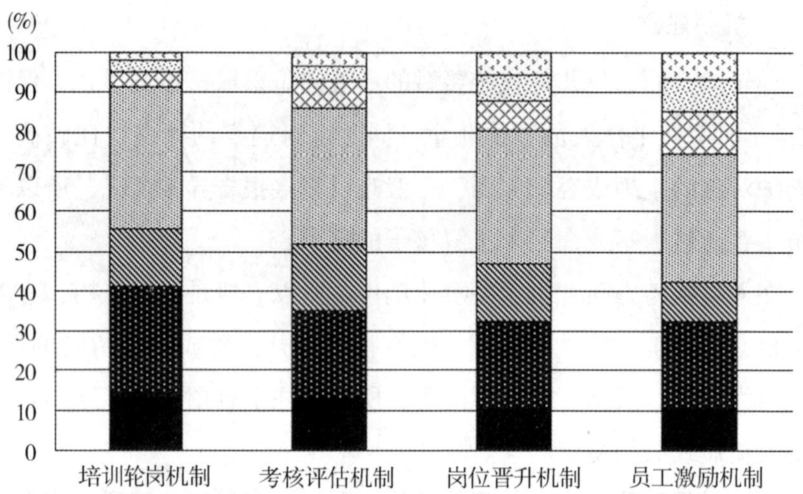

图 9—16　员工对机构各项机制满意程度统计图

2. 政策规章

在访谈中，儿福院管理人员与一线员工都表示有一些外部机构的培训活动，帮助提升员工专业技能，如社会工作者的辅导、外部医疗机构的培训等。从问卷调查结果来看，儿福院组织员工学习儿童福利服务政策、规章的方式主要有专家讲座、领导讲话、发放书面资料、专人组织学习讨论、视频教学等。员工除视频学习之外，对机构组织的其他几类学习方式了解程度都在 50%上下，这说明儿童福利院的培训方式比较多样化。

我们结合员工对儿童福利政策的了解程度来进一步分析以上多种学习活动的效果。将选项重新编码，生成新变量“参与机构组织的学习活动种类”，再与“对儿童福利政策的了解程度”做列联分析。结果显示，二者有显著差异（$\chi^2=29.138$，$p<0.05$），参与过机构组织学习活

动的员工对儿童福利政策的了解程度明显高于没有参加过的，这证明了儿福院组织开展员工学习活动的有效性。

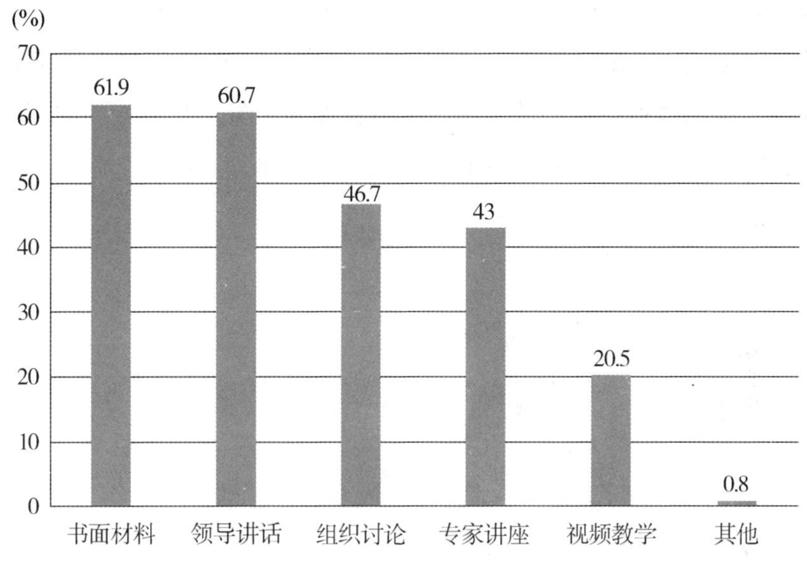

图 9—17　儿童福利相关政策学习途径

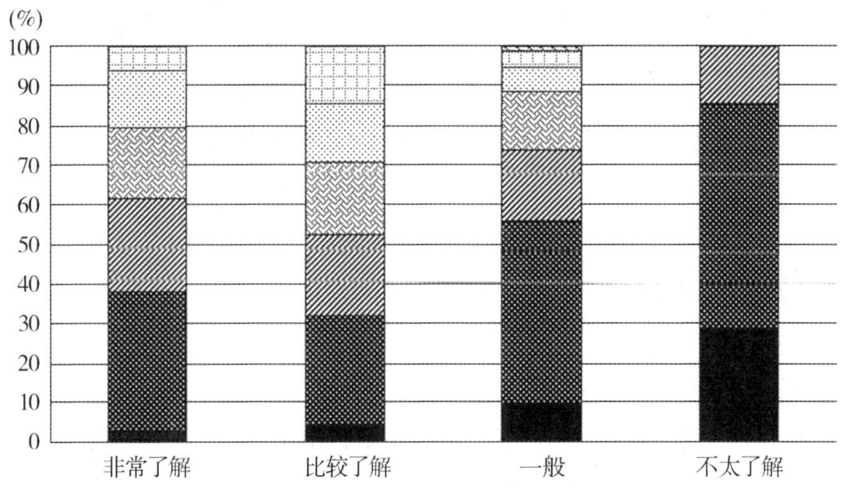

图 9—18　员工参加学习活动种类与了解相关政策程度关系统计图

比较员工对儿童福利政策的了解、理解和运用程度，至少六成员工对相关政策的了解、理解和运用都达到“比较高”的程度。通过配对样本 t 检验，员工对相关政策的了解程度和理解程度之间不存在显著差异，t（258）= 1. 50，p = 0. 134>0. 05，说明员工对相关政策了解程度和理解、运用程度高度一致。由此表明要加强对员工政策方面的宣传和教育，因为这将直接影响到其对相关政策的理解和运用。

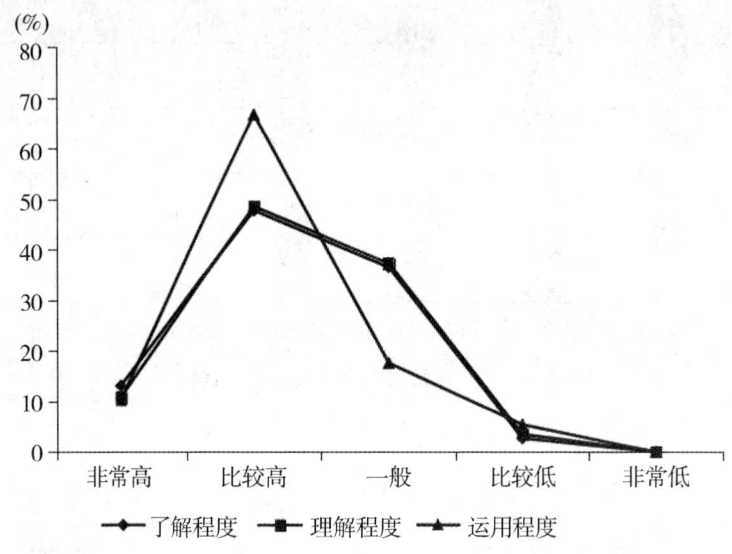

图 9—19　员工对儿童福利相关政策的了解、理解和运用程度

（四）服务提供

1. 服务数量

在目前儿童福利院中，由于超龄儿童转出困难，因此出现儿福院中的“儿童”最小的几个月，最大的有 34 岁的现象，接受服务时间最短的仅有 1 天，最长的达到 25 年，且重疾、重度残疾的儿童占有相当大的比例。“身体、智力等各种类型残疾都有。整个院的残疾程度都挺重。他们的身体完全不能自理，全部要靠工作人员去护理”（一线员工C1）。儿童年龄跨度大增加了工作的复杂度，儿童残疾程度重增加了工作量，这些都为当前儿童福利工作带来较大的挑战。

2. 服务内容

儿童福利院的服务内容包括养育、康复、救治、教育等方面。养育主要指保证孩子的正常成长，救治和康复针对处于疾病或残疾状态的孩子，教育包括对残疾儿童的特殊教育和一般的日常教育。儿福院设学龄部和学前部，专业老师“根据孩子进行特殊教育评估，之后制定教学计划，按照教学规定走”（一线员工C6）。

安置方面，对于有生活能力可以离院的孩子“区县和街道照顾也是很大的，有问题也是直接找区县”（院领导A3），同时儿福院与招聘的爱心企业进行沟通和对接，而且要对即将离院的孩子进行生活技能培训，“根据孩子学的专业、特长、职业趋向和企业的爱心岗，孩子和企业双向选择 ”（院领导A3）。对于寄养的孩子，对寄养家庭和孩子本人

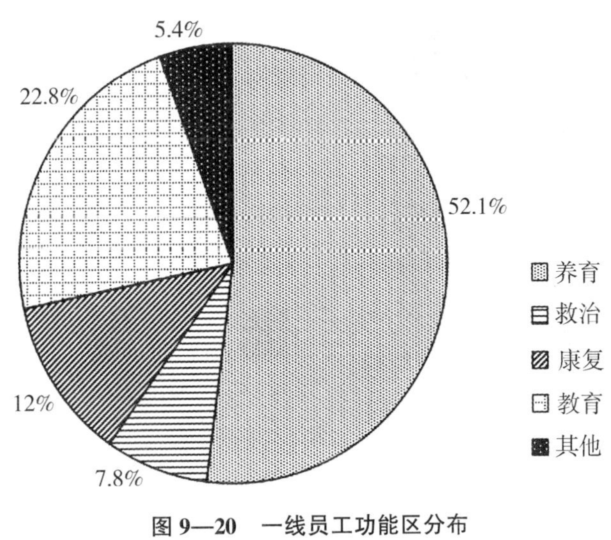

图9—20　一线员工功能区分布

进行寄养前的前期评估，选择适合的家庭和适合家庭寄养的儿童；在寄养后几个月内对儿童的生理和心理状况进行评估，考察家庭寄养对儿童发展的作用。大致形成了比较完备的家庭寄养流程制度。

在照顾儿童的一线员工中，52.1%的员工在养育功能区工作，7.8%的员工在救治功能区，12%的员工在康复功能区，22.8%的员工在教育功能区。这说明重病重残的儿童比较多，儿童的养护需求比较大，导致儿福院目前仍以养育工作为重点。因此，在保证基本的养育工作的同时，儿福院要积极发挥在特殊儿童救治、康复、教育方面的专业优势，承担起作为专业性儿童福利资源中心的功能。

对于一线员工来说，其工作比较固定且工作难度大。认为工作固定程度和难度大的员工比例均超过80%。虽然工作难度大，但是由于工作的固定程度高，员工的缺勤率极低，过去三个月内只有2.9%的员工缺勤。

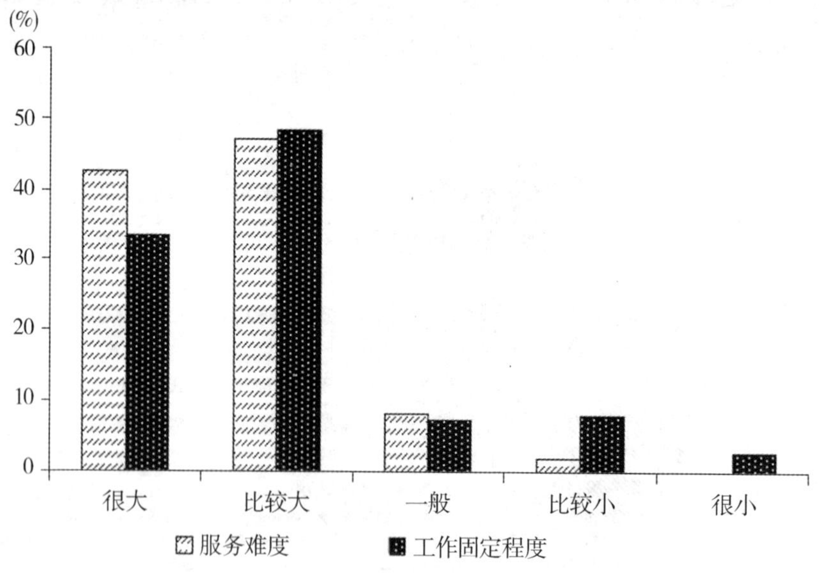

图9—21　一线员工工作难度和固定程度统计图

3. 服务过程

儿童福利院的一线员工主要负责儿童看护、医疗和教育几个方面。在员工的服务过程中，96.3%的员工都会主动了解服务对象的需要，工作积极性较高。在了解途径方面，88.7%的员工会通过自己和服务对象接触、询问、观察等比较直接的方式了解服务对象的需要，35.2%的员工会通过自己和其他同事信息共享以及交流等途径来获得。此外，25.2%的员工会通过采用一些评估的工具（检查、调查等）等比较复杂的方法获得。“途径很多”（一线员工 C4），通过“值班、同事交流啊、院里问卷调查啊各方面……和孩子关系好的就会说谁谁最近怎么样了”（一线员工 C4）。“工作的内容和形式都以孩子为主，在孩子健康成长的基础上，让孩子向正常的方向去发展”（一线员工 C5），所有岗位也都有明确的操作流程和轮换岗的制度，工作内容基本固定。

工作难度大意味着往往要与他人合作完成任务，儿童福利服务机构一线员工与同事间的合作程度较高。近六成员工经常或者总是与他人合作完成工作。

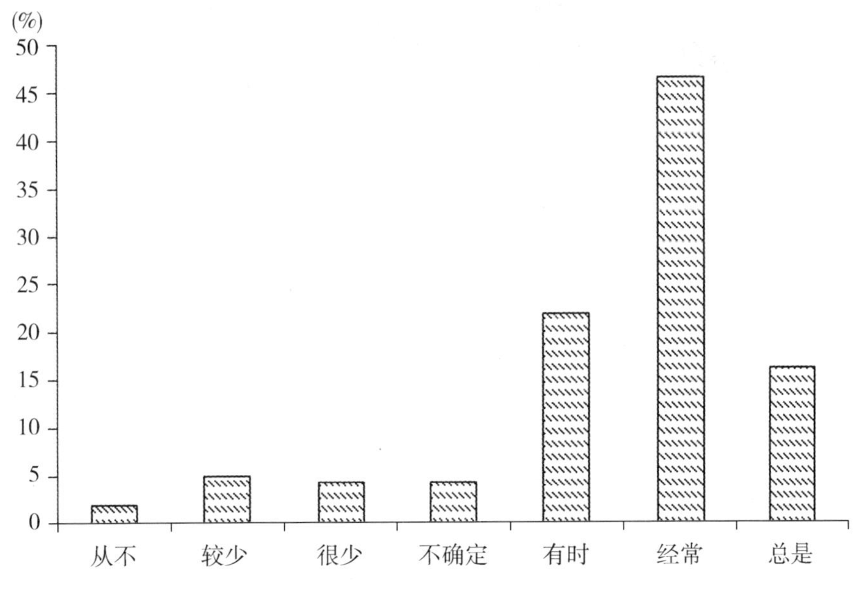

图 9—22　一线员工合作频率统计图

儿童福利机构一线员工与同事之间相处融洽，且彼此之间关系密切程度较高。超过85%的员工与同事相处融洽，与同事相处不太融洽的员工只有0.4%。员工与同事的关系亲密程度也比较高，且亲密程度低的员工比例很小。这与前文所发现员工经常在工作中相互合作和交流有很大关系，表明员工在工作范围内的关系较为和谐。

结合上文职业基本情况的相关调查，儿福院内的大多数员工都愿意向同事分享或请教，但是员工之间的交往大多限制在上班时间，这说明员工之间虽然相处融洽，但是亲密度或非正式交往依然不足。

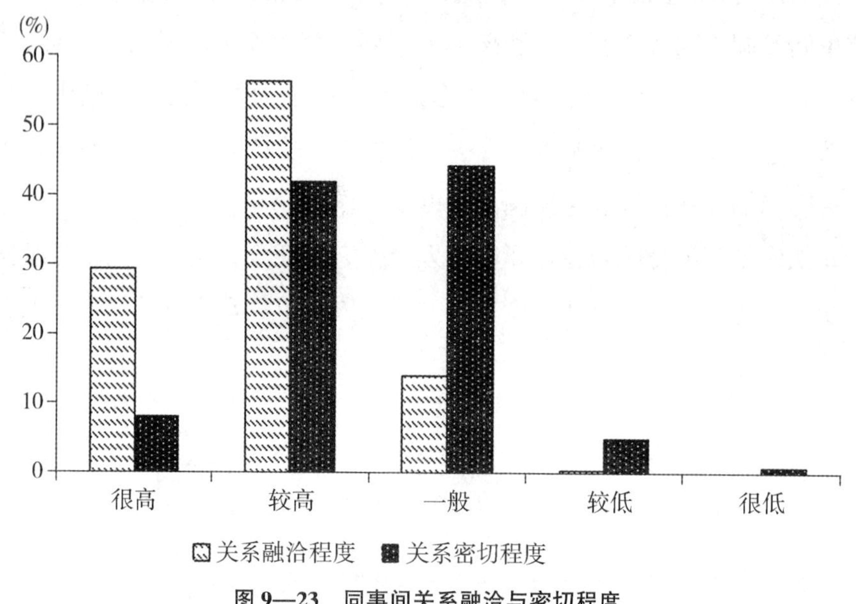

图9—23　同事间关系融洽与密切程度

一线员工所在的岗位有明确的操作流程，也有具体的服务标准。在服务工作过程中，一线员工拥有独立处置权的比重较低，仅占45.3%。即使在有独立处置权的员工中，其独立处置权也比较小，“根据情况的严重程度，如果情况情节比较轻的话自己可以处理，但是如果情况比较严重还是要及时报告给上级领导”（一线员工C5）。

在档案建设方面，几乎所有的一线员工所服务的对象都有成长档案，且成长档案的更新频率较高，77.3%的服务对象的成长档案能够得到每月更新。档案一方面是记录儿童成长过程中的成长变化及存在的问题，“孩子的成长档案是三四天就得写一次，有特殊情况就得登记，没有三四天也得和孩子有个沟通交流，及时了解他们内心变化”（一线员工 C4）；另一方面是如果孩子在机构之间流转，医疗人员需要通过查看孩子的成长档案来确定其身体状况。在工作方法方面，由于服务对象的特殊性，主要是通过耐心和细心地照料与交流来帮助孩子健康成长。康复训练常用作业疗法、手工烘焙等促进孩子肢体动作的恢复与发展。福利院的相关领导会将社工的相关理念融入儿福院工作，一些一线员工也接受过相关培训或考取社会工作者资格证。社会工作在儿童福利事业中的作用正渐凸显。

在福利院工作的一线员工都对工作保持着比较高的热情，“和孩子们接触多了也很喜欢他们”（一线员工 C3），能从孩子的康复中获得满足感，认为自己做的是对社会有意义的事，“在民政事业中贡献一份力量”（一线员工 C3）。“对孩子肯定是百分百用心，如果说对孩子没有这种爱心、责任心、细心就没法在这里（儿福院）干”（一线员工 C1）。

4. 服务方法

儿童福利院一线员工日常的工作对服务方法的需要程度较高。认为工作达到“比较需要服务方法”的程度与对服务方法运用程度较好的员工都超过了 70%，经过列联分析，两者存在显著差异（$\chi^2=114.28$，$p<0.001$），说明对服务方法意识较强的员工，服务方法运用程度也越好。

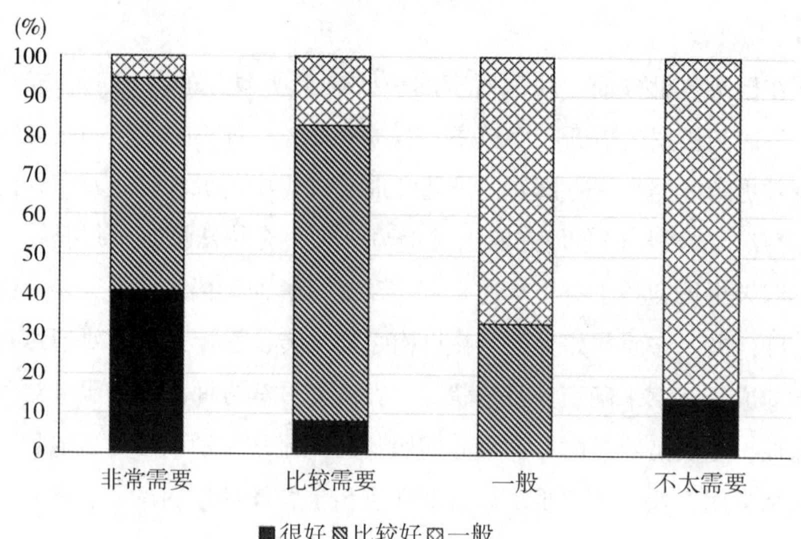

图 9—24 日常工作中对服务方法的需要和应用程度

（五）服务效果

员工在提供服务过程中，服务对象的反馈程度较高，但由于服务对象的特殊性，他们一般难以通过正式的方式对自己接收的服务进行评价和反馈，他们的反馈方式主要是口头、肢体表达和配合工作等。

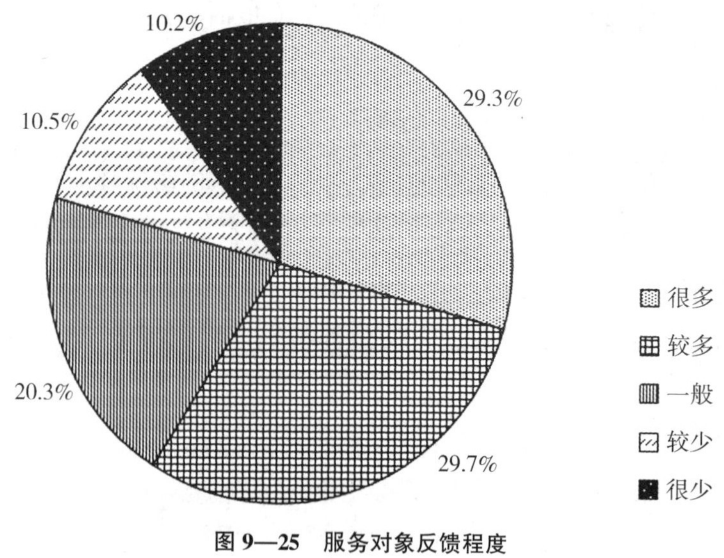

图 9—25 服务对象反馈程度

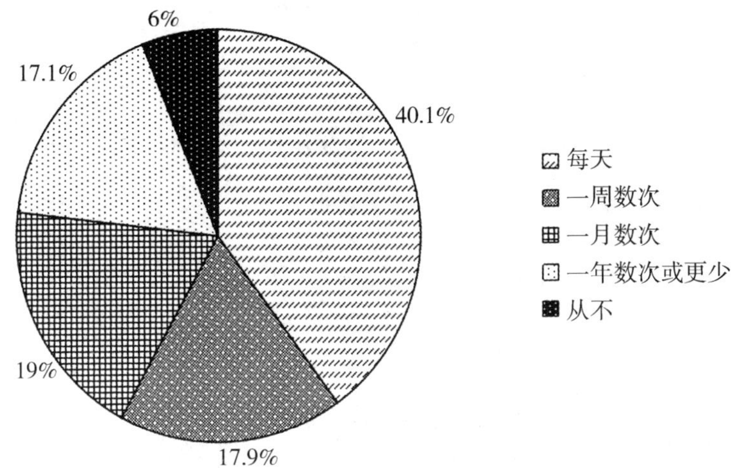

图 9—26　服务对象反馈频率

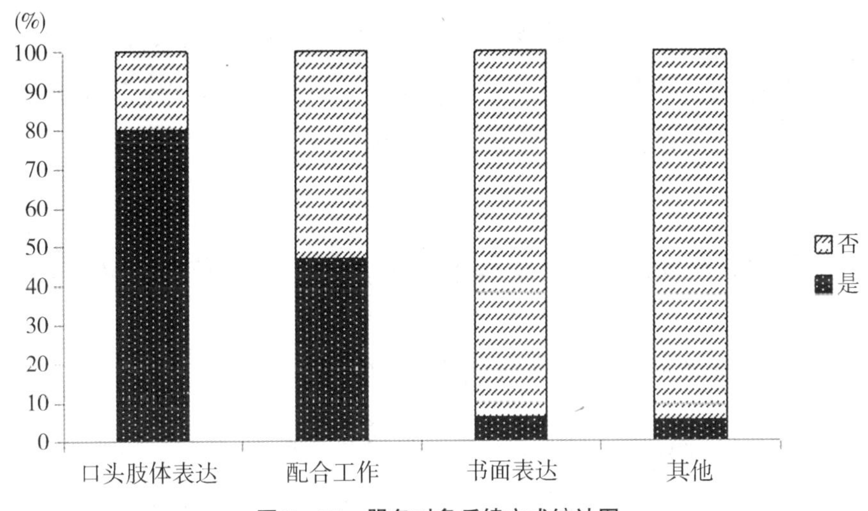

图 9—27　服务对象反馈方式统计图

另一方面，从服务提供者，即员工的评价和观察来看，服务对象在接受服务后均得到了比较大的改变。近半员工认为服务对象改变大，认为改变很小的不到 3%，说明当前儿童福利院工作成效比较显著。

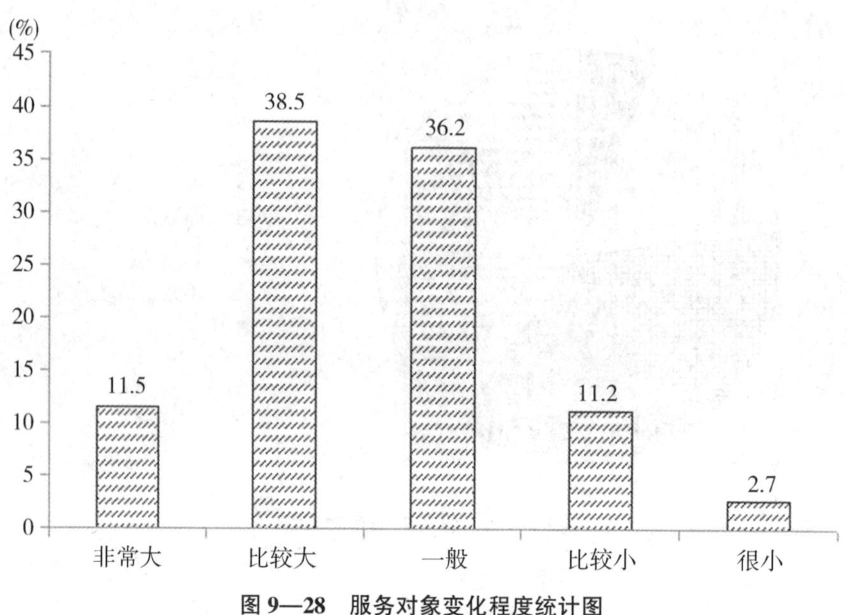

图 9—28　服务对象变化程度统计图

调研得知，在日常管理中，儿童福利机构内部对服务效果的评估是有专门安排的，既有月度的也有年度的，其评估的方式主要包括有服务对象反馈、员工评价、专业评估机构实施三大类。

三、新时期我国儿童福利机构的政策要求与发展成就

（一）新时期我国儿童福利机构的政策要求

随着经济社会的发展，新时期以来尤其是近 10 年来，民政部及相关部门为满足特殊儿童需求，出台了一系列具有现实针对性的政策措施，对儿童福利机构提出了新的要求和期望。

1. 拓展儿童福利机构服务功能

近些年来，我国出台一系列政策，主旨就是在满足儿童福利机构养育功能的基础上，拓展和完善康复训练、医疗救治、特殊教育等儿童服

务功能。其中，《儿童福利机构基本规范》（2013 版）（以下简称《基本规范》）明确了康复、医疗、特殊教育的基本内容与目标，在儿童的生活照料方面要求按照严格细致的程序进行；在医疗保健方面要求定期体检，建立“健康档案”、进行诊疗、保健护理和感染控制；在儿童的康复方面要求对不同病症的儿童对症下药，合理科学的展开康复治疗。同时，《基本规范》对于服务人员的数量、种类和专业要求都有明确规定。此外，《“十二五”儿童福利机构建设蓝天计划暨儿童福利机构设备配置实施方案》（以下简称《蓝天计划方案》）要求坚持“以人为本、儿童优先”的原则，以完善儿童福利机构功能、提升儿童福利服务水平为目标，满足符合儿童成长特点和全面发展的需要，特别是最迫切、最现实的需要，切实保证儿童福利机构“养、治、教、康”等功能建设全面发展。

2. 健全儿童福利机构内部管理制度

近年来的政策加大了对儿童福利机构内部管理的要求，指出健全儿童福利机构内部管理制度，提高机构标准化、规范化是机构转型的必由之路，也是提高服务专业化水平和机构运转效率最切实有效的办法。《基本规范》要求机构应建立管理组织架构、服务标准体系、财务管理制度、捐赠管理制度；还有安全管理制度、外包服务合同管理、监督机制、绩效考核制度、档案和儿童户口管理制度等，并对这些管理制度做了细致规定。一系列政策均要求加强对机构内工作人员的管理，同时要完善激励机制、晋升机制、评估机制以及培训机制，提升员工工作积极性，形成机构内良性竞争。同时，《蓝天计划方案》要求机构要定期或不定期进行自查，接受政府、社会公众、新闻媒体的监督，落实每一项服务。

3. 要求机构提供更为专业的服务

儿童福利机构能否为服务对象提供专业的服务，直接关系到服务对象的康复、教育及成长效果；同时，由于服务对象的特殊性（多为患有残疾、智力发展障碍的儿童)，服务的持续性也是衡量服务成果的一个重要影响因素。《基本规范》要求，儿童福利机构不仅要提供专业的设施设备，更要提供专业的福利服务。儿童福利机构对孤儿、弃婴，残疾儿童的养育需要，决定了对机构工作人员的专业要求，护理员、保育员、营养师、康复师等，都是专业性强、技术要求高的岗位，他们的专业性直接关系到儿童的养育质量。《基本规范》对机构工作人员的数量、文化程度、相关工作经验以及从业资格证书等做了明确规定。由于我国是联合国缔约国之一，儿童福利机构也应严格遵守《儿童权利公约》(以下简称《公约》)，《公约》指出应确保负责照料或保护儿童的机构、服务部门及设施符合主管当局规定的标准，尤其是安全、卫生、工作人员数目和资格以及有效监督等方面的标准，最大限度地确保儿童的存活与发展。

(二) 当前儿童福利机构的发展成就

围绕国家政策的发展和要求，在政府、机构以及社会各方面的共同努力下，近年来，我国儿童福利机构取得了令人瞩目的成就。

1. 服务人员素养全面提升

(1) 人员学历层次有明显上升。从儿童福利服务机构员工的学历来看，大部分员工学历较高。根据调查结果，50.9%的员工学历在本科及以上，36.1%的员工学历为专科（中专和大专）毕业，只有13%的员工学历在高中及以下。其中员工以本科学历为主，所占比重达到49%。从总体看，机构员工的学历有了明显上升。《基本规范》要求机构的管理层应具有大专以上文化程度，在调查中13%的学历在高中及以下的员工从事的都是基本的护理工作，不仅符合要求，而且比政策要求有更好表现。

(2) 员工职业规划意识增强。儿童福利机构中员工对于职业规划较为重视，在工作中注重自身的发展。从对职业规划的态度来看，36%的员工认为职业规划非常重要，42%的员工认为职业规划比较重要，认为职业规划的重要程度一般的员工占 17.8%，而认为职业规划不太重要和不重要的员工分别只占 1.9%和 2.3%。也就是说儿童福利机构近八成的员工意识到了职业规划的重要性，这说明儿童福利服务机构员工的职业发展意识较强。

（3）对职业的认同度较高。儿童福利服务机构员工对自己的职业认同度较高。在 264 个调查个案中，67%的员工对职业的认同度呈现较高状态，只有 1%的员工对工作不满意，不喜欢。较高的职业认同度，有利于增长员工在机构的就职年龄，对为儿童提供持续性、专业性的服务也较为有利。

2. 儿童服务更加规范有效

（1）服务持续性得到保障。调查可知，儿福院员工入院工作的平均时间是 12.21 年，标准差为 8.357，其中入院工作时间最长的达到 40 年。由此可以看出，儿童福利院的员工入院工作时间较长，长时间的工作能够保证员工对于儿童服务的方法和技巧掌握更加熟练，有助于更好地为儿童提供持续性的服务。

（2）服务专业性日益凸显。调研了解到，儿童福利机构员工的专业技能较强，持证上岗比例较高。77.7%的员工所在的岗位需要持证或考核上岗，说明机构对员工的专业技能要求较高，也有利于机构为儿童提供更为专业的服务。其中，在持证或考核上岗的员工中，47.4%的员工目前的职业资格等级是初级，44.7%的员工目前获得中级职业资格，7.9%的员工已取得高级职业资格。除此之外，有 40.5%的员工获得过岗位要求以外的职业资格认定，其中还不乏有特高等级的职业资格认定，可以说是国家一系列推动政策的良好成果。

此外，从专业相关性来看，需要持证上岗或考核上岗的员工多认为所在岗位与专业相关程度高，而不需要持证上岗或考核上岗的员工多认为所在岗位与专业相关程度较低。由此可见，在儿童福利机构中，大多数岗位需要相关专业的职业资格认定，这对于确保服务的专业性有较强保障作用。《基本规范》要求专业技术人员应持有与其岗位相适应的专业资格证书，孤残儿童护理员应持有与岗位要求相适应的职业资格证书。显然，目前儿童福利机构发展现状符合这一规定，并且在已取得专业资格认证的员工中，有超过一半的员工已经取得中高级资格认定，凸显了儿福院员工所提供的服务具有更强的专业性。

（3）服务人员相对稳定充足。据调查显示，42%的员工认为其所在科室（部门）工作人员缺少的情况很少；25%的员工认为人员刚刚好，既不存在人员短缺，也不存在人员过多的情况；只有30%的人员认为其所在科室（部门）存在人员短缺的情况。这表明，儿童福利机构人员相对充足，既有利于机构人员拥有充足时间为残障儿童提供专业、持续的服务，保证每一位残障儿童都可以得到充分的服务，也有利于保证机构服务人员有充足的休息时间。符合《基本规范》中人力资源配置应满足儿童福利机构服务的需要，工作人员与儿童的比例要在合理的范围内的规定。稳定的服务队伍加上合理的排班轮休制度，确保了服务的实效。

3. 服务基础和条件进一步巩固

（1）定期组织人员学习相关政策。在政策要求下，机构定期组织员工学习与儿童福利相关的服务政策、规章制度等，为员工了解政府有关儿童福利最新政策，发展现状提供条件。14%的员工表示每周至少会有一次学习的机会；一月至少一次的占比为32%，一个季度至少一次的占总比为18%。这些数据显示的儿福机构现状，符合《基本规范》要求对各类人员进行培训，岗位资质审核的规定。

（2）完善的服务管理系统。据调查显示，儿童福利机构员工对于院内的培训轮岗机制、员工激励机制、考核评估机制和岗位晋升机制的满意度较高。员工对于培训轮岗机制满意的比重为55.7%，满意程度一般的比重为35.4%，而对于培训轮岗机制不满意的比重仅为8.9%。在员工激励机制上，员工总体满意的比重为42.4%，满意程度为一般的比重为32.3%，而不满意的比重为25.3%。在考核评估机制上，员工的总体满意的比重为51.7%，34.2%的员工对其满意程度一般，而14%的员工对考核评估机制感到不满意。对于岗位晋升机制来说，46.9%的员工对其感到满意。《基本规范》要求机构建立各类人员的聘用、培训和管理制度、岗位资质审核制度、职业健康制度、绩效考核制度，从已掌握的材料来看，我国儿童福利机构完全能够达标。

表9—5　员工对院内机制的满意程度（单位：%）

	非常满意	满意	比较满意	一般	不太满意	不满意	非常不满意
培训轮岗机制	14.8	26.5	14.4	35.4	3.9	3.1	1.9
员工激励机制	10.9	21.4	10.1	32.3	10.5	7.8	7
考核评估机制	12.8	22.2	16.7	34.2	7	3.5	3.5
岗位晋升机制	10.5	21.9	14.5	33.2	7.8	6.3	5.9

（3）标准化的服务流程。近年来，儿童福利院标准化建设成就卓越，目前各院均拥有一整套具体、明确、流畅的服务标准与操作流程。据调查显示，97%的员工表示有明确的操作流程，仅有3%的员工表示没有明确的操作流程；表示有具体服务流程的员工达到96%，表示没有的仅占到总体的4%。这表明，儿童福利机构的服务标准化程度较高。《基本规范》对服务流程和服务标准有着明确规定，要求："建立管理组织架构，设置工作岗位，明确岗位职责，建立服务标准体系"。通过调查数据的搜集与分析可知，儿童福利机构所提供的服务完全符合各类标准。

表 9—6　明确操作流程与具体服务标准的拥有情况（单位：%）

	有	无
明确操作流程	97	3
具体服务标准	96	4

（4）员工熟练掌握服务方法。机构一线员工日常的工作对服务方法的需要程度较高。调查显示，20.8%的员工认为自己日常工作中对服务方法非常需要，52.9%的员工认为自己对于服务方法的需要程度比较大，对于服务方法需要程度一般的员工占23.6%，仅有2.7%的员工认为不太需要服务方法，没有人认为工作中不需要服务方法（见图9—29）。与此相对应的是，另外的调查数据还显示，大部分员工对于服务方法的运用程度都比较高，13.2%的员工能很好地运用服务方法，58.1%的员工能够比较好地运用服务方法，28.3的员工能够一般程度地运用服务方法。

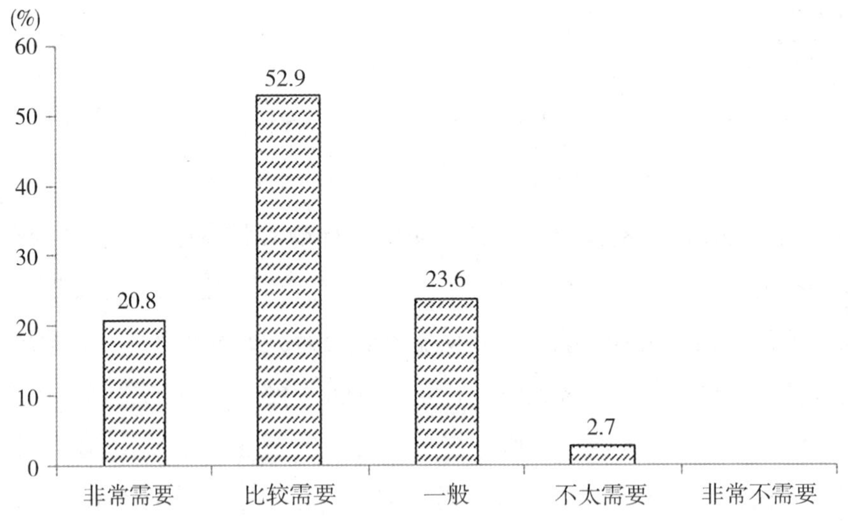

图 9—29　日常工作中对服务方法的需要程度

从工作中运用服务方法的效果来看，大部分员工都认为运用相关服务方法的效果比没有运用服务方法的效果好。其中，12%的员工认为运用服务方法的效果很好，52.1%的员工认为运用服务方法的效果比较好，35.5%的员工认为运用服务方法的效果一般，仅有0.4%的员工认为运用服务方法的效果比较小。

（5）机构内工作环境友好。据调查显示，27.6%的员工认为机构宽敞度较好，认为宽敞度一般的为52.9%，19.4%的员工认为机构宽敞度较差，这表示儿童福利机构在增加院内空间方面取得了长足进步。同时，儿福机构的卫生程度较好，仅0.8%的员工认为卫生状况较差。64.3%的员工认为机构环境安静程度较好，认为机构环境安静程度较差的仅占一成多。而且，机构环境比较美观，有63.5%的员工认为机构环境美观程度较好。此外，机构安全程度也比较好，认为安全程度较好的占总体的74.5%，5.3%的员工认为安全程度差。最后，员工所处环境的开放程度也比较高，59.8%的员工认为环境开放程度较好，32.6%的员工认为开放程度一般，认为开放程度较差的占总体的7.6%（见表9—7）。

表9—7　儿童福利机构院内环境情况（单位：%）

	宽敞度	卫生程度	安静程度	美观程度	安全程度	开放程度
很好	9	55.9	34.6	35.7	49	36.4
较好	18.6	28.9	29.7	27.8	25.5	23.4
一般	52.9	14.4	25.1	28.9	20.2	32.6
较差	14.9	0.8	8.4	4.6	4.9	5.7
很差	4.5	—	2.3	3	0.4	1.9

可见，从总体来说，我国儿童福利机构在经过近些年的大力建设和发展后，在工作环境上呈现较好的状况。这种友好的工作环境有利于员

工的服务，也有利于残障儿童在此恢复、学习和成长。可以想见，这样良好的院内工作环境，完全符合《基本规范》中提及的儿童福利机构要有相对独立、固定、专用的场所，建筑设施要符合相关标准等要求。

（三）本章小结

总的来说，在我国特殊儿童福利政策的指导下，我国儿童福利机构取得了一系列成就，具体有如下几点。

1. 服务专业水准大幅度提高

首先，由于儿童福利机构服务对象的特殊性，导致机构的工作人员的配置要符合机构儿童的现实状况。对特殊儿童进行“养、治、教、康”就需要配备专业的护理员、康复师、心理咨询师、营养师、社会工作者等。这也是《基本规范》里明确要求的。在国家政策的正确引导下，社会、机构的多方努力与通力合作下，通过大力引进先进人才以及定期对机构工作人员进行专业培训等措施，工作人员的专业程度得到了很大程度的提高。在这其中，管理层及服务人员（除少量不从事专业服务的岗位人员）的学历全部达到本科以上；对于在需要专业资格认定的岗位工作的人员也全部拥有专业证书，有一半以上的员工取得中高级资格认定。这一系列的表现都是国家政策大力促进的结果。

同时，《基本规范》及其他政策要求员工在进行日常服务时，要有一套标准的、科学的、流畅的服务流程以保证服务的专业化。在文中第二大点的实证数据分析结果中可以发现，机构工作人员熟练运用专业方法，按照服务流程进行日常的服务工作。这是提供专业服务的重要保证。

此外，服务的持续性得到了很大提高。经调查显示，儿童福利机构的工作人员对职业的认同感较高，也有着比较清晰的职业规划，同时，为了实现职业规划，达到职业目标，工作人员通过各种途径积极学习知识与技术，工作人员在机构的工作年限增长，这让服务得以保持持续，对于特殊儿童的养育、治疗、康复、教育和成长等都有积极的影响。

最后，机构定期组织员工进行系统的技术培训，学习最新的政策知识，使他们能够及时地了解政策要求，提高技术水平，以便及时的调整服务方法，提供更加科学，专业的服务。

2. 机构管理更加成熟规范

科学的管理制度与方式在《基本规范》《蓝天计划方案》等一系列政策中都有着明确规定。近年来，儿童福利机构通过建立合理的机构管理方式，深入推进儿童福利机构标准化、规范化、专业化建设，从整体上提高了儿童福利服务的水平，全面改善了儿童生活质量和成长环境。调查显示，儿童福利服务机构员工对于院内的培训轮岗机制、员工激励机制、考核评估机制和岗位晋升机制的满意度较高。这在一定程度上可以说明机构的管理方式较为合理、科学。

3. 机构功能得到进一步完善与扩展

《蓝天计划方案》提出，儿童福利机构要坚持“以人为本、儿童优先”原则，以完善儿童福利机构功能、提升儿童福利服务水平为目标，全面改善儿童生活质量和成长环境。从现有的调查中总结发现，儿童福利机构功能从最初的“养”已经成功转变到现在的“养、治、教、康”，并向“情、智、能”方向转变。对于服务对象并不是仅仅保证他们的生存权，而是在保证最基本的生存之上，帮助服务对象康复、提供教育、促进社会化，从福利机构成功走向收养家庭，从而走向社会，这也是儿童福利机构发展的最终目标。

四、儿童福利机构的转型要求与现实问题

（一）经济社会发展对儿童福利机构提出的新要求

1. 辐射社会化

随着社会发展，儿童福利机构在婴幼儿养护，儿童康复治疗以及特殊儿童教育方面的专业水平也在不断提高，积累了大量宝贵的理论与实践经验。除了儿童福利机构，在家庭中也存在着一定数量的特殊儿童、残疾儿童等，家庭以及常规的学校无法为他们提供适合的教育以及成长环境。这些家庭对于特殊儿童的治疗，教育方面有着强烈的需求。所以，儿童福利机构在使用社会资源的同时，也要用自身的资源去回馈社会。要推进机构走进社区，同社区进行合作，为社区中有特殊儿童的家庭提供收费的照料服务。同时，在现代，家庭结构也逐渐发生了变迁，原有家庭的功能也随之发生变化。城市家庭规模越来越小，结构也向着核心家庭的方向发展。家庭的抚育功能也在不断弱化，普通家庭对于儿童的日常照料等需求在不断增长。儿童福利机构在发展自身的同时，也应该利用自身的优势去满足家庭这方面的需求，形成家庭与机构之间的良性互动。

2. 服务专业化

儿童福利机构服务人员的专业素质与服务水平直接关系着是否可以营造适合儿童健康成长，全面发展的院内环境，更关系到全人类儿童福利事业的发展与完善。因此儿童福利机构应确立“以人为本”的服务及工作理念，发挥专业优势，用专业的理论去指导日常工作的方方面面，建立专业的人才服务队伍，提供专业的设施设备，营造适合儿童成长，认知能力，思维能力发育的院内环境。要强调职业道德和职业规

范，儿童福利机构不同于其他的工作岗位，由于其服务对象的特殊性，所以还要求服务人员必须具有关爱意识，促进儿童的身心健康发展，让他们可以像正常人一样融入社会。儿童福利机构人员应遵守职业规范，恪守职业道德。由于有些儿童福利机构缺乏竞争，没有评估和监督机制。儿童的生活质量，康复效果以及人格培养等又难以完全量化，用数字来监督，在这种情况下，高度的责任意识、高尚的职业道德以及规范完善的管理制度就显得尤其重要。

3. 行业引领者

儿童福利机构在完善与进一步和深化机构传统服务功能的同时，要进一步拓展儿童福利机构的功能为儿童提供更好的教育环境，医疗服务和良好的成长环境。这就要求儿童福利机构实行规范化管理，实现规章制度的规范化，考核制度的合理化，完善工作流程，提高决策的效率，完善决策的规范化过程。要进一步拓展服务内容，尽可能涵盖多的服务，集婴幼儿护理、儿童教育、医疗康复等功能于一体，同时要涵盖更多的服务对象，扩大服务范围，为更多儿童提供必要的服务。推动福利机构结构与功能转型，健全儿童福利机构服务体系。从“养”转到“养、治、教、康”到“情、智、能”探索真正适合的科学的服务模式，做行业内的领先者，形成独特的儿童福利机构文化。

（二）当前儿童福利机构存在的现实难题

1. 服务人员队伍结构不够优化

（1）性别比例方面。在根据问卷调查所得资料显示员工男女比例悬殊，女性员工占绝大多数。男性员工仅占儿童福利机构员工的 18.3%，而女性员工则占据了 81.7%的比例。这种男女比例悬殊的结果是由儿童福利机构中的工作性质所决定的，儿童福利机构员工中大部分是在一线照顾孩子的一线员工，而照顾孩子更加需要女性的贴心和细致。

（2）年龄结构方面。在对儿童福利机构调查的264个个案中，员工平均年龄为39.5岁，标准差为8.65。员工年龄最小的只有22岁，年龄最大的为60岁。从年龄段看，儿童福利机构员工主要集中在30岁至50岁的年龄区间内，照顾儿童的工作经验更为丰富，有利于儿童福利服务工作的开展与发展。但是，员工之间的年龄跨度大，也导致员工之间出现隔阂，缺少交流。除了工作时间必要的交流外，员工在业余时间的交流很少。据调查显示，在工作中，23.8%的员工与同事交往非常多，38.3%的员工与同事交往比较多，34.9%的员工与同事的交往程度一般，而在下班之后，与同事交往非常多的员工比重下降到4.2%，与同事交往比较多的员工也下降到17.3%，与同事交往程度一般的员工上升到53.5%，与同事交往比较少和非常少的员工分别上升到18.1%和6.9%。一方面是工作时间与同事接触更多，而下班后与同事接触较少；另一方面出于工作的要求，需要和同事交流工作上的内容，而下班之后大部分员工都不谈工作上的事情。

（3）职称结构方面。儿童福利服务机构作为社会福利事业单位，其员工的职业身份有其事业单位的性质。据此次调查结果显示，80.9%的儿童福利服务机构员工所在的岗位具有编制，但对于儿童福利服务机构员工来说，大部分员工目前没有行政级别，仅有少部分员工能达到副科级及以上。数据显示，77.7%的员工目前没有行政级别，有行政级别且在副科以下的员工占7.6%，科级（包括正科级与副科级）员工占总员工的13.6%，而在科级以上的员工仅有1.2%。

（4）专业背景及其相关性方面。调查结果显示，机构员工持证上岗比例较高。77.7%的员工所在的岗位需要持证或考核上岗，也就是仅有22.3%的员工所在的岗位不需要持证或考核上岗，此外，有40.5%的员工获得过岗位要求以外的职业资格认定，其中还不乏有特高等级的职业资格认定，说明机构对员工的专业技能要求较高，也有利于机构为儿童提供更为专业的服务。但是在持证或考核上岗的员工中，仅有 7.9%的员工已经取得高级职业资格。在儿童福利服务机构中，大多数岗位需要相关专业的职业资格认定，这对于确保服务的专业性有更大的保障。员工需要进一步取得更高的职业资格，保证服务的专业性。

（5）激励与晋升机制方面。机构员工对于院内的员工激励机制、岗位晋升机制存在一定的不满。在员工激励机制上，员工总体满意的比重为 42.4%，满意程度为一般的比重为 32.3%，而不满意的比重为 25.3%。对于岗位晋升机制来说，46.9%的员工对其感到满意，33.2%的员工觉得满意程度一般，而有 20%的员工对其感到不满意。总体来说，员工对于员工激励机制和岗位晋升机制不满意的程度较高，需要引起机构的注意。优化激励晋升机制，提高员工的工作积极性。

2. 服务对象人群过窄且反馈能力不足

儿童福利机构的服务对象年龄最大的已经有 34 岁，而年龄最小的是刚出生不久的婴儿。而服务时间最短的仅有 1 天，服务时间最长的可以达到 25 年。时间跨度大，员工服务任务繁重。并且服务对象多为特殊儿童，员工与服务对象之间缺少沟通与反馈。从数据来看，29.3%的员工认为自己的服务对象给自己的反馈很多，有 29.7%的员工认为自己的服务对象的反馈程度较多，认为服务对象反馈程度一般的员工有 20.3%，而认为自己的服务对象的反馈程度较少和很少的员工分别有 10.5%和 10.2%。缺少来自服务对象的反馈，会影响到员工服务效果最直接的评估，对于服务方式及服务内容的改进也有不利的影响。机构应寻求一种科学的方法来获取服务对象的反馈进而提高服务水平。

同时，由于服务对象的特殊性，工作比较固定且工作难度大。特别是对于一线员工来说 33.6%的员工认为工作非常固定，48.5%的员工认为工作比较固定，认为自己工作固定程度一般的员工有 7.3%。此外，42.6%的员工认为自己的服务难度很大，47.3%的员工认为自己的服务难度比较大，认为服务难度一般的仅占 8.3%，而认为服务难度比较小的只有 1.8%，且没有员工认为自己目前的工作难度很小。工作固定，工作内容重复会让员工对工作的认同感降低，缺乏成就感。数据显示，当前从事的职业与职业预期非常符合的员工仅有 8.4%，认为比较符合的员工有 28%，而认为当前从事的职业与职业预期非常不符合的员工只有 5.4%，认为不太符合的员工有 15.3%，认为当前所从事的职业与期望职业的符合程度一般的员工占比最高，达到 42.9%。这表示儿童福利服务机构员工对当前从事的职业的满意程度较为一般，与自己的职业期望之间还存在着不小的差距。

3. 对其他儿童福利机构的支持引领不够

（1）服务专业方法应用不够。儿童福利机构员工虽然持证上岗的比例较高，但是对于专业的服务方法并没有很好地运用到具体的日常服务中，而是偏向于直接服务。调查显示，13.2%的员工能很好地运用服务方法，58.1%的员工能够比较好地运用服务方法，28.3%的员工能够一般程度地运用服务方法。同时一线员工日常的工作对服务方法的需要程度较高。20.8%的员工认为自己日常工作中对服务方法非常需要，52.9%的员工认为自己对服务方法的需要程度比较大，没有人认为工作中不需要服务方法。这就需要加强员工的专业训练，定期对员工进行专业培训，更新服务方法等。将专业的服务方法运用到具体的实践中去。

（2）决策效率不高。在服务过程中，直接与服务对象接触的是一线员工，他们所在的岗位虽然有着明确的操作流程，也有着具体的服务标准。但在服务工作过程中，一线员工拥有独立处置权的比重较低，仅占 45.3%。即使在有独立处置权的员工中，其独立处置权也比较小，通常只有在很小的事情上独立处置，遇到比较严重的问题需要及时向领导报告。由于服务对象的特殊性，员工在服务过程中会遇到各种问题，但是他们没有决策权，向领导报告会延误最佳的解决问题的时机，整套决策流程效率不高，缺乏灵活性。同时也不利于提高员工的服务水平与独立处理问题的能力。要提高一线员工的专业素养，培养他们独立处理问题的能力，这样可以大大缩短决策时间，把握最佳时机。

（3）机构环境封闭导致缺乏与社区良性互动。当前的儿童福利机构服务内容广泛，涵盖了婴幼儿护理、儿童教育、医疗康复等多项服务。但是服务对象仍局限于机构内的儿童，服务对象较为狭窄。同时服务对象、工作环境单一会导致员工对工作缺少新鲜感，感到枯燥乏味。据调查显示，24.2%的员工表示机构环境封闭是导致工作效率下降的重要因素。因此，机构做好内部工作的同时要推进机构走进社区，同社区进行合作，为社区中有特殊儿童的家庭提供收费的照料服务，建立与社区的良性互动，为更多有需要的家庭提供专业的服务。

五、儿童福利机构建设与发展的总体定位

大力推进福利建设、完善福利制度成为我国全面建成小康社会、构建社会主义和谐社会的重要举措。因此，保障社会特殊群体得到了各界的高度重视和广泛关注。2006年修订的《中华人民共和国未成年人保护法》确立了民政部门和儿童福利院对孤儿、无法查明其父母或者其他监护人的以及其他生活无着落的未成年人的合法监护地位，成为了对其养育责任的主体。2010年的《关于加强孤儿保障工作的意见》，将儿童福利机构和社会散居孤儿一并纳入，并确立了其基本生活保障制度。2011年，在适应中国儿童福利事业发展新形势下，中国收养中心正式更名为中国儿童福利和收养中心，这无疑对中国儿童福利事业产生了深远的影响。

放眼未来，中国儿童福利机构任重而道远。当机构内儿童走向社会时，我们要对其进行生活安置和就业安置，走发展型福利模式，保障走向社会的残障儿童实现社会角色。因此我们认为，中国儿童福利机构建

设与发展的总体定位是要以补救型为基础，立足适度普惠型，走向发展型，构建多层次的福利模式体系。

（一）儿童福利机构的总体定位

根据我国国情的需要发展，建立健全儿童福利体系，我们认为必须推进儿童福利机构转型发展：在发挥福利院实现儿童福利和保护的前提下，依托救助型福利模式的养育、治疗等基本功能，强化适度普惠型儿童福利模式所要求的医疗救助、残障康复和（特殊）教育的功能，逐渐凸显发展型儿童福利模式促使儿童回归社会、机构社会化转型的长远作用，构建多元发展的儿童福利模式，推动实现儿童身心康健、有效安置和回归社会等目标。

救助型儿童福利是要实现儿童自力更生，以保障其生存和养育为主。一方面可以体现国家的救助，另一方面也可以实现社会的救济，政府在其中充当的是剩余型角色，因此救助型福利模式是被动补救型和最底层的一种模式。此外，国家和社会在救助型的儿童福利中，承担相当大的责任，通过全方面对儿童的养育和照料，来解决残障儿童最基本生活的权利。

适度普惠型儿童社会福利模式在扩大儿童社会福利覆盖面、提高儿童社会福利水平上起到了重大的推动作用。儿童福利是社会福利在儿童中的体现，儿童福利是由国家或社会为立法范围内的全体儿童普遍提供的，旨在保证正常生活和尽可能全面健康发展的资金和服务的社会政策和社会事业。因此，我们要在适度普惠型制度中发挥着儿童福利与保护的基本救助的前提作用，保障儿童在医疗、受教育等方面的权利。

随着儿童长大成人走向社会，我们不仅要实现残障儿童的基本生存外，还要确保其发展，对其进行最佳方式的就业安置和生活安置，让其真正融入社会，实现社会化，走发展型儿童福利模式。儿童福利机构的救助目标就是让儿童回归家庭、社会，实现其社会角色，塑造社会化品格，走发展型的儿童福利模式，就意味着未来残障儿童走出社会，更要通过自己的努力积极创造适合自己的岗位。此外，要充分发挥社区和国家的作用，给予资源上的倾斜。要在确保儿童的生存权、发展权等基本救助作用下，引领儿童福利走向多元化服务模式，促进儿童全面发展。因此，儿童福利机构要努力打造养、育、康、教为一体的专业保障团队。

据此，推进儿童福利机构转型，首先是要惠及更多的困境儿童，加大儿童福利服务的覆盖面；其次是要提高机构服务的质量，形成辐射社区孤、残、病童的局面；再者是要让困境儿童得到最适合自身的安置，有效实现其社会化；最后是要倡导政府、社会、个人和社区共同参与，引入多元的社会力量，共同构建全新多元化的儿童福利供给体系。

在具体实践中，不断完善发展我国儿童福利模式，就要确保公办儿童福利机构在我国儿童福利事业的主要载体地位，在儿童福利事业发展中的中坚骨干作用。首先要加快人才队伍建设，满足新形势下对专业技能的不断需求，依靠专家团队开展为残障儿童服务的内容和方式，扩宽儿童福利项目，提升儿童福利水平。国家要高度重视并尽快完善残障儿童的全面救助建设，建立起目标为所有弱势儿童的法律法规体系和专业服务制度，通过立法形成基本的法律体系，为多元化儿童福利事业提供法律依据，此外还要加大监察和执法力度，切实落实儿童福利和保护的基本救助作用。完善机构供养、家庭寄养和依法收养等多种形式的残障儿童养育模式，不断完善孤残儿童的养、育、康、教保障体系，切实保障每一位残障儿童的权利。

其次要逐步建立健全的儿童福利综合服务，给予资金上的保障。根据公共财政优化调整儿童福利支付结构，加大在多元化福利事业中制度和财政上的倾斜力度，设立专项资金，不断更新、维护和完善福利机构的基础设施，确保每一名残障儿童都有与之疾病相配套的医疗器械使用，保障儿童的基本生活。此外还需要拓宽融资渠道，加大爱心企业的介入，充分调动社会各方面资源的参与，加大对儿童福利事业的重视。

最后要积极提升儿童福利机构服务，加快福利机构人才队伍建设，向精细化、专业化、科学化和系统化发展，不断促进机构的完善和发展，扩宽覆盖儿童范围，增加福利项目，使孤残儿童在身体发展的同时也促进人格的健全，成为真正的社会人。我们还要广泛吸收和借鉴国外发达国家的理念和经验，并在结合中国国情的基础上运用到中国的多元化福利事业中去。依靠专家团队和社会工作应对不同问题，不断完善儿童福利的方式和服务水平。

（二）多层次综合模式的合理性

随着政治、经济的发展，我国逐步建立起了相应完善的儿童福利制度。充分发挥了儿童福利机构的基本救助和专业服务，为发展多元型福利模式提供了保证，也履行了民政部门在监护孤儿方面的责任。综合化发展儿童福利事业，可以充分发挥儿童福利机构的福利救助作用，除在养、育、康、教等福利内容和福利覆盖范围等方面进行了有效的探索外，还引领了儿童福利内容的多元化，质量也在不断提高，充分保障了基本的养育、医疗、康复和安置，充分运用每一个功能。

首先是维护好救助型福利模式的基础作用。救助型的模式能够养育情况最差儿童，承担最基本的救助作用，包括医疗、康复、照料、养育等基本功能，都在儿童福利院中体现出来，能够确保儿童健康成长，维护其生存的权利，保护残障儿童发展不再受到其他影响，提供基础教育和社会服务，为他们营造一个温馨的家庭环境。发挥救助型福利模式的基础作用，要求福利机构要及时回应儿童在健康发展中所遇到的各种问题，通过标准化、系统化和科学化的管理，充分满足其生理发展和健康成长的需要。

其次是要坚持以适度普惠型福利模式为重点，结合对残障儿童的机构养护和家庭寄养模式相结合，让更多的社会成员、社会工作者积极参与到儿童的养、治、教、康中去，维护好残障儿童的多项利益，适度普惠型把儿童福利院专业的服务向社区和其他家庭的儿童进行辐射，从福利院里走出去，形成一种社会化的模式。适度普惠型模式中要更加完善服务内容，扩大服务规模，提高服务水平，确保儿童福利机构能够提供专业化、精细化、科学化的救助服务。

最后我们要推动发展型福利模式作为未来发展的方向，建立多元化趋向，儿童福利院要保障基本的养育、医疗、康复、安置。发展型的服务模式针对情况比较好的儿童，可以积极的引导这些孩子在长大以后走向社会，融入社会。加快推进发展型模式，积极发展社会化合作机制，解决走出去儿童的就业安置和生活安置的后顾之忧，使其真正融入社会、适应社会。

现在孤残儿童大多具有多重疾病、重度障碍的特点，因此要结合多元福利模式中的养、育、康、教、置特点，尊重个体需求，根据孤残儿童的特点实施具有针对性的养教结合的模式，确保每一个儿童能够全面发展（成海军，2012）。给予残障儿童教育经费和师资力量的倾斜，制定相应政策，努力建立特殊教育和医疗体系，积极争取家庭和社区的支持，让特殊教育可以打破围墙，走进社区走进家庭。此外，福利机构在自身发展的同时，可以为社区残障儿童服务，真正实现辐射社区、延伸服务的功能。并在其走向社会中给予符合其自身的安置条件，让孤残儿童可以真正融入社会，实现其社会化。

（三）多层次综合模式中的政府和社会关系

随着儿童福利事业的发展和改革的推进，福利水平质量要求亟待提升，仅仅依靠政府作为福利主体根本无法满足我国儿童福利事业的发展，而社会力量在福利事业中恰好发挥着查漏补缺的作用，因此要在发挥政府保基础、重救助的基本职能前提下，要适度引入社会力量。关键问题是处理好机构定位、政府职能管理和社会化力量参与的关系。在政府管理权利不断下放的背景下，如何建构政府部门和社会间的各自责任成为儿童福利事业发展的重要维度。彭华民（2011）提出我国社会福利制度以国家作为社会福利提供责任的主要承担者，其他多元部门也担负着社会福利提供的次要责任的多元主体。林闽钢（2015）认为，我国社会福利应该坚持政府主导、统筹兼顾、可持续发展的原则，并且在框架上要以社区服务为基础、以社会化福利为主体、以职业福利为补充，逐渐形成均衡的国家、社会和个人多元分担机制。

因此我们认为，在构建多元儿童社会福利时，除以政府主导的多元主体福利责任体系外，要适度引入社会力量，促进辐射社区、儿童康复和社会融入。保障孤儿的福利是政府的题中之义，作为社会发展成果的行使者，政府要充分发挥保基础、重救助的基本作用，切实完善儿童福利方面的立法体系，从政策层面实现儿童福利的制度化，优化福利结构，不断发展家庭保护功能，鼓励爱心企业、慈善机构的介入，充分发挥社会力量，形成政府主导下的、综合的儿童福利多元主体参与的格局。在宏观上形成政府机构主导的总体调控，中观上把握政府和社会各力量间的基本合作关系，微观上践行政府倡导的核心政策和机制。

社会组织在和国家合作的儿童福利机构中，首先要保持良好的政治信任，构建持续的合作机制，弥补政府主导下的管理机制不足，满足儿童精神、心理的多元化需求。在“社会福利社会化”的政策推动下，一些民办儿童福利机构开始兴起并形成一定的规模，对孤残儿童的“养、治、康、教”都发挥了一定的作用，承担了一部分的政府职能，推动了我国儿童福利事业的进一步发展。此外，社会组织还可以为儿童福利的发展募集物资，可以在很大程度上提高福利机构的服务质量。最后社会组织还应该加强自己的公信力度，让更多的社会力量参与进来，加强与社会的互动，而一些威望的社会组织，还可以加强公益慈善方面的宣传，更广范围的引起民众的慈善意识。

虽然社会组织在我国儿童福利事业中起到了积极的作用，但是由于其还存在着一定的局限性，仍要坚持政府的主导作用。此外，确保社会组织合法性取得的监管的严谨性，既不要因为门槛过低导致社会机构以利益为主，也不要因为取得的过于困难，导致社会组织和政府关系的紧张，难以维持稳定长久关系。加大其他机构在政府和社会关系中的协助和监督作用，一方面有助于双方透明度的建立，另一方面可以提高工作效率。

（四）“去机构化”与儿童福利机构的发展

近年来随着儿童福利事业的不断发展，机构儿童福利事业成为社会工作发展的一个重点。目前我国普惠型儿童福利建设工作试点从 2013 年的 4 个扩增至 50 个，供养着几乎全部的孤残儿童。这样一个庞大的服务机构，随着经济、医疗和道德水平的提高，孤残儿童越来越少，面对着福利机构内残障儿童逐渐减少的趋势，再加上儿童福利机构的“养、治、教、康”都在机构内进行，无法让儿童真正融入社会，金炳彻提出，当前国外社会福利服务呈现着去机构化的趋势，社会福利的中心将从以机构福利为主转到以社区福利为主。因此我们认为将机构养护和家庭寄养相集合，完善其辐射社区的作用是福利院改革和转型的不二之选。

儿童福利事业面临着新的转型和发展。每一个区域都可以独立完善发展起来。我们认为在面对未来儿童福利机构转型中，仍然要确保儿童福利机构的公益、慈善的基本性质，而其职能转变可以由服务提供者定位到：①直接服务；②咨询评估；③发展支持。转变政府提供福利的职能，发挥社区福利和家庭供养的作用，这样可以惠及更多残障儿童，更加推进机构内专业化服务水平，让社区需求者可以充分享受，此外还可以形成模范作用，支持下一级福利机构。

首先福利机构仍然要坚持养、医、康、教为一体的基本救助作用，将医疗和养育融入残障儿童的日常生活中，实行专业照顾。对孩子进行个案治疗和康复训练，并介入社工组织对孩子的心理、交往、情绪等其他方面开展具有针对性的训练，此外还要与孩子的义务教育相结合，切实在基本救助层面上保障残障儿童的各项权利。面对其转型和发展，福利机构提供的直接服务，要求专业技能不断完善，服务质量不断提高，对每一个孩子都具有针对性的高层次治疗，当孩子成人后，仍然保证其生活安置和回归社会。福利机构所提供的直接服务是其最基本的职能，在未来的转型发展中，仍然要发挥其基本的救助作用。

其次要对社会组织或者社区服务站中的工作人员给予专业技术水平的指导，还可以给社会家庭中的残障儿童以专业医疗康复和教育功能。专业化服务是儿童福利机构的一个典型优势，在转型发展过程中，我们要充分运用这个优势，除强化专业服务理念外，更多的是要对社会服务机构中的工作人员提供指导、评估作用，面对疑难杂症和特殊儿童，机构具有很强的专业性的优势，因此可以辐射、指导、培养、替代一些特殊儿童的照护、康复、早教问题，让一些未进机构的残障儿童也可以享受到机构内的设施和服务，通过对社区的评估咨询，将机构的资源让更多需要的人所共享。

最后福利机构还可以提供对儿童、对下级福利机构的发展和支持。推动儿童走向社会，这是我们的根本目标。儿童在实现社会化的过程中，我们需要指导他们具有独立生活能力，此外随着社会化的不断发展，对社会成员的要求也在不断提升。因此在转型发展中，福利机构可以发挥其专业化水平，来给予机构内、外的孤儿、残障儿童进入社会前的教育和评估成年孤儿的生活能力。此外由于专业基础设施的完善和服务质量水准较高，高一级的福利机构还可以对下一层级的福利机构形成模范带头指导作用，给予技术、服务上的支持，加强各个层级之间的沟通联系，互通有无，让下一层级的福利机构快速发展。

借鉴“去机构化”概念，儿童福利机构的“去机构化”可以一方面允许更多的社会力量的加入，淡化机构受行政指令影响所实施的机械化管理模式。另一方面让福利机构开始辐射社区，惠及更多家庭中的残障儿童，专业化技能可以进一步提高。香港保良局每年都会为社会大众提供救助参与窗口，让社会各方力量参与到儿童福利事业中去。这给了我们很好的启示。

六、促动儿童福利机构转型发展的政策建议

立足于当前我国儿童福利发展的现状和趋势，重点梳理儿童福利现行重大政策，结合儿童福利机构的实际，从整体层面把握儿童福利机构如何在改革中实现转型，在转型中实现发展的时代课题，从而最终实现全体儿童的最大福利。

（一）宏观支持政策的转型

1. 转变儿童福利理念与模式

（1）建立适度普惠型福利模式。目前我国儿童福利理念仍然处于由救助型向发展型、儿童福利模式由补缺型向普惠型转变的过渡阶段。随着经济社会的不断发展，我国人口结构和问题的不断变化，迫切要求我国尽快转变儿童福利理念与模式：由补缺救助型向适度普惠型转变，并逐步实现发展和提高型的福利，最终形成一种普惠型的儿童福利模式。

（2）推动儿童福利机构转型发展。儿童福利机构要顺应我国儿童福利发展由补缺型向普惠型转变的这样一种趋势，在机构定位上向儿童福利服务中心转变、在服务功能上向综合服务模式发展、在运营管理上健全规章制度保障，从而实现儿童福利机构的辐射社会化、服务专业化、运营规范化，在儿童福利服务领域发挥示范、指导、培训、辐射等作用，积极主动地迎接中国儿童福利事业的转型

和发展。儿童福利机构作为当前儿童福利事业的主要载体和承担者，需要在改革面前抓住机遇，迎难而上，创造性发挥自身的价值和贡献组织的力量。

2. 明确儿童福利原则与目标

（1）明确儿童优先原则和儿童福利最大化目标。一个社会如何对待儿童是衡量其进步与发展的重要指标，随着经济社会发展，儿童福利观念逐步普及和深入人心。但近年一系列侵害儿童权利事件，引发社会对儿童权利保护的极大关注。中国作为世界上儿童数量最多的国家，儿童权利保护与发展面临诸多挑战，因此迫切需要明确“儿童优先”的原则，集中全社会力量实现儿童福利最大化目标。

（2）实现儿童生存、发展、保护性权利。儿童福利机构需要承担起儿童福利发展的三个目标：实现儿童的生存性、发展性、保护性权利。在功能定位上，儿童福利机构可以从以下三个维度进行设置和优化：在生存性福利上，应满足有需要儿童的生活、医疗、康复等基本生存需要；在发展性福利上，应满足有需要儿童的教育、就业、社会参与等发展需要；在保护性福利上，应为有需要儿童提供机构庇护，与国家、社会、家庭共同为儿童编制一张紧密的安全网。作为目前国家儿童福利重要制度设置和最主要实现形式的儿童福利机构，在坚持儿童优先原则和儿童福利最大化方面应勇于担当，积极作为。

3. 系统谋划儿童福利机构发展

（1）深化儿童福利实践与政策。中国儿童福利发展总体上经历了从狭义的儿童福利到适度普惠型儿童福利的历程，从福利对象范围、福利内容、福利形式、福利目标来看，儿童福利的实践和政策不断深化。但是当前我国儿童福利领域面临的问题依然众多，儿童福利发展水平与经济发展水平之间仍然存在较大差距。在新的十三五时期，儿童福利工作需要不断创新、勇于探索，使得儿童福利事业的发展方向和目标更加明确，推动中国儿童福利事业发展水平的不断提高。

（2）拓展“明天计划”和“蓝天计划”。拓展“明天计划”，大力支持全国儿童福利机构对新入院儿童的手术救治和医疗救治，解决目前收养儿童大多残疾程度较高、残疾种类较多的现实困境。大力支持以儿童福利机构为依托建设康复训练基地，将服务对象向社会散居孤残儿童等困境儿童辐射。拓展“蓝天计划”，重点推进全国县级儿童福利机构建设，缓解目前儿童福利供需矛盾，完善我国儿童福利机构整体布局，对于健全困境儿童福利服务体系具有极为重要的现实意义。将致力于儿童福利机构建设的“蓝天计划”与儿童基层福利服务体系建设相结合，充分发挥儿童福利机构在四级儿童服务网络中的示范、培训、指导、辐射的作用，以此为困境儿童和其他儿童提供专业化的儿童福利服务。儿童福利机构密切结合当前儿童福利事业发展的方向和目标，充分利用借鉴现有成功经验和利用现有政策，完善功能与服务，找准自身定位，系统谋划转型发展。

4. 健全儿童福利制度与政策

（1）出台《儿童福利法》。出台《儿童福利法》，以此作为儿童福利领域的基本法律准则，明确儿童福利机构应该承担的责任和义务，即主要在满足机构内儿童福利服务需求的基础上，积极满足机构外儿童福利服务需求，并充分发挥示范、指导、培训、辐射等作用。

（2）健全儿童福利制度和体制。系统制定儿童福利领域的规章制度，明确儿童福利机构在其中应承担的具体责任和义务。完善儿童福利行政管理体制，设立专司儿童工作机构，依托儿童福利机构建立儿童福利指导中心，理顺工作职责，形成各部门合作和协调机制。国家注重顶层设计，从制定《儿童福利法》、系统制定儿童福利规章制度入手，形成一个层次清晰、执行有力的制度体系，为儿童福利事业的发展提供坚实的制度和法律保障。

（二）儿童福利机构的具体转型措施

1. 以人员增量提质为前提

（1）重视机构内现有人力资源的整合和开发。首先，科学设置儿童福利机构岗位，优化现有人力资源配置。加强孤残儿童护理员、医护人员、特教老师、社工、康复师等专业人员培训，不断提高员工专业化水平。其次，加强对员工职业规划的指导、开展员工职业提升计划，将儿童福利机构中设立的特殊教育班或特殊教育学校的教师、医护人员专业技术职称（职务）评定工作纳入教育、卫生系统职称评聘体系，在结构比例、评价方面给予适当倾斜，不断增强员工对儿童福利事业的认同度和参与度。再次，提高职工薪资待遇、福利保障，落实对儿童福利机构工作人员的工资倾斜政策，实施绩效工资制度，落实特教补贴费。最后，建立有效的员工激励、考核、评估、晋升管理机制。

（2）大力引进和培养专业人才。开拓人才引进方式，积极实施儿童福利人才引进项目，通过提供优厚的条件和待遇，吸引优秀专业人才充实儿童福利事业人才队伍。创新人才培养方式。实施儿童福利人才队伍建设项目，积极开展与相关高校、科研机构、医院等单位合作。一是通过共建合作基地，儿童福利机构将员工送出去，将专家、人才引进来双向机制的实施，提高儿童福利机构人员专业化水平，充实儿童福利事业人才队伍。二是通过与合作单位委托定向培养，以及大力发展专业社工人才队伍，形成儿童福利机构人才培养的有效机制，促进儿童福利人才队伍培养质量的不断提高。

（3）积极引导社会力量参与。一是积极探索社会化服务模式，通过购买服务和购买岗位等形式，充实儿童福利机构服务力量，保证孤残儿童健康成长，提升服务水平。二是培育发展社会组织，通过项目招投标等市场化运作方式，建立、遴选合格社会组织参与儿童福利服务，形成社会组织参与儿童福利事业的长效机制，为机构内外儿童持续提供优质服务。三是发展壮大志愿者队伍，通过志愿者队伍的制度化、专业化、规范化建设，提高志愿者队伍服务的质量，形成志愿者参与儿童福利事业的长效机制，广泛调动社会各方力量，动员更多的人、更多的社会资源汇聚到儿童福利事业中来。

2. 以政府发挥兜底责任为基础

（1）地市级以上儿童福利机构提质增效。地市级以上儿童福利机构建立综合康复基地，为多种形式残疾儿童康复提供个性化、综合性康复训练，为区县级、基层儿童福利站点儿童福利从业人员提供培训和指导。地市级以上儿童福利机构积极拓展服务对象范围，为更多有需要的困境儿童提供医疗救治和康复服务。有条件的地方要加快地市级以上儿童福利机构老旧院的改扩建工程、新院的选址建设，以及新老院建成后的合理的功能划分，以进一步提高机构内孤残儿童抚育水平和质量，并为更多机构外儿童服务做好准备。

（2）区县级儿童福利机构加快布局。抓好“儿童福利设施建设规划二期”项目的实施，尽快建立起全国儿童福利机构的区县级平台，增加儿童福利服务供给、完善儿童福利机构布局、改善儿童福利服务资源分布结构、提高儿童福利服务标准。“明天计划”覆盖所有新建区县级儿童福利机构，满足机构内孤残儿童手术治疗和康复的需求，积极将实施范围拓展至其他困境儿童。

（3）基层儿童福利站点、设施实现全覆盖。深入推进“百县千村”建设，重点强化村级儿童福利服务能力建设。形成一支具备较高素质的儿童福利主任队伍。加强儿童福利之家建设，建成设备齐全、功能完善，有利于儿童身心健康成长的儿童活动与庇护场所。总结试点地区经验，积极向全国铺开，以早日建成惠及全体儿童的福利体系，缩小儿童福利发展的地区差距，实现儿童福利的最大化目标。加强基层儿童福利系统信息化建设。依托已经建立的基层儿童福利服务网络，逐级落实儿童福利信息收集机制。

3. 以“一院五平台”建设为抓手

儿童福利机构不仅要承担孤儿、弃婴的抚育、治疗、康复、特教等任务，而且针对困境儿童开展辐射服务，还要指导民间养育机构、基层城乡社区开展困境儿童服务工作。儿童福利机构应重点打造以下五个平台。

（1）孤残儿童养育平台。积极拓展功能，坚持护理与教育相结合，机构与家庭相结合，医疗与康复相结合，生活与服务相结合，技能培训与就业安置相结合，建立以儿童为本的完整的机构体系。儿童福利机构首先应该成为孤残儿童抚育的平台，为儿童提供“养、治、教、康”等全方位的优质服务。

（2）社区儿童医疗康复平台。利用机构内设医疗部门、建立的康复医院等资源为社区困境儿童提供免费、低偿或有偿医疗服务。同时对家长进行康复指导，在取得社会效益的同时，创造一定经济效益，以促进儿童福利事业更好发展。儿童福利机构利用现有的优势资源建立向社区困境儿童提供医疗康复服务的平台。

（3）家庭寄养服务平台。组建一支专业的家庭寄养服务队伍，筛选合格寄养家庭、对寄养家庭进行培训和指导、全程监管家庭寄养行为、定期评估家庭寄养的情况，并协助寄养家庭做好儿童入学、医疗等问题的解决。儿童福利机构成为家庭寄养培训、咨询、监督、评估的服务平台。

（4）困境儿童及其家庭支持平台。为社会残疾儿童提供综合评估、替代照料、养育辅导、康复训练等服务，对困境儿童及其家庭情况进行走访、建档、跟进帮扶或提供临时性庇护等，为有特殊需要的家庭提供技术和服务。儿童福利机构应成为困境儿童临时庇护机构和困境家庭支持平台。

（5）特殊技能及专业服务培训平台。指导基层城乡社区、儿童服务站点、儿童福利主任为困境儿童提供专业化的服务，指导民间养育机构更加规范化地提供服务，为从事儿童福利的人员提供特殊技能等专业化的培训，制定长期和短期的培训计划，建立培训工作的长效机制。儿童福利机构要为基层儿童福利服务体系中的各级平台提供培训和指导服务。

4. 以儿童福利制度建设为保障

（1）建立儿童福利发展基金。建立多渠道资金筹措机制，广泛动员社会力量，积极吸纳社会捐赠资金，形成中央、地方和社会共同投入的资金保障机制。依托儿童福利机构建立儿童福利发展基金，借鉴其他公益机构或基金会的筹款方式、运作方式、管理制度，形成具有儿童福利事业特点的基金募捐模式，做到募集资金来源公开化、运作透明化、使用高效化、管理规范化，以充分动员社会力量参与到儿童福利事业中。

（2）实施儿童福利人才队伍建设工程。大力培养和引进专业人才队伍，以充实现有工作队伍。通过儿童福利人才队伍建设工程的实施，建立有效的人才培养和引进机制，解决儿童福利人才“进不来、留不住、跑得快”的问题，不断发展壮大儿童福利事业人才队伍。在转型发展时期迫切需要建设一支高素质的、有一定规模的儿童福利人才队伍。

（3）建立家庭寄养评估制度。建立包括评估机构、评估内容、评估结果等方面家庭寄养评估制度。评估机构为独立的第三方评估机构，这有利于保证评估结果的客观性和专业性。评估内容包括三个维度，对寄养家庭的评估、寄养儿童评估、寄养过程评估。评估结果，对寄养工作状况及效果总结，以及结果呈现和建议反馈。家庭是儿童成长的最佳环境，家庭寄养作为一种替代性的家庭照料方式，对于儿童身心健康成长有重要价值，是儿童福利事业社会化发展的重要方向。

（4）建立儿童福利机构社会化发展机制。建立有效的社会力量参与儿童福利事业的机制，包括社工参与机制、捐赠动态化机制、志愿者常态化机制、社会组织参与机制等一系列发挥社会力量作用的规章制度。倡导全社会都来关心和帮助有需要儿童健康成长，进一步建立健全社会化的儿童福利服务体系。除了从机构内部进行思考外，还应积极引导社会力量参与到儿童福利事业发展中去。

参考文献

陈锦棠等：《香港社会服务评估与审核》，北京大学出版社 2008 年版。

顾东辉主编：《社会工作评估》，高等教育出版社 2009 年版。

陆士桢：《简论中国儿童福利》，《华中师范大学学报》（哲学社会科学版）1997 年第 6 期。

成海军：《中国儿童福利制度转型与体系嬗变》，《社会福利》（理论版）2012 年第 9 期。

彭华民：《中国组合式普惠型社会福利制度的构建》，《学术月刊》2011 年第 10 期。

林闽钢：《中国社会福利发展战略：从消极走向积极》，《国家行政学院学报》2015 年第 2 期。

责任编辑：娜　拉　舒　月　史　伟
组　　稿：王　锋
封面设计：林芝玉

图书在版编目(CIP)数据

老年人儿童福利政策实施研究 / 王杰秀 主编. —北京：
人民出版社，2019
(中国民生民政系列丛书 / 王杰秀 主编. 1—10卷)
ISBN 978-7-01-020379-9

Ⅰ.①老…　Ⅱ.①王…　Ⅲ.①老年人-福利政策-研究-
中国　②儿童福利-福利政策-研究-中国　Ⅳ.①D669.6
②D632.1

中国版本图书馆CIP数据核字(2019)第026257号

老年人儿童福利政策实施研究

LAONIANREN ERTONG FULI ZHENGCE SHISHI YANJIU

王杰秀　主编

人民出版社 出版发行
(100706　北京市东城区隆福寺街99号)

北京盛通印刷股份有限公司印刷　新华书店经销

2019年3月第1版　2019年3月北京第1次印刷
开本：710毫米×1000毫米 1/16　印张：35.75
字数：480千字

ISBN 978-7-01-020379-9　定价：89.00元

邮购地址 100706　北京市东城区隆福寺街99号
人民东方图书销售中心　电话 (010)65250042　65289539